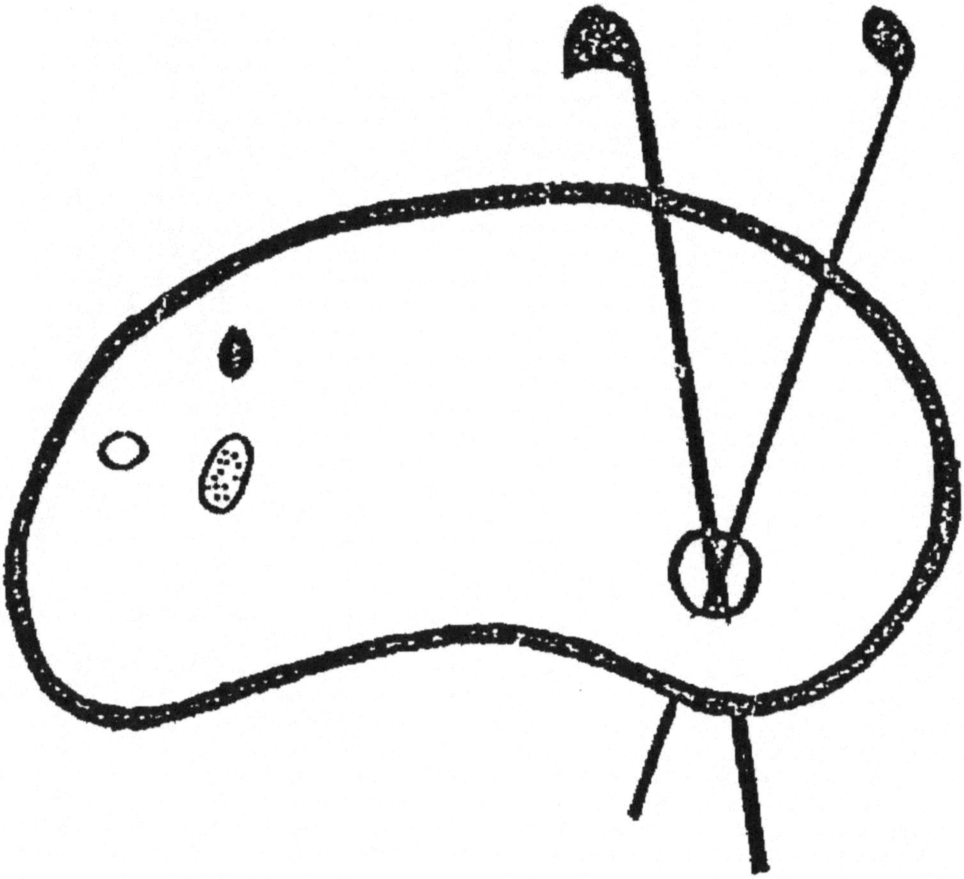

**COUVERTURE SUPERIEURE ET INFERIEURE
EN COULEUR**

DE
LA NOUVELLE JÉRUSALEM
ET DE
SA DOCTRINE CÉLESTE

MATTHIEU, VI, 33

Cherchez premièrement le royaume de Dieu et sa justice, et toutes choses vous seront données par surcroît.

DE LA
NOUVELLE JÉRUSALEM

ET DE SA

DOCTRINE CÉLESTE

D'APRÈS CE QUI A ÉTÉ ENTENDU DU CIEL

AVEC QUELQUES PRÉLIMINAIRES

SUR LE NOUVEAU CIEL ET SUR LA NOUVELLE TERRE

PAR

EMMANUEL SWEDENBORG.

TRADUIT DU LATIN

PAR J.-F.-E. LE BOIS DES GUAYS

Sur l'Édition princeps (Londres, 1758)

TROISIÈME ÉDITION

Revue par C. H.

PARIS

LIBRAIRIE DE LA NOUVELLE JÉRUSALEM

12, RUE THOUIN, 12

1884

DE LA
NOUVELLE JÉRUSALEM
ET DE
SA DOCTRINE CÉLESTE

Du Nouveau Ciel et de la Nouvelle Terre ; et ce qui est entendu par la Nouvelle Jérusalem.

1. Il est dit dans l'Apocalypse : « *Je vis un Ciel nouveau et une Terre nouvelle, car le premier Ciel et la première Terre avaient passé. Et je vis cette sainte Cité, la Jérusalem Nouvelle, descendant de Dieu par le Ciel, parée comme une fiancée ornée pour son mari. La cité avait une muraille grande et élevée, ayant douze portes, et sur les portes douze Anges, et des noms inscrits, qui sont les noms des douze Tribus d'Israël. Et la muraille de la cité avait douze fondements, et sur eux les noms des douze Apôtres de l'Agneau. La cité elle-même était posée en carré, et sa longueur était égale à sa largeur. Et il mesura la cité à la canne jusqu'à douze mille stades ; et sa longueur et sa largeur et sa hauteur étaient égales. Et il mesura sa muraille, cent quarante-quatre coudées, mesure d'homme, c'est-à-dire, d'Ange. Sa muraille était de jaspe ; et la cité, or pur, semblable à du verre pur. Et les fondements de la muraille de la cité étaient ornés de toute pierre précieuse. Les douze portes, douze perles ; et la place de la cité, or pur, comme du verre transparent. La gloire de Dieu l'éclairait ; et son flambeau*

était *l'Agneau. Les nations, qui auront été sauvées, dans sa lumière marcheront, et les rois de la terre leur gloire et leur honneur en elle apporteront.* » — Chap. XXI. 1, 2, 12 à 24.

L'homme, qui lit ces paroles, ne les entend pas autrement que selon le sens de la lettre, à savoir, que le Ciel visible périra avec la Terre ; qu'il existera un nouveau Ciel ; que sur une nouvelle Terre descendra la sainte Cité de Jérusalem ; et qu'elle sera quant à ses mesures selon la description. Mais les Anges les entendent tout autrement, c'est-à-dire qu'ils entendent spirituellement chacune de ces paroles que l'homme entend naturellement ; et ce qu'ils entendent ainsi est précisément ce qu'elles signifient, et c'est là le sens interne ou spirituel de la Parole ; dans le sens interne ou spirituel, dans lequel sont les Anges, par le nouveau Ciel et la nouvelle Terre est entendue la nouvelle Église tant dans les cieux que dans les terres ; il sera parlé ci-après de l'une et de l'autre Église ; par la cité de Jérusalem, descendant de Dieu par le ciel, est entendue la doctrine céleste de cette Église ; par la longueur, la largeur et la hauteur, qui sont égales, sont entendus tous les biens et tous les vrais de cette doctrine dans le complexe ; par sa muraille sont entendus les vrais qui la défendent ; par la mesure de la muraille, qui est de cent quarante-quatre coudées, mesure d'homme, c'est-à-dire, d'Ange, sont entendus tous ces vrais qui la défendent, dans le complexe, et leur qualité ; par les douze portes, qui étaient des perles, sont entendus les vrais qui introduisent, pareillement par les douze Anges sur les portes ; par les fondements de la muraille, qui étaient ornés de toute pierre précieuse, sont entendues les connaissances sur lesquelles cette doctrine est fondée ; par les douze Tribus d'Israël sont entendues toutes les choses de l'Église en général et en particulier, pareillement par les douze Apôtres ; par l'or semblable à du verre pur, dont la cité et la place étaient formées, est entendu le bien de l'amour dont brille la doctrine avec ses vrais ; par les nations qui auront été sauvées, et par les rois de la terre qui apporteront en elle leur gloire et leur honneur, sont entendus tous ceux de l'Église qui sont dans les biens et dans les vrais ; par Dieu et par l'Agneau est entendu le Seigneur quant au Divin Même et quant au Divin Humain. Tel est le sens spirituel de la Parole, auquel le sens naturel, qui est le sens de la lettre, sert de base ; mais néanmoins ces deux sens, le spirituel et le naturel, font un par les correspondances.

Que toutes ces paroles soient ainsi entendues spirituellement, ce n'est pas ici le moment de le montrer, parce que ce n'est pas le but de cet ouvrage ; mais on en trouve la preuve dans les ARCANES CÉLESTES aux endroits suivants ; Dans la Parole, par la TERRE, il est signifié l'Église, surtout lorsque par la terre il est entendu la terre de Canaan, Nos 662, 1066, 1067, 1262, 1413, 1607, 2928, 3355, 4447, 4535, 5577, 8011, 9325, 9643 ; parce que, dans le sens spirituel, par la Terre il est entendu la Nation qui l'habite, et le culte de cette nation, N° 1262. Le peuple de la terre, ce sont ceux qui sont de l'Église spirituelle, N° 2928. Un nouveau Ciel et une nouvelle Terre signifient du nouveau dans les cieux et dans les terres quant aux biens et aux vrais, ainsi quant aux choses qui appartiennent à l'Église dans les cieux et à l'Église dans les terres, Nos 1733, 1850, 2117, 2118, 3355, 4535, 10373. Ce qui est entendu par le premier Ciel et par la première Terre qui avaient passé, on le voit dans l'Opuscule DU JUGEMENT DERNIER ET DE LA BABYLONIE DÉTRUITE, depuis le commencement jusqu'à la fin, et spécialement N°⁵ 65 à 72. — Par JÉRUSALEM est signifiée l'Église quant à la doctrine, N°⁵ 402, 3654, 9166. — Par les VILLES et les CITÉS sont signifiées les doctrines qui appartiennent à l'Église et à la Religion, N°⁵ 402, 2450, 2712, 2943, 3216, 4492, 4493. — Par la MURAILLE de la cité est signifié le vrai de la doctrine, vrai défensif, N°⁵ 6419. — Par les PORTES de la cité sont signifiés les vrais qui introduisent dans la doctrine, et, au moyen de la doctrine, dans l'Église, N°⁵ 2943, 4477, 4492, 4493. — Par les douze TRIBUS D'ISRAEL ont été représentés, et par suite ont été signifiés tous les vrais et tous les biens de l'Église en général et en particulier, ainsi toutes les choses de la foi et de l'amour, N°⁵ 3858, 3926, 4060, 6335. — Par les douze APÔTRES DU SEIGNEUR, de même, N°⁵ 2129, 2553, 3354, 3488, 3858, 6397 ; ce qui est dit des douze Apôtres, *qu'ils seront assis sur douze trônes, et qu'ils jugeront les douze tribus d'Israël*, signifie que tous doivent être jugés selon les vrais et les biens de l'Église, ainsi par le Seigneur de qui procèdent ces vrais et ces biens, N°⁵ 2129, 6397. — Par DOUZE sont signifiées toutes choses dans le complexe, N°⁵ 577, 2089, 2129, 2130, 3272, 3858, 3913 ; de même par le nombre cent quarante-quatre, parce que ce nombre est le produit de douze multiplié par douze, N° 7973 ; de même aussi par douze mille, N° 7973 ; tous les nombres dans la Parole signifient des choses, N°⁵ 482, 487, 647, 648, 755, 813, 1963, 1988, 2075, 2252, 3252, 4264, 6175, 9488, 9659, 10217, 10253 ; les nombres qui sont le produit d'une multiplication signifient la même chose que les nombres simples d'où ils viennent, N°⁵ 5291, 5335, 5708, 7973. — Par la MESURE est signifiée la qualité de la chose quant au vrai et quant au bien, N°⁵ 3104, 9603, 10262. — Par les FONDEMENTS de la muraille sont signifiées les connaissances du vrai sur lesquelles les doctrinaux sont fondés, N° 9643 : — Par le Quadrangulaire ou le Carré est signifié le parfait, N°s 9717, 9861. — Par la Longueur est signifié le bien et son extension ; et par la Largeur, le vrai et son extension, N°s 1613, 9487. — Par les Pierres précieuses sont signifiés les vrais d'après le bien, N°s 114, 9863, 9865 ; ce qui est signifié par les Pierres précieuses dans l'Urim et le Thumim en général et en particulier, N°s 3862, 9864, 9866, 9891, 9895, 9905 ; ce qui est signifié par le Jaspe dont la muraille était construite, N° 9872. — Par la Place de la cité est signifié le vrai de la doctrine d'après le bien, N° 2336. — Par l'Or est signifié le bien de l'amour, N°s 113, 1551, 1552, 5658, 6914, 6917, 9510, 9874, 9881. — Par la Gloire est signifié le Divin Vrai tel qu'il est dans le Ciel, et par suite l'intelligence et la sagesse, N°s 4809, 5292, 5922, 8267, 8427, 9429, 10574. — Par les Nations sont signifiés ceux, dans l'Église, qui sont dans le bien ; et de là, par abstraction, les biens de l'Église, N°s 1059, 1159, 1258, 1260, 1261, 1416, 1849, 4574, 6860, 9255, 9256. — Par les Rois sont signifiés ceux, dans l'Église, qui sont dans les vrais ; et de là, par abstraction, les vrais de l'Église, N°s 1672, 2015, 2069, 4575, 5044 ; les cérémonies du couronnement des rois enveloppent des choses qui appartiennent au Divin Vrai, mais la connaissance de ces choses est perdue aujourd'hui, N°s 4581, 4966.

2. Avant qu'il s'agisse de la Nouvelle Jérusalem et de sa Doctrine, il sera dit quelque chose du Nouveau Ciel et de la Nouvelle Terre : Dans l'Opuscule du Jugement Dernier et de la Babylonie détruite, il a été montré ce qui est entendu par le premier Ciel et par la première Terre qui avaient passé ; après qu'ils eurent passé, ainsi après

que le Jugement Dernier eut été achevé, un Nouveau Ciel fut créé, c'est-à-dire, formé par le Seigneur ; ce Ciel fut formé de tous ceux qui, depuis l'avènement du Seigneur jusqu'à ce temps, avaient vécu la vie de la foi de la charité, puisque ceux-ci seulement étaient des formes du Ciel ; car la forme du Ciel, selon laquelle s'y font toutes les consociations et toutes les communications, est la forme du Divin Vrai d'après le Divin Bien procédant du Seigneur, et l'homme revêt cette forme quant à son esprit par la vie selon le Divin Vrai ; que de là vienne la forme du Ciel, on le voit dans le Traité DU CIEL ET DE L'ENFER, N°s 200 à 212 ; et que tous les Anges soient des formes du Ciel, on le voit dans le même Traité, N°s 51 à 58 et 73 à 77. D'après cela, on peut savoir de qui a été composé le Nouveau Ciel, et par suite aussi quel est ce Ciel, c'est-à-dire qu'il est absolument unanime ; car celui qui vit la vie de la foi et de la charité aime autrui comme soi-même, et par l'amour il le conjoint à soi, et ainsi *vice versâ* et mutuellement ; car l'amour est une conjonction dans le Monde spirituel ; c'est pourquoi, quand tous agissent ainsi, alors de plusieurs, et même d'une quantité innombrable d'individus consociés selon la forme du Ciel, se constitue un unanime, et cet unanime devient comme un ; car il n'y a rien qui sépare et divise, mais tout conjoint et unit.

3. Comme ce Ciel a été formé de tous ceux qui ont été tels, depuis le temps du Seigneur jusqu'au temps présent, on voit qu'il est composé tant de chrétiens que de gentils, mais principalement d'enfants de toutes les parties du monde qui sont morts depuis le temps du Seigneur, car tous ceux-ci ont été reçu par le Seigneur, élevés dans le Ciel, instruits par les Anges, et enfin réservés pour constituer un Nouveau Ciel conjointement avec les autres ; de là on peut conclure combien ce Ciel est grand ; que

tous ceux qui meurent enfants soient élevés dans le Ciel, et deviennent Anges, on le voit dans le Traité DU CIEL ET L'ENFER, N°s 329 à 345. Et que le Ciel soit formé aussi bien de gentils que de chrétiens, on le voit dans le même Traité, N°s 318 à 328.

4. De plus, quant à ce qui concerne ce Nouveau Ciel, il faut qu'on sache qu'il est distinct des Cieux Anciens, c'est-à-dire, des Cieux qui avaient été formés avant l'avènement du Seigneur; mais néanmoins ces Cieux ont été tellement coordonnés avec lui, qu'ils constituent ensemble un seul Ciel. Si ce Nouveau Ciel est distinct des Cieux Anciens, c'est parce que dans les Anciennes Églises il n'y a pas eu d'autre Doctrine que la Doctrine de l'Amour et de la Charité, et qu'alors on n'avait connaissance d'aucune Doctrine de la foi séparée : c'est aussi de là que les Anciens Cieux constituent les Étendues supérieures, et le Nouveau Ciel l'Étendue au-dessous; car les Cieux sont des Étendues, l'une au-dessus de l'autre : dans les Étendues suprêmes habitent ceux qui sont appelés Anges célestes, dont la plupart sont de la Très-Ancienne Église ; ceux qui sont là sont appelés Anges célestes à cause de l'Amour céleste, qui est l'amour envers le Seigneur : dans les Étendues au-dessous d'eux habitent ceux qui sont appelés Anges spirituels, dont la plupart sont de l'Ancienne Église ; ceux qui sont là sont appelés Anges spirituels à cause de l'Amour spirituel, qui est la charité à l'égard du prochain : sous ceux-ci habitent des Anges qui sont dans le bien de la foi, ce sont ceux qui ont vécu la vie de la foi ; vivre la vie de la foi, c'est vivre selon la doctrine de son Église ; et vivre, c'est vouloir et faire. Tous ces Cieux, néanmoins, font un par l'influx médiat et immédiat procédant du Seigneur. Mais on peut se former de ces Cieux une idée plus complète d'après ce qui

a été montré dans le Traité DU CIEL ET DE L'ENFER ; et là, dans l'Article des deux Royaumes dans lesquels les Cieux en général ont été distingués, Nos 20 à 28 ; et dans l'Article des trois Cieux, Nos 29 à 40 ; à l'égard de l'Influx médiat et immédiat, dans la Collection d'Extraits des ARCANES CÉLESTES, à la suite du N° 603 : et, à l'égard des Églises Très-Ancienne et Ancienne, dans l'Opuscule DU JUGEMENT DERNIER ET DE LA BABYLONIE DÉTRUITE, N° 46.

5. Cela suffit quant au Nouveau Ciel ; maintenant il sera dit quelque chose de la Nouvelle Terre : Par la Nouvelle Terre il est entendu la Nouvelle Église dans les terres, car lorsqu'une précédente Église cesse d'être, une Nouvelle Église est alors instaurée par le Seigneur ; en effet, il est pourvu par le Seigneur à ce qu'il y ait toujours une Église dans les terres, car par l'Église il y a conjonction du Seigneur avec le Genre Humain, et du Ciel avec le Monde, puisque là le Seigneur est connu, et que là il y a les Divins Vrais par lesquels l'homme est conjoint : qu'aujourd'hui une Nouvelle Église soit instaurée, on le voit dans l'Opuscule DU JUGEMENT DERNIER, N° 74. Si la Nouvelle Église est signifiée par la Nouvelle Terre, c'est d'après le sens spirituel de la Parole ; en effet, dans ce sens, par la terre il est entendu, non pas une terre ou contrée, mais la nation même qui l'habite et son Culte Divin, car c'est là le spirituel que la terre représente ; en outre par la terre, dans la Parole, quand n'y est pas ajouté le nom de la région, il est entendu la terre de Canaan, et dans la terre de Canaan il y avait eu l'Église dès les temps très-anciens, d'où il est arrivé que tous les lieux de cette terre, et tous ceux d'alentour, avec les montagnes et les fleuves, qui sont nommés dans la Parole, sont devenus représentatifs et significatifs de ces

choses qui sont les internes de l'Église, et qui sont appelées ses spirituels ; c'est de là que, comme il a été dit, par la terre dans la Parole, parce qu'il est entendu la terre de Canaan, il est signifié l'Église, pareillement ici par la Nouvelle Terre : de là vient qu'il a été reçu dans l'Église de dire la Canaan Céleste, et par là d'entendre le Ciel. Que par la terre de Canaan dans le sens spirituel de la Parole il soit entendu l'Église, cela a été montré dans les ARCANES CÉLESTES, en divers Articles, d'entre lesquels seront rapportés ceux qui suivent : La Très-Ancienne Église, qui existait avant le Déluge, et l'Ancienne Église, qui exista après le Déluge, étaient dans la terre de Canaan, Nos 567, 3686, 4447, 4454, 4516, 4517, 5136, 6516, 9327. Alors tous les lieux y sont devenus représentatifs de ces choses qui sont dans le Royaume du Seigneur et dans l'Église, Nos 1585, 3686, 4447, 5136. C'est pour cela qu'Abraham reçut ordre d'y aller, puisque chez ses descendants issus de Jacob il devait être institué une Église représentative, et qu'il devait être écrit une Parole, dont le sens dernier consisterait en représentatifs et en significatifs qui étaient dans cette terre, Nos 3686, 4447, 5136, 6516. C'est de là que par la Terre, et par la Terre de Canaan, dans la Parole, il est signifié l'Église, Nos 3038, 3481, 3705, 4447, 4517, 5757, 10568.

6. Il sera dit aussi en peu de mots ce qui est entendu par Jérusalem dans la Parole dans son sens spirituel : Par Jérusalem il est entendu l'Église elle-même quant à la doctrine ; et cela, par la raison que là dans la terre de Canaan, et non ailleurs, était le Temple, était l'Autel, se faisaient les sacrifices, ainsi le Culte Divin lui-même ; c'est pourquoi trois fêtes chaque année y étaient aussi célébrées, et tout mâle de cette terre était tenu d'y assis-

ter ; c'est donc de là que par Jérusalem, dans le sens spirituel, il est signifié l'Église quant au culte, ou, ce qui est la même chose, quant à la doctrine, car le culte est prescrit dans la doctrine, et se fait selon la doctrine. S'il est dit *la sainte Cité, la Jérusalem Nouvelle descendant de Dieu par le Ciel,* c'est parce que dans le sens spirituel de la Parole, par la cité et par la ville est signifiée la doctrine, et par la sainte cité la doctrine du Divin Vrai, car le Divin Vrai est ce qui est appelé Saint dans la Parole ; s'il est dit la Jérusalem Nouvelle, c'est par une raison semblable à celle d'après laquelle la Terre est dite nouvelle : car, ainsi qu'il vient d'être dit, par la Terre est signifiée l'Église, et par Jérusalem cette Église quant à la doctrine : s'il est dit « descendant de Dieu par le Ciel, » c'est parce que tout Vrai Divin, d'où procède la doctrine, descend du Seigneur par le Ciel. Que par Jérusalem il ne soit pas entendu une Cité, quoiqu'elle ait été vue comme Cité, cela est bien évident en ce qu'il est dit que *sa hauteur était,* comme la longueur et la largeur, *de douze mille stades,* Vers. 16 ; et que la *mesure de sa muraille, qui était de cent quarante-quatre coudées, était mesure d'homme, c'est-à-dire, d'Ange,* Vers. 17 ; puis, en ce qu'elle est dite *parée comme une fiancée devant son mari,* Vers. 2 ; et plus loin, « *L'Ange dit : Viens, je te montrerai la fiancée, de l'Agneau l'épouse ; et il me montra la Cité sainte, cette Jérusalem,* Vers. 10 ; c'est l'Église qui, dans la Parole, est appelée fiancée et épouse du Seigneur, fiancée avant qu'elle soit conjointe, et épouse quand elle a été conjointe ; *voir* dans les ARCANES CÉLESTES, N°s 3103, 3105, 3164, 3165, 3207, 7022, 9182.

7. Quant à ce qui concerne en particulier la Doctrine qui va maintenant être exposée, elle vient aussi du Ciel,

parce qu'elle vient du sens spirituel de la Parole ; et le sens spirituel de la Parole est la même chose que la Doctrine qui est dans le Ciel ; car dans le Ciel, de même que sur la terre, il y a une Église ; en effet, là il y a la Parole, il y a une Doctrine d'après la Parole, il y a des Temples, et dans ces temples se font des Prédications, car il y a là des Gouvernements ecclésiastiques et civils ; en un mot, entre les choses qui sont dans les Cieux et les choses qui sont dans les terres, il n'y a de différence qu'en ce que toutes les choses dans les Cieux sont dans un état plus parfait, parce que tous ceux qui y habitent sont spirituels, et que les choses spirituelles surpassent immensément en perfection les choses naturelles ; que dans les Cieux il y ait de telles choses, on le voit dans le Traité du Ciel et de l'Enfer, spécialement dans l'Article des Gouvernements dans le Ciel, Nos 213 à 220 ; et dans l'Article du Culte Divin dans le Ciel, Nos 221 à 227. D'après cela, on peut voir ce qui est entendu en ce que la sainte Cité, la Nouvelle Jérusalem, fut vue descendre de Dieu par le Ciel. Mais j'arrive à la Doctrine elle-même, qui est pour la Nouvelle Église, et qui, parce qu'elle m'a été révélée du Ciel, est appelée Doctrine Céleste ; car donner cette Doctrine, c'est le but de cet Ouvrage.

INTRODUCTION A LA DOCTRINE

8. Il y a fin de l'Église, quand il n'y a point de fo parce qu'il n'y a point de charité, c'est ce qui a été mon tré dans l'Opuscule du Jugement Dernier et de la Baby lonie détruite, Nos 33 à 39. Or, comme les Églises dan le Monde Chrétien se sont distinguées seulement par de choses qui sont du ressort de la foi, et que cependant l foi est nulle là où il n'y a point de charité, je vais, avan d'exposer la Doctrine de la Nouvelle Jérusalem, présen ter ici quelques observations sur la doctrine de la Charit chez les Anciens. Il est dit, *les Églises dans le Mond Chrétien*, et par elles il est entendu les Églises chez le Réformés ou les Evangéliques, mais non chez les Catho liques-Romains, puisque l'Église Chrétienne n'est poin chez ceux-ci, car où est l'Église, là le Seigneur est ador et la Parole est lue : chez eux il en est autrement ; eux mêmes y sont adorés à la place du Seigneur ; il est dé fendu au peuple de lire la Parole ; et les décisions d Pape sont mises au même rang que la Parole, et mêm au-dessus de la Parole.

9. La Doctrine de la charité, qui est la Doctrine de l vie, était la Doctrine même dans les Anciennes Églises — sur ces Églises, *voir* dans les Arcanes Célestes le Nos 1238, 2385 ; — et cette Doctrine conjoignait toute les Églises, et ainsi de plusieurs n'en faisait qu'une seule en effet, on reconnaissait pour hommes de l'Église tou ceux qui vivaient dans le bien de la charité, et on le appelait frères, de quelque manière qu'ils différassen d'ailleurs quant aux vrais qui aujourd'hui sont appelé vrais de la foi ; on s'instruisait l'un l'autre dans ces vrais ce qui était au nombre des œuvres de la charité, et mêm

on n'était pas indigné si l'un n'accédait pas à l'avis de l'autre ; on savait que chacun ne reçoit du vrai qu'à proportion qu'il est dans le bien. Comme telles ont été les Anciennes Églises, par cela même les hommes de ces Églises étaient hommes intérieurs, et parce qu'ils étaient intérieurs, ils avaient plus de sagesse ; car ceux qui sont dans le bien de l'amour et de la charité sont, quant à l'homme Interne, dans le Ciel, et là quant à cet homme dans la Société angélique qui est dans un bien semblable ; de là l'élévation de leur mental vers les intérieurs et par conséquent leur sagesse ; en effet, la sagesse ne peut venir d'autre part que du Ciel, c'est-à-dire, du Seigneur par le Ciel ; et la sagesse est dans le Ciel, parce que là on est dans le bien. La sagesse consiste à voir le vrai d'après la lumière du vrai, et la lumière du vrai est la lumière qui est dans le Ciel. Mais cette sagesse ancienne a diminué par la succession du temps ; car autant le genre humain s'est éloigné du bien de l'amour envers le Seigneur, et de l'amour à l'égard du prochain, amour qui est appelé Charité, autant aussi il s'est éloigné de la sagesse, parce qu'autant il s'est éloigné du Ciel : de là vient que d'homme Interne l'homme est devenu homme Externe, et cela successivement ; et quand l'homme fut devenu Externe, il devint aussi Mondain et Corporel ; et quand il est tel, il s'occupe peu des choses qui sont du Ciel, car alors les plaisirs des amours terrestres, et avec eux les maux qui d'après ces amours sont des plaisirs pour l'homme, s'emparent entièrement de lui ; et alors ce qu'il entend dire de la Vie après la mort, du Ciel et de l'Enfer, en un mot, des Spirituels, est comme en dehors de lui, et non en dedans de lui comme il faudrait cependant que cela fût. De là vient aussi que la Doctrine de la charité, qui avait été d'un si grand prix chez les

Anciens, est aujourd'hui au nombre des choses entièrement perdues ; car aujourd'hui qui sait ce que c'est que la Charité dans le sens réel, et ce que c'est que le Prochain dans le sens réel? et cependant cette Doctrine non-seulement enseigne cela, mais contient de plus d'innombrables choses, dont la millième partie n'est point connue aujourd'hui : toute l'Écriture Sainte n'est autre chose que la Doctrine de l'Amour et de la Charité ; c'est même ce que le Seigneur enseigne, en disant : « *Tu aimeras le Seigneur ton Dieu de tout ton cœur, et de toute ton âme, et de toute ta pensée; c'est là le premier et le grand commandement; le second lui est semblable : Tu aimeras ton Prochain comme toi-même. De ces deux commandements dépendent la Loi et les Prophètes.* » — Math., XXII. 37, 38, 39. — La Loi et les Prophètes sont la Parole, en général et en particulier.

10. Dans ce qui suit, à chaque section de la Doctrine, il sera joint des Collections d'après les Arcanes Celestes, parce que les mêmes choses y sont plus amplement expliquées.

Du Bien et du Vrai.

11. Dans l'Univers, toutes les choses qui sont selon l'Ordre Divin se réfèrent au Bien et au Vrai ; il n'y a rien dans le Ciel, ni rien dans le Monde, qui ne se réfère à ces deux ; et cela, parce que l'un et l'autre, tant le Bien que le Vrai, procèdent du Divin, de Qui procèdent toutes choses.

12. De là il est évident que rien n'est plus nécessaire à l'homme que de savoir ce que c'est que le Bien, et ce que c'est que le Vrai, comment l'un regarde l'autre, et comment l'un est conjoint à l'autre ; mais cela est principalement nécessaire à l'homme de l'Église, car de même que toutes les choses du Ciel se réfèrent au Bien et au Vrai, de même aussi toutes les choses de l'Église, parce que le bien et le vrai du Ciel sont aussi le bien et le vrai de l'Église. C'est pour cela qu'avant tout il est parlé du Bien et du Vrai.

13. Il est selon l'Ordre Divin que le Bien et le Vrai soient conjoints, et non séparés, de telle sorte qu'ils soient un et non deux, car conjoints ils procèdent du Divin, et conjoints ils sont dans le Ciel, et par conséquent conjoints ils doivent être dans l'Église ; la Conjonction du bien et du vrai est appelée dans le Ciel Mariage céleste, car dans ce Mariage sont tous ceux qui y habitent : de là vient que dans la Parole le Ciel est comparé à un Mariage, et que le Seigneur est appelé Fiancé et Mari, et le Ciel Fiancée et Épouse, pareillement l'Église ; si le Ciel et l'Église sont appelés ainsi, c'est parce que ceux qui y sont reçoivent le Divin Bien dans les Vrais.

14. Toute Intelligence et toute Sagesse, que possèdent

les Anges, viennent de ce Mariage, et il n'en vient aucun du Bien séparé du Vrai, ni du Vrai séparé du Bien : il en est de même chez les hommes de l'Église.

15. Puisque la Conjonction du bien et du vrai est comme un Mariage, il est évident que le bien aime le vrai ; que réciproquement le vrai aime le bien ; et que l'un désire être conjoint à l'autre : l'homme de l'Église, chez lequel il n'y a pas un tel amour ni un tel désir, n'est point dans le Mariage céleste, par conséquent il n'y a pas encore en lui l'Église, car c'est la conjonction du bien et du vrai qui fait l'Église.

16. Les Biens sont de plusieurs sortes ; en général, il y a le Bien spirituel, et le Bien naturel, et l'un et l'autre ont été conjoints dans le Bien moral réel. De même que sont les Biens, de même aussi sont les Vrais, parce que les Vrais appartiennent au bien, et sont les formes du bien.

17. De même qu'il en est du Bien et du Vrai, de même d'après l'opposé il en est du Mal et du Faux ; car de même que dans l'Univers toutes les choses qui sont selon l'Ordre Divin se réfèrent au bien et au vrai, de même toutes celles qui sont contre l'Ordre Divin se réfèrent au mal et au faux ; puis aussi, de même que le bien aime à être conjoint au vrai, et réciproquement, de même le mal aime à être conjoint au faux, et réciproquement ; puis encore, de même que toute intelligence et toute sagesse naissent de la conjonction du bien et du vrai, de même toute sottise et toute folie naissent de la conjonction du mal et du faux. La conjonction du mal et du faux est appelée Mariage infernal.

18. De ce que le mal et le faux sont opposés au bien et au vrai, il est évident que le vrai ne peut pas être conjoint au mal, ni le bien au faux du mal ; si le vrai est

adjoint au mal, il n'est plus le vrai, mais il est le faux, parce qu'il a été falsifié; et si le bien est adjoint au faux du mal, il n'est plus le bien, mais il est le mal, parce qu'il a été adultéré. Toutefois le faux, qui n'est pas le le faux du mal, peut être conjoint au bien.

19. Quiconque est dans le mal et par suite dans le faux d'après la confirmation et la vie, ne peut savoir ce que c'est que le bien et le vrai, parce qu'il croit que son mal est le bien, et d'après cela il croit que son faux est le vrai ; mais quiconque est dans le bien et par suite dans le vrai d'après la confirmation et la vie, peut savoir ce que c'est que le mal et le faux ; la raison de cela, c'est que tout bien et tout vrai du bien sont célestes dans leur essence, et s'ils ne sont pas célestes dans leur essence, du moins ils sont d'une origine céleste, et que tout mal et par suite tout faux sont infernaux dans leur essence, et s'ils ne sont pas infernaux dans leur essence, du moins ils sont d'une origine infernale ; or, tout ce qui est céleste est dans la lumière, et tout ce qui est infernal est dans les ténèbres.

D'après les Arcanes Célestes.

20. Toutes et chacune des choses dans l'Univers se réfèrent au Bien et au Vrai, ou au Mal et au Faux; au Bien et au Vrai celles qui sont et se font selon l'Ordre Divin, et au Mal et au Faux celles qui sont et se font contre l'Ordre Divin, Nos 2452, 3166, 4390, 4409, 5232, 7256, 10122 ; ainsi chez l'homme, à l'Entendement et à la Volonté, puisque l'Entendement de l'homme est le récipient du vrai ou du faux, et la Volonté le récipient du bien ou du mal, No 10122. Aujourd'hui, il en est peu qui sachent ce que c'est que le Vrai dans son essence réelle, parce que l'on connaît peu ce que c'est que le Bien, lors-

que cependant tout vrai vient du bien, et que tout bien existe par les vrais, Nos 2507, 3603, 4136, 9186, 9995.

Il y a quatre espèces d'hommes : 1° Ceux qui sont dans les faux d'après le mal, et ceux qui sont dans les faux non d'après le mal. 2° Ceux qui sont dans les vrais sans le bien. 3° Ceux qui sont dans les vrais et qui par les vrais regardent le bien et tendent au bien. 4° Ceux qui sont dans les vrais d'après le bien. Mais chacune de ces espèces va être examinée en particulier.

21. *De ceux qui sont dans les faux d'après le mal, et de ceux qui sont dans les faux non d'après le mal ; ainsi, des faux d'après le mal, et des faux non d'après le mal.* Il y a d'innombrables espèces de faux, à savoir, autant que de maux ; et les origines des maux, et des faux provenant de maux, sont en grand nombre, Nos 1188, 1212, 4729, 4822, 7574. Il y a le faux d'après le mal, ou le faux du mal ; et il y a le mal d'après le faux ou le mal du faux, et de nouveau par suite le faux, ainsi par dérivation, Nos 1679, 2243. D'un seul faux, surtout s'il tient lieu de principe, découlent des faux en série continue, Nos 1510, 1511, 4717, 4721. Il y a le faux d'après les cupidités de l'amour de soi et du monde ; et il y a le faux d'après les illusions des sens, Nos 1295, 4729. Il y a les faux de religion, et il y a les faux d'ignorance, Nos 4729, 8318, 9258. Il y a le faux dans lequel est le bien, et le faux dans lequel n'est pas le bien, Nos 2863, 9304, 10109, 10302. Il y a le falsifié, Nos 7318, 7319, 10648. Tout mal a avec lui un faux, Nos 7577, 8094. Le faux d'après les cupidités de l'amour de soi est le faux même du mal, et les pires espèces de faux viennent de là, N° 4729.

Le mal est pesant et tombe de lui-même dans l'enfer, mais non le faux, à moins qu'il ne provienne du mal, Nos 8279, 8298. Le bien est changé en mal, et le vrai en faux, quand ils tombent du Ciel dans l'Enfer, parce qu'ainsi ils tombent comme dans une atmosphère épaisse et impure, N° 3607. Les faux d'après le mal apparaissent comme des brouillards et comme des eaux impures au-dessus des Enfers, Nos 8137, 8138, 8146. Ceux qui sont dans les Enfers profèrent des faux d'après le mal, Nos 1695, 7351, 7352, 7357, 7392, 7689. Ceux qui sont dans le mal ne peuvent que penser le faux, quand ils pensent d'après eux-mêmes, N° 7437. Plusieurs particularités sur le mal du faux, Nos 2408, 4818, 7272, 8265, 8279 ; et sur le faux du mal, Nos 6359, 7272, 9304, 10302.

Tout faux peut être confirmé, et quand il a été confirmé, il apparaît comme vrai, Nos 5033, 6865, 8521, 8780. C'est pourquoi, avant de confirmer quelque chose, il faut examiner si c'est un vrai ou non, Nos 4741, 7012, 7680, 7950, 8521. Il faut bien se garder de confirmer des faux de religion, parce que de là vient la persuasion du faux, qui reste chez l'homme après la mort, Nos 845, 8780. Combien est pernicieuse la persuasion du faux, Nos 794, 806, 5096, 7686.

Le bien ne peut influer dans les vrais, tant que l'homme est dans le mal, N° 2434. Autant l'homme est dans le mal et par suite dans les faux, autant les biens et les vrais s'éloignent de lui, N° 3402. Les plus grandes précautions sont prises par le Seigneur pour que le vrai ne soit point conjoint au mal, ni le faux du mal au bien, Nos 3110, 3116, 4416, 5217. De ce mélange résulte la profanation, N° 6348. Les vrais exterminent les faux, et les faux les vrais, N° 5207. Les vrais ne peuvent pas être reçus profondément, tant que règne l'incrédulité, N° 3399.

Les vrais peuvent être falsifiés ; comment ? Exemples, N° 7318. Il est permis aux méchants de falsifier les vrais : pourquoi ? N° 7332. Les vrais sont falsifiés par les méchants, par cela qu'ils sont appliqués, et par conséquent dirigés vers le mal, Nos 8094, 8149. Le vrai est dit falsifié, quand il a été appliqué au mal, ce qui est fait principalement par les illusions et par les apparences dans les externes, Nos 7344, 8062. Il est permis aux méchants d'attaquer le vrai, mais non le bien, parce qu'ils peuvent falsifier le vrai par diverses interprétations et diverses applications, N° 6677. Le vrai falsifi d'après le mal et contre le vrai et le bien, N° 8062. Le vrai falsifié d'après le mal sent excessivement mauvais dans l'autre vie, N° 7319. Plusieurs particularités sur la falsification du vrai, Nos 7318, 7319, 10648.

Il y a des faux de religion qui sont en concordance avec le bien, et il y en a qui sont en discordance, N° 9259. Les faux de religion, s'ils ne sont pas en discordance avec le bien, ne produisent pas le mal, excepté chez ceux qui sont dans le mal, N° 8318. Les faux de religion ne sont point imputés à ceux qui sont dans le bien, mais ils le sont à ceux qui sont dans le mal, Nos 8051, 8149. Les vrais non-réels, et aussi les faux, peuvent être consociés avec les vrais réels chez ceux qui sont dans le bien, mais non chez ceux qui sont dans le mal, Nos 3470, 3471, 4551, 4552, 7344, 8149, 9298. Les faux et les vrais sont consociés par les apparences d'après le sens de la lettre de la Parole, N° 7344. Les faux sont rendus vrais par le bien, et sont adoucis, parce qu'ils sont appliqués et dirigés vers le bien, et que le mal est éloigné, N° 8149. Les faux de religion, chez ceux qui sont dans le bien, sont reçus par le Seigneur comme des vrais, Nos 4736, 8149. Le bien dont la qualité (*quale*) vient d'un faux de religion est accepté par le Seigneur, s'il y a ignorance, et que dans l'ignorance il y ait l'innocence et une fin bonne, N° 7887. Les vrais chez l'homme sont des apparences du vrai et du bien, imbues d'illusions, mais le Seigneur néanmoins les adapte aux vrais réels chez l'homme qui vit dans le bien, N° 2053. Les faux dans lesquels est le bien se trouvent chez ceux qui sont hors de l'Église, et par suite dans l'ignorance du vrai, et aussi chez ceux qui sont au-dedans de l'Église où sont des faux de doctrine, Nos 2589 à 2604, 2861, 2863, 3263, 3778, 4189, 4190, 4197, 6700, 9256. Les faux dans lesquels n'est point le bien sont plus graves chez ceux qui sont au dedans de l'Église que chez ceux qui sont hors de l'Église, N° 7688. Dans l'autre vie, les vrais et les biens sont ôtés aux méchants, et sont donnés aux bons, selon les paroles du Seigneur ; « *A celui qui a, il sera donné afin qu'il ait abondamment, et à celui qui n'a pas, il sera ôté ce qu'il a.* » (— Matth. XXV.29, —) N° 7770.

22. *De ceux qui sont dans les vrais et non dans le bien ; ainsi, des vrais sans le bien.* Les vrais sans le bien ne sont pas en eux-mêmes des vrais, parce qu'ils n'ont point la vie, car toute la vie des vrais vient du bien, N° 3603. Ainsi, ils sont comme un corps sans âme, Nos 8530, 9154. Les connaissances du vrai et du bien, qui sont seulement dans la mémoire et non dans la vie, sont crues par eux être des vrais N° 5276. Les vrais ne sont pas appropriés à l'homme, et ne deviennent pas sa chose, quand seulement il les sait et les reconnaît d'après les causes qui procèdent de l'amour de soi et du monde, Nos 3402, 3834. Mais ceux qu'il reconnaît à cause du vrai même et du bien même sont appropriés, N° 3849. Les vrais sans le bien ne sont pas acceptés par le Seigneur,

N° 4368 ; et ne sauvent point, N° 2261. Ceux qui sont dans les vrais sans le bien ne sont point de l'Église, N° 3963. Ils ne peuvent être régénérés, N° 10367. Le Seigneur n'influe dans les vrais que par le bien, N° 10367.

De la séparation du vrai d'avec le bien, N°s 5008, 5009, 5022, 5028. Quel est le vrai sans le bien, et quel il est d'après le bien, N°s 1949, 1950, 1964, 5951 : d'après des comparaisons, N° 5804. Le vrai sans le bien est morose, N°s 1949, 1950, 1951, 1964. Dans le Monde spirituel il apparaît dur, N°s 6359, 7068 ; et aigu, N° 2799. Le vrai sans le bien est comme la lumière de l'hiver, dans laquelle toutes les choses de la terre sont engourdies et rien n'est produit ; mais le vrai d'après le bien est comme la lumière du printemps et de l'été, dans laquelle toutes choses fleurissent et sont produites, N°s 2231, 3146, 3412, 3413. Une telle lumière d'hiver est changée en d'épaisses ténèbres quand du ciel influe la lumière, et alors ceux qui sont dans ces vrais tombent dans l'aveuglement et dans la stupidité, N°s 3412, 3413.

Ceux qui séparent les vrais d'avec le bien sont dans les ténèbres, et ils sont dans l'ignorance du vrai et dans les faux, N° 9186. Des faux ils se jettent dans les maux, N°s 3325, 8094. Erreurs et faux dans lesquels ils se jettent, N°s 4721, 4730, 4776, 4783, 4925, 7779, 8313, 8765, 9222. La parole est fermée pour eux, N°s 3773, 4783, 8780. Ils ne voient pas toutes les choses que le Seigneur a dites sur l'amour et sur la charité, ainsi sur le bien, et ils n'y font pas attention, N°s 2371, 3416. Ils ne savent pas ce que c'est que le bien, ni par conséquent ce que c'est que l'amour céleste et la charité, N°s 2417, 3603, 4136, 9995. Ceux qui connaissent les vrais de la foi, et vivent mal, abusent des vrais dans l'autre vie pour dominer ; quels ils sont, et quel y est leur sort, N° 4802.

Le Vrai divin condamne à l'enfer, mais le Divin Bien élève au ciel, N° 2258. Le Vrai Divin inspire la terreur, mais non le Divin Bien, N° 4180. Ce que c'est qu'être jugé d'après le vrai, et être jugé d'après le bien, N° 2335.

23. *De ceux qui sont dans les vrais, et qui par les vrais regardent le bien et tendent au bien ; ainsi, des vrais par lesquels vient le bien.* Ce que l'homme aime il le veut, et ce que l'homme aime ou veut, il le pense et le confirme par divers arguments : ce que l'homme aime ou veut, il l'appelle bien ;

et ce que l'homme par suite pense et confirme par divers arguments, il l'appelle vrai, N° 4070. C'est de là que le vrai devient le bien, quand il devient chose de l'amour ou de la volonté, ou quand l'homme l'aime et le veut, Nos 5526, 7835, 10367. Et comme l'amour ou la volonté est la vie même de l'homme, le vrai ne vit pas chez l'homme quand seulement l'homme le sait et le pense, mais il vit quand il l'aime et le veut, et que d'après l'amour et la volonté il le fait, Nos 5595, 9282. Les vrais par suite reçoivent la vie, ainsi d'après le bien, Nos 2434, 3111, 3607, 6077. Par conséquent les vrais, ont la vie d'après le bien, et il n'y a pour les vrais aucune vie sans le bien, Nos 1589, 1947, 1997, 3579, 8530, 4070, 4096, 4097, 4736, 4757, 4884, 5147, 5928, 9154, 9667, 9841, 10729 ; illustré, N° 9154. Quand les vrais doivent être dits avoir acquis la vie, N° 1928. Le vrai, quand il a été conjoint au bien, est approprié à l'homme, parce qu'il devient chose de sa vie, Nos 3108, 3161. Pour que le vrai soit conjoint au bien, il faut qu'il y ait consentement de l'entendement et de la volonté ; quand la volonté aussi consent, alors il y a conjonction, Nos 3157, 3158, 3161.

Quand l'homme est régénéré, les vrais entrent avec le plaisir de l'affection, parce qu'il aime à les faire ; et ils sont reproduits avec la même affection, parce qu'il y a cohérence, Nos 2483, 2487, 3040, 3066, 3074, 3336, 4018, 5893, 7967. L'affection, qui appartient à l'amour, s'adjoint toujours aux vrais selon les usages de la vie ; cette affection est reproduite avec les vrais, et les vrais sont reproduits avec l'affection, Nos 3336-3824, 3849, 4205, 5893, 7967. Le bien ne reconnaît pour vrai rien autre chose que ce qui concorde avec l'affection qui appartient à l'amour, N° 3161. Les vrais sont introduits par des plaisirs et des charmes convenables, Nos 3502, 3512. Toute affection réelle du vrai vient du bien, et est selon le bien, Nos 4373, 8349, 8356. Ainsi, il y a insinuation et influx du bien dans les vrais, et conjonction, N° 4301. Et ainsi les vrais ont la vie, Nos 7918, 7967.

Parce que l'affection, qui appartient à l'amour, s'adjoint toujours aux vrais selon les usages de la vie, le bien reconnaît son vrai, et le vrai reconnaît son bien, Nos 2429, 3101, 3102, 3161, 3179, 3180, 4358, 5807, 5835, 9637. Par suite il y a conjonction du vrai et du bien ; sur cette conjonction,

Nos 3834, 4096, 4097, 4301, 4345, 4353, 4364, 4368, 5365, 7623 à 7627, 7752 à 7762, 8530, 9258, 10555. Les vrais aussi se reconnaissent et se consocient mutuellement, N° 9079 ; et cela vient de l'influx du Ciel, N° 9079.

Le bien est l'Être de la vie et le vrai est par suite l'Exister de la vie ; ainsi le bien a son Exister de la vie dans le vrai, et le vrai a son Être de la vie dans le bien, Nos 3049, 3180, 4574, 5002, 9154. Par suite tout bien a son vrai, et tout vrai a son bien, parce que le bien sans le vrai n'Existe point, et que le vrai sans le bien n'Est point, N° 9637. Puis aussi, le bien a sa forme et sa qualité par les vrais ; ainsi, le vrai est la forme et la qualité du bien, Nos 3049, 4574, 6917, 9154. Et par conséquent le vrai et le bien doivent être conjoints, pour qu'ils soient quelque chose, N° 10555. De là, le bien est dans un perpétuel effort et dans un perpétuel désir de se conjoindre les vrais, Nos 9206, 9495 ; illustré, N° 9207. Et les vrais réciproquement se conjoignent avec le bien, N° 9206. Il y a conjonction réciproque du bien avec le vrai, et du vrai avec le bien, Nos 5365, 8516. Le bien agit, et le vrai réagit, mais d'après le bien, Nos 3155, 4380, 4757, 5928, 10729. Les vrais regardent leur bien comme principe et fin, N° 4353.

Il en est de la conjonction du vrai avec le bien comme de la progression de la vie de l'homme depuis l'enfance, en ce que d'abord il puise les vrais scientifiquement, ensuite rationnellement, et qu'enfin ils les fait choses de sa vie, Nos 3024, 3665, 3690 ; il en est aussi comme d'un enfant, en ce qu'il est conçu, est porté dans l'utérus, naît, grandit et devient sage, Nos 3298, 3299, 3308, 3665, 3690 ; et aussi comme des semences et de l'humus, N° 3671 ; et comme de l'eau avec le pain, N° 4976. La première affection du vrai n'est pas réelle (*genuina*), mais elle est purifiée à mesure que l'homme est perfectionné, Nos 3040, 3089. Néanmoins les biens et les vrais non réels servent à l'introduction des biens et des vrais réels, et ensuite ceux qui ont précédé sont abandonnés, Nos 3665, 3690, 3974, 3982, 3986, 4145.

De plus, l'homme est conduit au bien par les vrais et non sans les vrais, Nos 10124, 10367. Si l'homme n'apprend pas ou ne reçoit pas les vrais, le bien ne peut influer, ainsi l'homme ne peut devenir spirituel, N° 3387. La conjonction du bien et du vrai se fait selon l'accroissement des connaissances,

N° 3141. Les vrais sont reçus par chacun selon qu'il les saisit, N° 3385.

Les vrais de l'homme naturel sont des scientifiques, N°s 3293, 3309, 3310. Les scientifiques et les counaissances sont comme des vases, N°s 6004, 6023, 6052, 6071, 6077. Les vrais sont les vases du bien, parce qu'ils en sont les récipients, N°s 1469, 1900, 2063, 2261, 2269, 3318, 3368, 3365.

Le bien influe chez l'homme par le chemin interne ou de l'âme, mais les vrais par le chemin externe ou de l'ouïe et de la vue, et ils sont conjoints dans ses intérieurs par le Seigneur, N°s 3030, 3098. Les vrais sont élevés de l'homme naturel, et implantés dans le bien dans l'homme spirituel, et ainsi les vrais deviennent spirituels, N°s 3085, 3086. Et plus tard ils influent de là dans l'homme naturel, le bien spirituel dans le bien du naturel immédiatement, mais dans le vrai du naturel médiatement, N°s 3314, 3573, 4563 ; illustré, N°s 3314, 3576, 3616, 3969, 3995. En un mot, les vrais sont conjoints au bien chez l'homme, autant et de la même manière que l'homme est dans le bien quant à la vie, N°s 3834, 3843. La conjonction se fait d'une manière chez les célestes et d'une autre manière chez les spirituels, N° 10124. Plusieurs particularités sur la conjonction du bien et du vrai, et sur la manière dont elle se fait, N°s 3090, 3203, 3308, 4096, 4097, 4345, 4353, 5365, 7623 à 7627. Comment le bien spirituel est formé par les vrais, N°s 3470, 3570.

24. *De ceux qui sont dans les vrais d'après le bien ; ainsi, des vrais d'après le bien.* Différence qu'il y a entre le vrai qui conduit au bien et le vrai qui procède du bien, N° 2063. Le vrai n'est essentiellement le vrai qu'autant qu'il procède du bien, N°s 4736, 10619 ; parce que le vrai tire du bien son Être, N°s 3049, 3180, 4574, 5002, 9144 ; et sa vie, N°s 3111, 2434, 6077 ; et parce que le vrai est la forme ou la qualité du bien, N°s 3049, 4574, 5951, 9144. Le vrai est absolument comme le bien chez l'homme, dans le même rapport et le même degré, N° 2429. Le vrai, pour qu'il soit le vrai, doit tirer son essence du bien de la charité et de l'innocence, N°s 3111, 6013. Les vrais qui proviennent du bien sont des vrais spirituels, N° 5951.

Le vrai, quand il procède du bien, fait un avec le bien, à tel point que tous deux ensemble sont un seul bien, N°s

4301, 7835, 10252, 10266. L'entendement et la volonté font un seul mental et une seule vie, quand l'entendement procède de la volonté, puisque l'entendement est le récipient du vrai, et la volonté le récipient du bien, mais non quand l'homme pense et parle autrement qu'il ne veut, N° 3623. Le vrai d'après le bien est le vrai en volonté et en acte, Nos 4337; 4353, 4385, 4390. Quand le vrai procède du bien, le bien a son image dans le vrai, N° 3180.

Dans le ciel entier et le monde entier, et dans chacune des choses qui les constituent, il y a une ressemblance du mariage, Nos 54, 718, 747, 917, 1432, 2173, 2516, 5194; principalement entre le vrai et le bien, Nos 1904, 2173, 2508, puisque toutes choses dans l'univers se réfèrent au vrai et au bien pour être quelque chose, et à leur conjonction pour produire quelque chose, Nos 2452, 3166, 4390, 4409, 5232, 7256, 10122, 10555. Les Anciens aussi avaient institué un mariage entre le vrai et le bien, N° 1904. La loi du mariage est que deux soient un, selon les paroles du Seigneur, Nos 10130, 10168, 10169. L'amour vraiment conjugal descend du ciel et existe d'après le mariage du vrai et du bien, Nos 2728, 2729.

L'homme est sage en tant qu'il est dans le bien et par suite dans les vrais, mais non en tant qu'il sait les vrais sans être dans le bien, Nos 3182, 3190, 4884. L'homme, qui est dans les vrais d'après le bien, est en actualité élevé de la lumière du monde dans la lumière du ciel, ainsi de l'obscurité dans la clarté; et, *vice versa*, il est dans la lumière du monde et dans l'obscurité, tant qu'il sait les vrais et n'est pas dans le bien, Nos 3190, 3192. L'homme ne sait pas ce que c'est que le bien, avant d'être dans le bien; c'est d'après le bien qu'il le sait, Nos 3325, 3330, 3336. Les vrais croissent immensément quand ils procèdent du bien, Nos 2846, 2847, 5345; de cet accroissement, N° 5355. Il en est de cet accroissement comme de la fructification par l'arbre, et de la multiplication par les semences, d'où sont formés des jardins entiers, Nos 1873, 2846, 2847. Autant aussi s'accroît la sagesse, et cela éternellement, Nos 3200, 3314, 4220, 4221, 5527, 5859, 6663. Autant aussi l'homme, qui est dans les vrais d'après le bien, est illustré, et dans une illustration plus grande quand il lit la Parole, Nos 9382, 10548, 10549, 10550, 10691, 10694. Le bien de l'amour est comme un feu, et le vrai qui en provient est comme la lumière produite par ce feu, Nos 3195, 3222, 5400, 8644, 9399, 9548, 9684. Dans le ciel, les vrais d'après le bien brillent aussi, No 5219. Les vrais d'après le bien, par lesquels existe la sagesse, croissent selon la qualité et la quantité de l'amour du bien, et d'un autre côté les faux d'après le mal croissent selon la qualité et la quantité de l'amour du mal, No 4099. L'homme, qui est dans les vrais d'après le bien, vient dans l'intelligence et la sagesse angéliques, et elles sont cachées dans ses intérieurs tant qu'il vit dans le monde, mais elles sont mises à découvert dans l'autre vie, No 2494. L'homme, qui est dans les vrais d'après le bien, devient Ange après la mort, No 8747.

Il en est des vrais d'après le bien comme des générations, No 9079. Ils sont disposés en séries, Nos 5339, 5343, 5530, 7408, 10303. L'ordination des vrais d'après le bien comparée avec les fibres et les vaisseaux sanguins dans le corps, et par suite avec leurs textures et leurs formes, selon les usages de la vie, Nos 3470, 3570, 3579, 9154. Les vrais d'après le bien forment comme une ville, et cela d'après l'influx du ciel, No 3584. Dans le milieu sont les vrais qui appartiennent à l'amour principal, et les autres en sont éloignés selon les degrés de disconvenance, Nos 3993, 4551, 4552, 5530, 6028. Le même arrangement a lieu chez les méchants pour les faux, Nos 4551, 4552. Les vrais, quand ils procèdent du bien, sont mis en ordre selon la forme du ciel, Nos 4302, 5704, 5339, 5343, 6028, 10303 ; et cela, selon l'ordre dans lequel sont les sociétés angéliques, No 10303. Tous les vrais, quand ils procèdent du bien, ont été conjoints entre eux par une sorte d'affinité, et il en est d'eux comme des dérivations de familles provenant d'un seul père, No 2863. Tout vrai a aussi une sphère d'extension dans le ciel selon la qualité et la quantité du bien dont il provient, No 8063. Le mariage du bien et du vrai est l'Église et le ciel chez l'homme, Nos 2173, 7752, 7753, 9224, 9995, 10122. Du plaisir et de la félicité de ceux chez qui le bien est dans les vrais, No 1470.

Les vrais d'après le bien, étant conjoints, présentent l'image de l'homme, No 8370. L'homme n'est absolument que son bien et le vrai qui en procède, ou son mal et le faux qui en procède, No 10298.

En somme : Par les vrais il y a la foi, Nos 4352, 4997, 7178,

10367. Par les vrais il y a la charité à l'égard du prochain, Nos 4368, 7623, 7624, 8034. Par les vrais il y a l'amour envers le Seigneur, Nos 10143, 10153, 10310, 10578, 10645. Par les vrais il y a la conscience, Nos 1077, 2053, 9113. Par les vrais il y a l'innocence, Nos 3183, 3494, 6013. Par les vrais il y a la purification des maux, Nos 2799, 5954, 7044, 7918, 9088, 10229, 10237. Par les vrais il y a la régénération, Nos 1555, 1904, 2046, 2189, 9088, 9959, 10028. Par les vrais il y a l'intelligence et la sagesse, Nos 3182, 3190, 3387, 10064. Par les vrais il y a la beauté pour les anges, et par conséquent pour les hommes quant aux intérieurs qui appartiennent à leur esprit, Nos 553, 3080, 4985, 5199. Par les vrais il y a la puissance contre les maux et les faux, Nos 3091, 4015, 10481. Par les vrais il y a l'ordre tel qu'il est dans le ciel, Nos 3316, 3417, 3570, 5704, 5339, 5343, 6028, 10303. Par les vrais il y a l'Église, Nos 1798, 1799, 3963, 4468, 4672. Par les vrais il y a le Ciel pour l'homme, Nos 1900, 9832, 9931, 10303. Par les vrais l'homme devient homme, Nos 3175, 3387. 8370, 10298. Mais cependant toutes ces choses par les vrais d'après le bien, et non par les vrais sans le bien ; et le bien vient du Seigneur, Nos 2434, 4070, 4736, 5147. Tout bien vient du Seigneur, Nos 1614, 2016, 2904, 4151, 9981.

25. *Tout bien et tout vrai viennent du Seigneur.* Le Seigneur est le Bien même et le Vrai même, No 2011, 4151, 10336, 10619. Le Seigneur, quant à l'un et à l'autre et le Divin et l'Humain, est le Divin Bien du Divin Amour, et de ce Divin Bien procède le Divin Vrai, Nos 3704, 3712, 4180, 4577. Le Divin Vrai procède du Divin Bien du Seigneur, par comparaison, comme la lumière procède du soleil, Nos 3704, 3712, 4180, 4577. Le Divin Vrai procédant du Seigneur apparaît dans les cieux comme Lumière, et constitue toute la lumière du ciel, Nos 3195, 3223, 5400, 8694, 9399, 9548, 9684. La lumière du ciel, qui est le Divin Vrai uni au Divin Bien éclaire et la vue et l'entendement des anges et des esprits, Nos 2776, 3138. Le Ciel est dans la lumière et dans la chaleur parce qu'il est dans le vrai et dans le bien, puisque là le Divin Vrai est la Lumière et le Divin Bien la Chaleur, Nos 3643, 9399, 9400, et dans le Traité du ciel et de l'Enfer, No 126 à 140. Le Divin Vrai procédant du Divin Bien du Seigneur forme et met en ordre le Ciel angélique, Nos 3038, 9408, 9613, 10716, 10717.

Le Divin Bien uni au Divin Vrai, qui est dans les cieux, est appelé Divin Vrai, N° 10196.

Le Divin Vrai procédant du Seigneur est l'unique réel, Nos 6880, 7004, 8200. Par le Divin Vrai toutes les choses ont été faites et créées, Nos 2803, 2894, 5272, 7678. Au Divin Vrai aussi appartient toute puissance, N° 8200.

L'homme ne peut de lui-même rien faire de bien, ni rien penser de vrai, Nos 874, 875, 876. Le rationnel de l'homme ne peut pas de lui-même percevoir le Divin Vrai, Nos 2196, 2203, 2209. Les vrais qui ne procèdent pas du Seigneur viennent du propre de l'homme, et ne sont pas des vrais, mais seulement ils apparaissent comme vrais, N° 8868.

Tout bien et tout vrai viennent du Seigneur, et de l'homme il ne vient aucun bien ni aucun vrai, Nos 1614, 2016, 2904, 4151, 9981. Les biens et les vrais ne sont des biens et des vrais qu'autant qu'ils ont en eux le Seigneur, Nos 2904, 3061, 8480. Du Divin Vrai procédant immédiatement du Seigneur, et du Divin Vrai procédant médiatement par les anges ; et de l'influx de ces vrais chez l'homme, Nos 7055, 7056, 7058. Le Seigneur influe dans le bien chez l'homme, et par le bien dans les vrais, N° 10153. Il influe par le bien dans les vrais de tout genre, surtout dans les vrais réels, Nos 2531, 2554. Le Seigneur n'influe pas dans les vrais séparés du bien, et il n'y a pas de parallélisme entre le Seigneur et l'homme quant à ces vrais, mais il y en a un quant au bien, Nos 1831, 1832, 3514, 3564.

Faire le bien et le vrai pour le bien et le vrai, c'est aimer le Seigneur et aimer le prochain, N° 10336. Ceux qui sont dans l'interne de la Parole, de l'Église et du Culte, aiment faire le bien et le vrai pour le bien et le vrai ; mais ceux qui sont dans l'externe de ces choses sans être dans l'interne, aiment faire le bien et le vrai pour eux-mêmes et pour le monde, N° 10683. Ce que c'est que faire le bien et le vrai pour le bien et le vrai; illustré par des exemples, N° 10683.

26. *Des divers biens et des divers vrais*. Il existe une variété infinie, et jamais une chose n'est indentiquement la même qu'une autre, Nos 7236, 9002. Dans les cieux il existe aussi une variété infinie, Nos 684, 690, 8744, 5598, 7236. Les variétés dans les cieux sont les variétés du bien ; et par suite là il y a distinction de toutes choses, Nos 3519, 3744, 3804, 3986, 4005, 4067, 4149, 4263, 7236, 7833, 7836, 9002. Ces variétés viennent des

vrais, qui sont de plusieurs sortes, par lesquels chacun a le bien, Nos 3470, 3519, 3804, 4149, 6917, 7236. De là, toutes les sociétés angéliques dans les cieux sont distinctes entre elles, et dans une société chaque ange est distinct d'un autre ange, Nos 690, 3241, 3519, 3804, 3986, 4067, 4149, 4263, 7236, 7833, 7836. Mais néanmoins ils font un par l'Amour procédant du Seigneur, et par cela qu'ils tendent à une même fin, Nos 457, 3986.

Les biens et les vrais en général sont distingués, selon les degrés, en naturels, spirituels et célestes, Nos 2069, 3240. Il y a trois degrés du bien, et par conséquent du vrai, dans le commun, selon les trois cieux, Nos 4154, 9873, 10270. Il y a des biens et des vrais de ce triple genre dans l'homme interne, et tout autant dans l'homme externe, N° 4154. Il y a le bien naturel, le bien civil et le bien moral, N° 3768. Le bien naturel, dans lequel quelques-uns naissent, n'est pas un bien dans l'autre vie, à moins qu'il ne devienne bien spirituel, Nos 2463, 2464, 2468, 3408, 3469, 3470, 3508, 3518, 7761. Du bien naturel spirituel, et du bien naturel non spirituel, Nos 4988, 4992, 5032. Il y a le vrai intellectuel, et il y a le vrai scientifique, Nos 1904, 1911, 2503.

27'. *La sagesse vient du bien par les vrais.* Comment le rationnel est conçu et naît chez l'homme, Nos 2094, 2524, 2557, 3030, 5126. C'est par l'influx du Seigneur à travers le ciel dans les connaissances et les sciences qui sont chez l'homme, et par conséquent par élévation, Nos 1895, 1899, 1900, 1901. L'élévation est selon les usages et l'amour des usages, Nos 3074, 3085, 3086. Le rationnel naît par les vrais ; de là tels sont les vrais, tel est le rationnel, Nos 2094, 2524, 2557. Le rationnel est ouvert et formé par les vrais d'après le bien, et il est fermé et détruit par les faux d'après le mal, Nos 3108, 5126. L'homme n'est pas rationnel par cela qu'il peut raisonner sur une chose quelconque, mais il l'est en ce qu'il peut voir et percevoir si une chose est un vrai ou n'est pas un vrai, N° 1944. L'homme ne naît dans aucun vrai, parce qu'il ne naît pas dans le bien, mais il doit apprendre les vrais et s'en pénétrer, N° 3175. L'homme peut difficilement recevoir les vrais réels, et ainsi devenir sage, à cause des illusions des sens et des persuasions du faux, et à cause des raisonnements et des doutes qui en proviennent, N° 3175. L'homme commence à être sage, alors qu'il commence à avoir en aversion les raisonnements contre les vrais, et à rejeter les doutes, N° 3175. Le rationnel humain non illustré tourne en dérision les vrais intérieurs; exemples, N° 2654. Les vrais sont dits intérieurs chez l'homme, quand ils ont été implantés dans sa vie, et non par cela seul qu'il les connaît, quand bien même ce seraient des vrais qui sont appelés vrais intérieurs, N° 10199.

Dans le bien il y a la faculté d'être sage; de là, ceux qui dans le monde ont vécu dans le bien viennent dans la sagesse angélique après leur sortie du monde, N°s 5527, 5859, 8321. Dans chaque bien il y a des choses innombrables, N° 4005. D'après le bien on peut savoir des choses innombrables, N° 3612. De la multiplication du vrai d'après le bien, N°s 5345, 5355, 5912. Par les vrais et par la vie selon les vrais, le bien de l'enfance devient le bien de la sagesse, N° 3504.

Il y a l'affection du vrai et l'affection du bien, N°s 1904, 1997. Quels sont ceux qui sont dans l'affection du vrai, et quels sont ceux qui sont dans l'affection du bien, N°s 2422, 2429. Qui sont ceux qui peuvent venir dans l'affection du vrai, et qui sont ceux qui ne le peuvent pas, N° 2689. Tous les vrais sont mis en ordre sous une affection commune, N° 9094. L'affection du vrai et l'affection du bien dans l'homme naturel sont comme le frère et la sœur, et dans l'homme spirituel comme le mari et sa femme, N° 3160.

Il n'y a pas de vrais purs chez l'homme, pas même chez l'ange, mais seulement chez le Seigneur, N°s 3207, 7902. Les vrais chez l'homme sont des apparences du vrai, N°s 2053, 2719. Les premiers vrais chez l'homme sont des apparences du vrai d'après les illusions des sens; toutefois, il s'en dépouille successivement à mesure qu'il est perfectionné quant à la sagesse, N° 3131. Les apparences du vrai chez l'homme, qui est dans le bien, sont reçues par le Seigneur comme étant des vrais, N°s 2053, 3207. Ce que c'est que les apparences du vrai, et quelle est leur qualité, N°s 3207, 3357 à 3362, 3368, 3404, 3405, 3417. Le sens de la lettre de la Parole est en beaucoup d'endroits selon les apparences, N° 1838. Les mêmes vrais sont davantage des vrais chez l'un, chez un autre ils le sont moins, et chez un autre ils sont des faux parce qu'ils ont été falsifiés, N° 2439. Les vrais aussi sont des vrais selon la correspondance entre l'homme naturel et l'homme spirituel, N°s 3128, 3138.

Les vrais diffèrent selon les diverses idées et les diverses perceptions qu'on en a, Nos 3470, 3804, 6917.

Le vrai, quand il a été conjoint au bien, s'évanouit de la mémoire, parce qu'alors il devient chose de la vie, No 3108. Les vrais ne peuvent être conjoints au bien que dans l'état libre, No 3158. Les vrais sont conjoints au bien par les tentations, Nos 3318, 4572, 7122. Il y a dans le bien un continuel effort de mettre en ordre les vrais, et de rétablir par là son état, No 3610. Les vrais apparaissent désagréables, quand la communication avec le bien est interceptée, No 8352. L'homme peut difficilement distinguer entre le vrai et le bien, parce qu'il peut difficilement distinguer entre penser et vouloir, No 9995. Le bien dans la Parole est appelé le frère du vrai, No 4267. Et aussi sous certain rapport le bien est appelé seigneur, et le vrai serviteur, Nos 3409, 4267.

DE LA VOLONTÉ ET DE L'ENTENDEMENT.

28. Il y a dans l'homme deux facultés qui font sa vie, l'une s'appelle la VOLONTÉ, et l'autre l'ENTENDEMENT ; elles sont distinctes entre elles, mais elles ont été créées de manière qu'elle soient un, et quand elles sont un, elles sont appelées le MENTAL ; elles sont donc le Mental humain, et toute la vie de l'homme est là.

29. De même que dans l'Univers toutes les choses, qui sont selon l'ordre Divin, se réfèrent au Bien et au Vrai, de même chez l'homme elles se réfèrent toutes à la Volonté et à l'Entendement, car le bien chez l'homme appartient à sa volonté, et le vrai chez lui appartient à son entendement ; en effet, ces deux facultés ou ces deux vies de l'homme sont les réceptacles et les sujets du bien et du vrai, la Volonté est le réceptacle et le sujet de tout ce qui appartient au bien, et l'Entendement est le réceptable et le sujet de tout ce qui appartient au vrai ; les biens et les vrais chez l'homme ne sont point ailleurs ; et comme les biens et les vrais chez l'homme ne sont point ailleurs, il s'ensuit que l'Amour et la Foi ne sont point non plus ailleurs, puisque l'amour appartient au bien, et le bien à l'amour, et que la foi appartient au vrai, et le vrai à la foi.

30. Maintenant, comme toutes les choses dans l'Univers se réfèrent au bien et au vrai, et toutes les choses de l'Église au bien de l'amour et au vrai de la foi, et comme l'homme est homme par ces deux facultés (volonté et entendement), c'est pour cela qu'il est aussi traité de ces deux facultés dans cette Doctrine ; autrement, l'homme ne pourrait pas en avoir une idée distincte, et sa pensée n'aurait pas de base.

31. La Volonté et l'Entendement font aussi l'Esprit de l'homme, car là résident sa sagesse et son intelligence,

et en général sa vie ; le corps n'est qu'une obéissance.

32. Ce qu'il y a de plus important à savoir, c'est comment la Volonté et l'Entendement font un seul Mental : Ils font un seul Mental comme le bien et le vrai font un ; car il y a entre la volonté et l'entendement le même Mariage qu'entre le bien et le vrai ; quel est ce mariage, on peut le voir pleinement par ce qui a été rapporté ci-dessus sur le bien et le vrai, à savoir, que comme le bien est l'Être même de la chose, et que le vrai est par suite l'Exister de cette chose, de même chez l'homme la Volonté est l'Être même de sa vie, et l'Entendement est par suite l'Exister de la vie qui procède de l'Être ; car le bien qui appartient à la Volonté se forme dans l'Entendement, et se présente à la vue.

33. Chez ceux qui sont dans le bien et dans le vrai il y a la volonté et l'entendement, mais chez ceux qui sont dans le mal et dans le faux, il n'y a ni la volonté ni l'entendement ; au lieu de la volonté il y a la cupidité, et au lieu de l'entendement la science ; car la volonté vraiment humaine est le réceptacle du bien, et l'entendement le réceptacle du vrai ; c'est pourquoi la volonté ne peut pas se dire du mal, ni l'entendement se dire du faux, parce que ce sont des opposés, et que l'opposé détruit. De là vient que l'homme qui est dans le mal, et par suite dans le faux, ne peut être dit ni rationnel, ni sage, ni intelligent : et même chez les méchants ont été fermés les intérieurs qui appartiennent au Mental, où résident principalement la volonté et l'entendement. On croit que chez les méchants il y a aussi la volonté et l'entendement, parce qu'ils disent qu'ils veulent et qu'ils comprennent ; mais chez eux vouloir n'est que convoiter, et comprendre n'est que savoir.

D'après les Arcanes Célestes.

34. Les Vrais spirituels ne peuvent être compris, à moins qu'on ne sache les Universaux suivants : I. Toutes choses dans l'Univers se réfèrent au Bien et au Vrai, et à la conjonction de l'un et de l'autre, pour être quelque chose ; ainsi, à l'Amour et à la Foi, et à leur conjonction. II. Chez l'homme il y a la Volonté et l'Entendement ; la Volonté est le réceptacle du Bien, et l'Entendement est le réceptacle du Vrai, et toutes choses chez l'homme se réfèrent à la Volonté et à l'Entendement, et à leur conjonction, de même que toutes choses se réfèrent au bien et au vrai, et à leur conjonction. III. Il y a l'Homme Interne et l'Homme Externe, et les deux sont distincts entre eux comme le Ciel et le Monde, et cependant ils doivent faire un, pour que l'homme soit véritablement homme, IV. C'est dans la Lumière du Ciel qu'est l'homme interne, et dans la Lumière du monde qu'est l'homme externe ; et la Lumière du Ciel est le Divin Vrai même d'où procède toute intelligence. V. Entre les choses qui sont dans l'homme interne et celles qui sont dans l'homme externe il y a correspondance, et par suite elles apparaissent dans chacun d'eux sous une forme différente, tellement qu'elles ne peuvent être discernées que par la science des correspondances. Si ces Universaux et plusieurs autres ne sont pas connus, on ne peut se former sur les Spirituels et les Célestes que des idées dépourvues de justesse ; et ainsi, sans ces Universaux, les scientifiques et les connaissances, qui appartiennent à l'homme externe, ne peuvent être que peu utiles à l'homme rationnel, pour l'entendement et l'accroissement. De là, on voit clairement combien sont nécessaires les scientifiques. Il a été traité plusieurs fois de ces Universaux dans les ARCANES CÉLESTES.

35. Il y a dans l'homme deux Facultés, l'une qui est appelée la Volonté, et l'autre qui est appelée l'Entendement, Nos 35, 641, 3539, 3623, 10122. Ces deux facultés font l'homme même, Nos 10076, 10109, 10110, 10264, 10284. L'homme est tel que sont ces deux facultés chez lui, Nos 7342, 8885, 9282, 10264, 10284. Par elles aussi l'homme est distingué des bêtes ; et cela, parce que l'Entendement de l'homme peut être élevé par le Seigneur et voir les Vrais Divins, et que la Volonté

peut l'être pareillement et percevoir les Biens Divins ; et ainsi l'homme par ses deux facultés qui le constituent peut être conjoint au Seigneur ; mais il en est autrement de la bête, N°s 4525, 5114, 5302, 6323, 9231. Et comme l'homme peut être ainsi conjoint au Seigneur, il ne peut mourir quant à ses intérieurs qui appartiennent à son esprit, mais il vit éternellement, N° 5302. L'homme est homme non par la forme, mais par le bien et le vrai qui appartiennent à sa volonté et à son entendement, N°s 4051, 5302.

De même que toutes choses dans l'Univers se réfèrent au Bien et au Vrai, de même toutes choses chez l'homme se réfèrent à la Volonté et à l'Entendement, N°s 803, 10122 ; parce que la Volonté est le réceptacle du bien, et l'Entendement le réceptacle du vrai, N°s 3332, 3623, 5113, 6065, 6125, 7503, 9300, 9930. Il revient au même de dire le vrai ou de dire la foi, car la foi appartient au vrai et le vrai appartient à la foi ; et il revient au même de dire le bien ou de dire l'amour, car l'amour appartient au bien et le bien appartient à l'amour ; en effet, ce que l'homme croit il l'appelle vrai, et ce que l'homme aime il l'appelle bien, N°s 4353, 4997, 7178, 10122, 10367. Il suit de là que l'Entendement est le récipient de la foi, et la Volonté le récipient de l'amour ; et que la foi et l'amour sont dans l'homme, quant ils sont dans l'Entendement et dans la Volonté, parce que la vie de l'homme n'est point ailleurs, N°s 7178, 10122, 10367. Et comme l'Entendement de l'homme peut recevoir la foi au Seigneur, et que sa Volonté peut recevoir l'amour envers le Seigneur, l'homme peut par la foi et par l'amour être conjoint au Seigneur, et celui qui peut être conjoint au Seigneur par la foi et l'amour ne peut mourir dans l'éternité, N°s 4525, 6323, 9231. L'Amour est la conjonction dans le Monde spirituel, N°s 1594, 2057, 3939, 4018, 5807, 6195, 6196, 7081 à 7086, 7501, 10130.

La Volonté de l'homme est l'Être même de sa vie, parce qu'elle est le réceptacle du bien, et l'Entendement est l'Exister de la vie provenant de l'Être, parce qu'il est le réceptacle du vrai, N°s 3619, 5002, 9282. Ainsi, la vie de la Volonté est la vie principale de l'homme, et la vie de l'Entendement en procède, N°s 585, 590, 3619, 7342, 8885, 9282, 10076, 10109, 10110, de même que la lumière procède du feu ou de la flamme, N°s 6032, 6314. Les choses qui viennent dans l'Entendement et en même temps dans la Volonté sont appropriées à l'homme, mais non celles qui viennent seulement dans l'Entendement, Nos 9009, 9069, 9071, 9129, 9182, 9386, 9393, 10076, 10109, 10110. Celles qui sont reçues par la Volonté, et de là par l'Entendement, deviennent choses de la vie de l'homme, Nos 8911, 9069, 9071, 10076, 10109, 10110. Chaque homme aussi est aimé et estimé des autres selon le bien de sa Volonté et de l'Entendement qui en procède, car celui qui veut ce qui est bien, et comprend ce qui est bien, est aimé et estimé ; mais celui qui comprend ce qui est bien, et ne veut pas ce qui est bien, est rejeté et méprisé, Nos 8911, 10076. L'homme aussi après la mort reste tel qu'est sa Volonté et l'Entendement qui en dérive, Nos 9069, 9071, 9386, 10153. Et alors les choses qui appartiennent à l'Entendement, et non en même temps à la Volonté, s'évanouissent parce qu'elles ne sont pas dans l'esprit de l'homme, N° 9282. Ou, ce qui revient au même, l'homme après la mort reste tel qu'est son amour et la foi qui en dérive, ou tel qu'est son bien et le vrai qui en dérive ; et les choses qui appartiennent à la foi et non en même temps à l'amour, ou qui appartiennent au vrai et non en même temps au bien, s'évanouissent, parce qu'elles ne sont pas dans l'homme ; ainsi parce qu'elles n'appartiennent pas à l'homme, Nos 553, 2363, 10153. L'homme peut saisir par l'Entendement ce qu'il ne fait pas d'après la Volonté, ou peut comprendre ce qu'il ne veut pas, parce que cela est contre son amour, N° 3539.

La Volonté et l'Entendement constituent un seul Mental, Nos 35, 3623, 5835, 10122. Ces deux facultés de la vie doivent faire un, pour que l'homme soit homme, Nos 3623, 5835, 5969, 9300. Combien a été perverti l'état de ceux chez qui l'Entendement et la Volonté ne font pas un ! N° 9075. Tel est l'état chez les hypocrites, les fourbes, les flatteurs et les imposteurs, Nos 4327, 3573, 4799, 8250. La Volonté et l'Entendement sont ramenés à l'unité dans l'autre vie, et il n'est pas permis d'y avoir un mental divisé, Nos 8250.

Tout Doctrinal de l'Église a avec soi des idées, et par elles il est perçu quel il est, N° 3310. Selon ces idées il y a l'entendement du doctrinal, et sans l'idée intellectuelle chez l'homme, il n'y a que l'idée du mot, et nullement l'idée de la chose, Nos 3825. Les idées de l'entendement s'étendent amplement dans les sociétés des esprits et des anges de tout côté, Nos 6599, 6600 à 6605, 6609, 6613. Les idées de l'entendement de l'homme sont ouvertes dans l'autre vie, et se montrent au vif telles qu'elles sont, Nos 1869, 3310, 5510. Quel aspect présentent les idées de certains hommes, Nos 6200, 8885.

Toute volonté du bien et tout entendement du vrai procèdent du Seigneur, il n'en est pas de même de l'entendement du vrai séparé d'avec la volonté du bien, Nos 1831, 3514, 5482, 5649, 6027, 8685, 8701, 10153. C'est l'Entendement qui est illustré par le Seigneur. Nos 6222, 6608, 10659. A ceux qui sont illustrés, le Seigneur donne de voir et de comprendre le vrai, Nos 9382, 10659. L'illustration de l'entendement est variée selon les états de la vie de l'homme, Nos 5221, 7012, 7233. L'Entendement est illustré en tant que l'homme reçoit le vrai par la Volonté, c'est-à-dire, en tant qu'il veut faire selon le vrai, No 3619. Est illustré l'Entendement de ceux qui lisent la Parole d'après l'amour du vrai et d'après l'amour de l'usage de la vie, mais non l'entendement de ceux qui la lisent d'après l'amour de la réputation, de l'honneur, du gain, Nos 9382, 10548, 10549. 10551. L'Illustration est une élévation actuelle du mental dans la lumière du Ciel, Nos 10330 ; d'après l'expérience, Nos 1526, 6608. La lumière du Ciel est illustration pour l'Entendement comme la lumière du monde pour la vue, Nos 1524, 5114, 6608, 9128. La Lumière du Ciel est le Divin Vrai, d'où procèdent toute sagesse et toute intelligence, Nos 3195, 3222, 5400, 8644, 9399, 9548, 9648. C'est l'Entendement de l'homme qui est illustré par cette lumière. Nos 1524, 3138, 3167, 4408, 6608, 8707, 9128, 9399, 10569.

L'Entendement est tel que sont les vrais d'après le bien par lesquels il a été formé, No 10064. L'Entendement (réel) est celui qui est formé par les vrais procédant du bien et non celui qui est formé par les faux procédant du mal, No 10675. L'Entendement consiste à voir, d'après les choses qui appartiennent à l'expérience et à la science, les vrais, les causes des choses, les enchaînements, et les conséquences en série, No 6125. Il appartient à l'Entendement de voir et de percevoir si une chose est vraie avant de la confirmer, et non pas de pouvoir confirmer quoi que ce soit, Nos 4741, 7012, 7680, 7950, 8521, 8780. La lumière de la confirmation sans la perception préalable du vrai, est une lumière naturelle ; elle peut exister aussi chez ceux qui ne sont pas sages, N° 8780. Voir et percevoir si une chose est vraie, avant de la confirmer, est donné seulement à ceux qui sont affectés du vrai pour le vrai, ainsi à ceux qui sont dans la lumière spirituelle, N° 8780. Tous les dogmes, même ceux qui sont faux, peuvent être confirmés, jusqu'au point de se montrer comme vrais, Nos 4677, 4741, 5033, 6865, 7950.

Comment est conçu et naît le Rationnel chez l'homme, Nos 2094, 2524, 2557, 3030, 5126. C'est d'après l'influx de la lumière du Ciel procédant du Seigneur par l'homme Interne dans les connaissances et les sciences qui sont dans l'homme Externe; et par suite il y a élévation, Nos 1895, 1899, 1900, 1901, 1902. Le Rationnel naît par les vrais, et non par les faux ; par suite tels sont les vrais, tel est le Rationnel, Nos 2094, 2524, 2557. Le Rationnel est ouvert et formé par les vrais d'après le bien, et il est fermé et détruit par les faux d'après le mal, Nos 3108, 5126. Celui qui est dans les faux d'après le mal n'est pas un homme rationnel ; et de ce qu'il peut raisonner sur quoi que ce soit, il n'est pas pour cela rationnel, N° 1944.

L'homme sait difficilement distinguer entre l'Entendement et la Volonté, parce qu'il sait difficilement distinguer entre penser et vouloir, N° 9995.

D'après ce qui a été rapporté ci-dessus sur le Bien et le Vrai, on peut savoir et conclure beaucoup de choses sur la Volonté et l'Entendement, pourvu qu'au lieu du Bien, on perçoive la Volonté, et au lieu du Vrai l'Entendement, car la Volonté appartient au Bien, et l'Entendement appartient au Vrai.

De l'homme Interne et de l'homme Externe.

36. L'homme a été créé de telle sorte, qu'il est à la fois dans le Monde spirituel et dans le Monde naturel ; le Monde spirituel est où sont les Anges, et le Monde naturel, où sont les hommes ; et comme l'homme a été ainsi créé, c'est pour cela qu'il lui a été donné un Interne et un Externe ; un Interne, par lequel il est dans

le Monde spirituel ; un Externe, par lequel il est dans le Monde naturel. Son Interne est ce qui est appelé l'homme Interne, et son Externe, ce qui est appelé l'homme Externe.

37. Chez chaque homme il y a un Interne et un Externe, mais autrement chez les bons, et autrement chez les méchants ; l'Interne chez les bons est dans le Ciel et dans la lumière du ciel, et l'Externe est dans le Monde et dans la lumière du monde, et cette lumière-ci chez eux est éclairée par la lumière du Ciel, et ainsi chez eux l'Interne et l'Externe font un comme la cause efficiente et l'effet, ou comme l'antérieur et le postérieur. Mais chez les méchants l'Interne est dans le Monde et dans la lumière du monde, et dans cette même lumière est aussi l'Externe ; c'est pourquoi ils ne voient rien d'après la lumière du Ciel, mais ils voient seulement d'après la lumière du monde, lumière qui est appelée par eux lueur de la nature ; de là vient que les choses qui sont du Ciel sont pour eux dans l'obscurité, et que les choses qui sont du Monde sont dans la lumière. D'après cela, il est évident que pour les Bons, il y a l'homme Interne et l'homme Externe, mais que pour les Méchants il n'y a pas l'homme Interne, mais seulement l'homme Externe.

38. L'homme Interne est celui qui est appelé homme Spirituel, parce qu'il est dans la lumière du Ciel, lumière qui est spirituelle ; et l'homme Externe est celui qui est appelé homme Naturel, parce qu'il est dans la lumière du Monde, lumière qui est naturelle : l'homme dont l'Interne est dans la lumière du Ciel, et l'Externe dans la lumière du Monde est homme Spirituel quant à l'un et à l'autre ; mais l'homme dont l'Interne n'est pas dans la lumière du Ciel, mais est seulement dans la lu-

mière du Monde, dans laquelle est aussi l'Externe, est homme Naturel quant à l'Interne et quant à l'Externe. L'homme Spirituel est celui qui, dans la Parole, est appelé *Vivant*, et l'homme Naturel celui qui est appelé *Mort*.

39. L'homme, dont l'Interne est dans la lumière du Ciel, et l'Externe dans la lumière du Monde, pense et spirituellement et naturellement, mais alors sa pensée spirituelle influe dans sa pensée naturelle, et y est perçue. Mais l'homme dont l'Interne avec l'Externe est dans la lumière du Monde pense non spirituellement mais matériellement ; car il pense d'après des choses qui sont dans la nature du monde, qui toutes sont matérielles. Penser spirituellement, c'est penser les choses elles-mêmes en soi, voir les vrais d'après la lumière du vrai, et percevoir les biens d'après l'amour du bien, puis aussi voir les qualités des choses et en percevoir les affections, abstraction faite de la matière ; mais penser matériellement, c'est penser, voir et percevoir ces choses conjointement avec la matière et dans la matière, ainsi respectivement d'une manière grossière et obscure.

40. L'homme Interne spirituel considéré en lui-même est un Ange du Ciel, et même pendant qu'il vit dans le corps il est en société avec les Anges, quoiqu'alors il ne le sache pas, et après qu'il a été dégagé du corps il vient parmi les Anges ; mais l'homme Interne purement naturel considéré en lui-même est un esprit et non un ange, et aussi pendant qu'il vit dans le corps il est en société avec les esprits, mais avec ceux qui sont dans l'enfer, et après qu'il a été dégagé du corps il vient aussi parmi eux.

41. Les intérieurs chez ceux qui sont hommes spirituels ont même été élevés en actualité du côté du Ciel, car ils le regardent en premier lieu ; mais les intérieurs

appartenant au mental chez ceux qui sont purement naturels ont été en actualité tournés vers le monde, parce qu'ils regardent le monde en premier lieu. Les intérieurs, qui appartiennent au mental (*mens*), ont été tournés chez chacun vers ce qu'il aime par dessus toutes choses ; et les extérieurs qui appartiennent au mental (*animus*) sont tournés du côté où sont les intérieurs.

42. Ceux qui n'ont qu'une idée commune de l'homme Interne et de l'homme Externe croient que l'homme Interne est celui qui pense et qui veut, et l'homme Externe celui qui parle et qui agit, parce que penser et vouloir est interne, et que par suite parler et agir est externe : mais il faut qu'on sache que quand l'homme pense avec intelligence et veut avec sagesse, il pense et veut d'après l'Interne spirituel ; mais que, quand l'homme pense sans intelligence et veut sans sagesse, il pense et veut d'après l'Interne naturel : par conséquent quand, au sujet du Seigneur et des choses qui appartiennent au Seigneur, et au sujet du prochain et des choses qui appartiennent au prochain, l'homme pense bien et leur veut du bien, alors il pense et veut d'après l'Interne spirituel, parce que c'est d'après la foi du vrai et l'amour du bien, ainsi d'après le Ciel ; mais quand l'homme pense mal d'eux et qu'il leur veut du mal, il pense et veut d'après l'Interne naturel, parce que c'est d'après la foi du faux et l'amour du mal, ainsi d'après l'Enfer ; en un mot, autant l'homme est dans l'amour envers le Seigneur et dans l'amour à l'égard du prochain, autant il est dans l'Interne spirituel, et pense et veut et aussi parle et agit d'après cet Interne ; mais autant l'homme est dans l'amour de soi et dans l'amour du monde, autant il est dans l'Interne naturel, et pense et veut et aussi parle et agit d'après cet Interne.

43. Il a été par le Seigneur pourvu et réglé que, au-

tant l'homme pense et veut d'après le Ciel, autant est ouvert et formé l'homme Interne spirituel ; il y a ouverture dans le Ciel jusqu'au Seigneur, et il y a formation selon les choses qui appartiennent au Ciel. Mais, *vice versâ*, autant l'homme pense et veut non d'après le Ciel mais d'après le Monde, autant l'homme Interne spirituel est fermé, et l'homme Externe ouvert ; il y a ouverture dans le Monde, et formation selon les choses qui appartiennent au Monde.

44. Ceux chez qui l'homme Interne spirituel a été ouvert dans le Ciel vers le Seigneur sont dans la lumière du Ciel, et dans l'illumination par le Seigneur, et par suite dans l'intelligence et dans la sagesse ; ils voient le vrai parce que c'est le vrai, et perçoivent le bien parce que c'est le bien. Mais ceux chez qui l'homme Interne spirituel a été fermé ne savent pas qu'il y a un homme Interne, ni à plus forte raison ce que c'est que l'homme Interne, et ne croient ni au Divin, ni à la vie après la mort, ni par conséquent aux choses qui sont du Ciel et de l'Église ; et comme ils sont seulement dans la lumière du monde, et dans la clarté qui en provient, ils croient à la Nature comme étant le Divin, ils voient le faux comme vrai, et perçoivent le mal comme bien.

45. L'homme dont l'Interne est tellement Externe, qu'il ne croit que ce qu'il peut voir de ses yeux et toucher de ses mains, est appelé homme sensuel ; il est homme naturel au plus bas degré, et dans des illusions sur toutes les choses qui appartiennent à la foi de l'Église.

46. L'Interne et l'Externe, dont il vient d'être question, sont l'Interne et l'Externe de l'Esprit de l'homme ; son corps est seulement un Externe sur-ajouté, en dedans duquel existent cet Interne et cet Externe ; car le corps ne fait rien de lui-même, mais il agit d'après l'esprit qui

est en lui. Il faut qu'on sache que l'Esprit de l'homme, après qu'il a été dégagé du corps, pense et veut, parle et agit comme auparavant ; penser et vouloir est son Interne, et parler et agir est alors son Externe. *Voir*, sur ce sujet, dans le Traité DU CIEL ET DE L'ENFER, les N°˚ 234 à 245, 265 à 275, 432 à 444, 453 à 484.

D'après les Arcanes Célestes.

47. *De l'Interne et de l'Externe chez l'homme*. On sait dans le Monde Chrétien que l'homme a un Interne et un Externe, ou un Homme interne et un Homme externe, mais on sait peu quel est l'un et quel est l'autre, N°˚ 1889, 1940. L'homme interne est spirituel et l'homme externe est naturel, N°˚ 978, 1015, 4459, 6309, 9701 à 9709. L'homme interne qui est spirituel a été formé à l'image du ciel, et l'homme externe qui est naturel a été formé à l'image du monde ; comment ? et c'est à cause de cela que l'homme a été appelé Microcosme par les Anciens, N°˚ 3628, 4523, 4524, 6057, 6314, 9760, 10156, 10472. Ainsi dans l'homme le Monde spirituel et le Monde naturel ont été conjoints, N°˚ 6057, 10472. Par suite l'homme est tel qu'il peut regarder en haut vers le Ciel, et en bas vers le Monde, N°˚ 7601, 7604, 7607. Quand il regarde en haut, il est dans la lumière du ciel et voit par cette lumière, mais quand il regarde en bas, il est dans la lumière du monde et voit par cette lumière, N°˚ 3167, 10134. Il y a chez l'homme descente du Monde spirituel dans le Monde naturel, N° 3702, 4042.

L'homme interne, qui est spirituel, et l'homme externe qui est naturel sont absolument distincts, N°˚ 1999, 2018, 3691, 4459. La distinction est comme celle qui existe entre la cause et l'effet, et entre l'antérieur et le postérieur, et il n'y a pas continuité, N°˚ 3691, 5145, 5146, 5711, 6275, 6284, 6299, 6326, 6465, 8603, 10076, 10099, 10181. Par conséquent la distinction est comme entre le Ciel et le Monde, ou, entre le Spirituel et le Naturel, N°˚ 4524, 5128, 5639. Les intérieurs et les extérieurs de l'homme ne sont point continus, mais ils sont distincts selon les degrés, et chaque degré a sa limite, Nos 3691, 4145, 5114, 6326, 6465, 8603, 10099. Celui qui ne perçoit pas les distinctions des intérieurs et des extérieurs de l'homme selon les degrés, et qui ne comprend pas quels sont les degrés, ne peut pas saisir l'Interne et l'Externe de l'homme, Nos 5146, 6465, 10099, 10181. Les choses qui sont dans un degré supérieur sont plus parfaites que celles qui sont dans un degré inférieur, N° 3405. Il y a dans l'homme trois degrés selon les trois Cieux, N° 4154. Les Extérieurs sont plus éloignés du Divin chez l'homme, c'est pourquoi ils sont obscurs respectivement, et ils sont communs, N° 6451. Et aussi respectivement désordonnés, Nos 996, 3855. Les Intérieurs sont plus parfaits, parce qu'ils sont plus rapprochés du Divin, Nos 5146, 5147. Dans l'Interne il y a des milliers de milliers de choses qui dans l'Externe apparaissent comme un seul commun, N° 5707. Par conséquent, plus la pensée et la perception sont intérieures, plus elles sont claires, N° 5920. Il suit de là que l'homme doit être dans les Internes, Nos 1175, 4464.

Chez l'homme qui est dans l'amour et dans la charité, les Intérieurs qui appartiennent au mental sont élevés en actualité par le Seigneur, et autrement ils regarderaient en bas, Nos 6952, 6954, 10330. L'Influx et l'Illustration procédant du Ciel chez l'homme sont une actuelle élévation des intérieurs par le Seigneur, Nos 7816, 10330. L'homme est élevé quand il regarde vers les spirituels, N° 9922. Autant l'homme est élevé des Externes vers les Intérieurs, autant il vient dans la lumière, par conséquent dans l'intelligence, et c'est là être tiré hors des sensuels, comme disaient les Anciens, Nos 6183, 6313. L'élévation hors de l'Externe vers les Intérieurs est comme l'élévation hors du brouillard dans la lumière, N° 4598.

Il y a Influx du Seigneur à travers l'homme Interne dans l'homme Externe, Nos 1940, 5119. Les Intérieurs peuvent influer dans les Extérieurs, et non *vice versâ*; ainsi il y a un Influx spirituel, et non un Influx physique, à savoir, un influx de l'homme spirituel dans l'homme naturel, et non un influx de l'homme naturel dans l'homme spirituel, Nos 3219, 5119, 5259, 5427, 5428, 5477, 6322, 9109, 9110. Le Seigneur par l'Interne, où tout est paisible, gouverne les Externes où tout est tumultueux, N° 5396.

L'Interne peut voir toutes choses dans l'Externe, mais non

vice versâ, Nos 1914, 1953, 5427, 5428, 5477. Quand l'homme vit dans le monde, il pense d'après l'Interne dans l'Externe, ainsi sa pensée spirituelle influe dans la pensée naturelle, et s'y présente naturellement, N° 3679. Quand l'homme pense bien, c'est d'après l'Interne ou le spirituel dans l'Externe ou le naturel, Nos 9704, 9705, 9707. L'homme externe pense et veut selon la conjonction avec l'homme interne, Nos 9702, 9703. Il y a une pensée intérieure et une pensée extérieure ; quelle est l'une, et quelle est l'autre, Nos 2515, 2552, 5127, 5141, 5168, 6007. Tant que l'homme vit dans le Monde, il ne perçoit ni la pensée ni l'affection qui sont dans l'Interne, mais il perçoit celles qui par suite sont dans l'Externe, Nos 10236, 10240. Mais dans l'autre vie les externes sont enlevés, et l'homme alors est mis dans ses internes, N° 8870. Alors on voit clairement quels sont les internes, Nos 1806, 1807.

L'Interne produit l'Externe, Nos 994, 995. Et l'Interne alors se revêt de choses par lesquelles il puisse produire l'effet dans l'Externe, Nos 6275, 6284, 6299. Et par lesquelles il puisse vivre dans l'Externe, Nos 1175, 6275. Le Seigneur conjoint l'homme Interne ou spirituel à l'homme Externe ou naturel, quand il le régénère, Nos 1577, 1594, 1904, 1999. L'homme Externe ou naturel est alors ramené dans l'ordre par l'homme Interne ou spirituel, et il est subordonné, N° 9708.

L'Externe doit être subordonné et soumis à l'Interne, Nos 5077, 5125, 5128, 5786, 5947, 10272. L'Externe a été créé de manière qu'il soit au service de l'Interne N° 5947. L'Interne doit être le maître, et l'Externe doit être son ministre, et sous un certain rapport son serviteur, N° 10471.

L'Externe doit être en correspondance avec l'Interne, pour qu'il y ait conjonction, Nos 5427, 5428, 5477. Quel est l'Externe quand il correspond à l'Interne, et quel il est quand il ne correspond pas, Nos 3493, 5422, 5423, 5427, 5428, 5477, 5511. Dans l'homme Externe il y a des choses qui correspondent et concordent avec l'homme Interne, et il y en a qui ne correspondent pas et ne concordent pas, Nos 1563, 1568.

L'Externe tire sa qualité de l'Interne, Nos 9912, 9921, 9922. Combien est grande la beauté de l'homme Externe, quand il a été conjoint à l'homme Interne, N° 1590. Et combien est grande sa laideur, quand il n'a pas été conjoint. N° 1598. L'Amour envers le Seigneur et la Charité à l'égard du prochain conjoignent l'homme Externe à l'homme Interne, N° 1594. Si l'homme Interne n'a pas été conjoint à l'homme Externe, il n'y a aucune fructification, N° 3987.

Les Intérieurs successivement influent dans les Extérieurs, jusque dans l'Extrême ou le Dernier, et là ils existent et subsistent ensemble, N°s 634, 6239, 9215, 9216. Non seulement successivement ils influent, mais encore ils forment dans le Dernier un simultané ; dans quel ordre ? N°s 5897, 6451, 8603, 10099. Tous les intérieurs sont contenus dans un enchaînement à partir du Premier par le Dernier, N° 9828. C'est de là que dans les Derniers il y a la force et la puissance, N° 9836. C'est aussi pour cela que les réponses et les révélations étaient faites d'après les Derniers, N°s 9905, 10548. C'est encore de là que le Dernier est saint plus que les intérieurs, N° 9824. De là, dans la Parole, le Premier et le Dernier signifient toutes choses en général et en particulier, ainsi le tout, N°s 10044, 10329, 10335.

L'homme Interne a été ouvert chez celui qui est dans l'Ordre Divin, mais il a été fermé chez celui qui n'est pas dans l'Ordre Divin, N° 8513. Il n'y a pas conjonction du Ciel avec l'homme Externe sans l'homme Interne, N° 9380. Les maux et les faux du mal ferment l'homme Interne, et font que l'homme est seulement dans les Externes, N°s 1587, 10492. Principalement les maux provenant de l'amour de soi, N° 1594. Les Intérieurs sont fermés jusqu'au sensuel, qui est le dernier, si le Divin est nié, N° 6564. Chez les intelligents et les savants du monde, qui se confirment, d'après les sciences, contre les choses qui sont du Ciel et de l'Eglise, l'Interne est plus fermé que chez les simples, N° 10492.

Puisque l'homme Interne est dans la lumière du Ciel et l'homme Externe dans la lumière du monde, c'est pour cela que ceux qui sont dans l'Externe sans l'Interne, c'est-à-dire, ceux chez qui a été fermé l'Interne, ne s'occupent pas des Internes qui appartiennent au Ciel et à l'Eglise, N°s 4464, 4946. Dans l'autre vie, ils ne supportent même pas les Internes, N°s 10694, 10701, 10707. Ils ne croient à rien, N°s 10396, 10400, 10411, 10429. Ils s'aiment et aiment le monde par dessus toutes choses, N°s 10407, 10412, 10420. Leurs Intérieurs, ou les choses qui appartiennent à la pensée et à l'affection, sont souillés, corrompus et profanés, de quelque manière qu'ils apparaissent dans les externes, Nos 1182, 7046, 9705, 9707. Les idées de leur pensée sont matérielles, et nullement spirituelles, N° 10582. Quels sont ceux chez qui l'Interne, qui regarde le Ciel a été fermé, Nos 4459, 9709, 10284, 10286, 10429, 10472, 10492, 10602, 10683.

Autant l'Interne qui est spirituel est ouvert, autant sont multipliés les vrais et les biens ; et autant l'Interne qui est spirituel est fermé, autant les vrais et les biens s'évanouissent, N° 4099. L'Église est dans l'homme Interne spirituel, parce que celui-ci est dans le Ciel, mais elle n'est pas dans l'homme Externe sans l'homme Interne, N° 10698. De là chez l'homme l'Église externe n'est rien sans l'Église interne, N° 1795. Le culte externe sans le culte interne est un culte nul, Nos 1094, 1175. De ceux qui sont dans l'Interne de l'Église, du Culte et de la Parole ; de ceux qui sont dans l'Externe dans lequel est l'Interne ; et de ceux qui sont dans l'Externe sans l'Interne, N° 10683. L'Externe est dur sans l'Interne, N° 10628.

L'homme purement naturel est dans l'enfer, à moins qu'il ne devienne spirituel par la régénération N° 10156. Tous ceux qui sont dans l'Externe sans l'Interne, ou chez qui l'Interne spirituel est fermé, sont dans l'enfer, Nos 9128, 10483, 10489.

Les Intérieurs de l'homme sont en actualité tournés selon les amours, N° 10702. Dans toutes choses en général et dans chaque chose en particulier, il faut qu'il y ait un Interne et un Externe, afin qu'elles subsistent, N° 9473.

Le suprême et le haut dans la Parole signifient l'Interne, Nos 1735, 2148, 4210, 4599. De là, dans la Parole, le supérieur est l'intérieur, et l'inférieur est l'extérieur, N° 3084.

48. *Du Naturel et du Spirituel.* Quelle perversion aujourd'hui dans le monde, d'attribuer tant à la nature, et si peu au Divin ! N° 3483. Pourquoi il en est ainsi, N° 5116 ; lorsque cependant toutes et chacune des choses dans la nature non-seulement ont existé, mais encore subsistent continuellement par le Divin ; et cela, au moyen du Monde spirituel, Nos 775, 8211. Les Divins, les Célestes et les Spirituels, sont terminés dans la Nature, Nos 4240, 4939. La Nature est le dernier plan dans lequel ils s'arrêtent, Nos 4240, 5651, 6275, 6284, 6299, 9216. Les Célestes, les Spirituels et les Naturels se suivent et se succèdent en ordre, ainsi avec eux les Divins,

parce que ceux-là procèdent du Divin, N⁰ˢ 880, 4938, 4939, 9992, 10005, 10017, 10068. Les Célestes sont la tête, les Spirituels le corps, et les Naturels les pieds, N⁰ˢ 4938, 4939. Ils influent aussi dans le même ordre où ils se suivent et se succèdent, N⁰ˢ 4938, 4939. Le Bien du Ciel intime ou troisième Ciel est appelé céleste, le Bien du Ciel moyen ou second Ciel est appelé spirituel, et le bien du dernier ou premier Ciel est appelé spirituel-naturel ; de là on peut savoir ce que c'est que le Céleste, le Spirituel et le Naturel, N⁰ˢ 4279, 4286, 4938, 4939, 9992, 10005, 10017, 10068 ; et dans le Traité DU CIEL ET DE L'ENFER, N⁰ˢ 20 à 28, et 29 à 40.

Toutes les choses du Monde naturel procèdent du Divin par le Monde spirituel. N⁰ 5013. De là le spirituel est dans tout naturel, comme la cause efficiente est dans l'effet, N⁰ˢ 3562, 5711 ; puis aussi comme l'effort est dans le mouvement, N⁰ 5173 ; et comme l'interne est dans l'externe, N⁰ˢ 3562, 5711, 5326. Et puisque la cause est l'essentiel même dans l'effet, pareillement l'effort dans le mouvement, et aussi l'interne dans l'externe, il s'ensuit que le spirituel est l'essentiel même dans le Naturel, par conséquent le Divin dont il procède est l'essentiel même, N⁰ˢ 2987 à 3002, 9701 à 9709. Les spirituels se présentent dans le naturel, et les choses qui se présentent sont des représentatifs et des correspondances, N⁰ˢ 1632, 2987 à 3002. De là vient que toute la Nature est le théâtre représentatif du Monde spirituel, c'est-à-dire du Ciel, N⁰ˢ 2758, 2999, 3000, 4939, 8848, 9280. Toutes les choses dans la Nature ont été disposées en ordre et en série selon les fins, N⁰ 4104. Cela vient du Monde spirituel, c'est-à-dire, du Ciel, parce que là règnent les fins, qui sont les usages, N⁰ˢ 454, 696, 1103, 3645, 4054, 7038. L'homme a été créé de telle manière que les Divins qui, selon l'ordre, descendent dans la nature, soient perçus chez lui, N⁰ 3702.

Chez chaque homme qui est dans l'Ordre Divin, il y a un Interne et un Externe ; son Interne est appelé le Spirituel ou l'homme Spirituel, et son Externe est appelé le Naturel ou l'homme Naturel, N⁰ˢ 978, 1015, 4459, 6309, 9701 à 9709. L'homme Spirituel est dans la lumière du ciel, et l'homme Naturel dans la lumière du monde, N⁰ 5965. L'homme Naturel ne peut rien discerner de lui-même, mais c'est d'après l'homme Spirituel, N⁰ 5286. Le Naturel est comme une face dans laquelle les intérieurs se voient, et de la sorte l'homme pense, N° 5165. L'homme spirituel pense dans l'homme naturel, ainsi naturellement, en tant qu'il vient dans la perception sensuelle de celui-ci, N°s 3679, 5165, 6284, 6299. Le Naturel est le plan dans lequel se termine le Spirituel, N°s 5651, 6275, 6284, 6299, 9216. Le Spirituel ne voit rien, à moins que le Naturel ne corresponde, N°s 3493, 3620, 3623. L'homme Spirituel ou interne peut voir ce qui se fait dans l'homme Naturel ou externe, et non *vice versâ*, parce que le Spirituel influe dans le Naturel, et que le Naturel n'influe pas dans le Spirituel, N°s 3219, 4667, 5119, 5259, 5427, 5428, 5477, 6322, 9109, 9110. L'homme Naturel d'après sa lumière, qui est appelée lueur de la nature, ne sait rien concernant Dieu, ni concernant le Ciel, ni concernant la Vie après la mort, et s'il en entend parler, il n'en croit rien, à moins que dans cette lumière n'influe la lumière spirituelle, qui est la lumière procédant du Ciel, N° 8944.

L'homme Naturel est de lui-même opposé à l'homme Spirituel, parce que par naissance il lui est opposé, N°s 3913, 3928. C'est pourquoi, tant qu'ils sont opposés l'un à l'autre, l'homme sent du déplaisir à penser aux spirituels et aux célestes, et du plaisir à penser aux naturels et aux corporels, N° 4096. Il éprouve du dégoût pour les choses qui sont du Ciel, et aussi au seul nom de spirituel ; d'après l'expérience, N°s 5006, 9109. Ceux qui sont purement Naturels regardent le bien et le vrai spirituels comme des serviteurs, N°s 5013, 5025 ; lorsque cependant l'homme Naturel doit être subordonné à l'homme spirituel, et le servir, N°s 3019, 5168. L'homme Spirituel est dit servir l'homme Naturel, quand celui-ci d'après l'intellectuel cherche des confirmatifs pour les choses qu'il convoite, principalement d'après la Parole, N°s 3019, 5013, 5025, 5168. De quelle manière apparaissent dans l'autre vie les hommes purement naturels, et quel y est leur état et leur sort, N°s 4630, 4633, 4940 à 4952, 5032, 5571.

Les vrais qui sont dans l'homme Naturel, sont appelés scientifiques et connaissances, N° 3293. Dans l'homme Naturel considéré en lui-même il y a une imagination matérielle, et il y a des affections telles que sont celles des bêtes, 3020. Mais le cogitatif et l'imaginatif réels viennent de l'homme Interne ou

Spirituel, quand d'après lui l'homme Naturel voit, agit et vit, Nos 3493, 5422, 5423, 5427, 5428, 5477, 5511.

Les choses qui sont dans l'homme Naturel sont communes respectivement à celles qui sont dans l'homme Spirituel, Nos 3513, 5707. Et ainsi elles sont respectivement obscures, N° 6686.

Il y a chez l'homme un Naturel intérieur et un Naturel extérieur, Nos 3293, 3294, 3793, 5118, 5126, 5497, 5649. Il y a aussi un médium entre eux, Nos 4570, 9216. Les exonérations de l'homme spirituel se font dans l'homme naturel, et par lui, N° 9572.

Ceux qui font le bien d'après le seul penchant naturel, et non d'après la religion, ne sont pas reçus dans le Ciel, Nos 8002, 8772.

49. *De la Lumière du Ciel dans laquelle est l'homme Spirituel.* Il y a une grande Lumière dans les Cieux, 1117, 1521, 1533, 1619 à 1632. La Lumière dans les Cieux surpasse d'un grand nombre de degrés la lumière de midi sur la terre, Nos 1117, 1521, 4527, 5400, 8644. Cette Lumière a été vue très-souvent par moi, Nos 1522, 4527, 7174. La lumière pour les Anges dans le Ciel intime ou troisième Ciel est comme la lumière du Soleil, mais la Lumière pour les Anges dans le second Ciel est comme la lumière de la Lune, Nos 1529, 1530. Dans le Ciel intime la Lumière est couleur de flamme, mais dans le second Ciel elle est d'une blancheur éclatante, N° 9570.

Toute Lumière dans les Cieux vient du Seigneur comme Soleil, Nos 1053, 1521, 3195, 3341, 3636, 3643, 4415, 9548, 9684, 10809. Le Seigneur est le Soleil du Ciel Angélique, et ce Soleil est son Divin Amour, Nos 1521, 1529, 1530, 1531, 1837, 4321, 4696, 7078, 7083, 7173. Le Divin Vrai procédant du Seigneur dans les Cieux apparaît comme Lumière, et constitue toute la lumière du Ciel ; par conséquent cette Lumière est la Lumière spirituelle, Nos 3195, 3222, 5400, 8644, 9399, 9548, 9684. C'est pour cela que le Seigneur dans la Parole est appelé la Lumière, N° 3195. Comme cette lumière est le Divin Vrai, il y a dans cette Lumière la Divine Sagesse et la Divine Intelligence, Nos 3195, 3485, 3636, 3643, 3993, 4302, 4413, 4415, 9548, 9684. Comment la Lumière procédant du Seigneur influe dans les Cieux ; illustré par des cercles radieux autour du Soleil, N° 9407. Le Seigneur est le Soleil pour les Cieux, et toute Lumière y procède de Lui ; *voir* dans le Traité du Ciel et de l'Enfer, Nos 116 à 125. Et la Lumière procédant de ce Soleil est le Divin Vrai, et la Chaleur procédant de ce Soleil est le Divin Bien du Divin Amour ; même Traité, Nos 126 à 140.

La Lumière du Ciel éclaire et la vue et l'entendement des Anges et des Esprits, Nos 2776, 3138. La Lumière y est selon leur intelligence et leur sagesse, Nos 1524, 3339. Prouvé d'après la Parole, Nos 1529, 1530. Les différences de la Lumière dans les Cieux sont en aussi grand nombre qu'il y a de Sociétés Angéliques, N° 4414. Comme il y a dans les Cieux de perpétuelles variétés quant au bien et au vrai, il y en a pareillement quant à la sagesse et à l'intelligence, Nos 684, 690, 3241, 3744, 3745, 5598, 7236, 7833, 7836. Le Ciel est dans la Lumière et dans la Chaleur, ce qui signifie qu'il est dans la sagesse et dans l'amour, Nos 3643, 9399, 9400.

La Lumière du Ciel éclaire l'entendement de l'homme Nos 1524, 3138, 3167, 4408, 6608, 8707, 9128, 9399, 10569. Quand l'homme est élevé hors du sensuel, il vient dans une lueur plus douce, et enfin dans la Lumière céleste, Nos 6313, 6315, 9407. Il y a élévation dans la Lumière du Ciel, quand l'homme vient dans l'intelligence, N° 3190. Quelle grande Lumière fut perçue par moi, quand j'ai été tiré hors des idées mondaines, Nos 1526, 6608. La vue de l'homme Interne est dans la lumière du Ciel, et c'est pour cela que l'homme peut penser analytiquement et rationnellement, N° 1532. La Lumière du Ciel procédant du Seigneur est toujours présente chez l'homme, mais elle n'influe qu'autant que l'homme est dans les vrais d'après le bien, Nos 4060, 4214. Cette Lumière est selon le vrai d'après le bien, N° 3094. Les vrais brillent dans le Monde spirituel, N° 5219. La Chaleur spirituelle et la Lumière spirituelle font la vraie vie de l'homme N° 6032.

La Lumière du monde est pour l'homme Externe, la Lumière du Ciel est pour l'homme Interne, Nos 3223, 3224, 3337. La Lumière du Ciel influe dans la lueur naturelle, et autant l'homme reçoit cette lumière, autant il est sage. Nos 4302, 4408. Entre ces Lumières il y a correspondance, N° 3225. D'après la Lumière du monde chez l'homme, lumière qui est appelée sa lueur naturelle, les choses qui sont dans la Lumière du Ciel ne peuvent pas être vues ; mais d'après la Lumière du

Ciel les choses qui sont dans la lumière du monde peuvent être vues, N° 9577. De là vient que ceux qui sont seulement dans la lumière du monde, laquelle est appelée lueur naturelle, ne perçoivent pas les choses qui appartiennent à la Lumière du Ciel, N° 3108. La Lumière du Ciel est une obscurité pour ceux qui sont dans les faux d'après le mal, N°s 1783, 3337, 3413, 4060, 6907, 8197. La Lumière du monde brille avec éclat chez les méchants, et autant elle brille avec éclat, autant les choses qui appartiennent à la Lumière du Ciel sont des ténèbres pour eux, N° 6907. La lumière du monde n'apparaît pas aux anges, N°s 1521, 1783, 1880.

Dans les Cieux toute Lumière vient du Seigneur, et toute ombre vient de l'ignorance et du propre des Anges et des Esprits; de là les modifications et les bigarrures de lumière et d'ombre, qui y sont les couleurs, N° 3341. Des bigarrures de la lumière par l'Urim et le Thumim, N° 3862.

La Lumière de ceux qui sont dans la foi séparée d'avec la charité est couleur de neige, et elle est comme la lumière d'hiver, N°s 3412, 3413. Cette lumière est changée en de pures ténèbres, quand influe la lumière du Ciel, N° 3412. De la lumière de ceux qui sont dans la foi persuasive et dans la vie du mal, N° 4416. De quelle qualité apparaît la lumière chez ceux qui sont dans l'intelligence venant du propre, et de quelle qualité elle apparaît chez ceux qui sont dans l'intelligence procédant du Seigneur, N° 4419.

Il y a une lueur dans les enfers, mais elle est chimérique, N°s 1528, 3340, 4214, 4418, 4531. La lueur y est comme une lueur de feu de charbon, N°s 1528, 4418, 4531. Ceux qui sont dans les enfers apparaissent à eux-mêmes dans leur lueur comme des hommes, mais dans la lumière du Ciel comme des diables et des monstres, N°s 4532, 4533, 4674, 5057, 5058, 6605, 6626. Toutes les choses dans la lumière du Ciel apparaissent telles qu'elles sont, N° 4674. Si les Enfers sont dits être dans l'obscurité et dans les ténèbres, c'est parce qu'ils sont dans les faux d'après le mal, N°s 3340, 4418, 4531. Les ténèbres signifient les faux, et l'obscurité signifie le faux du mal, N°s 1839, 1860, 7688, 7711.

50. *De l'homme sensuel, qui est l'homme naturel au plus bas degré, dont il est parlé dans la Doctrine,* ci-dessus, N° 45. Le sensuel est le dernier de la vie de l'homme, adhérant

et inhérant à son corporel, Nos 5077, 5767, 9212, 9216, 9331, 9730. Est appelé homme sensuel celui qui juge et conclut toutes choses d'après les sens du corps, et qui ne croit que ce qu'il peut voir de ses yeux et toucher de ses mains, disant que cela est quelque chose, et rejetant tout le reste, Nos 5094, 7693. Un tel homme pense dans les extrêmes, et non intérieurement en soi, Nos 5089, 5094, 6564, 7693. Ses intérieurs ont été fermés, tellement qu'il n'y voit rien du vrai, Nos 6564, 6844, 6845. En un mot, il est dans une grossière lueur naturelle ; ainsi il ne perçoit rien de ce qui est dans la lumière du Ciel, Nos 6201, 6310, 6564, 6844, 6845, 6598, 6612. 6614, 6622, 6624. Par suite il est intérieurement contre les choses qui appartiennent au Ciel et à l'Église, Nos 6201, 6316, 6844, 6845, 6948, 6949. Les Érudits, qui se sont confirmés contre les vrais de l'Église, sont sensuels, No 6316.

Les hommes sensuels raisonnent avec rigueur et adresse, parce que leur pensée est si près de leur parole qu'elle est presque en elle, et parce qu'ils placent toute intelligence dans le discours provenant de la mémoire seule, Nos 195, 196, 5700, 10236. Mais ils raisonnent d'après les illusions des sens, par lesquelles le vulgaire est séduit, Nos 5084, 6948, 6949, 7693.

Les hommes sensuels ont plus d'astuce et de malice que tous les autres, Nos 7693, 10236. Les avares, les adultères, les voluptueux et les fourbes sont principalement sensuels, No 6310. Leurs intérieurs sont sales et corrompus, 6201. Par eux ils communiquent avec les Enfers, No 6311. Ceux qui sont dans les enfers sont sensuels, et plus ils sont sensuels, et plus ils y sont profondément, Nos 4623, 6311. La sphère des esprits infernaux se conjoint avec le sensuel de 'homme par le dos, No 6312. Ceux qui raisonnent par le sensuel, et par suite contre les vrais de la foi, ont été appelés par les Anciens des serpents de l'arbre de la science, Nos 195, 196, 197, 6398, 6949, 10313.

Le sensuel de l'homme et l'homme sensuel sont en outre décrits, No 10236 ; et l'extension du sensuel chez l'homme, No 9731.

Les sensuels doivent être à la dernière place et non à la première ; et chez l'homme sage et intelligent ils sont à la dernière place et soumis aux intérieurs ; mais chez l'homme insensé ils sont à la première place et ils dominent ; ce sont

ceux-ci qui sont proprement appelés sensuels, Nos 5077, 512[
5128, 7645. Si les sensuels sont à la dernière place et sou[
mis aux intérieurs, par eux est ouvert le chemin vers l'enten[
dement, et les vrais sont épurés par un mode comme d'ex[
traction, N° 5580.

Ces sensuels de l'homme se tiennent très-près du mond[
et ils admettent les choses qui affluent du monde, et pou[
ainsi dire ils les criblent, N° 9726. L'homme Externe ou Na[
turel communique avec le Monde par ces sensuels, et ave[
le Ciel par les rationnels, N° 4009. Les sensuels fournisse[
ainsi les choses qui servent aux intérieurs de l'homme N[
5077, 5081. Il y a des sensuels qui fournissent à la partie in[
tellectuelle, et des sensuels qui fournissent à la partie volo[
taire, N° 5077.

Si la pensée n'est pas élevée hors des sensuels, l'homme [
peu de sagesse, N° 5089. L'homme sage pense au-dessus d[
sensuel, Nos 5089, 5094. Quand sa pensée est élevée au-dess[
des sensuels, l'homme vient dans une lueur plus claire, [
enfin dans une lumière céleste, Nos 6183, 6313, 6315, 9407, 973[
9922. L'élévation au-dessus des sensuels et le détachemen[
des sensuels étaient connus des Anciens, N° 6313. L'homm[
par son esprit peut voir les choses qui sont dans le Mond[
spirituel, s'il peut être détaché des sensuels qui sont du corps
et être élevé dans la lumière du Ciel par le Seigneur, N[
4622. La raison de cela, c'est que le corps ne sent pas, ma[
c'est l'esprit de l'homme qui sent dans le corps, et autant [
sent dans le corps, autant il sent grossièrement et obscur[
ment, ainsi dans les ténèbres ; mais autant il sent non dan[
le corps, autant il sent clairement et dans la lumière, N[
4622, 6614, 6622.

Le dernier de l'entendement est le scientifique sensuel, [
le dernier de la volonté est le plaisir sensuel ; *voir* sur ce su[
jet, N° 9996. Quelle est la différence entre les sensuels com[
muns avec les bêtes et les sensuels non communs avec elle[
N° 10236. Il y a des hommes sensuels non méchants, parc[
que leurs intérieurs n'ont pas été autant fermés ; de leur ét[
dans l'autre vie, N° 6311.

51. *Des sciences et des connaissances, par lesquell[
l'homme spirituel Interne est ouvert.* Sont appelées Scient[
fiques les choses qui sont dans l'homme Externe ou Natur[

et dans sa Mémoire, mais non celles qui sont dans l'homme Interne ou Spirituel, Nos 3019, 3020, 3293, 3309, 4967, 9918, 9922. Les Scientifiques, parce qu'ils appartiennent à l'homme Externe ou Naturel, sont respectivement des moyens de service, puisque l'homme Externe ou Naturel a été fait pour servir l'homme Interne ou Spirituel, comme le Monde pour servir le Ciel, Nos 5077, 5125, 5128, 5786 5947, 10272, 10471. L'homme Externe est respectivement le Monde, parce qu'en lui ont été inscrites les lois de l'Ordre Divin qui sont dans le monde, et l'homme Interne est respectivement le Ciel parce qu'en lui ont été inscrites les lois de l'Ordre Divin qui sont dans le Ciel, Nos 4523, 4524, 5368, 6013, 6057, 9279, 9283, 9278, 9709, 10156, 10472 ; et dans le Traité du Ciel et de l'Enfer, Nos 51 à 58.

Il y a des scientifiques qui concernent les choses naturelles, d'autres qui appartiennent à l'état et à la vie civile, d'autres qui appartiennent à l'état et à la vie morale, et d'autres qui appartiennent à l'état et à la vie spirituelle, Nos 5774, 5934. Mais pour qu'il y ait distinction, ceux qui appartiennent à l'état et à la vie spirituelle sont appelés Connaissances ; ce sont principalement les Doctrinaux, N° 9945.

L'homme doit être imbu de sciences et de connaissances, puisque par elles il apprend à penser, ensuite à comprendre ce que c'est que le vrai et le bien, et enfin à être sage, c'est-à-dire, à vivre selon le vrai et le bien, Nos 129, 1450, 1451, 1453, 1548, 1802. Les scientifiques et les connaissances sont les premières choses sur lesquelles est construite et fondée la vie de l'homme, tant civile que morale, et même spirituelle ; mais ils doivent être appris en vue de l'usage de la vie comme fin, Nos 1489, 3310. Les connaissances ouvrent le chemin vers l'homme Interne, et ensuite elles le conjoignent avec l'homme Externe selon les usages, Nos 1563, 1616. Le Rationnel naît par les sciences et par les connaissances, Nos 1895, 1900, 3086 ; non pas par les sciences elles-mêmes, ni par les connaissances elles-mêmes, mais par l'affection des usages d'après elles, et selon cette affection, N° 1895. L'homme Interne est ouvert et est successivement perfectionné par les sciences et par les connaissances, si l'homme a pour fin un usage bon, surtout un usage qui concerne la vie éternelle, N° 3086. Alors au-devant des scientifiques et des connaissances, qui sont dans l'homme naturel, accourent les spirituels qui procèdent de l'homme céleste et de l'homme spirituel, et ils adoptent ceux qui conviennent, N° 1495. Les usages de la vie céleste sont alors par le Seigneur, au moyen de l'homme Interne, extraits, épurés et élevés hors des scientifiques et des connaissances qui sont dans l'homme Naturel, Nos 1895, 1896, 1900, 1901, 1902, 5871, 5874, 5901. Et les scientifiques qui ne conviennent pas et sont opposés sont rejetés sur les côtés et anéantis, Nos 5871, 5886, 5889. La vue de l'homme Interne n'attire des scientifiques et des connaissances de l'homme Externe que ce qui appartient à son amour, N° 9394. Les scientifiques et les connaissances sont disposés en faisceaux et conjoints selon les amours par lesquels ils ont été introduits, N° 5881. Alors sous la vue de l'homme Interne sont au centre et dans la clarté les choses qui appartiennent à l'amour, mais sur les côtés et dans l'obscurité celles qui n'appartiennent pas à l'amour, Nos 6068, 6084. Les scientifiques et les connaissances chez l'homme sont successivement implantés dans ses amours et y habitent, N° 6325. L'homme naîtrait dans toute science et par suite dans toute intelligence, s'il naissait dans l'amour envers le Seigneur et dans l'amour à l'égard du prochain ; mais parce qu'il naît dans l'amour de soi et du monde, il naît dans une ignorance totale, Nos 6323, 6325. La Science, l'Intelligence et la Sagesse sont les fils de l'amour envers le Seigneur et de l'amour à l'égard du prochain, Nos 1226, 2049, 2116.

Les scientifiques et les connaissances, parce qu'ils appartiennent à l'homme Externe ou Naturel, sont dans la lumière du monde ; mais les vrais qui sont devenus des choses de l'amour et de la foi, et qui par conséquent ont acquis la vie, sont dans la lumière du Ciel, N° 5212. Néanmoins les vrais, qui ont ainsi acquis la vie, sont saisis par l'homme au moyen des idées naturelles, N° 5510. L'Influx spirituel vient de l'homme Interne dans les scientifiques et les connaissances qui sont dans l'homme Externe, Nos 1940, 8005. Les Scientifiques et les Connaissances sont les réceptacles et comme les vases du vrai et du bien qui appartiennent à l'homme Interne, Nos 1469, 1496, 3068, 5489, 6004, 6023, 6052, 6071, 6077, 7770, 9922. C'est pour cela que, dans la Parole, par les vases sont signifiés dans le sens spirituel les scientifiques et les connaissances, Nos 3068, 3069, 3079, 9394, 9544, 9723, 9724. Les Scientifiques sont pour ainsi dire des miroirs, dans lesquels les vrais et les biens de l'homme Interne apparaissent et sont perçus comme en image, N° 5201. Là, ils sont ensemble comme dans leur dernier, Nos 5373, 5874, 5886, 5901, 6004, 6023, 6052, 6071, 6077. Les Scientifiques, parce qu'ils sont dans la lumière du monde, sont dans la confusion et sont obscurs respectivement aux choses qui sont dans la lumière du Ciel ; de même les choses qui sont dans l'homme Externe respectivement à celles qui sont dans l'homme Interne, N° 2831. C'est même pour cela que dans la Parole le Scientifique est signifié par le confus (*implexum*), N° 2831. Et aussi par l'obscurité de la nuée, Nos 8443, 10551.

Tout principe doit être tiré des vrais de la doctrine d'après la Parole, et ces vrais doivent d'abord être reconnus, et ensuite il est permis de consulter les Scientifiques pour les confirmer, et de cette manière ils sont corroborés, N° 6047. Ainsi, à ceux qui sont dans l'affirmatif sur les vrais de la foi, il est permis de les confirmer intellectuellement par les Scientifiques, mais non à ceux qui sont dans le négatif, parce que l'affirmatif qui précède attire tous les Scientifiques dans son parti, et que le négatif qui précède les attire tous dans le sien, Nos 2568, 2588 ; 3913, 4760, 6047. Il y a le doute affirmatif, et il y a le doute négatif, celui-là chez quelques bons, et celui-ci chez les méchants, N° 2568. Entrer par les vrais de la foi dans les scientifiques est selon l'ordre, mais entrer par les scientifiques dans les vrais de la foi est contre l'ordre, N° 10236. Comme il y a un Influx spirituel, et non un Influx physique ou naturel, par conséquent par les vrais de la foi, parce qu'ils sont des spirituels, il y a influx dans les scientifiques, parce que ceux-ci sont des naturels, Nos 3219, 5119, 5259, 5427, 5428, 5477, 6322, 9109, 9110.

Celui qui est dans le doute négatif, lequel en soi est le négatif, et qui dit qu'il ne croit pas avant d'être persuadé par les scientifiques, ne croira jamais, Nos 2094, 2832. Ceux qui agissent ainsi deviennent insensés quant aux choses qui appartiennent à l'Église et au Ciel, Nos 128, 129, 130. Ils tombent dans les faux du mal, Nos 232, 233, 6047. Et dans l'autre vie, quand ils pensent aux spirituels, ils deviennent comme ivres, N° 1072. Quels ils sont en outre, N° 196. Exemples qui montrent clairement que les spirituels ne peuvent être saisis, si en ordre inverse on entre en eux, Nos 233, 2094, 2196, 2203 2209. Un grand nombre d'Érudits déraisonnent plus que les simples au sujet des spirituels : et cela, parce qu'ils sont dans le négatif, et qu'ils ont en très-grande abondance des scientifiques par lesquels ils confirment le négatif, N° 4760. Exemple d'un Érudit qui n'a pu rien comprendre concernant la vie spirituelle, N° 8629. Ceux qui raisonnent d'après les scientifiques contre les vrais de la foi, raisonnent avec rigueur, parce que c'est d'après les illusions des sens qui captivent et persuadent, car elles ne peuvent être dissipées que difficilement, N° 5700. Ceux qui ne comprennent rien du vrai, et aussi ceux qui sont dans le mal, peuvent raisonner sur les vrais et les biens de la foi, et n'être cependant dans aucune illustration, N° 4214. Seulement confirmer un dogme, ce n'est pas le fait d'un homme intelligent, parce que le faux peut être confirmé aussi bien que le vrai, Nos 1017, 2482, 2490, 4741, 5033, 6865, 7012, 7680, 7950, 8521, 8780. Ceux qui raisonnent sur les vrais de l'Église, pour savoir s'ils sont ou ne sont pas des vrais, sont complètement dans l'obscurité sur les vrais, et ne sont pas encore dans la lumière spirituelle, Nos 215, 1385, 3033, 3428.

Il y a des scientifiques qui admettent les vrais Divins, et il y en a qui ne les admettent point, N° 5213. Les scientifiques vains doivent être détruits, Nos 1489, 1492, 1499, 1500. Les scientifiques vains sont ceux qui ont pour fin et confirment les amours de soi et du monde, et qui détournent des amours envers le Seigneur et à l'égard du prochain, parce que ces scientifiques ferment l'homme Interne, au point que l'homme ensuite ne peut rien recevoir du Ciel, Nos 1563, 1600. Les scientifiques sont des moyens de devenir sages, et des moyens de devenir insensés ; par eux l'homme Interne est ouvert ou fermé ; et par conséquent le Rationnel est cultivé ou détruit, Nos 4156, 8628, 9922.

Les sciences, après la mort, ne sont d'aucune utilité, mais ce qui est utile, c'est ce que l'homme a puisé dans les sciences par l'entendement et la vie, N° 2480. Néanmoins tous les scientifiques demeurent après la mort, mais ils se reposent, Nos 2476 à 2479, 2481 à 2486.

Les mêmes scientifiques sont des faux chez les méchants,

parce qu'ils sont appliqués aux maux, et des vrais chez les bons parce qu'ils sont appliqués aux biens, N° 6917. Les vrais scientifiques chez les méchants ne sont pas des vrais, quoiqu'ils apparaissent comme des vrais quand ils les prononcent, parce que intérieurement en eux il y a le mal, et que par suite ils sont falsifiés ; et chez eux leur science ne mérite pas même d'être appelée science, puisqu'elle est sans vie, N° 10331.

Autre chose est d'être sage, autre chose de comprendre, autre chose de savoir, et autre chose de faire ; mais néanmoins chez ceux qui sont dans la vie spirituelle, ces choses se suivent en ordre et correspondent, et elles sont ensemble dans le faire ou dans les faits, N° 10331. C'est aussi autre chose de savoir, autre chose de reconnaître, et autre chose d'avoir la foi, N° 896.

Quel est chez les esprits le désir de savoir ; exemple, N° 1973. Chez les Anges le désir de savoir et d'être sage est immense, parce que la science, l'intelligence et la sagesse sont la nourriture spirituelle, Nos 3114, 4359, 4792, 4976, 5147, 5293, 5340, 5342, 5410, 5426, 5576, 5582, 5588, 5635, 6277, 8562, 9003.

La Science principale pour les Anciens était la Science des Correspondances, mais aujourd'hui cette science est oblitérée, Nos 3021, 3419, 4280, 4844, 4964, 4966, 6004, 7729, 10252. Chez les Orientaux et dans l'Égypte il y a eu la Science des Correspondances, Nos 5702, 6692, 7097, 7779, 9391, 10407. De là leurs Hiéroglyphes, Nos 6692, 7097. Les Anciens par la Science des Correspondances s'introduisaient dans les connaissances des spirituels, Nos 4844, 4749, 4966. La Parole a été écrite par de pures correspondances ; de là son sens interne ou spirituel ; et, sans la science des correspondances, on ne peut savoir que ce sens existe, ni quelle est la Parole, Nos 3131, 3472 à 3485, 8615, 10687. Combien la Science des Correspondances est au-dessus des autres sciences, N° 4280.

52. *De la Mémoire Naturelle qui appartient à l'homme Externe, et de la Mémoire Spirituelle qui appartient à l'homme Interne.* L'homme possède deux Mémoires, l'une Extérieure et l'autre Intérieure, ou l'une Naturelle et l'autre Spirituelle, Nos 2469 à 2494. L'homme ne sait pas qu'il a une Mémoire intérieure, Nos 2470, 2471. Combien la Mémoire intérieure l'emporte sur la Mémoire extérieure, N° 2473. Les choses qui

sont dans la Mémoire extérieure sont dans la lumière naturelle, mais celles qui sont dans la Mémoire intérieure sont dans la lumière spirituelle, N° 5212. C'est d'après la Mémoire intérieure que l'homme peut penser et parler intellectuellement et rationnellement, N° 9394. Toutes les choses, en général et en particulier, que l'homme a pensées, prononcées et faites, et toutes celles qu'il a entendues et vues, ont été inscrites dans sa Mémoire intérieure, Nos 2474, 7398. Cette Mémoire est le Livre de la vie de l'homme, Nos 2475, 9386, 9841, 10505. Dans la Mémoire intérieure sont les vrais qui sont devenus choses de la foi, et les biens qui sont devenus choses de l'amour, Nos 5212, 8067. Les choses qui sont passées en habitude, et sont devenues choses de la vie, sont dans la Mémoire intérieure, Nos 9394, 9723, 9841. Les scientifiques et les connaissances appartiennent à la Mémoire extérieure, Nos 5212, 9922. Ils sont dans une ombre très-grande et dans la confusion respectivement aux choses qui appartiennent à la Mémoire intérieure, N° 2831. L'homme dans le monde parle les langues d'après la Mémoire extérieure, Nos 2472, 2476. Les Esprits et les Anges parlent d'après la Mémoire intérieure, et c'est de là qu'ils possèdent la Langue universelle, qui est telle que tous, de quelque terre qu'ils soient, peuvent parler entre eux, Nos 2472, 2476, 2490, 2493 ; sur cette Langue, *voir* dans le Traité DU CIEL ET DE L'ENFER, N° 234 à 245 ; et sur les effets étonnants de la Mémoire intérieure qui demeure chez l'homme après la mort, *voir* dans le même Traité le N° 463.

53. *Des illusions des sens, dans lesquelles sont les hommes entièrement naturels et sensuels, dont il est parlé dans cette Doctrine,* ci-dessus N° 45. Les hommes entièrement naturels et sensuels pensent et raisonnent d'après les illusions des sens, Nos 5084, 5700, 6948, 6949, 7693. Quelles sont les illusions des sens, Nos 5084, 5094, 6400, 6948. Il y sera ajouté ces particularités : Il y a des illusions des sens dans les choses naturelles, dans les choses civiles, dans les choses morales, et dans les choses spirituelles, en grand nombre dans chaque genre de ces choses ; mais ici je vais énumérer quelques-unes de ces illusions dans les choses spirituelles. Celui qui pense d'après les illusions des sens ne peut pas comprendre, 1. que l'homme puisse après la mort apparaître comme homme ; ni

qu'il puisse jouir des sens comme auparavant ; ni par conséquent que les Anges le puissent. 2. Il pense que l'âme est seulement quelque vital, purement éthéré, dont on ne peut se former aucune idée. 3. Que c'est seulement le corps qui sent, voit et entend. 4. Que l'homme est semblable à la bête, avec la seule différence que l'homme peut parler d'après la pensée. 5. Que la nature est le tout et le premier d'où procèdent toutes choses. 6. Que l'homme s'accoutume et apprend à penser par l'influx de la nature intérieure et de l'ordre de cette nature. 7. Qu'il n'y a point de spirituel ; et que, s'il y en a, c'est un naturel plus pur. 8. Que l'homme ne peut jouir d'aucun bonheur, s'il est privé des plaisirs de l'amour de la gloire, de l'honneur et du gain. 9. Que la conscience est seulement un malaise du mental (*animus*) provenant de l'infirmité du corps et de l'infortune. 10. Que l'Amour Divin du Seigneur est l'amour de la gloire. 11. Qu'il n'y a point de Providence, mais que toutes choses découlent de la propre prudence et de la propre intelligence. 12. Que les honneurs et les richesses sont de réelles bénédictions qui sont données par Dieu : — sans parler de plusieurs autres opinions semblables. Telles sont les Illusions des sens dans les choses spirituelles. Par là on peut voir que les célestes ne peuvent pas être saisis par ceux qui sont entièrement naturels et sensuels ; sont entièrement naturels et sensuels ceux chez qui l'homme Interne spirituel a été fermé, et l'homme Naturel seulement a été ouvert.

DE L'AMOUR EN GÉNÉRAL.

54. La Vie même de l'homme est son Amour ; et tel est l'Amour, telle est la Vie, et même tel est l'homme tout entier ; mais c'est l'Amour dominant ou régnant qui fait l'homme. Cet Amour a sous sa dépendance plusieurs amours, qui sont des dérivations ; ceux-ci se montrent sous une autre forme, mais néanmoins ils sont tous dans l'Amour dominant, et font avec lui un même

Royaume ; l'Amour Dominant est comme leur Roi et leur Chef ; il les dirige, et par eux, comme par des fins moyennes, il vise et tend à sa Fin, qui est la première et la dernière de toutes ; et cela, tant directement qu'indirectement. Ce qui appartient à l'Amour dominant est ce qui est aimé par dessus toutes choses.

55. Ce que l'homme aime par dessus toutes choses est sans cesse présent dans sa pensée, et aussi dans sa Volonté et fait sa vie même *(ipsissima)* ; par exemple, celui qui aime par dessus toutes choses les richesses, soit qu'elles consistent en argent ou en possessions, est continuellement préoccupé des moyens d'en acquérir ; il est intimement dans la joie quand il les acquiert, il est intimement dans la tristesse quand il les perd ; son cœur est en elles. Celui qui s'aime par dessus toutes choses, celui-là en toute circonstance se souvient de lui, pense à lui, parle de lui, agit pour lui, car sa vie est la vie de soi-même.

56. L'homme a pour fin ce qu'il aime par dessus tout, il l'a en vue en toutes choses et en chaque chose ; cela est dans sa volonté comme la veine cachée d'un fleuve, qui entraîne et emporte, même lorsqu'il s'occupe d'autre chose, car c'est ce qui l'anime. C'est là ce qu'un homme examine chez un autre, et voit même ; et par là, ou il le dirige, ou il agit avec lui.

57. L'homme est absolument tel qu'est le Dominant de sa vie ; par ce Dominant il est distingué des autres ; selon lui se fait son Ciel s'il est bon, et se fait son Enfer s'il est mauvais ; il est sa Volonté même, son Propre même, et sa Nature même, car il est l'Être même de sa vie ; après la mort il ne peut être changé, parce qu'il est l'homme lui-même.

58. Tout plaisir, tout bonheur et toute félicité procède chez chacun de son Amour dominant, et est selon cet

amour; car l'homme appelle plaisir ce qu'il aime, parce qu'il le sent; ce qu'il pense et n'aime pas, il peut aussi l'appeler plaisir, mais ce n'est pas le plaisir de sa vie. C'est le plaisir de son amour, qui est pour l'homme le Bien, et c'est le déplaisir qui est pour lui le Mal.

59. Il y a deux Amours d'où découlent, comme de leurs sources mêmes, tous les biens et tous les vrais; et il y a deux Amours d'où découlent tous les maux et tous les faux. Les deux Amours, d'où découlent tous les biens et tous les vrais, sont l'Amour envers le Seigneur et l'Amour à l'égard du prochain; et les deux Amours, d'où découlent tous les maux et tous les faux, sont l'Amour de soi et l'Amour du monde : ces deux Amours-ci sont entièrement opposés aux deux autres Amours.

60. Les deux Amours, d'où découlent tous les biens et tous les vrais, et qui sont, comme il a été dit, l'Amour envers le Seigneur et l'Amour à l'égard du prochain font le Ciel chez l'homme, c'est pourquoi aussi ils règnent dans le Ciel; et comme ils font le Ciel chez l'homme ils font aussi l'Église chez lui : les deux Amours, d'où découlent tous les maux et tous les faux, et qui sont, comme il a été dit, l'Amour de soi et l'Amour du monde, font l'Enfer chez l'homme, c'est pourquoi aussi ils règnent dans l'Enfer.

61. Les deux Amours, d'où découlent tous les biens et tous les vrais, et qui sont, comme il a été dit, les Amours du Ciel, ouvrent et forment l'homme Interne spirituel, parce qu'ils résident dans cet homme : mais les deux Amours, d'où découlent tous les maux et tous les faux, ferment et détruisent l'homme Interne spirituel, quand ils dominent, et ils font que l'homme est naturel et sensuel selon la quantité et la qualité de leur domination.

D'après les Arcanes Célestes.

62. L'Amour est l'Être de la vie de l'homme, N° 5002. L'homme, l'esprit et l'ange sont absolument comme est leur amour, N°s 6872, 10177, 10284. L'homme a pour fin ce qu'il aime, N° 3796. Ce que l'homme aime et a pour fin, règne universellement chez lui, c'est-à-dire, dans toutes choses, en général et en particulier, N°s 3796, 5130, 5949. L'Amour est la chaleur spirituelle et le vital même de l'homme, N°s 1589, 2146, 3338, 4906, 7081 à 7086, 9954, 10740. Chez l'homme tous les intérieurs, qui appartiennent à son entendement et à sa volonté, sont disposés dans une forme selon son amour dominant, N°s 2023, 3189, 6690. L'amour est une conjonction spirituelle, N°s 1594, 2057, 3939, 4018, 5807, 6195, 6196, 7081 à 7086, 7501, 10130. Par suite tous, dans le Monde spirituel, sont consociés selon leurs amours, *ibid*. L'affection est une continuité de l'amour, N° 3938. Tout plaisir, tout agrément, tout bonheur, toute félicité et toute joie du cœur, appartiennent à l'amour, et leur qualité est selon la qualité de l'amour, N°s 994, 995, 2204. Il y a autant de genre et d'espèces de plaisirs et de voluptés qu'il y a de genres et d'espèces d'affections qui appartiennent à l'amour, N°s 994, 995, 2204. Le plaisir de l'amour est d'autant plus vil qu'il est plus externe, N° 996. La vie de l'homme, après la mort, est telle qu'est son amour, N° 2363.

63. On peut, sur l'Amour et sur son essence et sa qualité, savoir beaucoup de choses d'après celles qui ont été dites et rapportées ci-dessus sur le Bien et le Vrai ; puis, d'après celles qui ont été dites et rapportées sur la volonté et sur l'entendement ; puis aussi, d'après celles qui ont été dites et rapportées sur l'homme Interne et sur l'homme Externe, puisque toutes les choses qui appartiennent à l'amour se réfèrent aux biens ou aux maux, et qu'il en est de même de toutes celles qui appartiennent à la volonté, et puisque les deux Amours du Ciel ouvrent et forment l'homme Interne, et que les deux Amours de l'Enfer le ferment et le détruisent. De là on peut faire des applications et tirer des conclusions sur la qualité de l'Amour en général et en particulier.

64. Dans l'Ouvrage sur LE CIEL ET L'ENFER, il a aussi été traité des Amours ; à savoir, que le Divin du Seigneur dans

les Cieux est l'Amour envers Lui et l'Amour à l'égard du prochain, Nos 13 à 19 ; que tous ceux qui sont dans les enfers sont dans les maux, et par suite dans les faux, d'après les Amours de soi et du monde, Nos 551 à 565 ; que les plaisirs de l'amour de chacun sont changés dans l'autre vie en plaisirs correspondants, Nos 485 à 490 ; que la Chaleur spirituelle dans son essence est l'Amour, Nos 133 à 140.

Des Amours de soi et du monde.

65. L'Amour de soi consiste à ne vouloir du bien qu'à soi seul, et à n'en vouloir aux autres, même à l'Église, à la Patrie, à quelque Société humaine, ou au Concitoyen, que par rapport à soi ; comme aussi à ne leur faire du bien qu'en vue de la réputation, de l'honneur et de la gloire, de sorte que, si l'on ne voit pas la réputation, l'honneur ou la gloire dans le bien qu'on peut leur faire, on dit dans son cœur : « Que m'importe ? Pourquoi le ferai-je ? Que m'en reviendra-t-il ? » et ainsi, on ne le fait pas ; de là, il est évident que celui qui est dans l'amour de soi n'aime ni l'Église, ni la Patrie, ni la Société, ni le Concitoyen, ni aucun Bien, mais qu'il n'aime que lui Seul.

66. L'homme est dans l'Amour de soi, quand dans les choses qu'il pense et qu'il fait il ne regarde pas le Prochain, ni par conséquent le Public, encore moins le Seigneur, mais ne voit que lui-même et les siens ; par conséquent, lorsqu'il fait toutes choses pour lui-même et pour les siens, et aussi lorsqu'il fait quelque chose pour le Public et le Prochain, seulement afin de se faire voir.

67. Il est dit pour lui-même et pour les siens, car celui qui s'aime, aime aussi les siens, qui sont spéciale-

ment ses Enfants et ses Descendants, et généralement tous ceux qui font un avec lui et qu'il appelle les Siens ; aimer les uns et les autres, c'est aussi s'aimer soi-même; car il les regarde comme en lui, et se regarde comme en eux ; parmi ceux qu'il appelle les siens sont aussi tous ceux qui le louent, l'honorent et le vénèrent.

68. Dans l'Amour de soi est l'homme qui méprise le prochain en le comparant à soi-même, qui le regarde comme ennemi s'il ne lui est pas favorable, et s'il ne le vénère pas et ne lui rend pas hommage ; encore plus dans l'Amour de soi est celui qui, à cause de cela, hait le prochain et le persécute ; et encore plus celui qui, à cause de cela, brûle de vengeance contre lui et désire ardemment sa perte : de tels hommes enfin aiment à exercer des cruautés.

69. Par la comparaison avec l'Amour céleste, on peut voir quel est l'Amour de soi : L'Amour céleste consiste à aimer à cause des usages les usages, ou à cause des biens les biens, qu'on fait à l'Église, à la Patrie, à une Société humaine et au Concitoyen ; mais celui qui les aime à cause de soi, ne les aime que comme des domestiques, parce qu'ils le servent : il suit de là que celui qui est dans l'Amour de soi veut que l'Église, la Patrie, les Sociétés humaines et les Concitoyens le servent, et ne veut pas les servir ; il se met au dessus d'eux, et les met au-dessous de lui.

70. De plus, autant quelqu'un est dans l'Amour céleste, qui consiste à aimer les usages et les biens, et à être affecté du plaisir du cœur en les faisant, autant il est conduit par le Seigneur, parce que cet Amour est celui dans lequel est le Seigneur, et celui qui vient du Seigneur : mais autant quelqu'un est dans l'Amour de soi, autant il est conduit par soi-même ; et autant il est con-

duit par soi-même, autant il l'est par son Propre ; et le Propre de l'homme n'est que le mal, car c'est son mal héréditaire, qui consiste à s'aimer de préférence à Dieu, et à aimer le Monde de préférence au Ciel.

71. L'Amour de soi est encore tel que, autant on lui lâche les freins, c'est-à-dire, autant sont éloignés les liens externes, qui sont la crainte de la loi et de ses châtiments, et la crainte de la perte de la réputation, de l'honneur, du gain, des emplois et de la vie, autant il s'élance, jusqu'à vouloir dominer non-seulement sur tout le globe, mais encore sur le Ciel, et sur le Divin Même ; il n'y a jamais pour lui aucun terme, ou aucune fin : cette cupidité est cachée dans tout homme qui est dans l'Amour de soi, quoiqu'elle ne se manifeste pas devant le Monde, où les freins et les liens ci-dessus nommés le retiennent ; et quiconque est tel, quand il rencontre un obstacle impossible à lever, s'y arrête, jusqu'à ce que la chose devienne possible ; c'est à cause de tout cela que l'homme, qui est dans cet amour, ne sait pas que cette folle cupidité sans bornes est cachée en lui. Que cependant il en soit ainsi, chacun peut le voir chez les Puissants et les Rois, pour qui ces freins, ces liens et ces impossibilités n'existent pas, lesquels se précipitent sur les Provinces et les Royaumes, les subjuguent, autant que le succès les seconde, et aspirent à une puissance et à une gloire sans bornes ; et plus encore chez ceux qui étendent leur Domination sur le Ciel, et transfèrent en eux toute la Puissance Divine du Seigneur ; ceux-ci désirent continuellement davantage.

72. Il y a deux genres de Domination : L'une, de l'Amour à l'égard du prochain ; et l'autre, de l'Amour de soi. Ces deux Dominations sont, dans leur essence, opposées l'une à l'autre ; celui qui domine d'après l'Amour

à l'égard du prochain veut du bien à tous, et n'aime rien plus que de faire des usages, et ainsi de servir les autres ; — servir les autres, c'est d'après le bien-vouloir faire du bien aux autres et faire des usages ; — c'est là son Amour, et c'est là le plaisir de son cœur ; autant celui-ci est élevé aux dignités, autant aussi il s'en réjouit, non à cause des dignités, mais à cause des usages qu'il peut alors faire en plus grande abondance et dans un degré plus étendu ; telle est la Domination dans les Cieux. Mais celui qui domine d'après l'Amour de soi ne veut du bien à qui que ce soit, il n'en veut que pour lui et pour les siens ; les usages qu'il fait sont pour son propre honneur et sa propre gloire, ce sont là pour lui les seuls usages ; il sert les autres, afin d'être servi lui-même, d'être honoré et de dominer ; il ambitionne les dignités, non pour les biens qu'il pourra faire, mais pour être au-dessus des autres et dans la gloire, et par suite dans le plaisir de son cœur.

73. L'Amour de la Domination reste aussi chez chacun après la vie dans le Monde ; mais à ceux qui ont dominé d'après l'Amour à l'égard du prochain est aussi confiée une Domination dans les Cieux ; et alors ce ne sont pas eux qui dominent, mais ce sont les usages et les biens, qu'ils aiment ; et quand les usages et les biens dominent, le Seigneur domine : quant à ceux qui dans le Monde ont dominé d'après l'Amour de soi, ceux-là, après la vie dans le Monde, sont dans l'enfer, et ils y sont de vils esclaves.

74. Maintenant, d'après ce qui vient d'être dit, on peut connaître qui sont ceux qui sont dans l'Amour de soi ; peu importe quelle apparence ils aient dans la forme externe, qu'ils soient élevés ou soumis, car les motifs de domination sont dans l'homme Intérieur, et chez la

plupart l'homme Intérieur est caché, et l'homme Extérieur est instruit à feindre des affections qui appartiennent à l'Amour du Public et du prochain, ainsi des affections contraires, et cela aussi en vue de soi-même ; car ceux-là savent qu'aimer le Public et le prochain fait intérieurement impression sur tous les hommes, et qu'on en est d'autant aimé et estimé ; si cela fait impression, c'est parce que le Ciel influe dans cet amour.

75. Les maux, chez ceux qui sont dans l'Amour de soi, sont en général le Mépris pour les autres, l'Envie, l'Inimitié contre ceux qui ne leur sont pas favorables, l'Hostilité qui en provient, les Haines de divers genres, les Vengeances, l'Astuce, les Fourberies, l'Inhumanité, la Cruauté ; et là où sont de tels Maux, il y a aussi le Mépris pour le Divin, et pour les Divins qui sont les vrais et les biens de l'Église ; s'ils les honorent, c'est seulement de bouche et non du cœur. Et comme ces maux proviennent de cet amour, il en provient aussi des faux semblables, car les faux viennent des maux.

76. L'Amour du Monde consiste à vouloir attirer à soi les Richesses des autres par quelque moyen que ce soit, à placer son cœur dans ces richesses, et à souffrir que le Monde le retire et l'éloigne de l'Amour Spirituel, qui est l'Amour à l'égard du prochain, et ainsi l'éloigne du Ciel. Dans l'Amour du Monde sont ceux qui désirent s'emparer des biens des autres par divers moyens, surtout ceux qui emploient l'astuce et la fourberie, en regardant comme rien le bien du prochain : ceux qui sont dans cet Amour, convoitent les biens des autres ; et, en tant qu'ils ne craignent point les lois, ni la perte de leur réputation à cause du profit qu'elle procure, ils dépouillent, et même ils pillent.

77. Cependant l'Amour du monde n'est pas opposé à

l'Amour céleste au même degré que l'Amour de soi, parce qu'il n'y a pas de si grands Maux renfermés en lui. Cet Amour est de plusieurs espèces : Il y a l'Amour des richesses pour s'élever aux honneurs ; il y a l'Amour des honneurs et des dignités pour obtenir des richesses ; il y a l'Amour des richesses pour différents usages qui procurent du plaisir dans le Monde ; il y a l'Amour des richesses pour les richesses seules, tel est l'Amour chez les avares ; et ainsi du reste ; la fin pour laquelle on désire les richesses est appelée usage, et c'est de la fin ou de l'usage que l'Amour tire sa qualité ; car telle est la fin pour laquelle on désire, tel est l'Amour ; toutes les autres choses lui servent comme moyens.

78. En un mot, l'Amour de soi et l'Amour du monde sont absolument opposés à l'Amour envers le Seigneur et à l'Amour à l'égard du prochain ; c'est pourquoi l'Amour de soi et l'Amour du monde sont des Amours infernaux, ils règnent aussi dans l'Enfer, et même ils font l'Enfer chez l'homme. Au contraire, l'Amour envers le Seigneur et l'Amour à l'égard du prochain sont des Amours célestes, ils règnent aussi dans le Ciel, et même ils font le Ciel chez l'homme.

79. D'après ce qui vient d'être dit, on peut voir que tous les maux sont dans ces deux Amours, et qu'ils en tirent leur origine ; car ces maux, qui ont été énumérés, N° 75, sont des maux communs (ou généraux), et tous les autres, qui n'ont pas été énumérés, parce qu'ils sont des maux spécifiques (ou particuliers), dérivent de ceux-là et en découlent. De là on peut voir que l'homme, parce qu'il naît dans ces deux amours, naît dans les maux de tout genre.

80. Pour que l'homme connaisse les Maux, il doit en connaître les origines, et s'il ne connaît pas les Maux il

ne peut pas connaître les Biens, ainsi il ne peut pas savoir quel il est : c'est pour cela qu'il a été traité ici de ces deux origines des maux.

D'après les Arcanes Célestes.

81. *Des Amours de soi et du monde.* De même que l'Amour envers le Seigneur, et l'Amour à l'égard du prochain ou la Charité, font le Ciel, de même l'Amour de soi et l'Amour du monde, quand ils règnent, font l'Enfer ; c'est pourquoi ces amours sont opposées, Nos 2041, 3610, 4225, 4776, 6210, 7366, 7369, 7489, 7490, 8232, 8678, 10455, 10741, 10742, 10743, 10745. De l'Amour de soi et de l'Amour du monde proviennent tous les maux, Nos 1307, 1308, 1321, 1594, 1691, 3413, 7255, 7376, 7488, 7489, 8318, 9335, 9348, 10038, 10742. De l'Amour de soi et de l'Amour du monde proviennent le mépris pour les autres, l'inimitié, la haine, la vengeance, la cruauté, les fourberies, ainsi tout mal, et toute méchanceté, Nos 6667, 7372, 7373, 7374, 9348, 10038, 10742. Ces Amours s'élancent avec impétuosité à proportion que les freins leur sont lâchés, et l'Amour de soi s'élance jusqu'au trône de Dieu, Nos 7375, 8678. L'Amour de soi et l'Amour du monde sont destructifs de la société humaine et de l'ordre céleste, Nos 2045, 2057. A cause de ces Amours le Genre Humain a été obligé d'établir des Gouvernements, et de se soumettre à des Autorités, afin d'être en sûreté, Nos 7364, 10160, 10814. Où règnent ces Amours, le bien de l'amour et le bien de la foi sont rejetés, ou étouffés, ou pervertis, Nos 2041, 7491, 7492, 7643, 8487, 10455, 10743. Dans ces Amours il y a non pas la vie, mais la mort spirituelle Nos 7494, 10731, 10741. La qualité de ces Amours est décrite, Nos 1505, 2219, 2363, 2364, 2444, 4221, 4227, 4948, 4949, 5721, 7366 à 7377, 8678. Toute cupidité et toute convoitise appartiennent à l'amour de soi et du monde, Nos 1668, 8910.

Les Amours de soi et du monde doivent servir comme moyens et nullement comme fin, Nos 7377, 7819, 7820. Quand l'homme est réformé, ces amours sont retournés pour qu'ils soient comme moyens et non comme fin, ainsi pour qu'ils soient comme les plantes des pieds et non comme la tête, N°⁸ 8995, 9210. Chez ceux qui sont dans les Amours de soi et du monde il n'y a pas l'interne, mais il y a l'externe sans interne, parce que l'interne est fermé du côté du Ciel, mais l'externe est ouvert du côté du monde, N°⁸ 10396, 10400, 10409, 10412, 10422, 10429. Ceux qui sont dans les Amours de soi et du monde ne savent pas ce que c'est que la charité, ce que c'est que la conscience, ni ce que c'est que la vie du Ciel, N° 7490. Autant l'homme est dans l'Amour de soi et du monde, autant il ne reçoit pas le bien et le vrai de la foi, qui influent continuellement du Seigneur chez l'homme. N° 7491.

Chez ceux qui sont dans les amours de soi et du monde il y a des liens externes, mais aucun lien interne; c'est pourquoi, les liens externes étant ôtés, ils se précipitent dans tous les crimes, N°⁸ 10744, 10745, 10746. Tous, dans le Monde spirituel, se tournent selon les amours; ceux qui sont dans l'amour envers le Seigneur et dans l'amour à l'égard du prochain se tournent vers le Seigneur, et ceux qui sont dans l'amour de soi et dans l'amour du monde se détournent du Seigneur, N°⁸ 10130, 10189, 10420, 10742. Quel est le Culte dans lequel il y a l'Amour de soi, N°⁸ 1304, 1306, 1307, 1308, 1321, 1322. Le Seigneur gouverne le monde au moyen des méchants, en les conduisant par leurs propres amours qui se réfèrent à l'amour de soi et à l'amour du monde, N°⁸ 6481, 6495. Les méchants peuvent, de même que les bons, remplir des fonctions et faire des usages et des biens, parce qu'ils regardent les honneurs et le gain comme des récompenses pour lesquelles ils agissent dans la forme externe de même que les bons, N°⁸ 6481, 6495.

Tous ceux qui sont dans les enfers sont dans les maux et par suite dans les faux d'après les amours de soi et du monde; voir le traité DU CIEL ET DE L'ENFER, N°⁸ 551 à 565.

82. *Du Propre de l'homme, dont il est parlé dans la Doctrine,* ci-dessus N° 70; *c'est l'amour de soi et du monde.* Le Propre de l'homme n'est absolument qu'un mal épais, N°⁸ 210, 215, 731, 874, 875, 876, 987, 1047, 2307, 2308, 3518, 3701, 3812, 8480, 8550, 10283, 10284, 10286, 10731. Le Propre de l'homme est son Volontaire, N° 4328. Le Propre de l'homme est de s'aimer de préférence à Dieu, et d'aimer le monde de

préférence au Ciel, et de regarder le prochain comme rien respectivement à soi, ainsi c'est l'Amour de soi et du monde, Nos 694, 731, 4317, 5660. Du Propre de l'homme découle non-seulement tout mal, mais aussi tout faux, et ce faux est le faux du mal, Nos 1047, 10283, 10284, 10286. Le Propre de l'homme est l'enfer chez lui, Nos 694, 8480. C'est pourquoi celui qui est conduit par son Propre ne peut pas être sauvé, No 10731. Le bien, que l'homme fait d'après le Propre, n'est pas le bien, mais il est en soi le mal, parce qu'il le fait pour lui-même et pour le monde, No 8480.

Le Propre de l'homme doit être séparé pour que le Seigneur puisse être présent, Nos 1023, 1044. Et il est séparé en actualité, quand l'homme est réformé, Nos 9334, 9335, 9336, 9452, 9453, 9454, 9938. Cela est fait par le Seigneur seul, No 9445. L'homme par la Régénération reçoit un Propre céleste, Nos 1937, 1947, 2881, 2883, 2891. Il semble à l'homme que ce propre est le sien, mais ce n'est pas le sien, c'est celui du Seigneur chez lui, No 8497. Ceux qui sont dans ce propre sont dans le Libre même, parce que le Libre est d'être conduit par le Seigneur, et par le propre du Seigneur, Nos 892, 905, 2872, 2886, 2890, 2891, 2892, 4096, 9586, 9587, 9589, 9590, 9591. Tout Libre vient du Propre, et sa qualité est selon le propre, No 2880. Quel est le Propre céleste, Nos 164, 5660, 8480. Comment est implanté le Propre céleste, Nos 1712, 1937, 1947.

83. *De l'Héréditaire de l'homme, dont il est parlé dans la Doctrine,* ci-dessus Nos 70 et 79; *c'est l'Amour de soi et du monde.* Tous les hommes, sans exception, naissent dans les maux de tout genre, au point que leur Propre n'est que mal, Nos 210, 215, 731, 874, 875, 876, 987, 1047, 2307, 2308, 3701, 3812, 8480, 8550, 10283, 10284, 10286, 10731. L'homme par conséquent doit renaître, c'est-à-dire, être régénéré, afin de recevoir du Seigneur une nouvelle vie, No 3701.

Les maux héréditaires sont dérivés des parents et aïeux dans une longue série remontante, pendant laquelle ils se sont accrus et accumulés; et ils ne viennent pas, comme on le croit, d'un premier homme parce qu'il a mangé de l'arbre de la science, Nos 313, 494, 2910, 3469, 3701, 4317, 8550. C'est pourquoi, les maux héréditaires aujourd'hui ont plus de malignité qu'autrefois, No 2122. Les enfants, qui meurent enfants et reçoivent leur éducation dans le Ciel, ne sont que maux d'après l'héréditaire, Nos 2307, 2308. 4563. Par suite ils sont de divers caractères et de diverses inclinations, N° 2300. Chez chacun les maux intérieurs viennent du père, et les maux extérieurs viennent de la mère, N° 3701.

Aux maux héréditaires l'homme en ajoute par lui-même de nouveaux qui sont appelés Maux actuels, N° 8551. Dans l'autre vie personne n'est puni pour les maux héréditaires, mais on est puni pour les maux actuels qui reviennent, Nos 966, 2308. Les enfers les plus malicieux sont tenus séparés, afin qu'ils n'opèrent point dans les maux héréditaires chez les hommes et les esprits. Nos 1667, 8806.

Les maux héréditaires sont les maux de l'amour de soi et du monde, qui consistent en ce que l'homme s'aime de préférence à Dieu, et aime le monde de préférence au Ciel, et regarde comme rien le prochain, Nos 694, 4317, 5660. Et comme ces maux sont contre les biens du Ciel, et contre l'Ordre Divin, l'homme ne peut que naître dans une complète ignorance, Nos 1050, 1902, 1992, 3175. Le Bien naturel naît avec quelques hommes, mais ce bien néanmoins n'est pas le bien, parce qu'il est enclin à tous les maux et à tous les faux, et ce bien n'est point accepté dans le Ciel, à moins qu'il ne devienne bien spirituel, Nos 2463, 2464, 2468, 3304, 3408, 3469, 3470, 3508, 3518, 7761.

DE L'AMOUR A L'ÉGARD DU PROCHAIN, OU DE LA CHARITÉ.

84. Il faut d'abord dire ce que c'est que le Prochain, car c'est lui qui doit être aimé, et c'est à son égard que la Charité doit être exercée ; en effet, si l'on ne sait pas ce que c'est que le Prochain, la Charité peut être exercée, sans distinction, de la même manière à l'égard des méchants qu'à l'égard des bons ; de là, la charité n'est point la Charité, car les méchants, d'après le bien qu'on leur fait, font du mal au prochain, mais les bons lui font du bien.

85. La commune opinion, aujourd'hui, c'est que tout

homme est également le prochain, et qu'on doit faire du bien à quiconque a besoin de secours ; mais il est de la prudence Chrétienne de bien examiner quelle est la vie de l'homme, et d'exercer la charité selon cette vie ; l'homme de l'Église interne fait cela avec distinction, par conséquent avec intelligence ; au contraire, l'homme de l'Église externe, ne pouvant pas discerner les choses de cette manière, le fait sans distinction.

86. Les distinctions du Prochain, que l'homme de l'Église doit absolument connaître, sont en rapport avec le bien qui est chez chacun ; et comme tout Bien procède du Seigneur, le Seigneur est, dans le sens suprême et au degré le plus éminent, le Prochain de Qui procède l'origine ; de là résulte que chacun est le Prochain en proportion de ce qu'il a du Seigneur chez lui ; et comme nul ne reçoit de la même manière le Seigneur, c'est-à-dire, le Bien qui procède du Seigneur, c'est pour cela que l'un n'est pas le Prochain de la même manière que l'autre ; en effet, tous ceux qui sont dans les cieux, et tous ceux qui sont bons dans les terres, diffèrent quant au bien ; il n'y a jamais chez deux personnes un bien absolument un et le même ; il faut qu'il soit différent, afin que chacun subsiste par soi. Mais tous ces biens différents, par conséquent toutes les distinctions du Prochain, qui sont en rapport avec la réception du Seigneur, c'est-à-dire, avec la réception du Bien qui procède du Seigneur, jamais aucun homme, ni même aucun Ange, ne peut les connaître ; on peut seulement les connaître dans le commun, par conséquent connaître les genres et quelques-unes de leurs espèces ; et le Seigneur ne requiert de l'homme de l'Église pas davantage que de vivre selon ce qu'il sait.

87. Comme le Bien chez chacun est différent, il s'ensuit que la qualité du Bien détermine à quel degré et

dans quel rapport chacun est le Prochain : qu'il en soit ainsi, on le voit clairement par la parabole du Seigneur sur l'homme « qui tomba entre les mains des voleurs, et fut laissé par eux à demi mort ; un Prêtre passa outre, et un Lévite aussi ; mais un Samaritain, après avoir bandé ses plaies et y avoir versé de l'huile et du vin, le plaça sur sa propre monture, le conduisit dans une hôtellerie, et donna ordre d'avoir soin de lui ; celui-ci, ayant exercé le bien de la Charité, est appelé le Prochain, » — Luc, X. 29 à 37 : — par là on peut savoir que ceux qui sont dans le bien sont le Prochain : l'huile et le vin que le Samaritain versa dans les plaies, signifient aussi le bien et le vrai de ce bien.

88. D'après ce qui vient d'être dit, il est évident que, dans un sens universel, le Bien est le Prochain, puisque l'homme est le prochain selon la qualité du bien qui chez lui procède du Seigneur ; et comme le Bien est le Prochain, l'Amour est le Prochain ; car tout bien appartient à l'Amour : ainsi chaque homme est le prochain selon la qualité de l'amour qui est en lui par le Seigneur.

89. Que ce soit l'Amour qui fait qu'il y a Prochain, et que chacun soit le Prochain selon la qualité de son amour, c'est ce que l'on voit clairement par ceux qui sont dans l'amour de soi ; ceux-là reconnaissent pour le Prochain ceux qui les aiment le plus, c'est-à-dire, en tant qu'ils sont les leurs ; ils les embrassent, ils leur donnent des baisers, leur font du bien et les appellent frères : bien plus même, comme ils sont méchants, ils disent que ceux-ci sont le Prochain de préférence aux autres ; et ils considèrent les autres comme Prochain, selon que les autres les aiment ; ainsi, selon la qualité et la quantité de l'amour ; de tels hommes tirent d'eux-mêmes l'origine du Prochain, par cette raison que c'est l'amour qui fait

et qui détermine. Ceux, au contraire, qui ne s'aiment pas de préférence aux autres, comme sont tous ceux qui appartiennent au Royaume du Seigneur, tireront l'origine du Prochain de Celui qu'ils doivent aimer par-dessus toutes choses, par conséquent du Seigneur ; et pour Prochain ils auront chacun selon la qualité de l'amour envers le Seigneur et procédant du Seigneur. De là on voit clairement d'où l'homme de l'Église doit tirer l'origine du prochain, et que chacun est le prochain selon le bien qui procède du Seigneur, qu'ainsi le Bien lui-même est le Prochain.

90. Qu'il en soit ainsi, le Seigneur l'enseigne aussi dans Matthieu ; car « *à ceux qui ont été dans le Bien, il dit qu'ils Lui ont donné à manger, qu'ils lui ont donné à boire, qu'ils L'ont recueilli, qu'ils L'ont vêtu, qu'ils L'ont visité, et qu'ils sont venus en prison vers Lui ; et ensuite, qu'en tant qu'ils ont fait cela à l'un de ces plus petits de ses frères, ils le Lui ont fait à Lui-même,* » — XXV, 34 à 40 ; — dans ces six Biens, entendus dans le sens spirituel, sont compris tous les genres du Prochain. De là il est encore évident que quand on aime le Bien, on aime le Seigneur, car c'est du Seigneur que procède le Bien, c'est Lui qui est dans le Bien, et c'est Lui qui est le Bien même.

91. Le Prochain est non-seulement l'homme dans le singulier, mais c'est aussi l'homme dans le pluriel ; en effet, c'est une Société, petite et grande, c'est la Patrie, c'est l'Église, c'est le Royaume du Seigneur, et au-dessus de tous, c'est le Seigneur Lui-même ; voilà le Prochain, auquel on doit faire du bien d'après l'amour. Ce sont là aussi les degrés ascendants du Prochain ; car une Société de plusieurs personnes est à un degré

plus élevé que l'homme pris séparément ; la Patrie est à un degré plus élevé qu'une société ; dans un degré encore plus élevé est l'Église ; et dans un degré plus élevé encore est le Royaume du Seigneur ; enfin dans le degré suprême est le Seigneur. Ces degrés ascendants sont comme les degrés d'une échelle, au sommet de laquelle est le Seigneur.

92. Une Société est le Prochain de préférence à un homme seul, parce qu'elle se compose de plusieurs hommes ; la charité doit être exercée envers elle de la même manière qu'envers l'homme dans le singulier, à savoir, selon la qualité du bien qui est chez elle ; ainsi tout autrement envers une société d'hommes probes qu'envers une société d'hommes non probes : une Société est aimée, quand on pourvoit à son bien par amour du bien.

93. La Patrie est le Prochain de préférence à une société, parce qu'elle est comme une mère ; car l'homme y est né, elle le nourrit, et elle le tient à l'abri des injures. On doit par amour faire du bien à la Patrie selon ses nécessités, qui concernent principalement son entretien, et la vie civile et la vie spirituelle de ceux qui y habitent. Celui qui aime la Patrie, et qui lui fait du bien d'après le bien-vouloir, celui-là dans l'autre vie aime le Royaume du Seigneur, car là le Royaume du Seigneur est pour lui la Patrie ; et celui qui aime le Royaume du Seigneur aime le Seigneur, parce que le Seigneur est tout dans toutes les choses de son Royaume.

94. L'Église est le Prochain de préférence à la Patrie, car celui qui pourvoit à l'Église, pourvoit aux âmes et à la vie éternelle des hommes qui sont dans la Patrie ; c'est pourquoi celui qui pourvoit à l'Église par amour, aime le Prochain dans un degré supérieur, car il désire et

veut pour les autres le ciel et la félicité de la vie pour l'éternité.

95. Le Royaume du Seigneur est le Prochain dans un degré encore supérieur ; car le Royaume du Seigneur se compose de tous ceux qui sont dans le bien, tant de ceux qui sont dans les terres que de ceux qui sont dans les cieux ; ainsi, le Royaume du Seigneur est le Bien avec toute sa qualité dans le complexe ; quand on aime ce bien, on aime chacun de ceux qui sont dans le bien.

96. Ce sont là les degrés du Prochain, et selon ces degrés s'élève l'amour chez ceux qui sont dans l'amour à l'égard du Prochain ; mais ces degrés sont des degrés dans l'ordre successif, dans lequel le degré antérieur ou supérieur doit être préféré au degré postérieur ou inférieur ; et comme le Seigneur est dans le degré suprême, et qu'il doit être considéré Lui-même dans chaque degré comme la fin vers Laquelle l'homme doit tendre, il doit par conséquent être aimé Lui-même par-dessus tous et par-dessus toutes choses. D'après cela, on peut maintenant voir comment l'Amour envers le Seigneur se conjoint avec l'Amour à l'égard du Prochain.

97. On dit communément, dans la conversation, que chacun est pour soi-même le Prochain, c'est-à-dire, que chacun doit d'abord s'occuper de soi ; mais la Doctrine de la Charité enseigne comment cela doit être entendu : Chacun doit d'abord songer pour soi à avoir les nécessités de la vie, c'est-à-dire, la nourriture, le vêtement, le logement, et plusieurs autres choses qui sont absolument nécessaires dans la vie civile où l'on est ; et cela, non-seulement pour soi, mais aussi pour les siens ; et non-seulement pour le temps présent, mais aussi pour l'avenir ; car si l'homme ne pourvoit pas pour lui aux né-

cessités de la vie, il ne peut être en état d'exercer la charité ; en effet, il manque de tout.

98. Mais comment chacun doit être pour soi le Prochain, on peut le voir par ceci, qui est la même chose : Chacun doit s'occuper de son corps pour la nourriture et le vêtement, c'est d'abord ce qu'on doit faire, mais pour cette fin, qu'on ait un mental sain dans un corps sain ; et chacun doit s'occuper de son mental pour la nourriture, c'est-à-dire, pour les choses qui appartiennent à l'intelligence et à la sagesse, pour cette fin, que le mental soit par suite en état de servir le Concitoyen, des Sociétés d'hommes, la Patrie et l'Église, ainsi le Seigneur ; celui qui agit ainsi veille bien à ses intérêts éternels ; de là, il est évident que le principal est où il y a la fin *propter quem* (pour laquelle on agit), car tout s'y rapporte. Il en est encore de cela, comme de celui qui construit une maison ; il doit d'abord poser le fondement, mais le fondement sera pour la maison, et la maison sera pour l'habitation ; celui qui croit qu'il est pour lui-même le prochain, au premier rang, est semblable à celui qui regarde comme fin le fondement et non la maison et l'habitation, tandis que cependant l'habitation est la fin même première et dernière, et que la maison avec le fondement est seulement un moyen pour la fin.

99. La fin fait connaître comment chacun sera pour soi le prochain, et s'occupera d'abord de soi ; si la fin est d'être plus riche que les autres, seulement pour les richesses, ou pour la volupté, ou pour la prééminence, et autres choses semblables, la fin est mauvaise ; celui-là n'aime pas le prochain, il s'aime lui-même : mais si la fin est d'acquérir des richesses pour être en état d'être utile au Concitoyen, à des Sociétés d'hommes, à la Pa-

trie et à l'Église, comme aussi d'obtenir des fonctions pour ce même but, celui-là aime le prochain. La fin elle-même pour laquelle on agit fait l'homme, car la fin est son amour, chacun ayant pour première et dernière fin ce qu'il aime par-dessus toutes choses.

Ce qui précède concerne le Prochain ; maintenant il sera parlé de l'Amour à son égard, ou de la Charité.

100. Plusieurs s'imaginent que l'Amour à l'égard du Prochain consiste à donner aux pauvres, à secourir l'indigent, et à faire du bien à chacun ; mais la Charité consiste à agir avec prudence, et pour cette fin qu'il en résulte du bien : celui qui secourt quelque pauvre, ou quelque indigent malfaisant, fait par lui du mal au prochain, car par le secours qu'il lui donne il le confirme dans le mal, et lui fournit la faculté de faire du mal aux autres ; il en est autrement de celui qui vient au secours des bons.

101. Mais la Charité s'étend beaucoup plus loin qu'aux pauvres et aux indigents ; car la Charité consiste à agir avec droiture dans tout ouvrage, et à faire son devoir dans toute fonction. Si le juge fait justice pour la justice, il exerce la charité ; s'il punit le coupable et absout l'innocent, il exerce la charité, car ainsi il pourvoit aux intérêts du concitoyen et aux intérêts de la patrie. Le prêtre qui enseigne le vrai, et conduit au bien, pour le vrai et le bien, exerce la charité ; mais celui qui agit ainsi pour lui-même et pour le monde, n'exerce pas la charité, parce qu'il n'aime pas le prochain, mais il s'aime lui-même.

102. Il en est de même de tous les autres, soit qu'ils remplissent quelque fonction, soit qu'ils n'en remplissent point ; par exemple, des enfants à l'égard des parents, et des parents à l'égard des enfants ; des serviteurs à

l'égard des maîtres, et des maîtres à l'égard des serviteurs ; des sujets à l'égard du roi, et du roi à l'égard des sujets ; celui d'entre eux qui remplit le devoir d'après le devoir, et exécute le juste d'après le juste, exerce la charité.

103. Que ce soit là ce qui constitue l'Amour à l'égard du prochain ou la Charité, c'est parce que, comme il a déjà été dit, chaque homme est le prochain, mais d'une manière différente ; une Société, petite et grande, est davantage le prochain, la Patrie encore davantage ; l'Église encore davantage ; le Royaume du Seigneur encore davantage ; et le Seigneur par-dessus tous : et que, dans le sens universel, le Bien qui procède du Seigneur est le prochain, conséquemment aussi le Sincère et le Juste : celui donc qui fait un bien quelconque pour le bien, et agit avec sincérité et justice pour le sincère et le juste, aime le prochain et exerce la Charité, car il agit d'après l'amour du bien, du sincère et du juste, et ainsi par amour pour ceux dans lesquels il y a le bien, le sincère et le juste.

104. La Charité donc est une affection interne, d'après laquelle l'homme veut faire le bien, et cela sans rémunération ; le plaisir de sa vie est de faire le bien. Chez ceux qui font le bien d'après l'affection interne, il y a la Charité dans chacune des choses qu'ils pensent et disent, et qu'ils veulent et font ; on peut dire que l'homme et l'ange quant à leurs intérieurs sont la Charité, lorsque le bien est pour eux le prochain. La Charité s'étend aussi largement que cela.

105. Ceux qui ont pour fin l'amour de soi et l'amour du monde ne peuvent nullement être dans la charité ; ils ne savent pas même ce que c'est que la charité, et ne comprennent nullement que vouloir et faire du bien au

prochain, sans but de récompense, ce soit le ciel dans l'homme, et qu'il y ait dans cette affection une aussi grande félicité que celle des Anges du Ciel, laquelle est ineffable ; car ils croient que, s'ils étaient privés de la joie qu'ils tirent de la gloire des honneurs et des richesses, il n'y aurait plus rien de la joie, et cependant c'est seulement alors que commence la joie céleste, qui surpasse infiniment toute autre joie.

D'après les Arcanes Célestes.

106. Le Ciel est distingué en deux royaumes, dont l'un est appelé Royaume céleste, et l'autre, Royaume spirituel ; l'Amour dans le Royaume céleste est l'Amour envers le Seigneur, et est appelé Amour céleste ; et l'Amour dans le Royaume spirituel est l'Amour à l'égard du prochain ou la Charité, et est appelé Amour spirituel, Nos 3325, 3653, 7257, 9002, 9835, 9961. On peut voir, dans le Traité DU CIEL ET DE L'ENFER, que le Ciel a été distingué en ces deux Royaumes, Nos 20 à 28 ; et que le Divin du Seigneur dans les Cieux est l'Amour envers Lui et la Charité à l'égard du prochain, Nos 13 à 19.

On ne sait ce que c'est que le Bien, ni ce que c'est que le Vrai, à moins qu'on ne sache ce que c'est que l'Amour envers le Seigneur, et ce que l'Amour à l'égard du prochain, puisque tout Bien appartient à l'Amour, et que tout Vrai appartient au Bien, Nos 7255, 7366. Savoir les vrais, vouloir les vrais et être affecté des vrais pour les vrais, c'est-à-dire, parce que ce sont des vrais, c'est la Charité, Nos 3876, 3877. La Charité consiste dans l'affection interne de faire le vrai, et non dans l'affection externe sans l'affection interne, Nos 2430, 2442, 3776, 4899, 4956, 8033. Ainsi la Charité consiste à faire les usages pour les usages. Nos 7038, 8253. La Charité est la vie spirituelle de l'homme, No 7081. Toute la Parole est la Doctrine de l'Amour et de la Charité, Nos 6632, 7262. On ne sait pas aujourd'hui ce que c'est que la Charité, Nos 2417, 3398, 4776, 6632. Néanmoins l'homme, d'après la lueur de sa raison, peut savoir que l'Amour et la Charité font l'homme,

Nos 3957, 6273 ; et aussi, que le Bien et le Vrai concordent, et que l'un appartient à l'autre ; de même l'Amour et la Foi, N° 7627.

Le Seigneur dans le sens suprême est le prochain, parce que Lui doit être aimé par-dessus toutes choses ; de là, est le Prochain tout ce qui procède de Lui en quoi il est Lui-Même, ainsi le Bien et le Vrai, Nos 2425, 3419, 6706, 6819, 6823, 8124. La différence du Prochain est selon la qualité du Bien, ainsi selon la présence du Seigneur, Nos 6707, 6708, 6709, 6710. Tout homme, et toute Société, puis la Patrie et l'Eglise, et dans le sens universel le Royaume du Seigneur, sont le Prochain, et leur faire du bien d'après l'amour du bien selon la qualité de leur état, c'est aimer le prochain, ainsi le prochain est leur bien auquel on doit veiller, Nos 6818 à 6824, 8123. Le Bien civil qui est le Juste, et le Bien moral qui est le Bien de la vie dans la société, et est appelé le Sincère, sont le Prochain, Nos 2915, 4730, 8120, 8121, 8122. Aimer le prochain, c'est aimer non pas la personne, mais ce qui fait chez la personne qu'elle est le prochain, ainsi le bien et le vrai, Nos 5025, 10336. Ceux qui aiment la personne, et non ce qui fait chez la personne qu'elle est le prochain, aiment le mal de même que le bien, N° 3820. Et ils font du bien aux méchants de même qu'aux bons, lorsque cependant faire du bien aux méchants, c'est faire du mal aux bons, ce qui n'est pas aimer le prochain, Nos 3820, 6703, 8120. Le juge qui punit les méchants afin qu'ils se corrigent, et que les bons ne soient pas corrompus par eux, aime le prochain, Nos 3820, 8120, 8121.

Aimer le prochain c'est faire le bien, le juste et le droit dans toute œuvre, et dans toute fonction, Nos 8120, 8121, 8122. Ainsi, la Charité à l'égard du prochain s'étend à tout ce qu'en général et en particulier l'homme pense, veut et fait, N° 8124. Faire le bien et le vrai, c'est aimer le prochain, Nos 10310, 10336. Ceux qui agissent ainsi aiment le Seigneur, qui, dans le sens suprême est le Prochain, N° 9210. La vie de la charité est la vie selon les préceptes du Seigneur ; et vivre selon les Divins Vrais, c'est aimer le Seigneur, Nos 10143, 10153, 10310, 10578, 10648.

La charité réelle n'est point méritoire, Nos 2340, 2373, 2400, 3887, 6388 à 6393 ; parce qu'elle procède de l'affection interne ; ainsi, du plaisir de la vie de faire le bien, Nos 2373, 2400, 3887, 6388, 6393. Ceux qui séparent la foi d'avec la charité font méritoires, dans l'autre vie, la foi et les bonnes œuvres qu'ils ont faites dans la forme externe, N° 2373. Ceux qui sont dans les maux d'après l'amour de soi ou du monde ne savent pas ce que c'est que faire le bien sans rémunération, ni par conséquent ce que c'est que la charité non méritoire, N° 8037.

La Doctrine de l'Ancienne Eglise était la Doctrine de la vie, qui est la Doctrine de la charité, Nos 2385, 2417, 3419, 3420, 4844, 6628. De là leur venaient l'intelligence et la sagesse, Nos 2417, 6629, 7259 à 7262. L'intelligence et la sagesse augmentent immensément dans l'autre vie chez ceux qui ont vécu dans le monde la vie de la charité, Nos 1941, 5859. Le Seigneur avec le Divin Vrai influe dans la charité, parce qu'il influe dans la vie même de l'homme, N° 2063. L'homme est comme un jardin, lorsque chez lui la charité et la foi ont été conjointes ; mais il est comme un désert lorsqu'elles n'ont pas été conjointes, N° 7626. Autant l'homme s'éloigne de la charité autant il s'éloigne de la sagesse ; et ceux qui ne sont pas dans la charité sont dans l'ignorance sur les Divins Vrais quoiqu'ils croient être sages, Nos 2416, 2435. La Vie angélique consiste à faire les biens de la charité, qui sont les usages, N° 454. Les Anges spirituels, à savoir, les Anges qui sont dans le bien de la charité, sont des formes de la charité, Nos 553, 3804, 4735.

Tous les vrais spirituels regardent la charité comme leur commencement et leur fin, N° 4353. Les Doctrinaux de l'Eglise ne servent à rien s'ils ne regardent pas la Charité comme fin, Nos 2049, 2116.

La présence du Seigneur chez les hommes et chez les anges est selon l'état de leur amour et de leur charité, Nos 549, 904. La Charité est l'image de Dieu, N° 1013. En dedans de la Charité il y a l'Amour envers le Seigneur, ainsi le Seigneur, quoique l'homme ne le sache pas, Nos 2227, 5066, 5067. Ceux qui vivent la vie de la Charité sont reçus citoyens, tant dans le Monde que dans le Ciel, N° 1121. Le bien de la Charité ne doit pas être violé, N° 2359.

Ceux qui ne sont pas dans la Charité ne peuvent reconnaître et adorer le Seigneur que par hypocrisie, Nos 2132, 4424,

9833. Les formes de la haine et de la charité ne peuvent être ensemble, N° 1860.

107. Il faut ajouter ici quelques particularités sur la Doctrine de l'Amour envers le Seigneur ; et aussi sur la Doctrine de la Charité, telle que l'avaient les Anciens chez qui était l'Eglise, afin qu'on sache ce qu'était autrefois cette Doctrine qui n'existe plus aujourd'hui. Ces particularités sont aussi d'après les Arcanes célestes, N°⁸ 7257 à 7263.

Le Bien qui appartient à l'Amour envers le Seigneur est appelé Bien céleste, et le Bien qui appartient à l'Amour à l'égard du prochain ou à la Charité, est appelé Bien spirituel : les Anges qui sont dans le Ciel intime, ou troisième Ciel, sont dans le Bien de l'Amour envers le Seigneur, c'est pourquoi ils sont appelés Anges célestes ; mais les Anges qui sont dans le Ciel moyen, ou second Ciel, sont dans le Bien de l'Amour à l'égard du prochain, c'est pourquoi ils sont appelés Anges spirituels.

La Doctrine du Bien Céleste, qui appartient à l'Amour envers le Seigneur, est la plus vaste et en même temps la plus remplie d'Arcanes, car c'est la Doctrine des Anges du Ciel intime ou troisième Ciel ; elle est telle, que si elle était exprimée par leur bouche, la millième partie en serait à peine comprise ; ce sont aussi des choses ineffables qu'elle contient. Cette Doctrine est contenue dans le sens intime de la Parole ; mais la Doctrine de l'amour spirituel est contenue dans le sens interne.

La Doctrine du Bien spirituel, qui appartient à l'Amour à l'égard du prochain est vaste aussi, et remplie aussi d'Arcanes, mais beaucoup moins que la Doctrine du Bien céleste, qui appartient à l'Amour envers le Seigneur. Que la Doctrine de l'Amour à l'égard du prochain ou de la Charité soit vaste, c'est ce qu'on peut voir en ce qu'elle s'étend à toutes et à chacune des choses que l'homme pense et veut, par conséquent à toutes celles qu'il dit et fait ; puis aussi, en ce que la charité chez l'un n'est pas la même que chez l'autre, et en ce que l'un n'est pas le prochain de la même manière que l'autre.

Comme la Doctrine de la Charité était si vaste, les Anciens, chez qui la Doctrine de la Charité était la Doctrine même de l'Eglise, distinguaient la Charité à l'égard du prochain en plusieurs Classes, qu'ils subdivisaient encore ; ils donnaient un nom à chaque Classe, et ils enseignaient comment la Charité devait être exercée à l'égard de ceux qui étaient dans une Classe, et comment elle devait l'être à l'égard de ceux qui étaient dans une autre ; et de cette manière ils rédigeaient en ordre la Doctrine de la Charité et les exercices de la Charité, afin de les mettre distinctement à la portée de l'entendement.

Les Noms qu'ils donnaient à ceux envers lesquels ils devaient exercer la charité étaient en grand nombre ; ils en appelaient quelques-uns AVEUGLES, d'autres BOITEUX, d'autres MANCHOTS, d'autres PAUVRES, et aussi MISÉRABLES et AFFLIGÉS, d'autres ORPHELINS, d'autres VEUVES ; mais en général ils les nommaient des AFFAMÉS auxquels ils devaient donner à manger ; des ALTÉRÉS auxquels ils devaient donner à boire, des VOYAGEURS qu'ils devaient recueillir, des NUS qu'ils devaient vêtir, des MALADES qu'ils devaient visiter, et des PRISONNIERS qu'ils devaient aller voir. Qui étaient ceux que les Anciens entendaient par ces noms, c'est ce qui a été exposé dans les ARCANES CÉLESTES ; ainsi par Aveugles, N°s 2383, 6990 ; par Boiteux N° 4302 ; par Pauvres, N°s 2129, 4459, 4958, 9209, 9253, 10227, par Misérables, N° 2129 ; par Affligés, N°s 6663, 6851, 9196 ; par Orphelins, N°s 4844, 9198, 9199, 9200 ; par Veuves, N°s 4844, 9198, 9200 ; par Affamés, N°s 4958, 10227 ; par Altérés, N°s 4958, 8568 ; par Voyageurs, N°s 4444, 7908, 8007, 8013, 9196, 9200 ; par Nus, N°s 1073, 5433, 9960 ; par Malades, N°s 4958, 6221, 8364, 9031 ; par Prisonniers, N°s 5037, 5038, 5086, 5096. Par les services, dont parle le Seigneur, à l'égard des Affamés, des Altérés, des Voyageurs, des Nus, des Malades et des Prisonniers, — Matth., XXV. 34, 35, 36 et suiv., — se trouve renfermée toute la Doctrine de la Charité ; voir N°s 4954 à 4959.

Ces noms avaient été donnés du Ciel aux Anciens qui étaient de l'Eglise, et par ceux qui étaient ainsi nommés ils entendaient ceux qui étaient tels spirituellement ; leur Doctrine de la Charité enseignait non-seulement qui ils étaient, mais aussi quelle devait être la Charité à l'égard de chacun. De là vient que ces mêmes Noms sont dans la Parole, et signifient ceux qui sont tels dans le sens spirituel. La Parole en elle-même n'est que la Doctrine de l'Amour envers le Seigneur et de la Charité à l'égard du prochain, comme aussi le Seigneur l'enseigne : « *Tu aimeras le Seigneur ton Dieu de tout ton cœur, de toute ton âme et de toute ta pensée, c'est là le premier et le grand Commandement ; le second lui est semblable :* « *Tu aimeras ton prochain comme toi-même ; de ces deux Commandements dépendent la Loi et les Prophètes.* » Matth. XXII. 37, 38, 39, 40 ; — la Loi et les Prophètes, c'est toute la Parole, Nos 2606, 3382, 6752, 7463.

Si ces mêmes Noms ont été mis dans la Parole, c'était afin que la Parole, qui en elle-même est spirituelle, fût naturelle dans son dernier, et parce que ceux qui étaient dans le culte externe devaient exercer la charité à l'égard des hommes qui étaient ainsi nommés, et ceux qui étaient dans le culte interne, à l'égard des hommes désignés spirituellement par ces noms ; ainsi, c'était pour que les simples entendissent et pratiquassent la Parole avec simplicité, et les sages avec sagesse ; puis aussi, afin que les simples par les Externes de la charité fussent initiés dans les Internes de la charité.

De la Foi.

108. On ne peut pas savoir ce que c'est que la Foi dans son essence, si l'on ne sait pas ce que c'est que la Charité, parce que là où il n'y a pas la Charité, il n'y a pas la Foi, car la Charité fait un avec la Foi, comme le Bien avec le Vrai ; en effet, ce que l'homme aime, ou ce qui lui est cher, est pour lui le bien, et ce que l'homme croit est pour lui le vrai ; de là il est évident qu'entre la Charité et la Foi il y a la même union qu'entre le Bien et le Vrai ; on peut voir quelle est cette union d'après ce qui a été dit ci-dessus sur le Bien et le Vrai.

109. L'union de la Charité et de la Foi est aussi telle qu'est celle de la Volonté et de l'Entendement chez l'homme ; car ce sont ces deux Facultés qui reçoivent le Bien et le Vrai, la Volonté le Bien et l'Entendement le Vrai ; ainsi ces deux Facultés reçoivent aussi la Charité et la Foi, puisque le Bien appartient à la Charité et le

Vrai à la Foi ; chacun sait que la Charité et la Foi sont chez l'homme et dans l'homme, et puisqu'elles sont chez lui et en lui, elles ne sont pas ailleurs que dans sa Volonté et dans son Entendement, car toute la vie de l'homme est là, et vient de là. L'homme a aussi la Mémoire, mais celle-ci est seulement un vestibule où sont rassemblées les choses qui doivent entrer dans l'Entendement et dans la Volonté : de là il est évident qu'entre la Charité et la Foi il y a la même union qu'entre la Volonté et l'Entendement ; on peut voir quelle est cette union d'après ce qui a été dit ci-dessus sur LA VOLONTÉ ET L'ENTENDEMENT.

110. La Charité se conjoint avec la Foi chez l'homme, quand l'homme veut ce qu'il sait et perçoit : vouloir appartient à la charité, savoir et percevoir appartient à la foi ; la Foi entre dans l'homme et devient chose de l'homme, quand il veut et aime ce qu'il sait et perçoit ; avant cela elle est en dehors de lui.

111. La Foi n'est pas la Foi chez l'homme, à moins qu'elle ne devienne spirituelle, et elle ne devient pas spirituelle, à moins qu'elle ne devienne chose de l'amour, et elle devient chose de l'amour alors que l'homme aime vivre le vrai et le bien, c'est-à-dire, vivre selon ce qui est prescrit dans la Parole.

112. La Foi est l'affection du Vrai provenant de vouloir le vrai parce qu'il est le vrai, et vouloir le vrai parce qu'il est le vrai est le spirituel même de l'homme ; en effet, cela est entièrement séparé du naturel qui est de vouloir le vrai non pour le vrai, mais pour la gloire de soi-même, pour la réputation ou pour le lucre ; le Vrai, abstraction faite de ces motifs, est spirituel, parce qu'il vient du Divin ; ce qui procède du Divin est spirituel, et cela est conjoint à l'homme par

l'amour ; car l'amour est une conjonction spirituelle.

113. L'homme peut savoir, penser et comprendre beaucoup de choses, mais celles qui ne concordent pas avec son amour il les rejette loin de lui, quand livré à lui-même il réfléchit ; et c'est pour cela qu'il les rejette aussi après la vie du corps, quand il est en esprit, car dans l'esprit de l'homme il ne reste que ce qui est entré dans son amour ; les autres choses après la mort sont regardées comme étrangères, et parce qu'elles n'appartiennent pas à son amour, il les chasse de la maison. Il est dit dans l'esprit de l'homme, parce que l'homme vit esprit après la mort.

114. D'après la lumière et la chaleur du Soleil on peut se former une idée du bien qui appartient à la Charité et du vrai qui appartient à la Foi ; quand la Lumière qui procède du Soleil est conjointe à la Chaleur, ce qui arrive dans la saison du printemps et de l'été, toutes les productions de la terre germent et fleurissent ; mais quand dans la lumière il n'y a point de chaleur, comme dans la saison de l'hiver, toutes les productions de la terre languissent et sont dans un état de mort : et même la Lumière spirituelle est le vrai de la foi, et la chaleur spirituelle est l'amour. D'après cela, on peut se former une idée de l'homme de l'Église, tel qu'il est quand chez lui la foi a été conjointe à la charité, à savoir, qu'il est comme un jardin et comme un paradis ; et tel qu'il est quand chez lui la foi n'a pas été conjointe à la charité, à savoir, qu'il est comme un désert et comme une terre couverte de neige.

115. La confiance ou l'assurance, qui se dit de la foi et est appelée la foi même qui sauve, est une confiance ou assurance naturelle, mais non pas spirituelle, quand elle appartient à la foi seule ; la confiance ou assurance

spirituelle a son essence et sa vie par le bien de l'amour, mais non par le vrai de la foi séparée ; la confiance de la foi séparée est morte ; c'est pour cela que la vraie confiance ne peut pas exister chez ceux qui ont mené une vie mauvaise ; et même la confiance qu'il y a salvation à cause du mérite du Seigneur auprès du Père, quelle qu'ait été la vie de l'homme, n'existe pas non plus d'après le vrai. Tous ceux qui sont dans la foi spirituelle ont la confiance qu'ils sont sauvés par le Seigneur, car ils croient que le Seigneur est venu dans le monde, pour donner la vie éternelle à ceux qui croient et vivent selon les préceptes qu'il a enseignés, et qu'il les régénère et les rend propres pour le Ciel, et que Lui seul fait cela, sans le secours de l'homme, par pure Miséricorde.

116. Croire les choses qu'enseigne la Parole, ou qu'enseigne la Doctrine de l'Église, et n'y point conformer sa vie, semble être la Foi, et même quelques-uns s'imaginent qu'ils sont sauvés par elle ; mais personne n'est sauvée par elle seule, car c'est une foi persuasive, de la qualité de laquelle il va maintenant être parlé.

117. Il y a foi persuasive, quand on croit et qu'on aime la Parole et la Doctrine de l'Église, non pour le vrai et la vie selon le vrai, mais pour le lucre, les honneurs et la renommée d'érudition, comme fins ; aussi ceux qui sont dans cette foi portent-ils leurs regards non sur le Seigneur ni sur le Ciel, mais sur eux-mêmes et sur le monde. Ceux qui dans le monde aspirent aux grandes choses, et désirent beaucoup de choses, sont dans un plus fort persuasif que ce qu'enseigne la Doctrine de l'Église est le vrai, que ceux qui n'aspirent pas aux grandes choses, et ne désirent pas beaucoup de choses ; et cela, parce que la Doctrine de l'Église n'est pour ceux-là qu'un moyen pour arriver à leurs fins, et

qu'autant on désire les fins, autant on aime les moyens et aussi autant on y croit. Mais voici quelle est en elle-même la chose : Autant ils sont dans le feu des amours de soi et du monde, et autant d'après ce feu ils parlent, prêchent et agissent, autant ils sont dans ce persuasif ; et alors ils ne savent rien, sinon que la chose est ainsi ; mais quand ils ne sont point dans le feu de leurs amours, ils croient peu, et plusieurs d'entre eux ne croient rien : de là, il est évident que la foi persuasive est une foi de bouche et non de cœur, et qu'ainsi en elle-même elle n'est pas la foi.

118. Ceux qui sont dans la foi persuasive ne savent, par aucune illustration interne, si les choses qu'ils enseignent sont des vrais ou des faux ; ils ne s'en inquiètent même pas, pourvu qu'elles soient crues par le vulgaire ; en effet, ils ne sont dans aucune affection du vrai pour le vrai : c'est pourquoi, s'ils sont privés des honneurs et des profits, ils se détachent de la foi, pourvu que leur réputation ne soit pas en danger ; car la foi persuasive n'est point intérieurement chez l'homme, mais elle se tient par dehors, seulement dans la mémoire, d'où elle est tirée, lorsqu'elle est enseignée ; c'est pourquoi aussi, cette foi s'évanouit avec ses vrais après la mort ; en effet, il ne reste alors de la foi que ce qui est intérieurement dans l'homme; c'est-à-dire, ce qui a été enraciné dans le bien, par conséquent ce qui est devenu chose de la vie.

119. Ceux qui sont dans la foi persuasive sont entendus par ceux-ci dans Matthieu : « *Plusieurs Me diront en ce jour-là : Seigneur ! Seigneur ! par ton Nom n'avons-nous pas prophétisé ? Et par ton Nom n'avons-nous pas chassé les démons ? Et en ton Nom n'avons-nous pas fait plusieurs actes de puissance ? Mais alors*

je leur dirai : Je ne vous connais point, ouvriers d'iniquité. » — VII. 22, 23. — Puis, dans Luc : *Alors vous commencerez à dire : Nous avons mangé devant Toi, et nous avons bu, et dans nos places tu as enseigné ; mais il dira : Je vous dis : Je ne sais d'où vous êtes ; retirez-vous de Moi,* (vous) *tous ouvriers d'iniquité.* » — XIII. 26, 27 : — ils sont aussi entendus par les cinq vierges insensées, qui n'avaient point d'huile dans leurs lampes, dans Matthieu : *Enfin vinrent aussi les autres vierges, disant : Seigneur ! Seigneur ! ouvre-nous, Mais Lui, répondant, dit : En vérité, je vous dis : Je ne vous connais point.* » — XXV. 11, 12. — L'huile dans les lampes, c'est le Bien de l'amour dans la Foi.

D'après les Arcanes Célestes.

120. Ceux qui ne savent pas que toutes les choses dans l'univers se réfèrent au VRAI et au BIEN, et à la conjonction de l'un et de l'autre pour que quelque chose soit produit, ne savent pas non plus que toutes les choses de l'Eglise se réfèrent à la FOI et à l'AMOUR, et à la conjonction de l'un et de l'autre, pour qu'il ait Église, Nos 7752 à 7762, 9186, 9224. Toutes les choses dans l'univers, qui sont selon l'ordre Divin, se réfèrent au Bien et au Vrai, et à la conjonction de l'un et de l'autre, Nos 2452, 3166, 4390, 4409, 5232, 7256, 10122, 10555. Les Vrais appartiennent à la Foi et les Biens appartiennent à l'Amour, Nos 4352, 4997, 7178, 10367. C'est pour cela que dans cette Doctrine il a été traité du Bien et du Vrai ; on peut donc, d'après ce qui en a été rapporté, conclure à l'égard de la Foi et de l'Amour, et savoir quels ils sont quand ils ont été conjoints, et quels ils sont quand ils n'ont pas été conjoints, en mettant Amour au lieu de Bien, et Foi au lieu de Vrai, et en appliquant.

Ceux qui ne savent pas que toutes choses, en général et en particulier, chez l'homme, se réfèrent à l'ENTENDEMENT et à la VOLONTÉ, et à la conjonction de l'un et de l'autre, pour que l'homme soit homme, ne savent pas clairement que toutes les choses de l'Église se réfèrent à la Foi et à l'Amour, et à la conjonction de l'un et de l'autre, pour que dans l'homme il y ait l'Église, Nos 2231, 7752, 7753, 7754, 9224, 9995, 10122. Il y a dans l'homme deux facultés, l'une appelée Entendement, et l'autre appelée Volonté, Nos 641, 803, 3623, 3539. L'Entendement a été destiné à recevoir les vrais, ainsi les choses appartenant à la Foi ; et la volonté a été destinée à recevoir les Biens, ainsi les choses appartenant à l'Amour, Nos 9300, 9930, 10064. C'est pour cela que, dans cette Doctrine, il a aussi été traité de la Volonté et de l'Entendement ; car, d'après ce qui en a été rapporté, on peut aussi conclure à l'égard de la Foi et de l'Amour, et savoir quels ils sont quand ils ont été conjoints, et quels ils sont quand ils n'ont pas été conjoints, en pensant que l'Amour est dans la Volonté, et la Foi dans l'Entendement.

Ceux qui ne savent pas que dans l'homme il y a un Interne et un Externe, ou un HOMME INTERNE et un HOMME EXTERNE ; que toutes les choses du Ciel se réfèrent à l'homme Interne, et toutes celles du Monde à l'homme Externe, et que leur conjonction est comme la conjonction du Monde spirituel et du Monde naturel, ceux-là ne savent pas ce que c'est que la FOI SPIRITUELLE et l'AMOUR SPIRITUEL, Nos 4292, 5132, 8610. Il y a l'homme Interne et l'homme Externe ; l'homme interne est l'homme spirituel, et l'homme externe est l'homme naturel, Nos 978, 1015, 4459, 6309, 9701 à 9709. La Foi est spirituelle, par conséquent la Foi n'est la Foi, qu'autant qu'elle est dans l'homme Interne ; il en est de même de l'Amour, Nos 1594, 3987, 8443. Et autant sont aimés les vrais qui appartiennent à la foi, autant ils deviennent spirituels, Nos 1594, 3987. C'est pour cela qu'il a été traité de l'homme Interne et de l'homme Externe ; car d'après ce qui en a été rapporté, on peut conclure à l'égard de la Foi et de l'Amour quels ils sont quand ils sont spirituels, et quels ils sont quand ils ne sont pas spirituels, par conséquent en quelle quantité ils appartiennent à l'Église, et en quelle quantité ils n'appartiennent pas à l'Église.

121. La foi séparée de l'amour ou de la charité est comme la lumière de l'hiver, dans laquelle toutes les choses de la terre sont engourdies, sans que ni moisson, ni fleur, ni fruit

y soit produit ; mais la Foi avec l'amour ou la charité est comme la lumière du printemps et de l'été, dans laquelle tout fleurit et tout est produit, N⁰ˢ 2231, 3146, 3412, 3413. La lumière de l'hiver, qui est celle de la foi séparée d'avec la charité, est changée en d'épaisses ténèbres, quand la lumière influe du Ciel ; et ceux qui sont dans cette foi tombent alors dans l'aveuglement et dans la stupidité, N⁰ˢ 3412, 3413. Ceux qui séparent la Foi d'avec la Charité par la doctrine et par la vie sont dans les ténèbres, ainsi dans l'ignorance du vrai et dans les faux, car les faux sont les ténèbres, N⁰ 9186. Ils se jettent dans les faux et par suite dans les maux, N⁰ˢ 3325, 8094, Erreurs et faux dans lesquels ils se jettent, N⁰ˢ 4721, 4730, 4776, 4783, 4925, 7779, 8313, 8765, 9224. La Parole est close pour eux, N⁰ˢ 3773, 4783, 8780. Ils ne voient point et ne pèsent point tout ce que le Seigneur a prononcé tant de fois sur l'Amour et la Charité, et sur leurs fruits ou les biens en acte, N⁰ˢ 1017, 3416. Ils ne savent pas non plus ce que c'est que le Bien, ni par conséquent ce que c'est que l'Amour céleste, ni ce que c'est que la Charité, N⁰ˢ 2417, 3603, 4136, 9995.

La Foi séparée de la Charité est une foi nulle, N⁰ˢ 654, 724, 1162, 1176, 2049, 2116, 2340, 2349, 3419, 3849, 3865, 6348, 7039, 9242, 9783. Une telle Foi dans l'autre vie périt, N⁰ˢ 2228, 5820. Quand on pose la Foi seule pour principe, les vrais sont souillés par le faux du principe, N⁰ 2383. On ne se laisse pas non plus persuader, parce que les vrais sont contre le principe, N⁰ 2385. Les Doctrinaux sur la Foi seule détruisent la Charité, N⁰ˢ 6353, 8094. Ceux qui séparent la Foi d'avec la Charité ont été représentés par Caïn, par Cham, par Ruben, par les premiers-nés des Egyptiens, et par les Philistins, N⁰ˢ 3325, 7097, 7317, 8093. Ceux qui font salvifique la Foi seule excusent la vie du mal, et chez ceux qui sont dans la vie du mal, il n'y a aucune Foi, parce qu'il n'y a aucune Charité, N⁰ˢ 3865, 7766, 7778, 7790, 7950, 8094. Ceux-ci sont intérieurement dans le faux, quoiqu'ils ne le sachent pas, N⁰ˢ 7790, 7950. Par cette raison le bien ne peut leur être conjoint, N⁰ˢ 8981, 8983. Et même dans l'autre vie ils sont contre le bien, et contre ceux qui sont dans le bien, N⁰ˢ 7097, 7127, 7317, 7502, 7545, 8096, 8313. Ceux qui sont simples de cœur, et cependant sages, savent ce que c'est que le bien de la vie, ainsi ce que c'est que la charité, et ne savent pas ce que c'est qu la foi séparée, Nos 4741, 4754.

Toutes les choses de l'Église se réfèrent au Bien et au Vrai ainsi à la Charité et à la Foi, Nos 7752, 7753, 7754. L'Églis n'est point chez l'homme avant que les vrais aient été implantés dans la vie, et ainsi soient devenus le bien de la Charité, N° 3310. La Charité fait l'Église, et la Foi séparée de la Charité ne la fait pas, Nos 809, 916, 1798, 1799, 1834, 1844. L'Interne de l'Église est la Charité, Nos 1799, 7755. Par suite, il n'y a point l'Église là où il n'y a point la Charité, Nos 4766, 5826. L'Église serait une, si tous étaient considérés d'après la Charité, quoiqu'ils différassent quant aux doctrinaux de la Foi, et quant aux rites du Culte, Nos 1286, 1316, 1798, 1799, 1834, 1844, 2385, 2982, 3267, 3451. Que de bien dans l'Église, si la Charité était considérée en premier lieu, et la Foi en second lieu ! Nos 6269, 6272. Toute Église commence par la Charité, mais par la progression du temps elle se détourne vers la Foi, et enfin vers la Foi seule, Nos 1834, 1835, 2231, 4683, 8094. Dans le dernier temps de l'Église, il n'y a aucune Foi, parce qu'il n'y a aucune Charité, N° 1843. Le Culte du Seigneur consiste dans la vie de la Charité, Nos 8254, 8256. La qualité du culte est selon la qualité de la Charité, N° 2190. Les hommes de l'Église Externe ont l'Interne, s'ils sont dans la Charité, Nos 1100, 1102, 1151, 1153. La Doctrine dans les Anciennes Églises était la Doctrine de la vie, c'est-à-dire, la Doctrine de la Charité, et non la Doctrine de la Foi séparée, Nos 2417, 2385, 3419, 3420, 4844, 6628, 7259 à 7262.

Le Seigneur sème et implante le vrai dans le bien de la charité, quant il régénère l'homme, Nos 2063, 2189, 3310. Autrement, la semence, qui est le vrai de la foi, ne peut pas prendre racine, N° 880. Les biens et les vrais croissent ensuite selon la qualité et la quantité de la charité reçue, N° 1016. La lueur du régénéré vient non pas de la foi, mais de la charité par la foi, N° 854. Les vrais de la foi, quand l'homme est régénéré, entrent avec le plaisir de l'affection, parce qu'il aime à les faire ; et ils sont reproduits avec la même affection, parce qu'ils sont cohérents, Nos 2484, 2487, 3040, 3066, 3074, 3336, 4018, 5893.

Ceux qui vivent dans l'Amour envers le Seigneur et dans la Charité à l'égard du prochain, ne perdent rien durant l'éternité, parce qu'ils sont conjoints au Seigneur ; il en est autrement de ceux qui sont dans la foi séparée, Nos 7506, 7507. L'homme reste tel qu'a été sa vie de la charité, et non tel qu'a été sa foi séparée, No 8256. Tous les états de plaisir de ceux qui ont vécu dans la Charité reviennent dans l'autre vie, et sont immensément augmentés, No 823. La béatitude céleste influe du Seigneur dans la Charité, parce qu'elle influe dans la vie même de l'homme, et non dans la foi sans la charité, No 2363. Tous dans le Ciel sont considérés d'après la charité, et nul ne l'est d'après la foi séparée, Nos 1258, 1394. Tous aussi dans les Cieux sont consociés selon les amours, No 7085. Personne n'est admis dans le Ciel par penser le bien, mais on y est admis par vouloir le bien, Nos 2401, 3459. Si faire le bien n'est pas conjoint avec vouloir le bien et penser le bien, il n'y a aucune salvation, ni aucune conjonction de l'homme Interne avec l'homme Externe, No 3987. Le Seigneur et la Foi en Lui ne sont point reçus dans l'autre vie par d'autres que par ceux qui sont dans la Charité, No 2343.

Le Bien est dans un perpétuel désir et par suite dans un perpétuel effort de se conjoindre avec les vrais ; il en est de même de la Charité à l'égard de la Foi, Nos 9206, 9207, 9495. Le Bien de la Charité reconnaît son vrai de la Foi, et le Vrai de la foi reconnaît son Bien de la Charité, Nos 2429, 3101, 3102, 3161, 3179, 3180, 4358, 5807, 5835, 9637. Par là il y a conjonction du Vrai de la foi et du Bien de la charité ; sur cette conjonction, *voir* Nos 3834, 4096, 4097, 4301, 4345, 4353, 4364, 4368, 5365, 7623 à 7627, 7752 à 7762, 8530, 9258, 10555. Leur conjonction est comme un Mariage, 1904, 2173, 2508. La Loi du mariage est que deux soient un, selon la Parole du Seigneur, Nos 10130, 10168, 10169. De même la Foi et la Charité, Nos 1904, 2173, 2508. C'est pour cela que la Foi, qui est la Foi, est quant à son essence la Charité, Nos 2228, 2839, 3180, 9783. De même que le Bien est l'Être d'une chose, et que le Vrai en est l'Exister, de même la Charité est l'Être de l'Église, et la Foi en est l'Exister, Nos 3049, 3180, 4574, 5002, 9154. Le Vrai de la foi vit d'après le Bien de la charité, ainsi la vie selon les vrais de la foi est la Charité, Nos 1589, 1947, 3579, 4070, 4096, 4097, 4736, 4757, 4884, 5147, 5928, 9154, 9667, 9844, 10729. La foi ne peut exister que dans la charité ; si elle n'est pas dans la charité, ce qui est dans la foi n'est pas le bien, Nos 2261, 4368. La foi ne vit pas chez l'homme, quand seulement il sait et pense les choses qui appartiennent à la foi, mais elle vit quand il les veut, et que d'après le vouloir il les fait, N° 9224.

Il n'y a aucune salvation par la foi, mais il y a salvation par la vie selon les vrais de la foi ; cette vie est la charité, Nos 379, 389, 2228, 4663, 4721. Sont sauvés ceux qui, d'après la doctrine de leur Église, pensent que la foi seule sauve, s'ils font le juste à cause du juste et le bien à cause du bien, car ainsi ils sont néanmoins dans la charité, Nos 2442, 3242, 3459, 3463, 7506, 7507. Si la seule foi cogitative sauvait, tous seraient sauvés, Nos 2363, 10659. La Charité fait le Ciel chez l'homme, et la foi sans la charité, ne le fait pas, Nos 3815, 3513, 3584, 9832, 10714, 10715, 10721, 10724. Tous dans le Ciel sont considérés d'après la charité et non d'après la foi, Nos 1258, 1394, 2363, 4802. La conjonction du Seigneur avec l'homme se fait non pas par la foi, mais par la vie selon les vrais qui appartiennent à la foi, Nos 9380, 10143, 10153, 10310, 10578, 10645, 10648. Le Seigneur est l'Arbre de vie, les biens de la charité en sont les fruits, et la foi en est les feuilles, Nos 3427, 9337. La foi est le luminaire moindre, et l'Amour le Luminaire grand, Nos 30 à 38.

Les Anges du Royaume céleste ne savent ce que c'est que la foi, tellement qu'ils n'en prononcent pas même le nom ; mais les Anges du Royaume spirituel du Seigneur parlent de la foi, parce qu'ils raisonnent sur les vrais, Nos 202, 283, 337, 2715, 3246, 4448, 9166, 10786. Les Anges, dans le Royaume céleste du Seigneur, disent seulement : Oui, oui ; ou : Non, non ; mais les Anges du Royaume spirituel du Seigneur raisonnent pour décider si la chose est ainsi ou n'est pas ainsi, quand ils conversent sur les vrais spirituels qui appartiennent à la foi, Nos 2715, 3246, 4448, 9166, 10786, où sont expliquées ces paroles du Seigneur : « *Que votre parole soit : Oui, oui ; non, non ; car ce qui est en sus de cela vient du mal.* » — Matth., V. 37 : — si les Anges célestes sont tels, c'est parce qu'ils mettent aussitôt dans la vie les vrais de la foi, et non d'abord dans la mémoire, comme les Anges spirituels ; et les Anges célestes sont par suite dans la perception de toutes les choses qui appartiennent à la foi, Nos 202, 585, 597, 607, 784,

1121, 1387, 1398, 1442, 1919, 5113, 5897, 6367, 7680, 7877, 8521, 8780, 9936, 9995, 10124.

L'Assurance ou la Confiance, qui dans un sens élevé est appelée la foi qui sauve, n'existe que chez ceux qui sont dans le bien quant à la vie, ainsi chez ceux qui sont dans la charité, Nos 2982, 4352, 4683, 4689, 7762, 8240, 9239 à 9245. Il en est peu qui sachent ce que c'est que cette confiance, Nos 3868, 4352.

Quelle différence il y a entre croire les choses qui sont de Dieu, et croire en Dieu, Nos 9239, 9243. Autre chose est de savoir, autre chose de reconnaître, et autre chose d'avoir la foi, Nos 896, 4319, 5664 (bis). Il y a les scientifiques de la foi, les rationnels de la foi, et les spirituels de la foi, Nos 2504, 8078. La première chose est la reconnaissance du Seigneur, No 10083. Tout ce qui influe du Seigneur chez l'homme est le bien, Nos 1614, 2016, 2751, 2882, 2883, 2891, 2892, 2904, 6193, 7643, 9128.

Il y a la foi persuasive, qui néanmoins n'est pas la Foi, Nos 2343, 2682, 2689, 3427, 3865, 8148.

D'après divers raisonnements il semble que la foi soit antérieure à la charité, mais c'est une illusion, No 3324. Par la seule lueur de la raison, on peut savoir que le bien est au premier rang, de même la charité, et que le vrai est au second, de même la foi, No 6273. Le bien, par conséquent la charité, est en actualité au premier rang, ou la première chose de l'Église ; et le vrai, par conséquent la foi, est au second rang, ou la seconde chose de l'Église, quoiqu'il apparaisse autrement, Nos 3324, 3325, 3330, 3336, 3494, 3539, 3548, 3556, 3570, 3576, 3603, 3701, 3995, 4337, 4601, 4925, 4926, 4928, 4930, 5351, 6256, 6269, 6272, 6273, 8042, 8080, 10110. Chez les Anciens on a aussi discuté, au sujet de la première chose ou du premier-né de l'Église, si c'est la foi, ou si c'est la charité, Nos 367, 2435, 3324.

122. Les douze disciples du Seigneur ont représenté l'Église quant à toutes les choses de la foi et de la charité dans le complexe, de la même manière que les douze Tribus d'Israel, Nos 2129, 3354, 3488, 3858, 6397. Pierre, Jacques et Jean ont représenté la Foi, la Charité et les Biens de la charité, dans leur ordre, No 3750. Pierre a représenté la Foi, Nos 4738, 6000, 6073, 6344, 10087, 10580 ; et Jean, les Biens de la

charité. Préf., Chap. XVIII et XXII de la Genèse. Que dans le dernier temps il n'y aurait aucune foi au Seigneur, parce qu'il n'y aurait aucune charité, cela a été représenté en ce que *Pierre renia trois fois le Seigneur, avant que le Coq eût chanté trois fois* ; car là, dans le sens représentatif, Pierre est la Foi, N°s 6000, 6073. Dans la Parole, le chant du coq, de même que le point du jour, signifie le dernier temps de l'Église, N° 10134 ; et trois ou trois fois signifie le complet jusqu'à la fin, N°s 2788, 4495, 5159, 9198, 10127. La même chose est signifiée en ce que le Seigneur dit à Pierre, quand celui-ci voyait Jean suivre le Seigneur : « *Que t'importe, Pierre? Toi suis-moi, Jean* ; » car Pierre disait de Jean : « *Celui-ci, qu'est-ce?* » — Jean, XXI. 21, 22. — N° 10087. Parce que Jean représentait le bien de la Charité, il se pencha à table sur la poitrine du Seigneur, N°s 3934, 10087. Que le Bien de la charité fasse l'Église, c'est aussi ce qui est signifié par les paroles du Seigneur du haut de la croix à Jean : « *Jésus vit sa mère, et près d'elle le disciple qu'il aimait ; et il dit à sa mère : Femme, voilà ton fils ; puis il dit au disciple : voilà ta mère. Et dès cette heure-là, ce disciple la prit chez lui.* » — Jean, XIX. 26, 27 ; — par Jean il est entendu le Bien de la charité ; et par la femme et la mère, l'Église : et par tout le passage, que l'Église sera où il y aura le Bien de la charité : par la Femme dans la Parole, il est entendu l'Église, N°s 252, 253, 749, 770, 3160, 6014, 7337, 8994 ; pareillement par la Mère, N°s 289, 2691, 2717, 3703, 4257, 5581, 8897, 10490. Tous les noms de personnes et de lieux dans la Parole signifient des choses, abstraction faite des personnes et des lieux, N°s 768, 1888, 4310, 4442, 10329.

DE LA PIÉTÉ.

123. Beaucoup de personnes croient que la vie spirituelle, ou la vie qui conduit au Ciel, consiste dans la *Piété*, dans la *Sainteté externe*, et dans le *Renoncement au monde* ; mais la Piété sans la charité, la Sainteté externe sans la sainteté interne, et le Renoncement au

monde sans la vie dans le monde, ne font pas la vie spirituelle ; ce qui la fait, c'est la Piété d'après la charité, la Sainteté externe d'après la sainteté interne, et le Renoncement au monde avec la vie dans le monde.

124. La Piété consiste à penser et à parler pieusement, à s'adonner beaucoup à la prière, à se comporter alors avec humilité, à fréquenter les temples et à y écouter avec dévotion les prédications, à participer fréquemment chaque année au sacrement de la Sainte Cène, et à assister aux autres cérémonies du culte selon les statuts de l'Église. Mais la vie de la charité, c'est de vouloir du bien et de faire du bien au prochain, d'agir dans tout ouvrage d'après le juste et l'équitable, d'après le bien et le vrai, pareillement dans toute fonction ; en un mot, la vie de la charité consiste à faire des usages. Le Culte Divin consiste principalement dans la vie de la charité, mais en second ordre dans la vie de la piété ; c'est pourquoi celui qui sépare l'une de l'autre, à savoir, celui qui mène la vie de la piété, et non en même temps la vie de la charité, ne rend pas un culte à Dieu ; il pense à Dieu, il est vrai, mais c'est d'après lui-même et non d'après Dieu ; car il pense continuellement à lui-même et nullement au prochain, et s'il pense au prochain, il le méprise s'il n'est pas semblable à lui ; il pense aussi au ciel comme récompense, de là, dans son mental (*animus*), il y a le mérite, et aussi l'amour de soi, puis encore le mépris et la négligence des usages, et ainsi du prochain, et en même temps la croyance que l'on est exempt de fautes. De là on peut voir que la vie de la Piété séparée de la vie de la Charité n'est point la vie spirituelle qui doit être dans le culte Divin. — Cfr. Matth. VI. 7, 8.

125. La Sainteté externe est semblable à la Piété externe ; mais cela chez l'homme n'est pas saint, à moins

que son Interne ne soit saint ; car tel est l'homme quant à son Interne, tel il est quant à l'Externe ; en effet, celui-ci procède de celui-là, comme l'action procède de sa cause ; c'est pourquoi la Sainteté externe sans la Sainteté interne est naturelle et non spirituelle ; de là vient qu'elle se trouve chez les méchants comme chez les bons ; et ceux qui placent en elle tout le culte sont pour l'ordinaire vides, c'est-à-dire, sans les connaissances du bien et du vrai, et cependant les biens et les vrais sont les saintetés mêmes que l'on doit savoir, croire et aimer, parce qu'elles viennent du Divin, et que le Divin, est en elles ; la sainteté interne consiste donc à aimer le bien e le vrai pour le bien et le vrai, et aussi le juste et le sincère pour le juste et le sincère ; autant l'homme les aime de cette manière, autant il est spirituel, lui et son culte, car autant aussi il veut les savoir et les faire ; mais autant l'homme ne les aime pas de cette manière, autant il est naturel, lui et son culte, et autant aussi il ne veut ni les savoir ni les faire. Le culte externe sans le culte interne peut être comparé à la vie de la respiration sans la vie du cœur, et le culte externe d'après le culte interne à la vie de la respiration conjointe à la vie du cœur.

126. Quant à ce qui concerne le Renoncement au monde, beaucoup de personnes croient que renoncer au monde, et vivre par l'esprit et non par la chair, c'est rejeter les choses mondaines, qui sont principalement les richesses et les honneurs, et être continuellement en pieuse méditation sur Dieu, sur le salut et sur la vie éternelle, passer sa vie dans les prières, dans la lecture de la Parole et des livres pieux, et s'imposer des afflictions ; mais ce n'est point là renoncer au monde ; renoncer au monde, c'est aimer Dieu et aimer le prochain ; Dieu est aimé quand on vit selon ses préceptes, et le

prochain est aimé quand l'homme fait des usages ; c'est pourquoi, pour que l'homme reçoive la vie du Ciel, il faut absolument qu'il vive dans le monde, et là dans les emplois et les affaires ; la vie détachée des choses du monde est la vie de la pensée et de la foi séparée d'avec la vie de l'amour et de la charité, et dans laquelle périt à l'égard du prochain le bien-vouloir et le bien-faire ; et quand cela périt, la vie spirituelle est comme une maison sans fondement, qui successivement ou s'affaisse, ou se fend et s'entr'ouvre, ou chancelle jusqu'à ce qu'elle s'écroule.

127. Que faire le bien, ce soit rendre un culte au Seigneur, c'est ce que prouvent ces paroles du Seigneur : « *Quiconque entend mes paroles et les fait, je le comparerai à un homme prudent qui a bâti sa maison sur le roc ; mais quiconque entend mes paroles, et ne les fait point, sera comparé à un homme insensé qui a bâti sa maison sur le sable, ou sur le sol sans fondement.* » — Matth., VII. 24 à 27. Luc, VI. 47, 48, 49.

128. D'après ces considérations, il est évident que la vie de la Piété n'a de valeur et n'est acceptée du Seigneur qu'autant que la vie de la Charité lui a été conjointe, car celle-ci est la principale, et telle est celle-ci, telle est l'autre ; que la Sainteté externe n'a de valeur et n'est acceptée du Seigneur qu'autant qu'elle procède de la Sainteté interne, car telle est celle-ci, telle est l'autre ; et que le Renoncement au monde n'a de valeur et n'est accepté du Seigneur qu'autant qu'il se fait dans le monde, car ceux-là renoncent au monde, qui éloignent d'eux l'amour de soi et du monde, et qui dans toute fonction, dans toute affaire et dans tout travail, agissent avec justice et sincérité d'après l'intérieur, ainsi d'après une origine céleste, origine qui est dans la vie de l'homme,

quand il agit avec équité, sincérité et justice, parce que cela est conforme aux lois Divines.

D'après les Arcanes Célestes.

129. La vie de la Piété sans la vie de la Charité n'a point de valeur; mais avec elle, elle est utile, N°s 8252 et suiv. La Sainteté externe sans la Sainteté interne n'est point la Sainteté, N°s 2190, 10177. De ceux qui ont vécu dans la Sainteté externe, et non d'après la Sainteté interne ; quels ils sont dans l'autre vie, N°s 951, 952.

Il y a un interne de l'Église et un externe de l'Église, N° 1098. Il y a un Culte interne et un Culte externe ; quel est l'un et quel est l'autre. N°s 1083, 1098, 1100, 1151, 1153. Ce sont les internes qui font le Culte, N° 1175. Le Culte externe sans le Culte interne est un Culte nul, N°s 1094, 7724. L'interne est dans le Culte, si la vie de l'homme est la vie de la charité, N°s 1100, 1151, 1153. L'homme est dans le vrai Culte, quand il est dans l'amour et dans la charité, c'est-à-dire, quand il est dans le bien quant à la vie, N°s 1618, 7724, 10242. La qualité du culte est selon le bien, N° 2190. Le Culte lui-même est la vie selon les préceptes de l'Église qui sont tirés de la Parole, N°s 7884, 9921, 10143, 10153, 10196, 10645.

Le vrai culte vient du Seigneur chez l'homme, et non de l'homme lui-même, N°s 10203, 10299. Le Seigneur exige de l'homme un culte pour le salut de l'homme, et non pour sa propre Gloire, N°s 4593, 8263, 10646. L'homme croit que le Seigneur exige de l'homme un Culte pour la Gloire ; mais ceux qui croient ainsi ne savent pas ce que c'est que la Gloire Divine, ni que la Gloire Divine est le salut du Genre Humain, salut qui est à l'homme, quand il ne s'attribue rien, et quand par humiliation il éloigne son propre, parce qu'alors le Divin peut d'abord influer, N°s 4347, 4593, 5957, 7550, 8263, 10646. L'humiliation du cœur chez l'homme existe par la reconnaissance de lui-même, à savoir, qu'il n'est que mal, et que de lui-même il ne peut rien, et par la reconnaissance du Seigneur alors, à savoir, que du Seigneur il ne procède que le bien, et que le Seigneur peut toutes choses, Nos 2337, 3994, 7478. Le Divin ne peut influer que dans un cœur humble, parce que autant l'homme est dans l'humiliation, autant il est absent de son propre, par conséquent de l'amour de soi, Nos 3994, 4347, 5957. Le Seigneur donc veut l'humiliation non pour Lui-Même, mais pour l'homme, afin que l'homme soit en état de recevoir le Divin, Nos 4347, 5957. Le Culte n'est point un Culte sans l'humiliation, Nos 2327, 2423, 8873. Quelle est l'humiliation externe sans l'humiliation interne, Nos 5420, 9377. Quelle est l'humiliation de cœur, qui est l'humiliation interne, N° 7478. Il n'y a pas d'humiliation de cœur chez les méchants, N° 7640.

Le Culte externe sans le Culte interne est chez ceux qui n'ont ni la charité ni la foi, N° 1200. Si intérieurement chez l'homme règne l'amour de soi et du monde, son Culte est externe sans interne, de quelque manière qu'il se montre dans la forme externe, Nos 1182, 10307, 10308, 10309. Le Culte externe dans lequel règne intérieurement l'amour de soi, tel qu'il est chez ceux qui sont de la Babylonie, est profane, Nos 1304, 1306, 1307, 1308, 1321, 1322, 1326. Imiter les affections célestes dans le Culte, quand on est dans les maux provenant de l'amour de soi, est une chose infernale, N° 10309.

Sur le Culte externe ; quel il est quand il procède du culte interne, et quel il est quand il n'en procède pas, on peut le voir et le conclure d'après ce qui a été et rapporté ci-dessus sur l'Homme Interne et l'Homme Externe.

Quant à ceux qui renoncent au monde, et à ceux qui n'y renoncent point, quels ils sont, et quel est leur sort dans l'autre vie, *voir* plusieurs détails dans le Traité du Ciel et de l'Enfer, et là dans deux Articles ; dans l'un, où il s'agit *des Riches et des Pauvres dans le Ciel,* Nos 357 à 365 ; et dans l'autre, où il s'agit *de la Vie qui conduit au Ciel,* Nos 528 à 535.

De la Conscience.

130. La Conscience est formée chez l'homme d'après la religiosité, dans laquelle il est, selon sa réception intérieurement en lui.

131. La Conscience chez l'homme de l'Église est formée par les vrais de la foi d'après la Parole, ou d'après une Doctrine tirée de la Parole, selon la réception de ces vrais dans le cœur ; en effet, quand l'homme sait les vrais de la foi et les comprend à sa manière, et qu'ensuite il les veut et les fait, il se forme alors en lui une Conscience ; la réception dans le cœur, c'est dans la volonté, car c'est la volonté de l'homme qui est appelée cœur. De là vient que ceux qui ont la Conscience disent de cœur ce qu'ils disent, et font de cœur ce qu'ils font. Ceux-là ont aussi un Mental non-divisé, car ils agissent selon ce qu'ils comprennent et croient être vrai et bien.

132. Chez ceux qui ont été plus que les autres illustrés dans les vrais de la foi, et qui sont plus que les autres dans une perception claire, il peut y avoir une Conscience plus parfaite que chez ceux qui ont été moins illustrés, et qui sont dans une perception obscure.

133. La Vie spirituelle même de l'homme est dans la vraie Conscience, car sa foi y est conjointe à la charité ; c'est pourquoi, pour ceux-là agir d'après la Conscience, c'est agir d'après leur vie spirituelle, et agir contre la Conscience, c'est agir contre leur vie spirituelle. De là vient qu'ils sont dans la tranquillité de la paix et la béatitude interne, quand ils agissent selon la Conscience, et dans l'inquiétude et la douleur quand ils agissent contre elle : c'est cette douleur qui est appelée remords de Conscience.

134. Il y a chez l'homme la Conscience du bien et la Conscience du juste ; la Conscience du bien est la Conscience de l'homme interne, et la Conscience du juste est la Conscience de l'homme externe ; la Conscience du bien consiste à agir selon les préceptes de la foi d'après l'affection interne ; la Conscience du juste consiste à agir selon les lois civiles et morales d'après l'affection externe. Ceux qui ont la Conscience du bien ont aussi la Conscience du juste ; ceux qui ont seulement la Conscience du juste sont dans la faculté de recevoir la Conscience du bien, et même ils la reçoivent quand ils ont été instruits.

135. La Conscience chez ceux qui sont dans la Charité à l'égard du prochain est la Conscience du vrai, parce qu'elle est formée par la foi du vrai ; la Conscience, chez ceux qui sont dans l'Amour envers le Seigneur, est la Conscience du bien, parce qu'elle est formée par l'amour du vrai ; la Conscience de ceux-ci est une Conscience supérieure et est appelée la Perception du vrai d'après le bien. Ceux qui ont la Conscience du vrai sont du Royaume spirituel du Seigneur ; mais ceux qui ont la Conscience supérieure, appelée Perception, sont du Royaume céleste du Seigneur.

136. Mais des exemples montreront clairement ce que c'est que la Conscience : Quelqu'un a chez lui les biens d'un autre, sans que cet autre le sache, et ainsi il peut en tirer profit sans craindre la loi, et sans craindre de perdre l'honneur et la réputation ; si cependant il les rend à l'autre parce qu'ils ne lui appartiennent pas, il a de la Conscience, car il fait le bien à cause du bien et le juste à cause du juste. Soit aussi cet exemple : Quelqu'un peut obtenir une dignité, mais il voit qu'un autre, qui la recherche aussi, est plus utile à la Patrie ; s'il lui

cède la place pour le bien de la Patrie, il a une bonne Conscience. De même pour les autres cas.

137. D'après ces exemples, on peut conclure quels sont ceux qui n'ont pas la Conscience ; ils sont connus d'après l'opposé : Ceux qui pour le gain font tout afin que l'injuste paraisse comme juste et que le mal paraisse comme bien, et *vice versâ*, n'ont pas de Conscience ; ils ne savent pas ce que c'est que la Conscience, et si on leur enseigne ce que c'est, ils ne croient pas, et quelques-uns ne veulent pas le savoir. Tels sont ceux qui font tout pour eux-mêmes et pour le monde.

138. Ceux qui n'ont pas reçu la Conscience dans le Monde ne peuvent pas recevoir la Conscience dans l'autre vie ; ainsi, ils ne peuvent pas être sauvés ; et cela, parce qu'ils n'ont pas le plan dans lequel influe et par lequel opère le Ciel, c'est-à-dire, le Seigneur par le Ciel, et par lequel le Seigneur les amène à Lui ; car la Conscience est le plan et le réceptacle de l'influx du Ciel.

D'après les Arcanes Célestes.

139. DE LA CONSCIENCE. Ceux qui n'ont pas la Conscience, ne savent pas ce que c'est que la Conscience, N°s 7490, 9121. Il y en a quelques-uns qui se moquent de la Conscience, quand on leur dit ce que c'est, N° 7217. D'autres croient que la Conscience n'est rien, d'autres que c'est quelque chose de triste, une sorte de douleur naturelle, provenant ou de causes dans le corps ou de causes dans le monde ; d'autres, que c'est quelque chose provenant de la religiosité chez le vulgaire, N° 950. Quelques-uns ne savent pas qu'ils ont la Conscience, quoique cependant ils l'aient, N° 2380.

Les bons ont la Conscience, mais non les méchants, N°s 831, 965, 7490. Ceux qui sont dans l'Amour envers Dieu et dans l'amour à l'égard du prochain ont la Conscience, N° 2380. La conscience est principalement chez ceux qui ont été régénérés par le Seigneur, N° 977. Ceux qui sont dans les vrais seulement, et non dans la vie selon les vrais n'ont pas la Conscience, N°s 1076, 1077, 1919. Ceux qui font le bien d'après le bien naturel, et non d'après la religion, n'ont pas la Conscience, N° 6208.

La Conscience de l'homme vient de la doctrine de son Église, ou de sa religiosité, et elle y est conforme N° 9112. La Conscience chez l'homme est formée d'après les choses qui sont de sa religion, et qu'il croit être des vrais, N°s 1077, 2053, 9113. La Conscience est un lien interne, par lequel l'homme est tenu à penser, dire et faire le bien, et par lequel il est détourné de penser, dire et faire le mal, et cela, non par rapport à lui-même et au monde, mais par rapport au bien, au vrai, au juste et au droit, N°s 1919, 9120. La Conscience est un dictamen interne, que telle ou telle chose doit être faite ou ne pas être faite, N°s 1919, 1935. La Conscience dans son essence est la conscience du vrai et du droit, N°s 986, 2081. La nouvelle volonté chez l'homme spirituel régénéré est la Conscience, N°s 927, 1023, 1043, 1044, 4299, 4328, 4493, 9115, 9596. De la Conscience vient la vie spirituelle pour l'homme, N° 9117.

Il y a la Conscience vraie, la Conscience bâtarde, et la Conscience fausse; sur ces Consciences, *voir* N° 1033. La Conscience est d'autant plus vraie, qu'elle a été formée de vrais plus réels, N°s 2053, 2063, 9114. En général, la Conscience est double, intérieure et extérieure; l'intérieure est celle du bien spirituel qui dans son essence est le vrai, et l'extérieure celle du bien moral et du bien civil, qui dans leur essence sont le sincère et le juste, en général le droit, N°s 6207, 10296.

La douleur de la Conscience est une anxiété du mental à cause de l'injuste, du non sincère et d'un mal quelconque, que l'homme croit être contre Dieu et contre le bien du prochain, N° 7217. Si l'homme éprouve de l'anxiété quand il pense à mal, cela vient de la Conscience, N° 5470. La douleur de la Conscience, c'est d'être dans l'angoisse à cause du mal que l'on fait, et aussi à cause de la privation du bien et du vrai, N°s 7217. Comme la tentation est un combat du vrai et du faux dans les intérieurs de l'homme, et comme dans les tentations il y a douleur et anxiété, c'est pour cela qu'il n'y a d'admis dans les tentations spirituelles que ceux qui ont la Conscience, N° 847.

Ceux qui ont la Conscience parlent et agissent d'après le cœur, Nos 7935, 9114. Ceux qui ont la Conscience ne jurent point en vain, N° 2842. Ceux qui ont la Conscience sont dans la béatitude intérieure, quand ils font le bien et le juste selon la conscience. N° 9118. Ceux qui ont la Conscience dans le monde, ont aussi la Conscience dans l'autre vie, et ils y sont parmi les heureux, N° 965. L'influx du Ciel a lieu dans la Conscience chez l'homme, Nos 6207, 6213, 9122. Le Seigneur gouverne l'homme spirituel au moyen de la Conscience qui est pour lui un lien interne, Nos 1835, 1862. Ceux qui ont la Conscience ont la pensée intérieure, mais ceux qui n'ont pas la Conscience ont seulement la pensée extérieure, Nos 1919, 1935. Ceux qui ont la Conscience pensent d'après le spirituel, mais ceux qui n'ont pas la Conscience pensent seulement d'après le naturel, N° 1820. Ceux qui n'ont pas la Conscience sont seulement hommes externes, N° 4459. Ceux qui n'ont pas la Conscience, le Seigneur les gouverne par les liens externes, qui sont toutes les choses appartenant à l'amour de soi et du monde, et par conséquent la crainte de la perte de la réputation, de l'honneur des fonctions, des profits, des richesses, et la crainte de la loi et de la perte de la vie, Nos 1077, 1080, 1835. Ceux qui n'ont pas la Conscience, et qui néanmoins se laissent gouverner par les liens externes, peuvent remplir des emplois éminents dans le monde, et faire le bien de même que ceux qui ont la Conscience, mais ceux-là dans la forme externe d'après les liens externes, et ceux-ci dans la forme interne d'après les liens internes, N° 6207.

Ceux qui n'ont pas la Conscience veulent détruire la Conscience chez ceux qui l'ont, N° 1820. Ceux qui n'ont pas la Conscience dans le monde, n'ont pas non plus la Conscience dans l'autre vie. Nos 965, 9122. Par suite, chez ceux qui sont dans l'enfer il n'y a aucun remords de conscience pour les maux qu'ils ont fait dans le monde, Nos 965, 9122.

Qui sont et quels sont les scrupuleux de conscience, combien ils sont fâcheux, et à quoi ils correspondent dans le monde spirituel, Nos 5386, 5724.

Ceux qui sont du Royaume spirituel du Seigneur ont la Conscience, et elle a été formée dans leur partie intellectuelle, Nos 863, 865, 875, 895, 927, 1043, 1044, 1555, 2256, 4328, 4493, 5113, 6367, 8521, 9596, 9915, 9995 10124. Il en est autrement de ceux qui sont dans le royaume céleste du Seigneur, Nos 927, 2256, 5113, 6367, 8521, 9915, 9995, 10124.

140. DE LA PERCEPTION. La Perception consiste à voir ce qui est vrai et bien par l'influx procédant du Seigneur, Nos 202, 895, 7680, 9128. La Perception existe seulement chez ceux qui sont dans le bien de l'Amour envers le Seigneur d'après le Seigneur, Nos 202, 371, 1442, 5228. La Perception existe chez ceux, dans le Ciel, qui, lorsqu'ils vivaient hommes dans le Monde, ont mis aussitôt dans la vie les doctrinaux de l'Église tirés de la Parole, sans les confier préalablement à leur mémoire ; de cette manière les intérieurs appartenant à leur mental ont été formés pour la réception de l'influx Divin, et c'est pour cela que leur entendement dans le Ciel est continuellement dans l'illustration, Nos 104, 495, 503, 521, 536, 1616, 1791, 5145. Ils savent des choses innombrables, et ils sont immensément sages, Nos 2718, 9543. Ceux qui sont dans la Perception ne raisonnent point sur les vrais de la foi, et s'ils raisonnaient, leur perception périrait, Nos 586, 1398, 5897. Ceux qui croient savoir et être sages par eux-mêmes ne peuvent pas avoir la Perception, N° 1386. Les érudits ne saisissent pas ce que c'est que cette Perception ; montré d'après l'expérience, N° 1387.

Ceux qui sont dans le Royaume céleste du Seigneur ont la Perception, mais ceux qui sont dans le Royaume Spirituel ne l'ont pas ; à la place de la Perception ils ont la Conscience, Nos 805, 2144, 2145, 8081. Ceux qui sont dans le Royaume céleste du Seigneur ne pensent pas d'après la foi, comme font ceux qui sont dans le Royaume spirituel du Seigneur, parce que ceux qui sont dans le Royaume céleste sont par le Seigneur dans la perception de toutes les choses qui appartiennent à la foi, Nos 202, 597, 607, 784, 1121, 1387, 1398, 1442, 1919, 7680, 7877, 8780. C'est pourquoi, au sujet des vrais de la foi, les Anges Célestes disent seulement oui, oui ; non, non, parce qu'ils les perçoivent et les voient ; mais les Anges spirituels raisonnent, au sujet des vrais de la foi, pour décider si telle chose est un vrai ou n'est pas un vrai, Nos 2715, 3246, 4448, 9166, 10786, où sont expliquées les paroles du Seigneur, « *Que votre parole soit : Oui, oui ; non, non ; car ce qui est en sus de cela vient du mal.* » — Matth. V. 37. — Les Anges Célestes, parce qu'ils savent d'après la perception les vrais de la foi, ne veulent pas nommer la foi, Nos 202, 337. Différence entre les Anges célestes et les Anges spirituels, Nos 2088, 2669, 2708, 2715, 3235, 3246, 4788, 7068, 8521, 9277, 10295. De la Perception de ceux qui ont été de l'Église Très-Ancienne, Église qui était Céleste, Nos 125, 597, 607, 784, 895, 1121, 5121.

Il y a une Perception intérieure et une Perception extérieure, Nos 2145, 2171, 2831, 5920. Dans le monde, il y a la perception du juste et de l'équitable, mais rarement la perception du vrai et du bien spirituels, Nos 2831, 5937, 7977. La lumière de la perception est absolument autre que la lumière de la confirmation ; et elle n'est pas semblable, quoiqu'elle puisse à quelques personnes paraître semblable, Nos 8521, 8780.

Du Libre.

141. Tout Libre appartient à l'Amour, car ce que l'homme aime il le fait librement ; de là aussi, tout Libre appartient à la Volonté, car ce que l'homme aime il le veut aussi ; et comme l'Amour et la Volonté font la vie de l'homme, le Libre la fait aussi. Par là on peut voir ce que c'est que le Libre, à savoir, que c'est ce qui appartient à l'Amour et à la volonté, et par suite à la vie de l'homme : de là vient que ce que l'homme fait d'après le Libre lui semble fait d'après son Propre.

142. Faire d'après le Libre le mal semble être le libre, mais cela est le servile, parce que ce libre vient de l'amour de soi et de l'amour du monde, et que ces amours vien-

nent de l'enfer ; un tel libre est même changé en actualité en servile après la mort ; car l'homme, dont le libre a été tel, devient alors dans l'enfer un vil esclave : mais faire d'après le Libre le bien, c'est le Libre même, parce que cela vient de l'amour envers le Seigneur et de l'amour à l'égard du prochain, et que ces amours viennent du Ciel ; ce Libre demeure même après la mort, et devient alors véritablement le Libre, car l'homme, dont le Libre a été tel, devient dans le Ciel comme un fils de la maison : le Seigneur enseigne cela ainsi « *Quiconque fait le péché est esclave du péché ; l'esclave ne demeure point dans la maison à perpétuité, le fils demeure à perpétuité ; si le Fils vous fait libres, véritablement libres vous serez.* » — Jean, VIII. 34, 35, 36. — Maintenant, puisque tout bien vient du Seigneur, et que tout mal vient de l'enfer, il s'ensuit que le Libre consiste à être conduit par le Seigneur, et le Servile à être conduit par l'Enfer.

143. Si l'homme a le libre de penser le mal et le faux, et de le faire aussi en tant que les lois ne l'en empêchent pas, c'est afin qu'il puisse être réformé ; car les biens et les vrais doivent être implantés dans son amour et dans sa volonté, pour qu'ils deviennent choses de sa vie, et cela ne peut pas être fait, à moins qu'il n'ait le libre de penser tant le mal et le faux que le bien et le vrai ; ce libre est donné à chacun par le Seigneur, et quand l'homme pense le bien et le vrai, alors autant il n'aime pas le mal et le faux, autant le Seigneur implante le bien et le vrai dans son amour et dans sa volonté, par conséquent dans sa vie, et ainsi le réforme. Ce qui est semé dans le libre, cela aussi reste ; mais ce qui est semé dans le contraint, cela ne reste point, parce que le contraint provient non de la volonté de

l'homme, mais de la volonté de celui qui contraint. C'est même pour cela que le culte d'après le libre plait au Seigneur, mais non le culte d'après le contraint ; car le culte d'après le libre est un culte provenant de l'amour ; mais il n'en est pas ainsi du culte d'après le contraint.

144. Le Libre de faire le bien, et le Libre de faire le mal, quoique en apparence semblables à l'extérieur sont aussi différents entre eux et aussi distants l'un de l'autre, que le Ciel et l'Enfer ; le Libre de faire le bien vient aussi du Ciel et est appelé Libre céleste ; mais le Libre de faire le mal vient de l'Enfer, et est appelé Libre infernal. Autant l'homme est dans l'un, autant il n'est pas dans l'autre, car personne ne peut servir deux maitres, — Matt., VI. 24. — c'est même ce qui est évident en ce que ceux qui sont dans le Libre infernal croient que le servile et le contraint, c'est de n'avoir pas la permission de vouloir le mal et de penser le faux à leur gré, tandis que ceux qui sont dans le Libre céleste ont en horreur de vouloir le mal et de penser le faux, et que s'ils y étaient contraints, ils seraient dans les tourments.

145. Puisqu'il semble à l'homme qu'agir d'après le Libre, c'est agir d'après son propre, il s'ensuit que le Libre céleste peut aussi être appelé le Propre céleste, et le Libre infernal être appelé le Propre infernal : c'est dans le Propre infernal que nait l'homme, et ce Propre est le mal ; mais c'est dans le Propre céleste que l'homme est réformé, et ce Propre est le bien.

146. D'après ce qui vient d'être dit, on peut voir ce que c'est que le *Libre Arbitre*, à savoir, que c'est faire le bien d'après son arbitre ou sa volonté, et que ce sont ceux que le Seigneur conduit qui sont dans ce Libre, et

le Seigneur conduit ceux qui aiment le bien et le vrai pour le bien et le vrai.

147. L'homme peut connaître quel Libre il a d'après le plaisir quand il pense, parle, agit, entend et voit, car tout plaisir appartient à l'amour.

D'après les Arcanes Célestes.

148. Tout Libre appartient à l'amour ou à l'affection, puisque ce que l'homme aime, il le fait librement, Nos 2870, 3158, 8987, 8990, 8585, 9591. Comme le Libre appartient à l'amour, il est la vie de chacun, Nos 2873. Il y a le Libre céleste et le Libre infernal, Nos 2870, 2873, 2874, 9589, 9590. Le Libre céleste appartient à l'amour du bien et du vrai, Nos 1947, 2870, 2872. Et comme l'amour du bien et du vrai vient du Seigneur, le Libre même consiste à être conduit par le Seigneur, Nos 892, 905, 2872, 2886, 2890, 2891, 2892, 9096, 9586, 9587, à 9591. L'homme est introduit par le Seigneur dans le Libre céleste au moyen de la régénération, Nos 2874, 2875, 2882, 2892. L'homme doit avoir le Libre, pour qu'il puisse être régénéré, Nos 1937, 1947, 2876, 2881, 3145, 3158, 4031, 8700. Autrement, l'amour du bien et du vrai ne peut être implanté dans l'homme, ni lui être approprié en apparence comme sien, Nos 2877, 2879, 8700, 2880, 2888. Rien de ce qui est fait dans le contraint n'est conjoint à l'homme, Nos 2875, 8700. Si l'homme pouvait être réformé d'après le contraint, tous seraient sauvés, N° 2881. Le contraint dans la réformation est dangereux, N° 4031.

Le culte d'après le Libre est un culte, mais le culte d'après le contraint n'est pas un culte, Nos 1947, 2880, 7349, 10097. La Repentance doit se faire dans l'état libre, et celle qui se fait dans l'état contraint n'a aucune valeur, N° 8392. Quels sont les états contraints, N° 8392.

Il a été donné à l'homme d'agir d'après le libre de la raison, afin qu'il soit pourvu au bien pour lui, et c'est pour cela que l'homme est dans le libre de penser et de vouloir le mal, et aussi de le faire en tant que les lois ne le défendent point, N° 10777. L'homme est tenu par le Seigneur entre le Ciel et l'Enfer, et ainsi dans l'équilibre, afin qu'il soit dans le libre pour la réformation, N°s 5982, 6477, 8209, 8987. Ce qui a été semé dans le libre reste, mais non ce qui a été semé dans le contraint, N°s 9588, 10777. C'est pour cela que le libre n'est jamais ôté à qui que ce soit, N°s 2876, 2881. Nul n'est contraint par le Seigneur, N°s 1937, 1947. Comment le Seigneur conduit l'homme par le libre dans le bien, à savoir, que par le libre il le détourne du mal, et le tourne vers le bien, en le conduisant si doucement et si tacitement, que l'homme ne sait autre chose sinon que c'est de lui que tout procède, N° 9587.

Se contraindre vient du libre, mais non être contraint, N°s 1937, 1947. L'homme doit se contraindre pour résister au mal, N°s 1937, 1947, 7914. Et aussi pour faire le bien comme par lui-même, mais néanmoins reconnaître que c'est d'après le Seigneur, N°s 2883, 2891, 2892, 7914. L'homme a un libre plus fort dans les combats des tentations, dans lesquels il est vainqueur, parce qu'alors l'homme se contraint intérieurement pour résister aux maux, quoiqu'il semble autrement, N°s 1937, 1947, 2881. Dans toute tentation il y a le libre, mais ce libre est intérieurement chez l'homme par le Seigneur, et c'est pour cela qu'il combat et veut vaincre et ne pas être vaincu, ce qu'il ne ferait pas sans le libre, N°s 1937, 1947, 2881. Le Seigneur, par l'affection du vrai et du bien imprimée dans l'homme interne, opère cela à l'insu de l'homme, N° 5044.

Le Libre infernal est d'être conduit par les amours de soi et du monde, et par leurs convoitises, N°s 2870, 2873. Ceux qui sont dans l'Enfer ne connaissent pas d'autre libre, N° 2871. Le Libre céleste est aussi éloigné du Libre infernal, que le Ciel est éloigné de l'Enfer, N°s 2873, 2874. Le Libre infernal, considéré en lui-même, est le servile, N°s 2884, 2890 ; puisque le servile est d'être conduit par l'Enfer, N°s 9586, 9589, 9590, 9591.

Tout libre est comme le propre, et selon le propre, N° 2880. L'homme par la régénération reçoit du Seigneur le Propre céleste, N°s 1937, 1947, 2882, 2883, 2891. Quel est le Propre céleste, N°s 164, 5660, 8480. Ce Propre paraît à l'homme comme son propre, mais il ne lui appartient pas, c'est le Propre du Seigneur chez lui, N° 8497. Ceux qui sont dans ce Propre sont dans le Libre même, parce que le libre est d'être conduit par le Seigneur, et par le Propre du Seigneur, Nos 892, 905, 2872, 2886, 2890, 2891, 2892, 4096, 9586, 9587, 9589, 9590, 9591.

149. Que le Libre vienne de l'équilibre entre le Ciel et l'Enfer, et que l'homme, à moins qu'il n'ait le libre, ne puisse être réformé, c'est ce qui a été montré dans le Traité du Ciel et de l'Enfer, au sujet de l'Équilibre lui-même, Nos 589, à 596, et au sujet du Libre, Nos 597 jusqu'à la fin ; mais pour mieux faire comprendre ce que c'est que le Libre, et que l'homme est réformé par le libre, je vais en rapporter ces passages : « Il a été montré que l'Équilibre entre le Ciel
» et l'Enfer est l'Équilibre entre le Bien qui procède du Ciel et
» le Mal qui provient de l'Enfer, qu'ainsi c'est un Équilibre
» spirituel, qui dans son essence est le Libre. Si l'Équilibre
» spirituel dans son essence est le Libre, c'est parce qu'il
» existe entre le bien et le mal, et entre le vrai et le faux, et
» que ces choses sont spirituelles ; c'est pourquoi avoir la
» possibilité de vouloir le bien ou le mal, ou de penser le
» vrai ou le faux, et de choisir l'un de préférence à l'autre,
» c'est le Libre. Ce Libre est donné par le Seigneur à chaque
» homme, et n'est jamais enlevé ; à la vérité, d'après son
» origine, il appartient au Seigneur et non à l'homme, parce
» qu'il vient du Seigneur, mais néanmoins il est donné avec
» la vie à l'homme comme étant à lui ; et cela, afin que l'homme
» puisse être réformé et sauvé, car sans le Libre il n'y a au-
» cune réformation ni aucune salvation. Chacun peut voir,
» par une sorte d'intuition rationnelle, qu'il est dans le Libre
» de l'homme de penser mal ou bien, avec sincérité ou sans
» sincérité, justement ou injustement ; et aussi, qu'il peut
» parler et agir bien, avec sincérité et justement, mais non
» mal, sans sincérité et injustement à cause des lois morales
» et civiles, par lesquelles son Externe est tenu dans les liens.
» D'après cela, il est évident que l'Esprit de l'homme, c'est-
» à-dire, ce qui dans l'homme pense et veut, est dans le libre,
» mais qu'il n'en est pas de même de l'Externe de l'homme,
» c'est-à-dire, de ce qui dans l'homme parle et agit, à moins
» qu'il ne parle et n'agisse selon les lois morales et civiles. Si

» l'homme ne peut être réformé, à moins qu'il ne soit dans
» le Libre, c'est parce qu'il naît dans les maux de tout genre,
» qui doivent cependant être éloignés pour qu'il puisse être
» sauvé ; et ils ne peuvent être éloignés, à moins qu'il
» ne les voie en lui et ne les reconnaisse, et ensuite ne
» cesse de les vouloir, et enfin ne les ait en aversion ;
» ce n'est qu'alors qu'ils sont éloignés : cela ne peut se
» faire, si l'homme n'est pas à la fois tant dans le bien
» que dans le mal ; en effet, d'après le bien il peut voir les
» maux, mais par le mal il ne peut voir les biens ; les biens
» spirituels que l'homme peut penser, il les apprend dès l'en-
» fance par la lecture de la Parole et par la prédication ; et les
» biens moraux et civils, il les apprend par la vie dans le
» monde ; voilà en premier lieu pourquoi l'homme doit être
» dans le Libre. En second lieu, c'est que rien n'est appro-
» prié à l'homme, si ce n'est ce qui se fait d'après l'affection
» appartenant à l'amour ; tout le reste, il est vrai, peut en-
» trer, mais pas plus avant que dans la pensée et non dans la
» volonté, et ce qui n'entre point jusque dans la volonté de
» l'homme ne devient pas sa propriété, car la pensée tire ce
» qui lui appartient de la mémoire, mais la volonté tire ce
» qui lui appartient de la vie même ; jamais rien n'est libre,
» à moins de venir de l'affection appartenant à l'amour ; en
» effet, tout ce que l'homme veut ou aime, il le fait librement ;
» de là résulte que le libre de l'homme et l'affection qui ap-
» partient à son amour ou à sa volonté sont un ; l'homme a
» donc le libre, afin qu'il puisse être affecté du vrai et du
» bien, ou les aimer, et qu'ainsi le bien et le vrai puissent
» devenir comme sa propriété ; en un mot, tout ce qui n'entre
» pas dans le Libre chez l'homme ne reste pas, parce que cela
» n'appartient pas à son amour ou à sa volonté, et que ce qui
» n'appartient pas à l'amour ou à la volonté de l'homme n'ap-
» partient pas à son esprit ; car l'Être de l'Esprit de l'homme
» est l'Amour ou la volonté. Afin que l'homme soit dans le
» Libre, et cela, pour qu'il soit réformé, il est conjoint quant
» à son esprit avec le Ciel et avec l'Enfer ; en effet, chez
» chaque homme il y a des Esprits de l'Enfer et des Anges du
» Ciel ; par les Esprits de l'Enfer l'homme est dans son mal,
» mais par les Anges du Ciel l'homme est dans le bien qui
» procède du Seigneur, ainsi il est dans l'Équilibre spirituel,

» c'est-à-dire, dans le Libre. Que des anges du ciel et des es-
» prits de l'enfer soient adjoints à chaque homme, on le voit
» dans l'Article sur la Conjonction du Ciel avec le Genre Hu-
» main, Nos 291 à 302. »

Du Mérite.

150. Ceux qui font du bien afin de mériter, font du bien non pas par amour du bien, mais par amour de la récompense, car celui qui veut mériter veut être récompensé ; ceux qui agissent ainsi considèrent et placent le plaisir dans la récompense, et non dans le bien ; c'est pourquoi, ils ne sont point spirituels, mais ils sont naturels.

151. Faire le bien, qui est le bien, doit avoir lieu d'après l'amour du bien, ainsi pour le bien ; ceux qui sont dans cet amour ne veulent pas entendre parler de Mérite, car ils aiment à faire, et ils perçoivent en cela le bonheur ; et, *vise versâ*, ils sont attristés si l'on croit qu'ils agissent pour quelque avantage propre. Il en est de cela à peu près comme lorsqu'on fait du bien à des amis à cause de l'amitié, à un frère à cause de la fraternité, à son épouse et à ses enfants, parce qu'ils sont épouse et enfants, à la patrie à cause de la patrie, ainsi par amitié et par amour ; ceux aussi, qui pensent bien, disent et persuadent qu'ils font le bien, non pas pour eux-mêmes, mais pour ceux-là.

152. Ceux qui font le bien pour la récompense ne font pas le bien d'après le Seigneur, ils le font d'après eux-mêmes, car ils se considèrent eux-mêmes en premier lieu, parce qu'ils considèrent leur propre bien, et ils ne considèrent le bien du prochain, qui est le bien du conci-

toyen, d'une société d'hommes, de la patrie et de l'Église, que comme un moyen pour leur fin ; de là vient que dans le bien du Mérite est caché le bien de l'amour de soi et du monde, et ce bien procède de l'homme et non du Seigneur ; et tout bien qui procède de l'homme n'est point le bien, et même, en tant qu'il y a caché en lui du soi-même et du monde, il est le mal.

153. La charité réelle et la foi réelle sont exemptes de tout mérite, car le plaisir de la charité est le bien même, et le plaisir de la foi est le vrai même ; c'est pourquoi, ceux qui sont dans cette charité et dans cette foi savent ce que c'est que le Bien non méritoire, mais ceux qui ne sont pas dans la charité et la foi ne le savent point.

154. Qu'on ne doive pas faire le bien en vue d'une récompense, le Seigneur Lui-Même l'enseigne dans Luc : « *Si vous aimez ceux qui vous aiment, quelle grâce est-ce à vous? car les pécheurs font de même : aimez plutôt vos ennemis, et faites le bien, et prêtez sans en rien espérer, alors votre récompense sera grande, et vous serez des fils du Très-Haut,* » — VI. 32, 33, 34, 35. — Que l'homme ne puisse pas non plus par lui-même faire le bien, qui est réellement le bien, c'est aussi ce que le Seigneur enseigne dans Jean : « *Un homme ne peut rien prendre, s'il ne lui a été donné du Ciel,* » — III. 27 ; — et ailleurs : « *Jésus dit : Moi, je suis le cep ; vous, les sarments. Comme le sarment ne peut de lui-même porter du fruit, s'il ne demeure dans le cep ; de même non plus, vous, si en Moi vous ne demeurez. Celui qui demeure en moi, et Moi en lui, celui-là porte du fruit beaucoup ; parce que sans Moi vous ne pouvez faire rien.* » — XV. 4 à 8.

155. Puisque tout bien et tout vrai viennent du Sei-

gneur, et que rien du bien ni du vrai ne vient de l'homme et puisque le bien qui vient de l'homme n'est pas le bien, il s'ensuit que le mérite n'appartient à aucun homme, mais qu'il appartient au Seigneur seul. Le Mérite du Seigneur consiste en ce que par sa propre puissance il a sauvé le Genre Humain, et aussi en ce qu'il sauve ceux qui font d'après Lui le bien. De là vient que, dans la Parole, est appelé Juste celui à qui le mérite et la justice du Seigneur sont attribués, et Injuste celui qui s'attribue sa propre justice et son propre mérite.

156. Le plaisir même, qui réside dans l'amour de faire le bien sans but de rémunération, est la récompense qui demeure éternellement, car le Ciel et la félicité éternelle sont insinués par le Seigneur dans ce bien.

157. Penser et croire que ceux qui font le bien vont au Ciel, et aussi qu'il faut faire le bien pour aller au Ciel, ce n'est point regarder la récompense comme fin, ni par conséquent placer le mérite dans les œuvres ; car de même aussi pensent et croient ceux qui font le bien d'après le Seigneur ; mais ceux qui pensent, croient et agissent ainsi, et qui ne sont point dans l'amour du bien pour le bien, regardent la récompense comme fin et placent le mérite dans les œuvres.

D'après les Arcanes Célestes.

158. Au Seigneur seul le Mérite et la Justice, N⁰ˢ 9715, 9979. Le Mérite et la Justice du Seigneur consistent en ce que d'après la propre puissance il a sauvé le Genre Humain, N⁰ˢ 1813, 2025, 2026, 2027, 9715, 9809, 10019. Le Bien de la Justice et du Mérite du Seigneur est le Bien qui règne dans le Ciel, et ce Bien est le Bien de son Divin Amour par lequel il a sauvé

le Genre Humain, Nos 9486, 9979. Nul homme ne peut de lui-même devenir la justice, ni d'après aucun droit se l'arroger, N° 1813. Quels sont dans l'autre vie ceux qui s'arrogent la justice, Nos 942, 2027. Dans la Parole est appelé Juste celui à qui la Justice et le Mérite du Seigneur sont attribués, et Injuste celui qui s'attribue sa propre justice et son propre mérite, Nos 5069, 9263. Celui qui une fois est juste d'après le Seigneur doit être continuellement juste d'après le Seigneur, car la justice ne devient jamais la propre justice de l'homme, mais elle appartient continuellement au Seigneur, N° 9486. Ceux qui croient à la Justification enseignée dans l'Église savent peu de choses sur la Régénération, N° 5398.

Autant l'homme attribue au Seigneur et non à lui-même tous les biens et tous les vrais, autant il a de la sagesse, N° 10227. Puisque tout bien et tout vrai viennent du Seigneur et que rien du bien ni du vrai ne vient de l'homme, et puisque le bien qui vient de l'homme n'est pas le bien, il s'ensuit que le mérite n'appartient à aucun homme, mais qu'il appartient au Seigneur seul, Nos 9975, 9981, 9983. Ceux qui entrent dans le Ciel dépouillent tout mérite d'eux-mêmes, N° 4007; et ne pensent point à la rémunération pour les biens qu'ils ont faits, Nos 6478, 9174. Ceux qui pensent d'après le mérite sont loin de reconnaître que toutes choses appartiennent à la Miséricorde, Nos 6478, 9174. Ceux qui pensent d'après le mérite pensent à la récompense et à la rémunération ; vouloir mériter c'est donc vouloir être rémunéré, Nos 5660, 6392, 9975. Ceux-là ne peuvent pas recevoir en eux le Ciel, Nos 1835, 9977, 8480. La félicité céleste consiste dans l'affection de faire le bien sans but de rémunération, Nos 6388, 6478, 9174, 9984. Dans l'autre vie, autant quelqu'un fait le bien sans but de rémunération, autant influe du Seigneur la béatitude avec accroissement, et cette béatitude est dissipée aussitôt qu'on pense à la rémunération, Nos 6478, 9174.

Le bien doit être fait sans but de rémunération, Nos 6392, 6478 ; illustré, N° 9981. La charité réelle est sans aucun chose méritoire, Nos 2343, 2371, 2400, 3887, 6388, à 6393 parce qu'elle procède de l'amour, par conséquent du plaisir de faire le bien, Nos 3816, 3887, 6388, 6478, 9174, 9984. P. la récompense, dans la Parole, il est entendu le plaisir et bonheur en faisant du bien aux autres sans but de réco pense, et ceux qui sont dans la charité réelle sentent et perçoivent ce plaisir et ce bonheur, N°s 3816, 3956, 6388.

Ceux qui font le bien à cause de la récompense s'aiment eux-mêmes et n'aiment point le prochain, N°s 8002, 9210. Dans la Parole, par les Mercenaires sont entendus, dans le sens spirituel, ceux qui font le bien à cause de la récompense, N° 8002. Ceux qui font le bien à cause de la récompense veulent, dans l'autre vie, être servis, et ne sont jamais contents, N° 6393. Ils méprisent le prochain, et s'irritent eux-mêmes contre le Seigneur de ce qu'ils ne reçoivent point de récompense, disant qu'ils en ont mérité, N° 9976. Ceux qui, chez eux, ont séparé la foi d'avec la charité, font méritoires dans l'autre vie la foi, et aussi les bonnes œuvres qu'ils ont faites dans la forme externe, ainsi pour eux-mêmes, N° 2371. Quels sont en outre, dans l'autre vie, ceux qui ont placé le mérite dans les œuvres, N° 942, 1774, 1877, 2027. Ils y sont dans la terre inférieure, et ils apparaissent à eux-mêmes fendre du bois, N°s 1110, 4943, 8740; et cela, parce que le Bois en particulier, principalement le Bois de Schittim, signifie le bien du mérite, N°s 2784, 2812, 9472, 9486, 9715, 10178.

Ceux qui ont fait le bien à cause de la rémunération remplissent des offices de domesticité dans le Royaume du Seigneur, N°s 6389, 6390. Ceux qui placent le mérite dans les œuvres succombent dans les tentations, N°s 2273, 9978. Ceux qui sont dans les amours de soi et du monde ne savent pas ce que c'est que faire le bien sans rémunération, N° 6392.

De la Repentance et de la Rémission des Péchés.

159. Celui qui veut être sauvé, doit confesser ses péchés, et faire œuvre de repentance.

160. *Confesser des péchés*, c'est connaître des maux, les voir chez soi, les reconnaître, se déclarer coupable,

et à cause de ces maux se condamner, quand cela se fait devant Dieu, c'est confesser des péchés.

161. *Faire œuvre de repentance*, c'est, après avoir ainsi confessé des péchés, et en avoir demandé d'un cœur humble la rémission, y renoncer et mener une vie nouvelle selon les préceptes de la charité et de la foi.

162. Celui qui seulement d'une manière générale reconnaît qu'il est un pécheur, et se déclare coupable de tous les maux sans s'examiner, c'est-à-dire, sans voir ses péchés, fait une confession, mais non la confession de la repentance ; celui-là, parce qu'il ne connaît pas ses maux, vit ensuite comme auparavant.

163. Celui qui vit la vie de la charité et de la foi fait chaque jour œuvre de repentance ; il réfléchit sur les maux qui sont chez lui, il les reconnaît, il s'en garde, il supplie le Seigneur de lui donner du secours : en effet, l'homme tombe continuellement par lui-même, mais il est continuellement relevé par le Seigneur et conduit vers le bien ; tel est l'état de ceux qui sont dans le bien; ceux, au contraire, qui sont dans le mal tombent continuellement, et sont aussi relevés continuellement par le Seigneur, mais ils sont seulement retenus, de peur qu'ils ne tombent dans les maux les plus graves, vers lesquels ils tendent par eux-mêmes de tous leurs efforts.

164. L'homme qui s'examine pour faire œuvre de repentance, doit examiner ses pensées et les intentions de sa volonté, et y rechercher ce qu'il ferait s'il en avait la licence, c'est-à-dire, s'il ne craignait la loi et la perte de la réputation, de l'honneur et du gain ; là sont les maux de l'homme ; les maux que l'homme fait au moyen du corps proviennent tous de là ; ceux qui n'examinent pas les maux de leur pensée et de leur volonté ne peuvent pas

faire œuvre de repentance, car ils pensent et veulent dans la suite comme auparavant; et cependant vouloir les maux, c'est les faire. Cela est s'examiner.

165. La repentance de la bouche sans celle de la vie n'est point la repentance; par la repentance de la bouche les péchés ne sont point remis, mais ils le sont par la repentance de la vie. Les péchés sont continuellement remis à l'homme par le Seigneur, car il est la Miséricorde même; mais les péchés s'attachent à l'homme, quoiqu'il croie qu'ils ont été remis, et ils ne sont éloignés de lui que par une vie selon les préceptes de la vraie foi; autant il vit selon ces préceptes, autant les péchés sont éloignés, et autant ils sont éloignés, autant ils ont été remis.

166. On croit que les péchés, quand ils sont remis, sont effacés, ou lavés pour ainsi dire comme les ordures le sont avec l'eau; toutefois, ils ne sont point effacés, mais ils sont éloignés, c'est-à-dire, que l'homme en est détourné, quand il est tenu dans le bien par le Seigneur; et quand il est tenu dans le bien, il semble qu'il soit sans péchés, ainsi comme s'ils étaient effacés; et autant l'homme est réformé, autant il peut être tenu dans le bien. Dans le Doctrinal suivant sur la régénération, il sera dit comment l'homme est réformé. Celui qui croit que les péchés sont remis autrement est dans une grande erreur.

167. Les signes que les péchés ont été remis, c'est-à-dire, éloignés, sont les suivants: On perçoit du plaisir en adorant Dieu pour Dieu, en servant le prochain pour le prochain, ainsi en faisant le bien pour le bien, et en prononçant le vrai pour le vrai; on ne veut avoir du mérite par aucune chose de la charité et de la foi; on fuit et on a en aversion les maux, tels que les inimitiés, les haines, les vengeances, les adultères, et les pensées elle-mêmes

avec l'intention concernant ces maux. Mais les signes que les péchés n'ont pas été remis, c'est-à-dire, éloignés, sont ceux qui suivent : On adore Dieu non pas pour Dieu, et l'on sert le prochain non pas pour le prochain, ainsi l'on fait le bien et l'on prononce le vrai, non pas pour le bien ni pour le vrai, mais pour soi et pour le monde ; on veut avoir du mérite par les actes qu'on fait ; on perçoit du plaisir dans les maux, par exemple, dans l'inimitié, dans la haine, dans la vengeance, dans les adultères, et d'après ces maux on porte en toute licence sa pensée sur eux.

168. La repentance qui se fait dans un état libre a de l'efficacité, mais celle qui se fait dans un état contraint n'en a pas : les états contraints sont l'état de maladie, l'état d'abattement par suite d'infortune, l'état d'une mort imminente, puis aussi tout état de crainte qui ôte l'usage de la raison. Celui qui est méchant, et dans l'état contraint promet de faire œuvre de repentance, et même fait le bien ; celui-là, quand il vient dans l'état libre, retourne dans sa précédente vie du mal : il en est autrement de l'homme bon.

169. Après que l'homme s'est examiné, a reconnu ses péchés et a fait œuvre de repentance, il doit rester constamment dans le bien jusqu'à la fin de la vie ; car s'il retombe ensuite dans sa précédente vie du mal et s'y attache, alors il profane, car alors le mal est conjoint au bien ; de là son dernier état est pire que le premier, selon les paroles du Seigneur :

« *Quand l'esprit immonde sort de l'homme, il parcourt des lieux arides, cherchant du repos, mais il n'en trouve point ; alors il dit : Je retournerai dans ma maison, d'où je suis sorti ; et, étant venu, il la trouve vacante, et balayée, et ornée pour lui ; alors i s'en va, et il s'adjoint sept autres esprits pires que lui; et, étant entré, ils habitent là ;* ET LE DERNIER (état) DE CET HOMME DEVIENT PIRE QUE LE PREMIER. » — Matth. XII, 43, 44, 45. — Ce que c'est que la profanation, on le voit dans ce qui suit.

D'après les Arcanes Célestes.

170. *Du Péché ou du Mal.* Il y a d'innombrables genres de maux et de faux, Nos 1188, 1212, 4818, 4822, 7574. Il y a le mal d'après le faux, il y a le faux d'après le mal, et de nouveau par suite le mal et le faux, Nos 1679, 2243, 4818. Ce que c'est que le mal du faux, et quel est ce mal, Nos 2408, 4818, 7272, 8265, 8279. Et ce que c'est que le faux du mal, et quel est ce faux, Nos 6359, 7272, 9304, 10302. Des maux qui viennent de la faute de l'homme, et des maux qui ne viennent pas de sa faute, Nos 4171, 4172. Des maux provenant de l'entendement, et des maux provenant de la volonté, No 9009. Différence entre Prévarication, Iniquité et Péché, Nos 6563, 9156.

Tous les maux sont adhérents à l'homme, No 2116. Les maux ne peuvent pas être enlevés de l'homme, mais seulement l'homme peut en être détourné, et être tenu dans le bien, Nos 865, 868, 887, 894, 1581, 4564, 8206, 8393, 8988, 9014, 9333, 9446, 9447, 9448, 9451, 10057, 10060. Être détourné du mal et tenu dans le bien est effectué par le Seigneur seul, Nos 929, 2406, 8206, 10060. Ainsi les maux et les faux sont seulement éloignés, et cela est fait successivement, Nos 9334, 9335, 9336. Cela est fait par le Seigneur au moyen de la régénération, Nos 9445, 9452, 9453, 9454, 9938. Les maux empêchent le Seigneur d'entrer, No 5696. L'homme doit s'abstenir des maux pour recevoir du Seigneur le bien, No 10109. Le bien et le vrai influent en proportion qu'on s'abstient des maux, Nos 2388, 2411, 10675. Être détourné du mal et tenu dans le bien, c'est la rémission des péchés, Nos 8391, 8393, 9014, 9444 à 9450. Signes que les péchés sont ou ne sont pas remis, Nos 9449, 9450. Il appartient à la rémission des péchés de considérer les choses d'après le bien et non d'après le mal, N° 7697.

Le mal et le péché sont une séparation et un éloignement d'avec le Seigneur, et c'est là ce qui est signifié dans la Parole par le mal et par le péché, N°s 4997, 5229, 5474, 5746, 5841, 9346. Ils sont et ils signifient une séparation et un éloignement d'avec le bien et le vrai N° 7589. Ils sont et ils signifient ce qui est contre l'ordre Divin, N°s 1839, 5076. Le mal est la damnation et l'Enfer, N°s 3513, 6279, 7155. On ne sait pas ce que c'est que l'enfer, à moins qu'on ne sache ce que c'est que le mal, N° 7181. Les maux sont pour ainsi dire pesants, et tombent d'eux-mêmes dans l'enfer, et aussi les faux d'après le mal, N°s 8279, 8298. On ne sait pas ce que c'est que le mal, à moins qu'on ne sache ce que c'est que l'amour de soi et l'amour du monde, N°s 4997, 7178, 8318. De ces amours proviennent tous les maux, N°s 1307, 1308, 1321, 1594, 1691, 3413, 7255, 7376, 7488, 7489, 8318, 9335, 9348, 10038, 10742.

Les hommes, quels qu'ils soient, naissent dans les maux de tout genre, au point que leur propre n'est que mal, N°s 210, 215, 731, 874, 875, 876, 987, 1047, 2307, 2308, 3518, 3701, 3812, 8480, 8550, 10283, 10284, 10731. L'homme par conséquent doit renaître ou être régénéré, afin qu'il reçoive la vie du bien, N° 3701.

L'homme se jette lui-même dans l'enfer quand il fait le mal par consentement, ensuite de propos délibéré, et enfin par plaisir, N° 6203. Dans les faux de leur mal sont ceux qui sont dans le mal de la vie, soit qu'ils le sachent, soit qu'ils ne le sachent pas, N°s 7577, 8094. L'homme ne s'approprierait pas le mal, s'il croyait, — comme la chose est réellement, — que tout mal vient de l'enfer, et que tout bien vient du Seigneur, N°s 6206, 4151, 6324, 6325. Dans l'autre vie les maux sont éloignés des bons, et les biens sont éloignés des méchants, N° 2256. Tous, dans l'autre vie, sont remis dans leurs intérieurs ; ainsi, les méchants sont remis dans leurs maux, N° 8870.

Dans l'autre vie le mal a en lui son châtiment, et le bien sa rémunération, N°s 696, 967, 1857, 6559, 8214, 8223, 8226, 9049. L'homme, dans l'autre vie, n'est point puni pour les maux héréditaires, parce qu'il n'en est point blâmable, mais il est puni pour ses maux actuels, N°s 966, 2308. Les intérieurs du mal sont sales et hideux, quoiqu'ils apparaissent autrement dans la forme externe, N° 7046.

Le mal est attribué au Seigneur dans la parole, et cependant il ne procède de Lui que le bien, N°s 2447, 6071, 6991, 6997, 7533, 7632, 7679, 7926, 8227, 8228, 8632, 9306. Pareillement la colère, N°s 5798, 6997, 8284, 8483, 9306, 10431. Pourquoi il est dit ainsi dans la Parole, N°s 6071, 6991. 6997, 7643, 7632, 7679, 7710, 7926, 8282, 9010, 9128. Ce qui est signifié par porter l'iniquité, quand cela est dit du Seigneur, N°s 9937, 9965. Le Seigneur tourne le mal en bien chez les bons qui sont infestés et tentés, N° 8631. Laisser à l'homme de faire le mal d'après son libre, c'est permettre, N° 10778. Les maux et les faux sont gouvernés par le Seigneur au moyen des lois de permission, et ils sont permis à cause de l'ordre, N° 7877, 8700, 10778. La permission du mal par le Seigneur est non pas comme de quelqu'un qui veut, mais comme de quelqu'un qui ne veut pas, mais qui ne peut pas porter secours en raison d'une fin urgente, N° 7877.

171. *Du faux.* Il y a d'innombrables genres de faux, à savoir, autant qu'il y a de maux, et les maux et les faux sont selon les origines, qui sont en grand nombre, N°s 1188, 1212, 4729, 4822, 7574. Il y a le faux d'après le mal ou le faux du mal, et il y a le mal d'après le faux ou le mal du faux, et de nouveau par suite le faux, N°s 1679, 2243. D'un faux pris pour principe découlent des faux en une longue série, N°s 1510, 1511, 4717, 4721. Il y a le faux d'après les cupidités de l'amour de soi et du monde ; et il y a le faux d'après les illusions des sens, N°s 1295, 4729. Il y a les faux de religion, et il y a les faux d'ignorance, N°s 4729 8318, 9258. Il y a le faux dans lequel est le bien, et le faux dans lequel n'est pas le bien, N°s 2863, 9304, 10109, 10302. Il y a le falsifié, N°s 7318, 7319, 10648.

Du faux du mal, quel il est, N°s 6359, 7272, 9304, 10302. Du mal du faux, quel il est, N°s 2408, 4818, 7272, 8265, 8279. Les faux d'après le mal apparaissent comme des brouillards, et comme des eaux impures au-dessus des enfers, N°s 8217, 8138, 8148. De telles eaux aussi signifient les faux, N°s 739, 790, 7307. Ceux qui sont dans l'enfer profèrent les faux d'après le mal, N°s 1695, 7351, 7352, 7357, 7392, 7699. Ceux qui sont dans le mal ne peuvent que penser le faux, quand ils pensent d'après eux-mêmes, Nos 7437.

Il y a des faux de religion qui sont en concordance avec le bien, et il y en a qui sont en discordance, Nos 9258. Les faux de religion, s'ils ne sont pas en discordance avec le bien, ne produisent le mal que chez ceux qui sont dans le mal de la vie, N° 8318. Les faux de religion sont imputés non à ceux qui sont dans le bien, mais à ceux qui sont dans le mal, Nos 8051, 8149. Tout faux peut être confirmé, et quand il a été confirmé, il apparaît comme vrai, Nos 5033, 6865, 8521, 8780. Il faut se bien garder de confirmer les faux de religion parce que de là vient principalement la persuasion du faux, Nos 845, 8780. Combien est dangereuse la persuasion du faux, Nos 794, 806, 5096, 7686. La persuasion du faux suscite continuellement des choses qui confirment le faux, Nos 1510, 1511, 1675. Ceux qui sont dans la persuasion du faux sont intérieurement enchaînés, N° 5096. Quand ceux qui sont dans un fort persuasif du faux approchent des autres dans l'autre vie, ils ferment leur rationnel, et pour ainsi dire les suffoquent, Nos 3895, 5128.

Les vrais non-réels, et aussi les faux, peuvent être consociés avec les vrais réels, mais les faux dans lesquels est le bien, et non les faux dans lesquels est le mal, Nos 3470, 3471, 4551, 4552, 7344, 8149, 9298. Les faux dans lesquels est le bien sont reçus par le Seigneur comme vrais, Nos 4736, 8149. Le bien dont la qualité vient du faux est accepté par le Seigneur, s'il y a ignorance, et dans l'ignorance innocence, et fin bonne, N° 7887.

Le mal falsifie le vrai, parce qu'il fait descendre le vrai vers le mal et l'applique au mal, Nos 8094, 8149. Le vrai est dit falsifié quand il a été appliqué au mal par des confirmations, N° 8602. Le vrai falsifié est contre le vrai et le bien, N° 8062. De plus, sur les falsifications du vrai, Nos 7318, 7319, 10648.

172. *Du Profane et de la Profanation, dont il est parlé dans la Doctrine*, ci-dessus N° 169. La Profanation est le mélange du bien et du mal, et aussi du vrai et du faux chez l'homme, N° 6348. Profaner les biens et les vrais, ou les choses saintes de l'Église et de la Parole, nul ne le peut que celui qui d'abord les reconnaît, les croit, et plus encore s'il

y conforme sa vie, et qui ensuite s'éloigne de la foi, ne les croit pas, et vit pour lui et pour le monde, Nos 593, 1008, 1010, 1059, 3398, 3399, 3898, 4289, 4601, 8394, 10327. Celui qui dans sa première jeunesse croit les vrais, et plus tard ne les croit pas, profane légèrement ; mais celui qui plus tard confirme chez lui les vrais, et ensuite les nie, profane grièvement, Nos 6959, 6963, 6971. Ceux-là aussi profanent, qui croient les vrais et vivent mal ; et aussi, ceux qui ne croient pas les vrais et vivent saintement, No 8882. Si, après une repentance de cœur, l'homme retombe dans les maux antérieurs, il profane ; et alors son dernier état est pire que le précédent, No 8394. Ceux qui, dans le Monde Chrétien, souillent les choses saintes de la Parole par des pensées et des expressions impures, profanent, Nos 4050, 5390. Il y a divers genres de profanations, No 10287.

Ceux qui n'ont pas reconnu les choses saintes, et à plus forte raison ceux qui n'en ont pas connaissance, ne peuvent pas les profaner, Nos 1008, 1010, 1059, 9188, 10287. Ceux qui sont au-dedans de l'Église peuvent profaner les choses saintes, mais non ceux qui sont hors de l'Église, No 2051. Les Gentils, parce qu'ils sont hors de l'Église et n'ont point la Parole ne peuvent point profaner, Nos 1327, 1328, 2051. Les Juifs non plus ne peuvent point profaner les choses saintes intérieures de la Parole et de l'Église, parce qu'ils ne les reconnaissent point, No 6963. C'est pour cela que les vrais intérieurs n'ont pas non plus été découverts aux Juifs, car s'ils eussent été découverts et reconnus, ils les auraient profanés Nos 3398, 3489, 6963. La profanation est entendue par les paroles du Seigneur rapportés ci-dessus, No 169, à savoir : « *Quand l'esprit immonde sort de l'homme, il parcourt des lieux arides, cherchant du repos, mais il n'en trouve point ; alors il dit : Je retournerai dans ma maison, d'où je suis sorti ; et, étant venu, il la trouve vacante et balayée, et ornée pour lui ; alors il s'en va, et il s'adjoint sept autres esprits pires que lui ; et, étant entrés, ils habitent là ; et le dernier (état) de cet homme devient pire que le premier.* » — Matth. XII. 43, 44, 46 ; — par l'esprit immonde qui sort de l'homme, il est entendu la repentance de celui qui est dans le mal ; par parcourir des lieux arides, et ne point trouver de repos, il est entendu que telle est pour lui la vie du bien ; par la maison dans laquelle il retourne, parce qu'il la trouve vacante et ornée pour lui; il est entendu l'homme lui-même, et que sa volonté est sans le bien ; par les sept esprits qu'il s'adjoint, et avec lesquels il retourne, il est entendu le mal conjoint au bien ; par son état alors pire que le premier, il est entendu la profanation : c'est là le sens interne de ces paroles, car le Seigneur a parlé par correspondances. Semblable chose est entendue par les paroles que le Seigneur adressa à celui qu'il guérit à la piscine de Béthesda: « *Voici, guéri tu as été, ne pèche plus, de peur que quelque chose de pire ne t'arrive.* » — Jean, V. 14. — Puis par ces paroles: « *Il a aveuglé leurs yeux, et il a endurci leurs cœurs, de peur qu'ils ne voient des yeux, et ne comprennent du cœur, et qu'ils ne se convertissent, et que je ne les guérisse.* » — Jean, XII. 40 : — se convertir et être guéri, c'est profaner, ce qui arrive quand les vrais et les biens sont reconnus et ensuite rejetés ; il en aurait été ainsi, si les Juifs se fussent convertis et eussent été guéris, ainsi qu'il vient d'être dit.

Le sort des profanateurs dans l'autre vie est le pire de tous, parce que le bien et le vrai qu'ils ont reconnus demeurent et aussi le mal et le faux, et que, comme ils sont cohérents, il se fait un déchirement de la vie, N° 571, 582, 6348. C'est pour cela qu'il est principalement pourvu par le Seigneur à ce que la profanation n'ait pas lieu. N°s 2426, 10287. Par conséquent l'homme est détourné de la reconnaissance et de la foi, s'il ne peut pas y demeurer jusqu'à la fin de sa vie, N°s 3398, 3402. Et il est de préférence tenu dans l'ignorance et dans le culte externe, N°s 301, 302, 303, 1327, 1328. Et même le Seigneur renferme dans les intérieurs de l'homme les vrais et les biens que celui-ci a reçus en les reconnaissant, N° 6595.

Pour que les vrais intérieurs ne soient pas profanés, ils ne sont révélés que lorsque l'Église est à sa fin, N°s 3398, 3399. C'est pour cela que le Seigneur est venu dans le monde et a ouvert des vrais intérieurs, alors que l'Église avait été entièrement dévastée, N° 3398. *Voir* ce qui a été rapporté sur ce sujet dans le Traité DU JUGEMENT DERNIER ET DE LA BABYLONIE DÉTRUITE, N°s 73, 74.

Dans la Parole, par Babel est signifiée la profanation du bien, et par la Chaldée la profanation du vrai, N°s 1482, 1283,

1295, 1304, 1306, 1307, 1308, 1321, 1322, 1326. Ces profanations correspondent aux degrés prohibés ou aux sales adultères, dont il est parlé dans la Parole, N° 6348. La profanation a été représentée dans l'Eglise Israélite et Juive par l'action de manger du sang ; c'est pourquoi cela a été si sévèrement défendu, N° 1003.

DE LA REGENERATION.

173. Celui qui ne reçoit pas la vie spirituelle, c'est-à-dire, qui n'est pas engendré de nouveau par le Seigneur, ne peut venir dans le Ciel ; le Seigneur l'enseigne dans Jean : « *En vérité, en vérité je te dis : Si quelqu'un n'est engendré de nouveau, il ne peut voir le Royaume de Dieu.* » — III. 3.

174. L'homme par ses parents ne naît pas dans la vie spirituelle, mais il naît dans la vie naturelle : la vie spirituelle, c'est aimer Dieu par-dessus toutes choses, et aimer le prochain comme soi-même ; et cela, selon les préceptes de la foi que le Seigneur a enseignés dans la parole : mais la vie naturelle, c'est s'aimer et aimer le monde plus que le prochain, et même plus que Dieu.

175. Chaque homme par ses parents naît dans les maux de l'amour de soi et du monde : tout mal qui par habitude a contracté une sorte de nature est dérivé dans les enfants, ainsi successivement du père et de la mère, des aïeuls et des aïeux, en remontant dans une longue série ; de là, la dérivation du mal devient enfin si grande, que le tout de la vie propre de l'homme n'est absolument que le mal. Ce dérivé continu n'est brisé et changé que par la vie de la foi et de la charité procédant du Seigneur.

176. Ce que l'homme tire de l'héréditaire penche continuellement vers cet héréditaire et y tombe ; par suite, l'homme confirme ce mal chez lui, et il y ajoute aussi de lui-même plusieurs maux, Ces maux sont absolument contraires à la vie spirituelle, ils la détruisent ; si donc l'homme ne reçoit pas du Seigneur une vie nouvelle, qui est la vie spirituelle, par conséquent s'il n'est pas conçu de nouveau, s'il ne naît pas de nouveau, et n'est pas de nouveau élevé, c'est-à-dire, s'il n'est pas créé de nouveau, il est damné ; car il ne veut rien autre chose, et par suite ne pense rien autre chose, que ce qui a rapport à lui-même et au monde, comme on fait dans l'enfer.

177. Personne ne peut être régénéré, à moins de savoir des choses qui appartiennent à la vie nouvelle, c'est-à-dire, à la vie spirituelle : les choses qui appartiennent à la vie nouvelle, ou à la vie spirituelle, sont les vrais qu'il faut croire, et les biens qu'il faut faire ; ceux-là appartiennent à la foi, et ceux-ci à la charité. Personne ne peut les savoir par soi-même, car l'homme ne saisit que ce qui est venu au-devant de ses sens, c'est par là qu'il s'acquiert la lueur qu'on appelle lueur naturelle ; par cette lueur il voit seulement les choses qui appartiennent au monde et celles qui lui appartiennent, mais non celles qui appartiennent au ciel ni celles qui appartiennent à Dieu ; celles-ci, il doit les apprendre d'après la révélation. Ainsi, il doit apprendre que le Seigneur, qui de toute éternité est Dieu, est venu dans le monde pour sauver le genre humain ; qu'à Lui appartient tout pouvoir dans le ciel et sur la terre ; que tout ce qui est de la foi et tout ce qui est de la charité, par conséquent tout vrai et tout bien, viennent de Lui ; qu'il y a un Ciel et qu'il y a un enfer ; que l'homme doit vivre éter-

nellement ; dans le ciel, s'il a bien agi ; dans l'enfer s'il a mal agi.

178. Ces choses et plusieurs autres sont des vrais d la foi, que l'homme, qui doit être régénéré, doit savoir car celui qui les sait peut les penser, ensuite les vouloir et enfin les faire, et ainsi avoir une vie nouvelle. Pa exemple, celui qui ne sait pas que le Seigneur est l Sauveur du genre humain, ne peut avoir la foi en Lui ni L'aimer, ni par conséquent faire le bien à cause d Lui : celui qui ne sait pas que tout bien vient de Lui n peut pas penser que son salut vient de Lui, ni à plu forte raison vouloir que cela soit ainsi, par conséquen il ne peut pas vivre par Lui : celui qui ne sait pas qu' y a un enfer, qu'il y a un ciel, qu'il y a une vie éternelle ne peut pas même penser à la vie du ciel, ni s'appliquer à la recevoir : de même pour le reste.

179. Il y a chez chacun un homme Interne et u homme Externe ; l'Interne est celui qui est appelé homm spirituel, et l'Externe celui qui est appelé homme naturel l'un et l'autre doit être régénéré, afin que l'homme so régénéré. Chez l'homme qui n'a pas été régénéré l'homme Externe ou naturel commande, et l'homm Interne ou spirituel sert ; mais chez l'homm qui a été régénéré l'homme Interne ou spirituel com mande, et l'homme Externe ou naturel sert : de là il e évident que chez l'homme dès la naissance l'ordre de l vie a été renversé, à savoir, que ce qui doit commander sert ; et que ce qui doit servir, commande ; cet ordre l doit être retourné, afin que l'homme puisse être sauvé et ce renversement ne peut jamais exister que par l régénération opérée par le Seigneur.

180. Ce qu'il faut entendre par l'homme Intern commande et l'homme Externe sert, et par l'homm

Externe commande et l'homme Interne sert, peut être ainsi illustré : Si l'homme place tout bien dans ce qui lui est agréable, dans le lucre, et dans le faste, et s'il trouve du plaisir dans la haine et dans la vengeance, et qu'intérieurement il cherche en lui-même des raisons qui le confirment, alors l'homme Externe commande, et l'homme Interne sert. Mais quand l'homme perçoit le bien et le plaisir en pensant et en voulant avec bonté, sincérité et justice, et à l'extérieur en parlant et en agissant pareillement, alors l'homme Interne commande et l'homme Externe sert.

181. L'homme Interne est d'abord régénéré par le Seigneur, et ensuite l'homme Externe, et celui-ci est régénéré au moyen de celui-là : en effet, l'homme Interne est régénéré par penser les choses qui appartiennent à la foi et à la charité, et l'homme Externe est régénéré par la vie selon ces choses. Cela est entendu par les paroles du Seigneur : « *Si quelqu'un n'est engendré d'eau et d'esprit, il ne peut entrer dans le Royaume de Dieu.* » — Jean, III. 5 : — L'eau dans le sens spirituel est le vrai de la foi, et l'esprit est la vie selon ce vrai.

182. L'homme qui a été régénéré est, quant à son homme Interne, dans le Ciel ; et il y est Ange avec les Anges, parmi lesquels aussi il vient après la mort ; alors il peut vivre de la vie du Ciel, aimer le Seigneur ; aimer le prochain, comprendre le vrai, savourer le bien, et percevoir la béatitude qui en procède.

D'après les Arcanes Célestes.

183. **Ce que c'est que la Régénération, et pourquoi elle est faite.** On sait aujourd'hui peu de chose sur la Régénération ; causes : Nos 3761, 4136, 5398. L'homme naît dans les maux de tout genre ; et par suite, quant à son Propre, par naissance il n'est que mal, Nos 210, 215, 731, 874, 875, 876, 987, 1047, 2307, 2308, 3518, 3701, 3812, 8480, 8549, 8550, 8552, 10283, 10284, 10286, 10731. L'Héréditaire de l'homme n'est que mal, *voir* la Collection ci-dessus dans cette Doctrine, N° 83. Le Propre de l'homme aussi n'est que mal, *voir* la même Collection, N° 82. L'homme lui-même, considéré d'après l'Héréditaire et le Propre, est pire que les brutes, Nos 637, 3175. C'est pour cela que d'après lui-même il porte continuellement ses regards vers l'enfer, Nos 694, 8480. Si donc l'homme était conduit par son Propre, il ne pourrait jamais être sauvé, N° 10731.

La vie naturelle de l'homme est contraire à la vie spirituelle, Nos 3913, 3928. Le bien que l'homme fait d'après lui-même, ou d'après le propre n'est point le bien, parce qu'il le fait pour lui-même et pour le monde, N° 8480. Le Propre de l'homme doit être éloigné, pour que le Seigneur et le Ciel puissent être présents, Nos 1023, 1044. Le Propre de l'homme est éloigné en actualité, quand l'homme est régénéré par le Seigneur, Nos 9334, 9335, 9336, 9452, 9454, 9938. C'est pour cela que l'homme doit être créé de nouveau, c'est-à-dire, régénéré, Nos 8549, 9450, 9937. Dans la Parole par créer l'homme, il est signifié le régénérer, Nos 16, 88, 10634.

L'homme par la régénération est conjoint au Seigneur, Nos 2004, 9338. Il est aussi consocié aux Anges dans le Ciel, N° 2374. L'homme ne vient pas dans le Ciel avant qu'il soit en état d'être conduit par le Seigneur au moyen du bien, ce qui arrive quand il a été régénéré, Nos 8516, 8539, 8722, 9139, 9832, 10367.

Chez l'homme qui n'a pas été régénéré l'homme Externe ou naturel commande, et l'homme Interne sert, Nos 3167, 8743. Ainsi l'état de la vie de l'homme est renversé par naissance, et c'est pour cela qu'il doit être entièrement retourné, pour que l'homme puisse être sauvé, Nos 6507, 8552, 8553, 9258. La fin de la régénération est que l'homme Interne ou spirituel commande, et que l'homme Externe ou nature serve, N°˙ 911, 913 ; c'est même ce qui arrive, après que l'homme a été régénéré, N°˙ 5128, 5651, 8743 ; car après l régénération, ce n'est plus l'amour de soi et du monde qu règne, mais c'est l'amour envers le Seigneur et à l'égard d prochain, ainsi le Seigneur et non l'homme, N°˙ 8856, 8857 De là il est évident que l'homme, s'il n'est pas régénéré, n peut être sauvé, N°˙ 5280, 8548, 8772, 10156.

La Régénération est un plan pour perfectionner la vie d l'homme dans l'éternité, N° 9334. L'homme régénéré est pe fectionné aussi dans l'éternité, N°˙ 6648, 10048. Quel es l'homme régénéré et quel est l'homme non régénéré, N°˙ 977 986, 10156.

184. *Qui est régénéré ?* L'homme ne peut pas être régénér avant d'avoir été instruit des vrais de la foi et des bien de la charité, N°˙ 677, 679, 711, 8635, 8638, 8639 8640, 10729. Ceux qui sont seulement dans les vrais et non dans le bien, ne peuvent être régénérés, N°˙ 6567 8725. Personne n'est régénéré, à moins d'être doué de chari té, N° 989. Il n'y a que ceux qui ont la conscience qui puis sent être régénérés, N°˙ 2689, 5470. Chacun est régénéré se lon sa faculté de recevoir le bien de l'amour envers le Sei gneur et de la charité à l'égard du prochain par les vrais d la foi d'après la doctrine de l'Église, tirée de la Parole, N° 2967, 2975. Qui sont ceux qui peuvent être régénérés, et qu sont ceux qui ne le peuvent pas, N° 2689. Ceux qui viven de la vie de la foi et de la charité, et qui ne sont pas régé nérés dans le monde, sont régénérés dans l'autre vie, N° 989, 2490.

185. *La Régénération est faite par le Seigneur seul.* L Seigneur seul régénère l'homme ; l'homme et l'ange n'y con tribuent absolument en rien, N° 10067. La Régénération d l'homme est l'image de la Glorification du Seigneur, c'est-à dire que de même que le Seigneur a fait Divin son Humain de même le Seigneur fait spirituel l'homme qu'il régénère N°˙ 3043, 3138, 3212, 3296, 3490, 4402, 5688, 10057, 10070 Le Seigneur veut avoir tout entier l'homme qu'il régénère, e non en avoir une partie, N° 6138.

186. *Plusieurs particularités sur la Régénération.* L'homm est régénéré par les vrais de la foi, et par la vie selon ce

vrais, Nos 1904, 2046, 9088, 9959, 10028. Cela est entendu par les paroles du Seigneur, « *si l'homme n'est engendré d'eau et d'esprit, il ne peut entrer dans le Royaume de Dieu.* » — Jean, III. 5 ; — par l'eau est signifié le vrai de la foi, et par l'esprit la vie selon ce vrai, N° 10240. Dans la Parole, par l'eau est signifié le vrai de la foi, Nos 2702, 3058, 5668, 8568, 10238. La purification spirituelle, qui est celle des maux et des faux, est faite aussi par les vrais de la foi, Nos 2799, 5954, 7044, 7918, 9088, 10229, 10237. Les vrais, quand l'homme est régénéré, sont semés et implantés dans le bien, pour qu'ils deviennent choses de la vie, Nos 880, 2189, 2574, 2697. Quels doivent être les vrais, pour qu'ils puissent être implantés dans le bien, N° 8725. Dans la régénération, le vrai est initié et conjoint au bien, et le bien l'est au vrai réciproquement, Nos 5365, 8516. Comment se fait l'initiation et la conjonction réciproque, Nos 3155, 10067. Le vrai est implanté dans le bien, quand il devient chose de la volonté, parce qu'alors il devient chose de l'Amour N° 10367.

Il y a deux états pour l'homme qui est régénéré ; le premier, quand il est conduit par le vrai au bien ; le second, quand d'après le bien il agit, et que d'après le bien il voit le vrai, Nos 7923, 7992, 8505, 8506, 8510, 8512, 8516, 8643, 8648, 8658, 8685, 8690, 8701, 8772, 9227, 9230, 9274, 9297, 10048, 10057, 10060, 10076. Quel est l'état de l'homme, quand le vrai est à la première place, et le bien à la seconde, N° 3610. De là, il est évident que, quand l'homme est régénéré, d'après le vrai il regarde vers le bien, mais que quand il a été régénéré, d'après le bien il regarde le vrai, N° 6247. Ainsi il se fait pour ainsi dire un renversement, en cela que l'état de l'homme est retourné, N° 6507.

Mais il faut qu'on sache que la chose se passe ainsi : Quand l'homme est régénéré, le vrai est à la première place et le bien à la seconde non en actualité mais seulement en apparence, mais quand l'homme a été régénéré, le bien est à la première place et le vrai à la seconde en actualité et d'une manière perceptible, Nos 3324, 3325, 3330, 3336, 3494, 3539, 3548, 3556, 3563, 3570, 3576, 3603, 3701, 4243, 4245, 4247, 4337, 4925, 4926, 4928, 4930, 4977, 5351, 6256, 6269, 6273, 8516, 10110. Ainsi, le bien est le premier et le dernier de la régénération, N° 9337. Comme le vrai apparaît être à la première place, et le bien à la seconde, quand l'homme est régénéré, ou, ce qui est la même chose, quand l'homme devient Église, c'est en raison de cette apparence que c'était un sujet de controverse, chez les Anciens, si le vrai de la foi était le premier-né de l'Église, ou si c'était le bien de la charité, Nos 367, 2435. Le bien de la charité est le premier-né de l'Église en actualité, et le vrai de la foi l'est seulement en apparence, Nos 3325, 3494, 4925, 4926, 4928, 4930, 8042, 8080. Dans la Parole aussi, par le premier-né est signifié le premier de l'Église, auquel appartiennent la priorité et la supériorité, N° 3325. C'est pour cela que le Seigneur est appelé le Premier-né, parce que tout bien de l'amour, de la charité et de la foi, est en Lui et vient de Lui, N° 3325.

On ne doit point retourner de l'état postérieur, dans lequel le vrai est regardé d'après le bien, vers l'état antérieur dans lequel le bien est regardé d'après le vrai ; pourquoi, Nos 2454, 3650 à 3655, 5895, 5897, 7857, 7923, 8505, 8510, 8512, 8516, 9274, 10184 ; là, sont expliquées les paroles du Seigneur : « *Que celui qui alors (sera) dans le champ ne retourne pas en arrière pour emporter ses vêtements.* » — Matth., XXIV. 18 : puis : « *Que quiconque sera dans le champ ne retourne pas vers derrière lui ; souvenez-vous de l'épouse de Loth.* » — Luc, XVIII, 31, 32 ; — car c'est là ce qui est signifié par ces paroles.

Progrès de la régénération de l'homme, comment il a lieu ; il est décrit, Nos 1555, 2343, 2490, 2657, 2979, 3057, 3286, 3310, 3316, 3332, 3470, 3701, 4353, 5113, 5126, 5270, 5280, 5342, 6717, 8772, 8773, 9043, 9103, 10021, 10057, 10367. Les arcanes de la régénération sont innombrables, puisque la régénération dure pendant toute la vie de l'homme, Nos 2679, 3179, 3384, 3665, 3690, 3701, 4377, 4551, 4552, 5122, 5126, 5398, 5912, 6751, 9103, 9258, 9296, 9297, 9334. A peine quelque chose de ces arcanes parvient à la connaissance et à la perception de l'homme, Nos 3179, 9336 ; c'est là ce qui est entendu par les paroles du Seigneur : « *Le vent souffle où il veut, et tu en entends le son ; mais tu ne sais d'où il vient, ni où il va ; il en est ainsi de quiconque est engendré de l'esprit.* » — Jean, III. 8. — Du Progrès de la régénération de l'homme de l'Église spirituelle, Nos 2675, 2678, 2679, 2682 ; et du Progrès de la régénération de l'homme de l'Église éleste ; et quelle est la différence, Nos 5113, 10124. Il en est de l'homme qui est régénéré de même que d'un petit enfant, en ce que d'abord il apprend à parler, puis à penser, ensuite à vivre bien, jusqu'à ce que toutes ces choses coulent spontanément comme de lui-même, Nos 3203, 9296, 9297. Ainsi, celui qui est régénéré est d'abord conduit par le Seigneur comme un petit enfant, puis comme un jeune garçon, ensuite comme un adulte, Nos 3665, 3690, 4377, 4378, 4379, 6751. L'homme, quand il est régénéré par le Seigneur, est d'abord dans l'état de l'innocence externe, qui est l'état de son enfance, ensuite il est successivement conduit dans l'état de l'innocence interne, qui est l'état de sa sagesse, Nos 9334, 9335, 10021, 10210. Ce qu'est et quelle est l'innocence de l'enfance, et ce qu'est et quelle est l'innocence de la sagesse, Nos 1616, 2305, 2306, 3494, 4563, 4797, 5608, 9301, 10021. Comparaison de la régénération de l'homme avec la conception et la formation de l'embryon dans l'uterus, Nos 3570, 4931, 9258. C'est pourquoi, les générations et les naissances, dans la Parole, signifient des générations et des naissances spirituelles, c'est-à-dire, qui appartiennent à la régénération, Nos 613, 1145, 1255, 2020, 2584, 3860, 3868, 4070, 4668, 6239, 10249. La régénération de l'homme illustrée par les germinations dans le règne végétal, Nos 5115, 5116. La régénération de l'homme représentée dans l'arc-en-ciel, Nos 1042, 1043, 1053.

L'un et l'autre homme, tant l'Interne ou le spirituel que l'Externe ou le naturel, doit être régénéré, et l'un par l'autre, Nos 3868, 3870, 3872, 3876, 3877, 3882. L'homme Interne est régénéré avant l'homme Externe, parce que l'homme Interne est dans la lumière du Ciel, et l'homme Externe dans la lumière du monde, Nos 3321, 3325, 3469, 3493, 4353, 8747, 9325. L'homme Externe ou naturel est régénéré par l'homme Interne ou spirituel, Nos 3286, 3288, 3321. L'homme n'a pas été régénéré, tant que son homme Externe ou naturel n'a pas encore été régénéré, Nos 8742 à 8747, 9043, 9046, 9061, 9325, 9334. Si l'homme Naturel n'est pas régénéré, l'homme Spirituel est fermé, N° 6299 ; et il est comme aveugle quant aux vrais et aux biens de la foi et de l'amour, Nos 3493, 3969, 4353, 4588. Quand l'homme Naturel a été régénéré, l'homme tout entier a été régénéré, Nos 7442, 7443. Cela est signifié par le lavement des pieds des disciples, et par ces paroles [du] Seigneur : *Celui qui est lavé n'a pas besoin, si ce n'est qua[nt] aux pieds, d'être lavé, et il est net tout entier.* » — Jea[n] XIII, 9, 10.— N° 10243 ; l'ablution dans la Parole signifie l'[a]blution spirituelle, qui est la purification des maux et d[es] faux, Nos 3147, 10237, 10241 ; et les Pieds signifient les ch[o]ses qui appartiennent à l'homme Naturel, Nos 2162, 37[00] 3986, 4280, 4938 à 4952 ; ainsi, laver les pieds, c'est purif[ier] l'homme naturel, Nos 3147, 10241.

Comment l'homme Naturel est régénéré, Nos 3502, 35[06] 3509, 3518, 3573, 3576, 3579, 3616, 3762, 3786, 5373, 56[4] 5650, 5651, 5660. Quel est l'homme Naturel quand il a é[té] régénéré, et quel il est quand il n'a pas été régénéré, Nos 87[4] 8745. Autant l'homme Naturel ne combat pas contre l'hom[me] Spirituel, autant l'homme a été régénéré, N° 3286. Qua[nd] l'homme a été régénéré l'homme Naturel perçoit les spiritu[els] par l'influx, N° 5651.

Le Sensuel, qui est le dernier de l'homme Naturel, n'e[st] pas régénéré aujourd'hui, mais l'homme est élevé au-des[sus] de lui, N° 7442. Ceux qui sont régénérés sont élevés en actu[a]lité au-dessus des sensuels dans la lumière du ciel, Nos 61[8] 6454. Ce qu'est et quel est l'homme sensuel, *voir* ci-dess[us] dans les Collections, N° 50.

L'homme est régénéré par l'influx dans les connaissanc[es] du vrai et du bien qu'il possède, Nos 4096, 4097, 4364. Qua[nd] l'homme est régénéré, il est introduit par des biens et des vr[ais] intermédiaires dans des biens et des vrais réels, et ensuite [les] vrais et les biens intermédiaires sont abandonnés, et les ré[els] les remplacent, Nos 3665, 3686, 3690, 3974, 4063, 4067, 41[ ] 9382. Alors il est introduit un autre ordre parmi les vr[ais] et les biens, Nos 4250, 4251, 9931, 10303 ; ils sont dispo[sés] selon les fins, N° 4104 ; ainsi, selon les usages de la vie s[pi]rituelle, N° 9297. Ceux qui sont régénérés subissent plusie[urs] états, et sont sans cesse conduits plus intérieurement dans [le] Ciel, ainsi plus près vers le Seigneur, N° 6645. Le régéné[ré] est dans l'ordre du ciel, N° 8512. Son Interne est ouvert da[ns] le Ciel Nos 8512, 8513. L'homme par la régénération parvi[ent] à l'intelligence angélique ; toutefois, elle se tient cachée da[ns] ses intérieurs, tant qu'il vit dans le monde, mais elle est o[u]verte dans l'autre vie, et alors il y a en lui une sagesse se[m] ble à celle des Anges, Nos 2494, 8747. État de ceux qui [son]t régénérés, quant à l'illustration, Nos 2697, 2701, 2704. [L']homme par la régénération reçoit un entendement nou[vea]u, N° 2657. Comment s'opèrent la fructification du bien [et] la multiplication du vrai chez ceux qui sont régé[né]rés, N° 984. Les vrais d'après le bien chez le régénéré [son]t comme une petite étoile par des dérivations suc[ces]sives, et se multiplient continuellement tout à l'entour, [N°] 5912. Les vrais d'après le bien chez le régénéré, ont été posés dans cet ordre, afin que les vrais réels du bien, des[qu]els les autres procèdent comme de leurs pères, soient dans [le] milieu, et qu'ensuite, ces autres se succèdent en ordre se[lon] les parentés et les affinités jusqu'aux derniers, où est [l']obscurité, Nos 4129, 4551, 4552, 5134, 5270. Les vrais [d'a]près le bien chez le régénéré ont été disposés dans la [for]me du Ciel, Nos 3316, 3470, 3584, 4302, 5704, 5709, 6028, [99]90, 9931, 10303; et dans le Traité DU CIEL ET DE L'ENFER, [à l']Article *de la Forme du Ciel, selon laquelle s'y établissent* *les Consociations et les Communications*, Nos 200 à 212; et [à] l'Article *de la Sagesse des Anges du Ciel*, Nos 265 à [27]5.

Chez le régénéré il y a correspondance entre les spirituels [et] les naturels, N° 2850. L'ordre de vie a été entièrement re[tou]rné chez le régénéré, Nos 3332, 5159, 8995. L'homme ré[gé]néré, est entièrement nouveau quant à l'esprit, N° 3212. Le [ré]généré apparaît semblable quant aux externes à celui qui [n']est pas régénéré, mais non quant aux internes, N° 5159. Le [bi]en spirituel, qui consiste à vouloir et à faire le bien d'après [l'a]ffection de l'amour du bien, n'existe chez l'homme que [pa]r la régénération, N° 4538. Les vrais sont aussi reproduits [pa]r l'affection par laquelle ils entrent. N° 5893. Autant les [vr]ais sont privés de la vie provenant du propre de l'homme, [au]tant ils sont conjoints au bien et reçoivent la vie spiri[tu]elle, Nos 3607, 3610. Autant sont éloignés les maux prove[na]nt de l'amour de soi et du monde, autant les vrais ont la [vi]e, N° 3610.

La première affection du vrai chez l'homme qui est régé[né]ré n'est pas pure, mais elle est successivement purifiée, [N]os 3089, 8413. Les maux et les faux chez l'homme qui est [ré]généré sont éloignés lentement, et non pas promptement,

Nos 9334, 9335. Les maux et les faux, qui sont les propre[s]
l'homme, restent toujours, et sont seulement éloignés pa[r]
régénération, Nos 865, 868, 887, 929, 1581, 2406, 4564, 8[:]
8393, 8988, 9014, 9333 à 9336, 9445, 9447, 9448, 945[ ]
9454, 9938, 10057, 10060. L'homme ne peut jamais [ ]
tellement régénéré, qu'il puisse être dit parfait, Nos [ ]
5122, 6648. Les mauvais esprits n'osent point attaque[r]
régénéré, N° 1695. Ceux qui croient à la justification d[ ]
l'Église savent peu de choses sur la régénération, N° 5398[ ]

L'homme doit avoir le libre, pour qu'il puisse être r[é]
néré, Nos 1937, 1947, 2876, 2881, 3145, 3146, 3[ ]
4831, 8700. L'homme est introduit dans le Libre céleste [ ]
la régénération, Nos 2874, 2875, 2882, 2892. Par le contr[a]
il n'y a aucune conjonction du bien et du vrai, par co[nsé]
quent aucune régénération, Nos 2875, 2881, 4031, 8700. Q[ue]
aux autres choses sur le Libre au sujet de la Régénérati[on]
voir ci-dessus dans la Doctrine, à l'Article du LIBRE.

Celui qui est régénéré doit nécessairement subir des T[en]
tations, Nos 3696, 8403 ; puisque les tentations ont lieu p[our]
la conjonction du bien et du vrai, et aussi pour la conjo[nc]
tion de l'homme Interne et de l'homme Externe, Nos 4[ ]
4572, 5773.

De la Tentation.

187. Il n'y a que ceux qui sont régénérés qui su[bis]
sent des Tentations spirituelles ; car les Tentations s[pi]
rituelles sont des douleurs du mental introduites [par]
les mauvais esprits chez ceux qui sont dans les bien[s]
dans les vrais ; quand ces esprits excitent les maux [qui]
sont chez les régénérés, il naît une anxiété qui apparti[ent]
à la Tentation : l'homme ne sait pas d'où elle vie[nt,]
parce qu'il ne connaît pas cette origine.

188. En effet, il y a chez chaque homme des espr[its]

mauvais et des esprits bons ; les mauvais esprits sont dans ses maux, et les bons esprits sont dans ses biens : les mauvais esprits, quand ils s'approchent, font sortir ses maux, et les bons esprits, au contraire, font sortir ses biens ; de là une collision et un combat, d'où résulte pour l'homme une anxiété intérieure, qui est la Tentation. D'après cela, il est évident que les Tentations sont produites par l'enfer et non par le ciel ; cela aussi est conforme à la foi de l'Église, qui est que Dieu ne tente personne.

189. Il y a aussi des anxiétés intérieures chez ceux qui ne sont pas dans les biens et dans les vrais, mais ce sont des anxiétés naturelles et non spirituelles : elles sont distinguées par cela que les anxiétés naturelles ont pour objets les choses mondaines, et les anxiétés spirituelles les choses célestes.

190. Dans les Tentations il s'agit de la domination du bien sur le mal, ou du mal sur le bien ; le mal qui veut dominer est dans l'homme naturel ou externe, et le bien dans l'homme spirituel ou interne ; si le mal est victorieux, alors l'homme naturel domine ; si le bien est victorieux, alors l'homme spirituel domine.

191. Ces combats se font par les vrais de la foi qui sont tirés de la Parole ; l'homme doit combattre par ces vrais contre les maux et les faux ; s'il combat par d'autres que par eux, il n'obtient pas la victoire, parce que dans les autres il n'y a pas le Seigneur. Comme le combat se fait par les vrais de la foi, c'est pour cela que l'homme n'est pas admis à ce combat, avant d'être dans les connaissances du vrai et du bien, et d'avoir acquis par là quelque vie spirituelle ; voilà pourquoi ces combats n'existent pas chez l'homme, avant qu'il soit dans l'âge adulte.

192. Si l'homme succombe, son état après la tentation devient pire que son état avant la tentation ; en effet, le mal s'est alors acquis la puissance sur le bien, et le faux la puissance sur le vrai.

193. Comme aujourd'hui la foi est rare, parce qu'il n'y a point de charité, car l'Église est à sa fin, c'est pour cela qu'aujourd'hui il y a peu d'hommes qui soient admis dans quelques tentations spirituelles : de là vient qu'on sait à peine ce qu'elles sont, et à quoi elles conduisent.

194. Les tentations conduisent à donner au bien la domination sur le mal, et au vrai la domination sur le faux ; puis aussi, à confirmer les vrais, et à les conjoindre aux biens, et en même temps à dissiper les maux et par suite les faux ; elles conduisent encore à ouvrir l'homme interne spirituel, et à lui soumettre l'homme naturel ; puis aussi, à réprimer les amours de soi et du monde, et à dompter les convoitises qui en proviennent. Cela fait, il y a pour l'homme illustration et perception de ce que c'est que le vrai et le bien, et de ce que c'est que le faux et le mal ; par là il y a chez l'homme l'intelligence et la sagesse, qui ensuite croissent de jour en jour.

195. Le Seigneur seul combat pour l'homme dans les tentations ; si l'homme ne croit pas que le Seigneur seul combat pour lui et est vainqueur pour lui, alors il subit seulement une tentation externe qui ne lui est d'aucune utilité.

D'après les Arcanes Célestes.

196. Avant de donner sommairement ce qui a été écrit sur les Tentations dans les ARCANES CÉLESTES, il convient d'en dire d'abord quelque chose, afin qu'on sache encore plus clairement d'où elles viennent. La Tentation est dite spirituelle, quand en dedans de l'homme sont attaqués les vrais de la foi, que l'homme croit de tout cœur et selon lesquels il aime à vivre, et principalement quand est attaqué le bien de l'amour dans lequel il place la vie spirituelle. Ces attaques ont lieu, de diverses manières, par un influx de scandales dans les pensées et aussi dans la volonté contre les vrais et les biens ; puis aussi, par une émersion et un souvenir continuel des maux que l'homme a faits et des faux qu'il a pensés, ainsi par une inondation de semblables choses; et en même temps alors par une apparente fermeture des intérieurs du mental, et conséquemment de la communication avec le ciel, ce qui l'empêche de penser d'après sa foi et de vouloir d'après son amour : ces choses sont faites par les mauvais esprits qui sont chez l'homme ; et quand elles ont lieu, elles se présentent, sous l'apparence d'anxiétés intérieures et de douleurs de conscience, parce que ces choses affectent et tourmentent la vie spirituelle de l'homme, l'homme croyant qu'elles viennent, non pas des mauvais esprits, mais de lui-même dans les intérieurs ; si l'homme ne sait pas qu'elles viennent des mauvais esprits, c'est parce qu'il ne sait pas qu'il y a des esprits chez lui, des mauvais dans ses maux et des bons dans ses biens, et qu'ils sont dans ses pensées et dans ses affections. Ces tentations sont très-graves, quand elles ont été conjointes à des douleurs infligées au corps, et plus encore si ces douleurs persistent longtemps et augmentent, et que la Divine Miséricorde soit implorée sans que cependant il y ait délivrance; de là le désespoir, qui est la fin. Ici seront d'abord rapportées quelques particularités d'après les ARCANES CÉLESTES concernant les Esprits chez l'homme, parce que c'est d'eux que viennent les tentations : Chez chaque homme il y a des esprits et des anges, Nos 697, 5846 à 5866. Ils sont dans ses pensées et dans ses affections, Nos 2888, 5846, 5848. Si les esprits et les anges étaient enlevés, l'homme ne pourrait pas vivre, Nos 2887, 5849, 5854, 5993, 6321 ; parce que par les esprits et par les anges l'homme a avec le Monde spirituel une communication et une conjonction, sans lesquelles il n'y aurait pas de vie pour l'homme, Nos 697, 2796, 2886, 2887, 4047, 4048, 5846 à 5866, 5976 à 5993. Les esprits chez l'homme sont changés selon ses affections qui appartiennent à l'amour, N° 5851. Les esprits de l'enfer sont dans les propres amours de l'homme, N°s 5852, 5979 à 5993. Les esprits entrent dans toutes les choses de la mémoire de l'homme, N°s 5853, 5857, 5859, 5860, 6192, 6193, 6198, 6199. Les anges entrent dans les fins, d'après lesquelles et pour lesquelles l'homme pense, veut, agit de telle manière et non de telle autre, N°s 1317, 1645, 5854. L'homme n'est point visible pour les esprits, et les esprits ne le sont point pour l'homme, N° 5862. Par conséquent les esprits ne peuvent, par l'homme, rien voir de ce qui est dans notre monde solaire, N° 1880. Quoique les esprits et les anges soient chez l'homme dans ses pensées et dans ses affections, l'homme cependant est toujours dans le libre de penser, de vouloir et d'agir, N°s 5982, 6477, 8209, 8307, 10777 ; et en outre dans le Traité DU CIEL ET DE L'ENFER, à l'Article *de la Conjonction du Ciel avec le Genre Humain*, N°s 291 à 302.

197. *D'où viennent et quelles sont les Tentations.* Les Tentations viennent des mauvais esprits qui sont chez l'homme, et qui répandent des scandales contre les biens et les vrais que l'homme aime et croit, et excitent aussi les maux qu'il a faits et les faux qu'il a pensés, N°s 741, 751, 761, 3927, 4307, 4572, 5036, 6657, 8960. Les mauvais esprits se servent alors de toute espèce de ruses et de malices, N° 6666. L'homme qui est dans les tentations est proche de l'enfer, N° 8131. Dans les tentations deux forces agissent ; l'une procédant du Seigneur agit par l'intérieur, l'autre provenant de l'enfer, agit par l'extérieur, et l'homme est au milieu, N° 8168.

Dans les tentations l'amour régnant de l'homme est assailli, N°s 847, 4274. Les mauvais esprits attaquent seulement les choses qui appartiennent à la foi et à l'amour de l'homme, ainsi celles qui appartiennent à sa vie spirituelle, c'est pourquoi il s'agit alors de sa vie éternelle, N° 1820. L'état des tentations est comparé à l'état d'un homme au milieu des voleurs, N° 5246. Dans les tentations les Anges d'après le Seigneur tiennent l'homme dans les vrais et dans les biens qui sont chez lui, mais les mauvais esprits le tiennent dans les faux et dans les maux qui sont chez lui ; de là un conflit et un combat, N° 4249.

La Tentation est un combat entre l'homme Interne ou spirituel et l'homme Externe ou naturel, N°s 2183, 4256 ; ainsi entre les plaisirs de l'homme Interne et les plaisirs de l'homme Externe, qui alors sont opposés les uns aux autres, N°s 3928, 8351. Ce combat existe à cause du débat entre eux, N° 3928 ; ainsi, il s'agit de la domination de l'un sur l'autre, N°s 3928, 8961.

Nul ne peut être tenté, à moins qu'il ne soit dans la reconnaissance du vrai et du bien, et dans de l'affection pour eux, parce qu'autrement il ne se fait pas de combat, car il n'y a pas de spirituel agissant contre le naturel, ainsi il ne s'agit pas de la domination de l'un sur l'autre, N°s 3928, 4299. Celui-là est tenté, qui a acquis quelque vie spirituelle, N°s 8963. Les Tentations existent chez ceux qui ont la conscience, par conséquent qui sont dans l'amour spirituel, mais plus graves chez ceux qui ont la perception, par conséquent qui sont dans l'amour céleste, N°s 1668, 8963. Les hommes morts, c'est-à-dire, qui ne sont pas dans la foi et l'amour envers Dieu, ni dans l'amour à l'égard du prochain, ne sont point admis dans les tentations, parce qu'ils succomberaient, N°s 270, 4274, 4299, 8964, 8968 ; c'est pour cela qu'aujourd'hui il en est peu qui soient admis dans les Tentations spirituelles, N° 8965. Il y a chez ceux-là des anxiétés pour diverses causes dans le monde, causes passées, présentes et futures, qui ont coutume d'être conjointes avec une faiblesse du mental (*animus*) et une infirmité du corps ; ce ne sont point là les anxiétés des tentations, N°s 762, 8164. Les tentations spirituelles sont parfois conjointes avec des douleurs du corps, et parfois non conjointes, N° 8164. L'état des tentations est un immonde et sale état, parce que les maux et les faux y sont injectés, et aussi les doutes au sujet des biens et des vrais, N° 5246 ; puis, parce que dans les tentations il y a des indignations, des douleurs du mental (*animus*), et plusieurs affections non bonnes, N°s 1917, 6829. Il y a aussi obscurité et doute concernant la fin, N°s 1820, 6829 ; et aussi concernant la Divine Providence et l'assistance, parce que, dans les tentations les prières ne sont point exaucées comme hors des tentations, N° 8179 : et parce que, quand l'homme est dans la tentation, il lui semble être dans la damnation, N° 6097. S'il en est ainsi, c'est parce que l'homme sent distinctement les choses qui se font dans l'homme externe, ainsi les choses que les mauvais esprits injectent et évoquent, selon lesquelles aussi l'homme ne pense sur son état ; mais il ne sent pas les choses qui se font dans l'homme Interne, ainsi les choses qui influent du Seigneur par les Anges, d'après lesquelles par conséquent il ne peut pas non plus juger de son état, N°s 10236, 10240.

Les tentations, pour l'ordinaire, sont portées jusqu'au désespoir, qui en est le dernier point, N°s 1787, 2694, 5279, 5280, 6144, 7147, 7155, 7166, 8165, 8567. Causes, N° 2694. Dans la tentation elle-même il y a aussi des désespoirs, mais ils se terminent en un désespoir général, N° 8567. Dans le désespoir, l'homme prononce des duretés, mais le Seigneur n'y fait pas attention, N° 8165. La tentation terminée, il y a d'abord fluctuation entre le vrai et le faux, N°s 848, 857 ; mais ensuite le vrai brille, et il y a sérénité et allégresse, N°s 3696, 4572, 6829, 8367, 8370.

Ceux qui sont régénérés subissent des tentations non-seulement une fois, mais plusieurs fois, puisqu'il y a un grand nombre de maux et de faux à éloigner, N° 8403. Ceux qui ont acquis quelque vie spirituelle, s'ils ne subissent pas de tentations dans le monde, en subissent dans l'autre vie, N° 7122. Comment les tentations se font dans l'autre vie, et où elles se font, N°s 537, 538, 539, 699, 1106 à 1113, 1122, 2694, 4728, 4940 à 4951, 6119, 6928, 7090, 7122, 7127, 7186, 7317, 7474, 7502, 7541, 7542, 7545, 7768, 7990, 9331, 9763. De l'état d'illustration de ceux qui sortent des tentations et sont élevés dans le ciel, et de leur réception dans le ciel, N°s 2699, 2701, 2704.

Tentation par manque du vrai, et désir du vrai alors ; quelle elle est, N°s 2682, 8352. Quelle est dans l'autre vie la tentation des enfants par laquelle ils apprennent à résister aux maux, N° 2294. Quelle est la différence entre les tentations, les infestations et les vastations, N° 7474.

198. *Comment et quand ont lieu les tentations.* Les combats spirituels ont lieu principalement par les vrais de la foi, N° 8962. Le vrai est la première chose du combat, N° 1685. Les hommes de l'Église spirituelle sont tentés quant aux vrais de la foi, c'est pourquoi pour eux il y a combat par les vrais ; mais les hommes de l'Église céleste sont tentés quant aux biens de l'amour, c'est pourquoi pour eux il y a combat

par les biens, Nos 1668, 8963. Ceux qui sont de l'Église spirituelle combattent, pour la plupart, non par les vrais réels, mais par des choses qu'ils croient être des vrais d'après le doctrinal de leur Église ; ce doctrinal néanmoins doit être tel, qu'il puisse être conjoint au bien, N° 6765.

Celui qui est régénéré doit subir des tentations, et sans elles il ne peut être régénéré, Nos 5036, 8403 ; et les tentations par conséquent sont nécessaires, N° 7090. L'homme, qui est régénéré, entre dans les tentations alors que le mal s'efforce de dominer sur le bien, et l'homme naturel sur l'homme spirituel, Nos 6657, 8961 ; et il entre en elles quand le bien doit tenir la première place, Nos 4248, 4249, 4256, 8962, 8963. Ceux qui sont régénérés sont d'abords mis dans un état de tranquillité, puis dans les tentations, et ensuite ils reviennent dans l'état de tranquillité de paix, qui est la fin, N° 3696.

199. *Quel bien produisent les tentations.* Ce que produisent les tentations, en général, Nos 1692, 1717, 1740, 6144, 8958 à 8969. Par les tentations la domination est acquise à l'homme spirituel ou interne sur l'homme naturel ou externe, par conséquent au bien sur le mal, et au vrai sur le faux, parce que dans l'homme spirituel est le bien, car sans le bien point d'homme spirituel, et que dans l'homme naturel est le mal, N° 8961. Puisque la tentation est un combat entre eux, il s'agit donc de la domination, à savoir, si elle appartiendra à l'homme spirituel sur l'homme naturel, par conséquent au bien sur le mal, ou *vice versâ* ; par conséquent, si elle appartiendra au Seigneur ou à l'enfer sur l'homme, Nos 1923, 3928. Par les tentations l'homme Externe ou naturel reçoit les vrais correspondants à l'affection pour eux dans l'homme Interne ou spirituel, Nos 3321, 3928. Par les tentations l'homme Interne spirituel est ouvert, et est conjoint avec l'homme Externe, afin que l'homme puisse être élevé quant à l'un et à l'autre, et porter ses regards vers le Seigneur N° 10685. Si par les tentations l'homme Interne spirituel est ouvert et conjoint avec l'homme Externe, c'est parce que le Seigneur agit par l'intérieur et influe de là dans l'homme Externe, et qu'il y repousse et subjugue les maux, et soumet avec les maux l'homme externe et le subordonne à l'homme Interne, N° 10685.

Les tentations ont lieu pour la conjonction du bien et du

vrai, et pour la dispersion des faux qui sont adhérents aux vrais et aux biens, N° 4572. Ainsi, par les tentations le bien est conjoint aux vrais, N° 2272. Par les tentations les vases récipients du vrai sont adoucis, et prennent un état propre à recevoir le bien, N° 3318. Par les tentations sont confirmés et implantés les vrais et les biens, ainsi les choses qui appartiennent à la foi et à la charité N°s 8351, 8924, 8966, 8967; et sont éloignés les maux et les faux, et de la sorte place est donnée aux biens et aux vrais, N° 7122. Par les tentations sont réprimés les amours de soi et du monde, d'où proviennent tous les maux et tous les faux, N° 9356; et ainsi l'homme est rendu humble, N°s 8966, 8967. Par les tentations les maux et les faux sont domptés, séparés et éloignés, mais non anéantis, N° 868. Par les tentations sont domptés les corporels et leurs convoitises, N°s 857, 868. Par les tentations l'homme apprend ce que c'est que le bien et le vrai, même d'après la relation aux opposés, qui sont les maux et les faux, N° 5356. Il apprend aussi que chez lui il n'y a que mal, et que tout bien qui est chez lui vient du Seigneur, et y est par sa Miséricorde, N° 2334.

Par les tentations, dans lesquelles l'homme a vaincu, les mauvais esprits sont privés de la puissance d'agir ultérieurement contre lui, N°s 1695, 1717. Les enfers n'osent point s'élever contre ceux qui ont subi des tentations, et qui ont vaincu, N°s 2183, 8273.

Après les tentations, dans lesquelles l'homme a vaincu, il y a une joie qui a sa source dans la conjonction du bien et du vrai, quoique l'homme ne sache pas que la joie alors tire de là son origine, N°s 4572, 6829. Il y a alors illustration du vrai qui appartient à la foi, et perception du bien qui appartient à l'amour, N°s 8367, 8370. Par suite il a l'intelligence et la sagesse, N°s 8966, 8967. Après les tentations les vrais croissent immensément, N° 6663. Le bien tient la première place, ou est au premier rang, et le vrai au second N° 5773. Et l'homme, quant à l'homme Interne spirituel, est introduit dans les sociétés angéliques, ainsi dans le ciel, N° 6611.

Avant que l'homme subisse des tentations, les vrais avec les biens sont disposés en ordre chez lui par le Seigneur, afin qu'il puisse résister aux maux et aux faux qui chez lui viennent de l'enfer et sont excités, N° 8131. Dans les tentations le Seigneur pourvoit au bien, tandis que les esprits infernaux se proposent le mal, N° 6574. Après les tentations le Seigneur remet dans un nouvel ordre les vrais avec les biens, et les dispose dans une forme céleste, N° 10685. Les intérieurs de l'homme spirituel ont été disposés dans une forme céleste ; *voir* dans le Traité du Ciel et de l'Enfer, l'Article sur la forme du Ciel selon laquelle s'y établissent les consociations et les communications, Nos 200 à 212.

Ceux qui succombent dans les tentations viennent dans la damnation, parce que les maux et les faux sont vainqueurs, et que l'homme naturel prévaut sur l'homme spirituel, et ensuite le domine ; et alors son dernier état devient pire que le premier, Nos 8165, 8169, 8961.

200. *Le Seigneur combat pour l'homme dans les tentations.* Le Seigneur seul combat chez l'homme dans les tentations, et l'homme ne combat en rien d'après lui-même, Nos 1692, 8172, 8175, 8176, 8273. L'homme ne peut en aucune manière d'après lui-même combattre contre les maux et les faux, parce que ce serait combattre contre tous les enfers, que nul autre que le Seigneur seul ne peut dompter ni vaincre, N° 1692. Les enfers combattent contre l'homme, et le Seigneur combat pour l'homme, N° 8159. L'homme combat d'après les vrais et les biens, ainsi d'après, les connaissances et les affections des vrais et des biens, qui sont chez lui, mais c'est le Seigneur qui combat par elles, et non pas l'homme, N° 1661. Dans les tentations l'homme croit que le Seigneur est absent, parce qu'alors les prières ne sont pas exaucées de même qu'elles le sont hors des tentations, mais le Seigneur néanmoins est alors davantage présent, N° 840. Dans les tentations l'homme doit combattre comme par lui-même, et ne pas rester les mains pendantes, ni attendre un secours immédiat ; mais il doit néanmoins croire que le combat est fait par le Seigneur, Nos 1712, 8179, 8969. L'homme ne peut pas recevoir autrement le propre céleste, Nos 1937, 1947, 2882, 2883, 2891. Quel est ce propre ; il appartient non pas à l'homme, mais au Seigneur chez l'homme, Nos 1937, 1947, 2882, 2883, 2891, 8497.

La tentation ne sert à rien et ne produit aucun bien, à moins que l'homme ne croie, — toutefois après les tentations, — que le Seigneur a combattu et vaincu pour lui,

N° 8969. Ceux qui placent le mérite dans les œuvres ne peuvent combattre contre les maux, parce qu'ils combattent d'après le propre, et ne permettent pas au Seigneur de combattre pour eux, N° 9978. Ceux qui croient avoir mérité le ciel par les tentations peuvent difficilement être sauvés, N°s 2273.

Le Seigneur ne tente point, mais il délivre et il introduit le bien, N° 2768. Il semble que les tentations viennent du Divin, quoique cependant elles n'en viennent point, N° 4299. Comment doivent être entendues dans l'Oraison Dominicale ces paroles, « *Ne nous induis point en tentation;* » d'après l'expérience, N° 1875. Dans les tentations le Seigneur ne concourt point en permettant, selon l'idée que l'homme a de la permission, N° 2768.

Dans toute tentation il y a le libre, quoiqu'il ne semble pas qu'il y soit, mais ce libre est intérieurement chez l'homme par le Seigneur, et c'est pour cela qu'il combat et veut vaincre, et n'être pas vaincu, ce qu'il ne ferait pas sans le libre, N°s 1937, 1947, 2881. Le Seigneur, à l'insu de l'homme, fait cela au moyen de l'affection du vrai et du bien imprimé dans l'homme interne, N° 5044. Car tout libre appartient à l'affection ou à l'amour, et est selon la qualité de l'amour. N°s 2870, 3158, 8987, 8990, 9585, 9591.

201. *Des Tentations du Seigneur*. Le Seigneur, plus que tous, a subi de très-graves et de cruelles tentations, qui ont été peu décrites dans le sens de la lettre de la Parole, mais amplement dans le sens interne, N°s 1663, 1668, 1787, 2776, 2786, 2795 2814, 9528. Le Seigneur a combattu d'après son Divin Amour envers tout le Genre humain, N°s 1690, 1691, 1812, 1813, 1820. L'Amour du Seigneur a été le salut du Genre humain, N° 1820. Le Seigneur a combattu d'après la propre puissance, N°s 1692, 1813, 9937. Par les tentations et par les victoires obtenues par la propre puissance le Seigneur est devenu seul Justice et Mérite, N°s 1813, 2025, 2026, 2027, 9715, 9809, 10019. Par les tentations le Seigneur a uni à son Humain le Divin Même qui était en Lui par conception, et il a fait Divin cet Humain, de même que par les tentations il fait spirituel l'homme N°s 1725, 1729, 1733, 1737, 3318, 3381, 3382, 4286. Les tentations du Seigneur ont aussi, à la fin, été portées jusqu'au désespoir. N° 1787. Par les tentations, ad-

mises en Lui, le Seigneur a subjugué les enfers, et a remis toutes choses en ordre dans les enfers et dans les cieux, et en même temps il a glorifié son Humain Nos 1737, 4287, 4295, 9528, 9937. Le Seigneur seul a combattu contre tous les enfers, No 8273. De là vient qu'il a admis en soi les tentations, Nos 2816, 4295.

Le Seigneur n'a pas pu être tenté quant au Divin, parce que les enfers ne peuvent attaquer le Divin ; c'est pourquoi il a pris d'une mère un Humain tel qu'il pût être tenté. Nos 1414, 1444, 1573, 5041, 5157, 7193, 9315. Par les Tentations et les Victoires il a chassé tout l'héréditaire qu'il avait reçu de sa mère, et dépouillé l'Humain qu'il tenait d'elle, à un tel point qu'enfin il ne fut plus son fils, Nos 2159, 2574, 2649, 3036, 10830. Jéhovah, qui était en Lui d'après la conception, paraissait comme absent dans les tentations, No 1815. C'était là l'état d'humiliation du Seigneur, Nos 1785, 1999, 2159, 6866. Sa dernière Tentation et sa dernière Victoire, par lesquelles il a pleinement subjugué les enfers et fait Divin son Humain, ont eu lieu dans Gethsémané et sur la croix, Nos 2776, 2803, 2813, 2814, 10655, 10659, 10828.

Ne point manger de pain et ne point boire d'eau pendant quarante jours, signifie l'état entier des tentations, No 10686. Quarante années, quarante mois ou quarante jours, signifient l'état complet des tentations depuis le commencement jusqu'à la fin ; et cet état signifié par les quarante jours de durée du déluge ; par les quarante jours pendant lesquels Moïse demeura sur la Montagne de Sinaï ; par les quarante années pendant lesquelles les fils d'Israël demeurèrent dans le désert ; et par les tentations du Seigneur dans le désert pendant quarante jours, Nos 730, 862, 2272, 2273, 8098.

Du Baptême.

202. Le Baptême a été institué pour signe que l'homme est de l'Église, et pour mémorial qu'il doit être régénéré : en effet, le Bain du Baptême n'est autre que le Bain spirituel, qui est la Régénération.

203. Toute Régénération est faite par le Seigneur au moyen des vrais de la foi, et d'une vie selon ces vrais ; le Baptême atteste donc que l'homme est de l'Église, et qu'il peut être régénéré ; car dans l'Église le Seigneur qui régénère est reconnu, et là est la Parole, où sont les vrais de la foi, par lesquels il y a Régénération.

204. Le Seigneur enseigne cela dans Jean : « *Si quelqu'un n'a pas été engendré d'eau et d'esprit, il ne peut entrer dans le Royaume de Dieu.* » — III. 5 ; — l'eau dans le sens spirituel est le vrai de la foi d'après la Parole ; l'esprit est la vie selon ce vrai ; et être engendré d'eux, c'est être régénéré.

205. Comme quiconque est régénéré subit aussi des tentations, qui sont des combats spirituels contre les maux et les faux, c'est pour cela que les tentations sont aussi signifiées par les eaux du Baptême.

206. Comme le Baptême est un signe et un mémorial de ces choses, c'est pour cela que l'homme peut être baptisé enfant, et que s'il ne l'a pas été alors, il peut l'être adulte.

207. Que ceux qui ont été baptisés sachent donc que le Baptême lui-même ne donne ni la foi, ni le salut ; mais qu'il atteste que l'on reçoit la foi, et que l'on est sauvé, si on est régénéré.

208. De là, ont peut voir ce qui est entendu par les paroles du Seigneur dans Marc : « *Celui qui aura cru, et aura été baptisé, sera sauvé ; mais celui qui n'aura pas cru, sera condamné.* » — XVI. 16 ; — celui qui aura cru, c'est celui qui reconnaît le Seigneur, et reçoit de Lui les Divins vrais par la Parole ; celui qui aura été baptisé, c'est celui que le Seigneur régénère par ces vrais.

D'après les Arcanes Célestes.

209. Le Baptême signifie la Régénération par le Seigneur au moyen des vrais de la foi d'après la Parole, Nos 4255, 5120, 9088, 10239, 10386, 10387, 10388, 10392. Le Baptême est pour signe que l'homme est de l'Église, où est reconnu le Seigneur de qui procède la régénération, et où est la Parole d'où sont tirés les vrais de la foi par lesquels il y a régénération, Nos 10386, 10387, 10388. Le Baptême ne donne ni la foi ni le salut, mais il atteste que ceux qui sont régénérés les recevront, N° 10391.

Les Ablutions dans les Églises anciennes, et dans l'Église Israélite, ont représenté et par suite signifié les purifications des maux et des faux, Nos 3147, 9088, 10237, 10239. Les lavages des vêtements signifiaient que l'entendement était purifié des faux, N° 5954. Le lavement des pieds signifiait la purification de l'homme naturel, Nos 3147, 10241. Explication de ce qui est signifié par le lavement des pieds des Disciples par le Seigneur, N° 10243.

Les eaux signifient les vrais de la foi, Nos 28, 2702, 3058, 5668, 8568, 10238. La fontaine et le puits des eaux vives signifient les vrais de la foi procédant du Seigneur, ainsi la Parole, N° 3424. Le pain et l'eau signifient tous les biens de l'amour et tous les vrais de la foi, Nos 4976, 9323. L'esprit signifie la vie du vrai, ou la vie de la foi, Nos 5222, 9281, 9818. Ce que c'est que l'esprit et la chair; l'esprit signifie la vie par le Seigneur, et la chair la vie par l'homme, N° 10283. Par là on voit clairement ce qui est signifié par ces paroles du Seigneur : « *Si quelqu'un n'est engendré d'eau et d'esprit, il ne peut entrer dans le Royaume de Dieu.* » — (Jean, III. 5 ;) à savoir, que si un homme n'a pas été régénéré par les vrais de la foi et par la vie selon ces vrais, il ne peut être sauvé, N°, 10240. Toute régénération se fait par les vrais de la foi et par la vie selon ces vrais, Nos 1904, 2046, 9088, 9959, 10028.

L'ablution totale, qui avait lieu par une immersion dans les eaux du Jourdain, signifiait la Régénération elle-même, comme la signifie pareillement le Baptême, Nos 9088, 10239. Ce que signifiaient les eaux du Jourdain, et ce que signifiait le Jourdain, Nos 1585, 4255.

Le Déluge et l'inondation des eaux signifient les tentations, N°ˢ 660, 705, 739, 756, 790, 5725, 6853. Le Baptême les signifie pareillement, N°ˢ 5120, 10389. Comment le Baptême a été représenté du Ciel, N° 2299.

De la Sainte Cène.

210. La Sainte Cène a été instituée par le Seigneur, afin que par elle il y ait conjonction, de l'Église avec le Ciel, par conséquent avec le Seigneur : elle est donc la chose la plus sainte du culte.

211. Mais ceux qui ne savent rien du sens interne ou spirituel de la Parole, ne comprennent pas comment par la Sainte Cène se fait la conjonction, car ils ne pensent pas au-delà du sens externe, qui est le sens de la lettre. D'après le sens interne ou spirituel de la Parole, on sait ce que signifient le Corps et le Sang, et ce que signifient le Pain et le Vin, et aussi ce que signifie la Manducation.

212. Dans ce sens, le Corps ou la Chair du Seigneur est le Bien de l'amour, il en est de même du Pain ; et le sang du Seigneur est le bien de la foi, il en est de même du Vin ; et la Manducation est l'appropriation et la conjonction. Les Anges qui sont chez l'homme qui participe au Sacrement de la Cène n'entendent pas autrement ces choses, car ils perçoivent toutes choses spirituellement : de là vient que le saint de l'amour et le saint de la foi influent alors des Anges chez l'homme, ainsi du Seigneur par le Ciel : de là la Conjonction.

213. D'après cela, il est évident que l'homme, quand il prend le Pain, qui est le corps, est conjoint au Seigneur par le bien de l'amour envers Lui d'après Lui ;

et que, quand il prend le Vin, qui est le sang, il est conjoint au Seigneur par le bien de la foi envers Lui d'après Lui. Mais il faut qu'on sache que la conjonction avec le Seigneur par le Sacrement de la Cène se fait seulement chez ceux qui sont dans le bien de l'amour et de la foi envers le Seigneur d'après le Seigneur : chez ceux-ci par la Sainte Cène il y a conjonction, chez les autres il y a présence et non conjonction.

214. En outre, la Sainte Cène renferme et comprend tout le Culte Divin institué dans l'Église Israélite ; car les holocaustes et les sacrifices, dans lesquels consistait principalement le Culte de cette Église, étaient appelés d'un seul mot le Pain ; de là aussi la Sainte Cène en est le complément.

D'après les Arcanes Célestes.

Comme on ne peut savoir ce qu'enveloppe la Sainte Cène, à moins qu'on ne sache ce que chacune des choses y signifie, car ces choses correspondent à des spirituels, il faut par conséquent rapporter ce qui est signifié par le Corps et la Chair, par le Sang, par le Pain, par le Vin, par Manger et Boire ; puis aussi, dire pourquoi les Sacrifices, dans lesquels consistait principalement le Culte de l'Église Israélite, ont été appelés le Pain.

215. DE LA CÈNE. Les Dîners et les Cènes (Soupers) signifiaient la consociation par amour, Nos 3596, 3832, 4745, 5161, 7996. La Cène Pascale signifiait la consociation dans le Ciel, Nos 7836, 7997, 8001. La Fête des azymes ou de la Pâque signifiait la délivrance de la damnation par le Seigneur, Nos 7093, 7867, 9286 à 9292, 10655 ; et dans le suprême, le ressouvenir de la glorification de l'Humain du Seigneur, parce que de là est venue la Délivrance, No 10655.

216. DU CORPS ET DE LA CHAIR. La Chair du Seigneur signifie le Divin Bien de son Divin Amour, qui appartient à

son Divin Humain, N⁰ˢ 3813, 7850, 9127, 10283. Pareillemen le Corps, N⁰ˢ 2343, 3735, 6135. La Chair en général signifi le Volontaire, ainsi le Propre de l'homme qui, considéré en soi, est le mal ; mais qui, vivifié par le Seigneur, signifie le bien, N⁰ˢ 148, 149, 780, 999, 3813, 8409, 10283. Par suite, dans la Parole, la Chair est l'homme tout entier, et tout homme, N⁰ˢ 574, 10050, 10283.

Ici, et dans ce qui suit, il est dit que ces choses signifient ; et cela, parce qu'elles correspondent ; car tout ce qui correspond signifie, N⁰ˢ 2896, 2179, 2987, 2989, 3002, 3225. *La Parole a été écrite par de pures Correspondances, et de là son sens interne ou spirituel, dont on ne peut connaître ni la nature, ni à peine l'existence, sans la science des Correspondances,* N⁰ˢ 3131, 3472 à 3485, 8615, 10687. *C'est pour cela que par la Parole il y a conjonction du Ciel avec l'homme de l'Église,* N° 10687. *Voir suʳ ce sujet plusieurs détails dans le Traité* DU CIEL ET DE L'ENFER, N⁰ˢ 303 à 310, *où il s'agit de la conjonction du Ciel avec l'homme de l'Église par la Parole.*

217. DU SANG. Le Sang du Seigneur signifie le Divin Vrai procédant du Divin Bien de son Divin Amour, N⁰ˢ 4735, 6978, 7317, 7326, 7846, 7850, 7877, 9127, 9393, 10026, 10033, 10152, 10210. Le sang répandu sur l'Autel, à l'entour et vers sa base, signifiait l'union du Divin Vrai et du Divin Bien dans le Seigneur, N° 10047. Le sang des raisins signifie le vrai de la foi d'après le bien de la charité, N° 6378. Le raisin et la grappe signifient le bien spirituel, qui est le bien de la charité, N 5117. Répandre le sang, c'est faire violence au Divin Vrai, N⁰ˢ 374, 1005, 4735, 5476, 9127. Ce qui est signifié par le sang et l'eau qui sortirent du côté du Seigneur, N° 9127. Ce qui est signifié quand il est dit que le Seigneur a racheté l'homme par son Sang, N° 10152.

218. DU PAIN. Le Pain, quand il s'agit du Seigneur, signifie le Divin Bien du Divin Amour du Seigneur, et le réciproque de l'homme qui mange, N⁰ˢ 2165, 2177, 3478, 3735, 3813, 4211, 4217, 4735, 4976, 9323, 9545. Le Pain enveloppe et signifie toute nourriture en général, N⁰ˢ 2165, 6118. La nourriture signifie tout ce qui nourrit la vie spirituelle de l'homme. N⁰ˢ 4976, 5147, 5915, 6277, 8418. Ainsi le Pain signifie toute nourriture céleste et spirituelle, N⁰ˢ 276, 680, 2165, 2177,

3478, 6148, 8410. Ainsi tout ce qui sort de la bouche de Dieu, selon les paroles du Seigneur, Matth. IV. 4, — N° 681. Le Pain en général signifie le bien de l'amour, N°s 2165, 2177, 10686 ; il en est de même du froment dont on fait le pain, N°s 3941, 7605. Dans la Parole, lorsqu'il est dit le Pain et l'Eau, il est signifié le bien de l'amour et le vrai de la foi, N 9323. Rompre le pain était le représentatif de l'amour mutuel dans les Églises anciennes, N° 5405. La nourriture spirituelle est la Science, l'Intelligence et la Sagesse, ainsi le Bien et le Vrai, parce que celles-là procèdent de ceux-ci, N°s 3114, 4459, 4792, 5147, 5293, 5340, 5342, 5410, 5426, 5576, 5582, 5588, 5635, 8562, 9003 ; et parce qu'elles nourrissent le mental, N°s 4459, 5293, 5576, 6277, 8418. La sustentation par la nourriture signifie la nutrition spirituelle, et l'influx du bien et du vrai par le Seigneur, N°s 4976, 5915, 6277.

Les Pains sur la Table dans le Tabernacle signifiaient le Divin Bien du Divin Amour du Seigneur, N°s 3478, 9545. Dans les sacrifices les Minchahs, qui étaient des Gâteaux et des Beignets, signifiaient le Culte d'après le bien de l'amour, N°s 4581, 10079, 10137. Ce que signifiaient les diverses Minchahs en particulier, N°s 7978, 9992, 9993, 9994, 10079.

Quand les Anciens disaient le Pain, ils entendaient toute nourriture en général ; *voir* Genèse, XLIII. 16, 31. Exode, XVIII. 12. Juges, XIII. 15, 16. I Sam. XIV. 28, 29. XX. 24, 27. II. Sam. IX. 7, 10. I Rois, IV. 22, 23. II Rois, XXV. 29.

219. Du Vin. Le Vin, lorsqu'il s'agit du Seigneur, signifie le Divin Vrai procédant de son Divin Bien, de même que le signifie le Sang, N°s 1071, 1798, 6377. Le Vin en général signifie le bien de la charité, N° 6377. Le Moût signifie le vrai d'après le bien dans l'homme naturel, N° 3580. Le Vin était appelé sang des raisins, N° 6378. La Vigne signifie l'Église quant au vrai, N°s 9139, 3220. Dans les sacrifices, la Libation, qui était du vin, signifiait le bien spirituel, qui est le saint vrai, N° 1072. Le Seigneur seul est Saint, par suite toute chose sainte procède de lui, N°s 9229, 9680, 10359, 10360. Le Divin Vrai procédant du Seigneur est ce qui, dans la Parole, est appelé le Saint, N°s 6788, 8302, 9229, 9820, 10361.

220. Manger et Boire. Manger signifie être approprié et conjoint par l'amour et par la charité, N°s 2187, 2343, 3168, 3513, 5643. Par suite il signifie être consocié, N° 8001. Man-

ger se dit de l'appropriation et de la conjonction du bien, et Boire se dit de l'appropriation et de la conjonction du vrai, Nos 3168, 3513, 3832, 9412. Ce que signifie manger et boire dans le Royaume du Seigneur, N° 3832. C'est de là que, dans la Parole, avoir faim et être affamé signifie désirer d'affection le bien et le vrai, Nos 4958, 10227.

Les choses qui viennent d'être dites, les anges ne les comprennent que selon le sens interne ou spirituel, parce qu'ils sont dans le Monde spirituel, N° 10521. Par suite le Saint influe du Ciel chez les hommes de l'Église, quand ils participent saintement au Sacrement de la Cène, N° 6789. Et de là vient la conjonction du Seigneur, Nos 3464, 3735, 5915, 10519, 10521, 10522.

221. DES SACRIFICES. Les Holocaustes et les Sacrifices signifiaient toutes les choses du Culte d'après le bien de l'amour et les vrais de la foi, Nos 923, 6905, 8680, 8936, 10042. Les Holocaustes et les Sacrifices signifiaient les Divins Célestes, qui sont les internes de l'Église d'après lesquels existe le Culte, Nos 2180, 2805, 2807, 2830, 3519. Avec variation et différence selon les variétés du Culte, Nos 2805, 6905, 8936. C'est pourquoi il y avait plusieurs genres de Sacrifices, et diverses manières de les faire, et aussi diverses bêtes avec lesquelles on les faisait, Nos 2830, 9891, 9990. Les diverses choses qu'ils signifiaient en général peuvent être vues d'après chaque particularité développée au moyen du sens interne, N° 10042. Ce que signifiaient en particulier les Bêtes qui étaient sacrifiées, N° 10042. Dans les Rites et les Cérémonies des Sacrifices sont contenus des Arcanes du Ciel, N° 10057 ; en général, les Arcanes de la Glorification de l'Humain du Seigneur, et dans le sens respectif les arcanes de la régénération et de la purification des maux et des faux chez l'homme ; c'est pour cela qu'il y avait des sacrifices pour divers péchés, délits et purifications, Nos 9990, 10022, 10042, 10053, 10057. Ce qui était signifié par l'action de poser les mains sur les bêtes qui étaient sacrifiées, N° 10023. Ce qui était signifié dans les Holocaustes par l'action de placer les parties inférieures des bêtes immolées sur leurs parties supérieures. N° 10051. Ce qui était signifié par les Minchahs qu'on faisait alors aussi fumer, N° 10079 ; par la Libation, Nos 4581, 10137 ; par le Sel, qui y était aussi employé, N° 10300 ; par l'Autel

et tout ce qui en dépendait, Nos 921, 2777, 2784, 2811, 2812, 4489, 4541, 8935, 8940, 9388, 9389, 9714, 9726, 9963, 9964, 10028, 10123, 10151, 10242, 10245, 10344 ; par le Feu de l'autel, Nos 934, 6314, 6832 ; par le repas en commun avec les choses sanctifiées, Nos 2187, 8682. Les Sacrifices n'ont point été commandés, mais c'est la Charité et la Foi qui l'ont été, ainsi les sacrifices ont seulement été permis ; montré d'après la Parole, Nos 922, 2180. Pourquoi ils ont été permis, Nos 2180, 2818.

Les Holocaustes et les Sacrifices, qui se faisaient d'agneaux, de chèvres, de brebis, de chevreaux, de boucs, de taureaux, de bœufs, étaient appelés d'un seul mot LE PAIN ; on peut le voir par ces passages : « *Le Prêtre les fera fumer sur l'Autel,* (ce sera) LE PAIN D'IGNITION A JÉHOVAH. » — Lévit. III. 11, 16. — « *Les fils d'Aharon seront Saints à leur Dieu, et ils ne profaneront point le Nom de leur Dieu, parce qu'ils offrent, eux, les Ignitions à Jéhovah,* LE PAIN DE LEUR DIEU. *Tu le sanctifieras, parce qu'il offre, lui,* LE PAIN DE TON DIEU. *L'homme de la semence d'Aharon, en qui il y aura une tache, ne s'approchera point pour offrir* LE PAIN DE SON DIEU. » — Lévit. XXI. 6, 8, 17, 21. — « *Commande aux fils d'Israël, et dis-leur : Mon oblation,* MON PAIN, *dans les ignitions d'odeur de repos, vous observerez, pour Me l'offrir dans son temps fixé.* » — Nomb. XXVIII. 2. — « *Celui qui aura touché quelque chose d'impur ne mangera pas des choses sanctifiées ; mais il lavera sa chair dans l'eau, et ensuite il mangera des choses sanctifiées, parce que c'est* SON PAIN, *cela.* » — Lévit. XXII. 6, 7. — « *Vous offrez sur mon autel* UN PAIN SOUILLÉ. » — Malach. I. 7. — C'est donc de là qu'il a été dit ci-dessus, N° 214. « *La Sainte Cène renferme et comprend tout le Culte Divin institué dans l'Église Israélite ; car les holocaustes et les sacrifices, dans lesquels consistait principalement le Culte de cette Église, étaient appelés d'un seul mot le Pain ; de là aussi la Sainte Cène en est le complément.* »

D'après tout ce qui vient d'être dit, on peut voir ce qui est entendu par le Pain dans Jean : « *Jésus leur dit : En vérité, en vérité je vous dis : Moïse ne vous a point donné* LE PAIN DU CIEL ; *mais mon Père vous donne* LE PAIN DU CIEL, LE VÉRITABLE ; *car* LE PAIN DE DIEU *est celui qui descend du Ciel, et qui donne la vie au monde. Ils lui dirent : Seigneur, donne-*

nous toujours ce Pain-là. *Jésus leur dit :* Moi, je suis le Pain de vie ; *qui vient à Moi n'aura point faim, et qui croit en Moi n'aura jamais soif. Qui croit en moi a la vie éternelle ;* Moi, je suis le Pain de vie. C'est ici le Pain *qui du Ciel est descendu, afin que quiconque en mange ne meurt point !* Moi, je suis le Pain vivant, *qui du Ciel est descendu, si quelqu'un mange* de ce Pain, *il vivra éternellement.* » — VI. 31 à 35, 47 à 51. — D'après ces passages et les précédents, il est évident que le Pain est tout Bien qui procède du Seigneur, car le Seigneur Lui-Même est dans son Bien ; et qu'ainsi le Pain et le Vin dans la Sainte Cène sont tout Culte du Seigneur d'après le bien de l'amour et de la foi.

222. Il sera ajouté ici quelque chose d'après les Arcanes Célestes, N° 9127. « Celui qui ne connaît rien du sens interne ou spirituel de la Parole ne peut savoir autre chose sinon que par la Chair et le Sang, dans la Parole, il est entendu de la chair et du sang ; mais dans le sens interne ou spirituel il s'agit non pas de la vie du corps, mais de la vie de l'âme de l'homme, c'est-à-dire, de sa vie spirituelle, de laquelle il doit vivre durant l'éternité ; cette vie est décrite dans le sens de la lettre de la Parole par des choses qui appartiennent à la vie du corps, à savoir, par la Chair et par le Sang ; et comme la vie spirituelle de l'homme subsiste par le bien de l'amour et par le vrai de la foi, voilà pourquoi dans le sens interne de la Parole le bien de l'amour est entendu par la chair, et le vrai de la foi par le sang : c'est là ce qui est entendu dans le Ciel par la Chair et le Sang ; pareillement par le Pain et le Vin, parce que par le Pain il y est entendu absolument la même chose que par la Chair, et par le Vin absolument la même chose que par le Sang. Mais ceux qui ne sont point hommes spirituels ne saisissent point cela ; qu'ils restent donc dans leur foi, pourvu qu'ils croient que dans la Sainte Cène et dans la Parole il y a le saint, parce que l'une et l'autre procèdent du Seigneur ; il est vrai qu'ils ne savent pas où est ce saint, néanmoins que ceux qui jouissent de quelque perception intérieure, examinent si de la chair est entendue par la chair et du sang par le sang dans les passages suivants ; dans l'Apocalypse : « *Je vis un Ange se tenant dans le Soleil ; et il cria d'une voix grande, disant à tous les oiseaux qui volaient dans le milieu du*

» Ciel : Assemblez-vous pour le souper du grand Dieu, afin
» de manger des Chairs de rois, et des Chairs de kiliarques, et
» des Chairs de puissants, et des Chairs de chevaux, et de ceux
» qui les montent, et des Chairs de tous libres et esclaves, pe-
» tits et grands. » — XIX. 17, 18 ; — qui est-ce qui comprendra
» jamais ces paroles, s'il ne sait pas ce que dans le sens in-
» terne signifie la Chair, et ce que signifient les rois, les ki-
» liarques, les puissants, les chevaux, ceux qui les montent,
» les libres et les esclaves ? Et dans Ézéchiel : « Ainsi a dit
» le Seigneur Jéhovih : Dis à tout oiseau du ciel, à tout ani-
» mal du champ : Assemblez-vous et venez, rassemblez-vous
» d'alentour sur mon sacrifice, que Moi je sacrifie pour vous,
» grand sacrifice sur les montagnes d'Israël, afin que vous
» mangiez de la Chair et que vous buviez du Sang ; la Chair
» des forts vous mangerez, et le Sang des princes de la terre
» vous boirez ; et vous mangerez la graisse à satiété, et vous
» boirez le sang jusqu'à l'ivresse, dans mon sacrifice que je sa-
» crifierai pour vous ; vous serez rassasiés, sur ma table, de
» cheval et de chariot, de (l'homme) fort, et de tout homme de
» guerre : ainsi je donnerai ma gloire parmi les nations. »
» XXXIX. 17, 18, 19, 20, 21 ; — là, il s'agit de la convoca-
» tion de tous pour le Royaume du Seigneur, et spécialement
» de l'instauration de l'Église chez les Nations ; et par man-
» ger la Chair et boire le Sang, il est signifié s'approprier le
» Divin bien et le Divin vrai, ainsi le Saint qui procède du
» Divin Humain du Seigneur : qui ne peut voir que là par la
» chair il n'est pas entendu de la chair, ni par le sang, du
» sang, ainsi lorsqu'il est dit qu'ils mangeraient la chair des
» forts, qu'ils boiraient le sang des princes de la terre, et
» qu'ils boiraient le sang jusqu'à l'ivresse ; puis aussi, qu'ils
» seraient rassasiés de cheval, de chariot, de l'homme fort
» et de tout homme de guerre ? Ce qui est signifié par les oi-
» seaux du ciel et par les animaux du camp dans le sens spi-
» rituel, on le voit dans le Traité DU CIEL ET DE L'ENFER,
» N° 110, dans la note. Qu'on examine maintenant ce
» que le Seigneur a dit de sa Chair et de son Sang, dans Jean :
« Le Pain, que Moi je donnerai, c'est ma Chair. En vérité,
« en vérité, je vous dis : Si vous ne mangez la Chair du Fils
» de l'homme, et ne buvez son Sang, vous n'aurez point la
» vie en vous : celui qui mange ma Chair, et boit mon Sang,

» *a la vie éternelle; et Moi je ressusciterai au dernier jour;*
» *car ma Chair est véritablement une nourriture, et mon*
» *Sang est véritablement un breuvage: celui qui mange ma*
» *Chair, et boit mon Sang, en Moi demeure, et Moi en lui:*
» *c'est là le Pain qui du Ciel est descendu.* » — VI. 50 à 58.
» — Que la Chair du Seigneur soit le Divin Bien, et le Sang
» le Divin Vrai, l'un et l'autre procédant du Seigneur, on
» peut le voir en ce que c'est ce bien et ce vrai qui nourris-
» sent la vie spirituelle de l'homme; c'est de là qu'il est dit:
» Ma chair est véritablement une nourriture, et mon sang
» est véritablement un breuvage; et comme l'homme est con-
» joint au Seigneur par le Divin Bien et par le Divin Vrai,
» c'est aussi pour cela qu'il est dit: Celui qui mange ma Chair,
» et boit mon Sang, aura la vie éternelle; et lui demeure en
» Moi, et Moi en lui; et plus haut dans le même Chapitre:
« *Travaillez, non pas à la nourriture qui périt, mais à la*
» *nourriture qui demeure par la vie éternelle. —* Vers. 27;
» — demeurer dans le Seigneur, c'est être dans l'amour en-
» vers Lui; le Seigneur Lui-Même l'enseigne dans Jean, —
» XV. 2 à 12. »

DE LA RÉSURRECTION.

223. L'homme a été créé de telle sorte que, quant à son Interne, il ne peut pas mourir; en effet, il peut croire en Dieu, et aussi aimer Dieu, et par conséquent être conjoint à Dieu par la foi et par l'amour; et être conjoint à Dieu, c'est vivre éternellement.

224. Cet Interne est chez tout homme qui naît; son Externe est ce par quoi il effectue les choses qui appartiennent à la foi et à l'amour. L'Interne est ce qui est appelé Esprit, et l'Externe ce qui est appelé Corps. L'Externe, qui est appelé Corps, a été accommodé aux usages dans le Monde naturel; cet externe est rejeté quand l'homme meurt: mais l'Interne, qui est appelé Esprit, a été accommodé aux usages dans le Monde spirituel, celui-ci ne meurt pas ; cet Interne alors est un Esprit bon et un Ange, si l'homme a été bon dans le monde ; et un Esprit mauvais, si l'homme a été mauvais dans le Monde.

225. L'esprit de l'homme après la mort du corps apparaît dans le Monde spirituel dans une forme humaine, absolument comme dans le Monde ; il jouit aussi de la faculté de voir, d'entendre, de parler et de sentir comme dans le monde ; et il possède à un haut degré toute faculté de penser, de vouloir et de faire comme dans le Monde ; en un mot, c'est un homme quant à toutes choses en général et en particulier, excepté qu'il n'est pas enveloppé de ce corps grossier qu'il avait dans le Monde ; il le laisse en mourant, et il ne le reprend jamais.

226. C'est cette continuation de la vie, qui est entendue par la Résurrection. Si les hommes croient qu'ils ne ressusciteront qu'au Jugement Dernier, quand doit aussi périr tout ce qu'il y a de visible dans le Monde, c'est parce qu'ils n'ont pas compris la Parole, et parce que les hommes sensuels placent dans le corps la vie, et croient que si ce corps ne devait pas revivre, c'en serait fait de l'homme.

227. La vie de l'homme après la mort est la vie de son amour et la vie de sa foi. Par conséquent sa vie demeure éternellement telle qu'a été son amour et telle qu'a été sa foi, pendant qu'il a vécu dans le monde : la vie de l'enfer est à ceux qui se sont aimés, et ont aimé le monde par-dessus toutes choses ; et la vie du ciel est à ceux qui ont aimé Dieu par dessus toutes choses et le prochain comme eux-mêmes ; ceux-ci sont ceux qui ont la foi, mais ceux-là sont ceux qui n'ont pas la foi. La

Vie du ciel est celle qui est appelée Vie éternelle ; et la Vie de l'enfer est celle qui est appelée Mort spirituelle.

228. Que l'homme vive après la mort, c'est ce qu'enseigne la Parole ; par exemple, quand elle dit, que Dieu est un Dieu non pas de morts mais de vivants, — Matth. XXII. 31, 32 ; — que Lazare après la mort a été élevé au Ciel, et le riche jeté dans l'Enfer, — Luc, XVI. 22, 23 et suiv. : — qu'Abraham, Isaac et Jacob sont au Ciel, — Matth. VIII. 11. XXII. 31, 32. Luc, XX. 37, 38 ; — que Jésus a dit au larron : « Aujourd'hui avec moi tu seras dans le Paradis. » — Luc, XXIII. 43.

---

229. Il est inutile de rapporter ici quelque chose d'après les ARCANES CÉLESTES, parce que les choses qui concernent la Résurrection et la vie de l'homme après la mort ont été pleinement exposées dans le Traité DU CIEL ET DE L'ENFER ; *voir par conséquent dans ce Traité les Articles suivants : I. Tout homme est un Esprit quant à ses intérieurs,* N°^{os} *432 à 444. II. De la Résurrection de l'homme d'entre les morts, et de son entrée dans la vie éternelle,* N°^s *445 à 452. III. L'homme, après la mort est dans une parfaite forme humaine,* N° *453 à 460. IV. L'homme, après la mort, est dans tous ses sens, dans la mémoire, dans la pensée, dans l'affection, qu'il avait dans le monde ; et il ne laisse que son corps terrestre,* N°^s *461 à 469. V. L'homme, après la mort, est tel que sa vie a été dans le monde,* N°^s *470 à 484. VI. Les plaisirs de la vie de chacun sont changés en plaisirs correspondants,* N° *485 à 490 VII. Du premier état de l'homme après la mort* N°^s *491 à 498. VIII. Du second état de l'homme après la mort,* N° *499 à 511. IX. Du troisième état de l'homme après la mort, lequel est l'état d'instruction de ceux qui viennent dans le Ciel,* N°^s *512 à 520. X. Le Ciel et l'Enfer proviennent du Genre Humain,* N° *311 à 317.*

Quant au Jugement Dernier, duquel il a aussi été dit ci-dessus, N° 226, qu'il n'aurait pas lieu avec la destruction du Monde, *voir* dans l'Opuscule DU JUGEMENT DERNIER ET DE LA

BABYLONIE DÉTRUITE, depuis le commencement jusqu'à la fin.

Du Ciel et de l'Enfer.

230. Il y a deux choses qui font la vie de l'esprit de l'homme, c'est l'Amour et la Foi ; l'Amour fait la vie de sa Volonté, et la Foi fait la vie de son Entendement. L'Amour du bien et par suite la Foi du vrai font la vie du Ciel ; l'amour du mal et par suite la foi du faux font la vie de l'Enfer.

231. L'Amour envers le Seigneur et l'Amour à l'égard du prochain font le Ciel ; la Foi aussi le fait, mais celle-ci en tant qu'elle a la vie d'après ces amours ; et comme ces deux amours et par suite la foi procèdent du Seigneur, il est bien évident que le Seigneur fait le Ciel.

232. Le Ciel est chez chacun selon la réception de l'amour et de la foi qui procèdent du Seigneur ; et ceux qui reçoivent du Seigneur le Ciel, quand ils vivent dans le monde, viennent dans le Ciel après la mort.

233. Ceux qui reçoivent du Seigneur le Ciel sont ceux qui ont le Ciel en eux, car le Ciel est dans l'homme ; c'est aussi ce que le Seigneur enseigne : *On ne dira point du Royaume de Dieu : Voici, ici ! ou voici, là ! car voici, le Royaume de Dieu est au dedans de vous.* » —Luc, XVII. 21.

234. Le Ciel chez l'homme est dans son Interne, ainsi dans le vouloir et dans le penser d'après l'amour et la foi, et par suite dans l'Externe qui est faire et parler d'après l'amour et la foi ; mais il n'est point dans l'Externe sans l'Interne ; car tous les hypocrites peuvent faire bien et parler bien, mais non vouloir bien ni penser bien.

235. Quand l'homme vient dans l'autre vie, ce qui arrive aussitôt après la mort, on voit clairement si en lui il y a le Ciel, mais il n'en est pas de même quand il vit dans le monde ; car dans le monde l'externe se montre, et non l'interne ; mais dans l'autre vie l'interne se manifeste, puisqu'alors l'homme vit quant à l'esprit.

236. La félicité éternelle, qui est aussi appelée joie céleste, est à ceux qui sont dans l'amour et la foi envers le Seigneur d'après le Seigneur ; cet amour et cette foi ont en eux cette joie ; l'homme qui a le Ciel en lui vient dans cette joie après la mort ; en attendant, elle reste cachée dans son interne. Dans les Cieux il y a communion de tous les biens ; la paix, l'intelligence, la sagesse et la félicité de tous y sont communiquées à chacun, cependant à chacun selon la réception de l'amour et de la foi d'après le Seigneur : par là, on voit clairement combien il y a de paix, d'intelligence, de sagesse et de félicité dans le Ciel.

237. De même que l'amour envers le Seigneur et l'amour à l'égard du prochain font la vie du Ciel chez l'homme, de même l'amour de soi et de l'amour du monde, quand ils règnent, font la vie de l'Enfer chez lui car ces amours sont opposés aux précédents : c'est pourquoi ceux chez qui règnent les amours de soi et du monde ne peuvent rien recevoir du Ciel, mais ce qu'ils reçoivent vient de l'Enfer : en effet, tout ce que l'homme aime et tout ce qu'il croit, vient ou du Ciel ou de l'Enfer.

238. Ceux chez qui règnent l'amour de soi et l'amour du monde ne savent pas ce que c'est que le Ciel, ni ce que c'est que la félicité du Ciel ; et il leur semble incroyable qu'il y ait de la félicité dans d'autres amours que dans ceux-là, lorsque cependant il n'entre de félicité du Ciel qu'à pro-

portion qu'on éloigne ces amours comme fins ; quand ils ont été éloignés, la félicité qui les remplace est si grande qu'elle surpasse toute conception de l'homme.

239. La vie de l'homme ne peut être changée après la mort, elle reste alors telle qu'elle a été ; car l'esprit de l'homme est tout entier tel qu'est son amour, et l'amour infernal ne peut être transformé en un amour céleste, puisque ces amours sont opposés ; c'est ce qui est entendu par les paroles d'Abraham au riche dans l'enfer : « *Entre nous et vous un gouffre immense a été établi, de sorte que ceux qui veulent traverser d'ici vers vous ne le peuvent, non plus que ceux de là vers nous (ne peuvent) passer.* » — Luc, XVI. 26. — De là, il est bien évident que ceux qui vont en Enfer y restent éternellement, et que ceux qui vont au Ciel y demeurent éternellement.

---

240. Comme il a été traité du Ciel et de l'Enfer dans un Ouvrage spécial, et que ce qui les concerne dans les ARCANES CÉLESTES y a été rapporté, il est par conséquent inutile d'y ajouter quelque chose.

DE L'ÉGLISE.

241. Ce qui fait le Ciel chez l'homme fait aussi l'Église, car de même que l'Amour et la foi font le Ciel, de même aussi l'Amour et la Foi font l'Église ; en conséquence, d'après ce qui vient d'être dit du Ciel, on voit ce que c'est que l'Église.

242. Il est dit qu'il y a l'Église là où le Seigneur est reconnu, et où il y a la Parole ; car les essentiels de l'Église sont l'amour et la foi envers le Seigneur d'après le Seigneur, et la Parole enseigne comment l'homme

doit vivre pour qu'il reçoive du Seigneur l'amour et la foi.

243. Pour qu'il y ait l'Église, il faut qu'il y ait une Doctrine d'après la Parole, puisque sans doctrine la parole n'est point comprise ; mais la doctrine seule ne fait point l'Église chez l'homme, c'est la vie selon la doctrine qui la fait ; de là résulte que ce qui fait l'Église, c'est la vie de la foi, qui est la charité, et non pas la foi seule. La doctrine réelle est la doctrine de la charité et en même temps de la foi, et non la doctrine de la foi sans celle de la charité ; car la doctrine de la charité et en même temps de la foi est la doctrine de la vie, mais il n'en est pas de même de la doctrine de la foi sans la doctrine de la charité.

244. Ceux qui sont hors de l'Église, et qui cependant reconnaissent un seul Dieu, et vivent selon leur religiosité dans une sorte de charité à l'égard du prochain, sont en communion avec ceux qui sont de l'Église, parce que nul homme qui croit en Dieu et vit bien, n'est damné : de là, il est évident que l'Église du Seigneur est partout sur le globe entier, quoiqu'elle soit spécialement où le Seigneur est reconnu, et où il y a la Parole.

245. Tout homme chez qui il y a l'Église est sauvé ; mais tout homme chez qui il n'y a pas l'Église est condamné.

D'après les Arcanes Célestes.

246. L'Église est spécialement où il y a la Parole, et où par elle le Seigneur est connu, par conséquent où les Divins Vrais sont révélés, N°ˢ 3857, 10761. Toutefois, cependant, ne sont point pour cela de l'Église ceux qui sont nés où il y a la Pa-

role, et où le Seigneur est connu ; mais sont de l'Église ceux qui sont régénérés par le Seigneur au moyen des vrais d'après la Parole, et ce sont ceux qui vivent la vie de la charité, Nos 6637, 10143, 10153, 10578, 10645, 10829. Ceux qui sont de l'Église, ou dans lesquels est l'Église, sont dans l'affection du vrai pour le vrai, c'est-à-dire aiment le vrai parce que c'est le vrai ; ceux-là examinent aussi d'après la Parole si les doctrinaux de l'Église, dans laquelle ils sont nés, sont des vrais, Nos 5432, 6047. Autrement, le vrai pour chacun serait ce qu'il tient d'un autre et du sol natal, N° 6047.

L'Église du Seigneur est chez tous ceux qui, sur le globe, vivent dans le bien selon leur religiosité, Nos 3263, 6637, 10765. Tous ceux qui vivent dans le bien, en quelque endroit qu'ils soient, et qui reconnaissent un Dieu, sont acceptés par le Seigneur et viennent dans le Ciel, puisque tous ceux qui sont dans le bien reconnaissent le Seigneur, et cela, parce que le bien vient du Seigneur, et que le Seigneur est dans le bien, Nos 2589 à 2604, 2861, 2863, 3263, 4190, 4197, 6700, 9256. L'Église universelle dans les terres est devant le Seigneur comme un seul Homme, Nos 7396, 9276 ; de la même manière que le Ciel, parce que l'Église est le Ciel ou le Royaume du Seigneur dans les terres, Nos 2853, 2996, 2998, 3624, à 3649, 3636 à 3643, 3741 à 3745, 4625. Mais l'Église où le Seigneur est connu et où il y a la Parole, est comme le Cœur et comme le Poumon dans l'homme, respectivement aux autres parties du corps, qui vivent d'après ces deux organes comme d'après les sources de leur vie, Nos 637, 931, 2054, 2853. De là vient que s'il n'existait pas une Église où il y a la Parole et où par elle le Seigneur est connu, le Genre Humain ne serait pas sauvé, Nos 468, 637, 931, 4545, 10452. L'Église est le fondement du Ciel N° 4060.

L'Église est Interne et Externe, Nos 1242, 6587, 9375, 9680, 10762. L'Interne de l'Église est l'Amour envers le Seigneur et la Charité à l'égard du prochain ; par conséquent ceux qui sont dans l'affection du bien et du vrai d'après l'amour envers le Seigneur, et d'après la charité à l'égard du prochain, constituent l'Église Interne, et ceux qui sont dans le culte externe d'après l'obéissance et la foi, constituent l'Église Externe, Nos 1083, 1098, 4288, 6380, 6587, 7840, 8762. Savoir le vrai et le bien et agir d'après cela, c'est l'Externe de l'Église, mais vouloir et aimer le vrai et le bien et agir d'après cela c'est l'Interne de l'Église, Nos 4899, 6775. L'Interne de l'Église est dans le culte de ceux qui sont de l'Église Externe, quoiqu'il y soit dans l'obscur, N° 6775. L'Église Interne et l'Église Externe font une seule Église, Nos 409, 10762. L'homme a un Interne et un Externe, un Interne à l'image du Ciel, et un Externe à l'image du Monde, et par conséquent pour que l'homme soit Église, son Externe doit faire un avec son Interne, Nos 3628, 4523, 4524, 6057, 6314, 9706, 10472. L'Église est dans l'Interne de l'homme et en même temps dans l'Externe, mais non dans l'Externe sans l'Interne, Nos 1795, 6580, 10691. L'Interne de l'Église est selon les vrais et la qualité des vrais, et selon leur implantation dans le bien par la vie, N° 1238.

L'Église, comme le Ciel, est dans l'homme ; et ainsi l'Église dans le commun se compose d'hommes dans lesquels est l'Église, N° 3884. Pour qu'il y ait l'Église, il faut qu'il y ait une Doctrine de la vie, c'est-à-dire, une Doctrine de la charité, Nos 3445, 10763, 10764. C'est la Charité, et non la Foi séparée de la charité, qui fait l'Église, N° 916 ; par conséquent ce n'est pas la Doctrine de la foi séparée de la charité, mais c'est la Doctrine de la foi conjointe à la charité, et selon laquelle on vit, Nos 809, 1798, 1799, 1834, 1844, 4468, 4672, 4674, 4766, 5826, 6637. Il n'y a point Église chez l'homme si les vrais de la Doctrine n'ont pas été implantés dans le bien de la charité chez lui, par conséquent dans la vie, Nos 3310, 3963, 5826. Il n'y a aucune Église chez l'homme, s'il est seulement dans les vrais, qui sont appelés vrais de la foi, N° 5826. Que de bien il y aurait dans l'Église si la charité était à la première place, et la foi à la seconde ! N° 6269. Que de mal il y a, quand la foi est à la première place ! N° 6272. Dans les Églises Anciennes la charité était le principal et l'essentiel de l'Église, N° 4680. L'Église serait comme le Ciel, si tous avaient la charité, Nos 2385, 2853. Si le bien était le caractère de l'Église, et non le vrai sans le bien, par conséquent si la charité en était le caractère, et non la foi séparée, l'Église serait une, et peu importerait qu'on différât quant aux doctrinaux de la foi et quant aux cultes externes, Nos 1285, 1316, 2982, 3267, 3445, 3451.

Toute Église commence par la Charité, mais par le laps du

temps elle s'en détourne, N°ˢ 494, 501, 1327, 3773, 4689 ; et ainsi se tourne vers les faux qui proviennent du mal, et enfin vers les maux, N°ˢ 1834, 1835, 2910, 4683, 4689. Comparaison d'une Église à son commencement et à son déclin avec l'enfance et la vieillesse de l'homme, N° 10134 ; et aussi avec le lever et le coucher du soleil, N° 1837. Des états successifs de l'Église Chrétienne jusqu'à son dernier état ; là sont expliquées les choses que le Seigneur avait prédites sur la Consommation du siècle et sur son Avènement, dans Matthieu, Chap. XXIV, depuis le commencement jusqu'à la fin, N°ˢ 3353 à 3356, 3486 à 3489, 3650 à 3655, 3751 à 3759, 3897 à 3901, 4056 à 4060, 4229 à 4231, 4332 à 4335, 4422 à 4424, 4635 à 4638, 4661 à 4664, 4807 à 4810, 4954 à 4959, 5063 à 5071. L'Église Chrétienne est aujourd'hui à sa fin, la foi n'y étant plus puisqu'il n'y a aucune Charité N°ˢ 3489, 4689. Le Jugement dernier est le dernier temps de l'Église, N°ˢ 2118, 3353, 4057, 4333, 4535. De la vastation de l'Église, N°ˢ 407
411. La consommation du siècle et l'avènement du Seigneur sont le dernier temps de la vieille Église et le premier de la nouvelle, N°ˢ 2243, 4535, 10622. Quand une vieille Église est en vastation, les vrais intérieurs sont révélés pour servir à une nouvelle Église, qui alors est instaurée, N°ˢ 3398, 3786. De l'instauration de l'Église chez les Gentils, N°ˢ 1366, 2986, 4747, 9256.

247. Des Églises Anciennes. La première et très-ancienne Église sur cette terre a été celle qui est décrite dans les premiers Chapitres de la Genèse, et c'était une Église céleste, la principale de toutes, N°ˢ 607, 895, 920, 1121, 1122, 1123, 1124, 2896, 4493, 8891, 9942, 10545. Quels sont ceux de cette Église dans le Ciel, N°ˢ 1114 à 1125. Ils sont dans la lumière la plus grande, N°ˢ 1116, 1117. Après le déluge il y a eu diverses Églises, qui d'un seul mot sont appelées l'Église Ancienne, N°ˢ 1125 à 1127, 1327, 10355. Dans combien de Royaumes de l'Asie s'est étendue l'Église Ancienne, N°ˢ 1238, 2385. Quels ont été les hommes de l'Ancienne Église, N°ˢ 609, 895. L'Église Ancienne était une Église représentative, et ses représentatifs ont été réunis en un par quelques hommes de la Très-Ancienne Église, N°ˢ 519, 521, 2896. Dans l'Ancienne Église il y avait une Parole, mais cette Parole a été perdue, N° 2897. Quelle était l'Ancienne Église quand elle a com-

mencé à décliner, N° 1128. Différence entre l'Église très-ancienne et l'Église ancienne, N°s 597, 607, 640, 641, 765, 784, 895, 4493. La Très-Ancienne Église et l'Ancienne Église ont été aussi dans la terre de Canaan, et de là les Représentatifs des lieux, N°s 3686, 4447, 4454. De l'Église commencée par Éber, Église qui a été appelé Hébraïque, N°s 1238, 1241, 1343, 4516, 4517. Différence entre l'Église Ancienne et l'Église Hébraïque, N°s 1343, 4874. Éber a institué les Sacrifices, entièrement inconnus dans les Anciennes Églises, N° 1343. Les Anciennes Églises concordaient avec l'Église Chrétienne quant aux Internes, mais non quant aux Externes, N°s 3478, 4489, 4772, 4904, 10149. Dans la Très-Ancienne Église la Révélation était immédiate, dans l'Ancienne Église elle était par correspondances ; dans l'Église Juive, de vive voix ; et dans l'Église Chrétienne, par la Parole, N° 10355. Le Seigneur était le Dieu de la Très-Ancienne Église, et il était appelé Jéhovah, N°s 1343, 6846. Le Seigneur est le Ciel, et il est l'Église, N°s 4766, 10125, 10151, 10157. Le Divin du Seigneur fait le Ciel ; *voir* dans le Traité DU CIEL ET DE L'ENFER, N°s 7 à 12, et 78 à 86 ; par conséquent aussi l'Église, puisque chez l'homme ce qui fait le Ciel fait aussi l'Église, comme il a été dit ci-dessus dans la Doctrine.

248. *De l'Église Juive et des Juifs.* Les statuts, les Jugements et les Lois, qui ont été commandés dans l'Église Juive, étaient quant à la plus grande partie semblables à ceux qui avaient été dans l'Église Ancienne, N°s 4449, 4835. Sous quel rapport les rites représentatifs de l'Église Juive différaient des rites représentatifs de l'Église Ancienne, N°s 4288, 10149. Il a été institué chez la Nation Juive une Église représentative, mais dans la Nation elle-même il n'y a eu aucune Église, N°s 4899, 4912, 6304. C'est pourquoi, quant à la Nation elle-même il y a eu un représentatif de l'Église, et non une Église, N°s 4281, 4288, 4311, 4500, 6304, 7048, 9320, 10396, 10526, 10531, 10698. La Nation Israélite et Juive n'a point été choisie, mais elle a été reçue pour représenter l'Église, à cause de l'opiniâtreté avec laquelle leurs Pères et Moïse persistaient à le demander, N°s 4290, 4293, 7051, 7439, 10430, 10535, 10632. Leur culte était entièrement externe, sans aucun culte interne N°s 1200, 3147, 3479, 8871. Ils ne connaissaient nullement les internes du culte, et ils ne voulaient pas les connaître,

Nos 301, 302, 303, 3479, 4429, 4433, 4680, 4844, 4847, 10396, 10401, 10407, 10694, 10701, 10707. Comment ils considèrent les internes du Culte, de l'Église et de la Parole, N° 4865. Leurs intérieurs étaient souillés, pleins des amours de soi et du monde, et d'avarice, Nos 3480, 9962, 10454 à 10457, 10462 à 10466, 10575. C'est pour cela que les internes de l'Église ne leur ont pas été découverts, parce qu'ils les auraient profanés, Nos 2520, 3398, 3480, 4289. La Parole était entièrement fermée pour eux, N° 3769. Ils voient la Parole par le dehors et non par le dedans, Nos 10549, 10550, 10551. C'est pour cela que leur interne, quand ils étaient dans le culte, était fermé, Nos 8788, 8806, 9380, 9377, 9962, 10396, 10401, 10407, 10492, 10498, 10500, 10575, 10629, 10694. Cette Nation aussi, plus que toutes les autres, était telle, qu'elle pouvait être dans le saint externe, l'interne étant fermé, Nos 4293, 4311, 4903, 9373, 9377, 9380. Leur état alors, N° 4311. C'est aussi pour cela qu'ils ont été conservés jusqu'à ce jour, N° 3479. Leur saint externe était miraculeusement élevé par le Seigneur dans le Ciel, et ainsi les intérieurs du Culte, de l'Église et de la Parole y étaient perçus, Nos 3480, 4307, 4311, 6304, 8588, 10492, 10500. 10602. Pour que cela eût lieu, ils étaient contraints par des moyens externes à observer strictement les Rites dans la forme externe, Nos 3147, 4281, 10149. Comme ils pouvaient être dans le saint externe sans le saint interne, ils ont pu représenter les choses saintes de l'Église et du Ciel, Nos 3479, 3881, 4208, 6306, 6588, 9377, 10430, 10500, 10570. Néanmoins ces choses saintes ne les affectaient pas, N° 3479. Parce que peu importe quelle est la personne qui représente, puisque la Représentation regarde la chose, mais non la personne, Nos 665, 1097, 1361, 3147, 3881, 4208, 4281, 4288, 4292, 4307, 4444, 4500, 6304, 7048, 7439, 8588, 8788, 8806.

Cette Nation était pire que toutes les autres Nations ; il est décrit quelle elle était, même d'après la Parole de l'un et de l'autre Testament, Nos 4314, 4316, 4317, 4444, 4503, 4750, 4751, 4815, 4820, 4832, 5057, 5998, 7248, 8819, 9320, 10454 à 10457, 10462 à 10466. La Tribu de Jehudah devint pire que les autres Tribus, N° 4815. Avec quelle cruauté, ils traitaient les Nations par plaisir, Nos 5057, 7248, 9320. Cette Nation était idolâtre de cœur, et plus que toutes les autres elle adorait d'autres dieux, Nos 3732, 4208, 4444, 4825, 5998, 6877, 7401,

8301, 8871, 8882. Leur culte aussi a été considéré comme idolâtrique dans la nation elle-même, parce qu'il était externe sans être interne, N°ˢ 4281, 4825, 8871, 8882. Elle adorait Jéhovah seulement quant au Nom, N°ˢ 6877, 10559, 10560, 10561, 10566 ; et seulement à cause des miracles, N° 4299. Ils pensent d'une manière erronée, ceux qui croient que les Juifs, à la fin de l'Église, se convertiront et reviendront dans la terre de Canaan, N°ˢ 4847, 7051, 8301. On allègue sur ce sujet plusieurs passages de la Parole, qui cependant doivent être compris selon le sens interne, ainsi autrement que selon la lettre, N° 7051. La Parole, quant au sens externe, a été changée à cause de cette nation, mais non cependant quant au sens interne, N°ˢ 10453, 10461, 10603, 10604. Jéhovah sur la Montagne de Sinaï leur a apparu, selon leur qualité, dans un feu consumant, dans une nuée épaisse, et dans une fumée comme d'une fournaise, N°ˢ 1861, 6832, 8814, 8819, 9434. Le Seigneur apparaît à chacun, selon la qualité de chacun ; comme un feu vivifiant et recréant, à ceux qui sont dans le bien ; et comme un feu consumant, à ceux qui sont dans le mal, N°ˢ 934, 1861, 6832, 8814, 8819, 9434, 10551. L'une des origines de cette Nation est tirée d'une Canaanite, et les deux autres, de la scortation de Jehudah avec sa bru, N°ˢ 1167, 4818, 4820, 4874, 4899, 4913. Par ces origines il a été signifié quelle serait leur conjonction avec l'Église, à savoir, comme la conjonction avec une Canaanite, et comme la scortation avec une bru, N°ˢ 4868, 4874, 4899, 4911, 4913. De leur état dans l'autre vie, N°ˢ 939, 940, 5057.

Puisque cette Nation, quoique telle, représentait l'Église, et puisque la Parole a été écrite chez elle et traitait d'elle, c'est pour cela que les Divins Célestes ont été signifiés par leurs noms, par exemple, par Ruben, Schiméon, Lévi, Jehudah, Éphraïm, Joseph et les autres. Par Jehudah dans le sens interne il est signifié le Seigneur quant à l'amour céleste, et le Royaume Céleste du Seigneur, N°ˢ 3654, 3881, 5583, 5603, 5782, 6363. Explication du Prophétique d'Israël sur Jehudah, dans lequel il s'agit du Seigneur, — Gen. XLIX. 8 à 12, — N°ˢ 6363 à 6381. La Tribu de Jehudah et la Judée signifient l'Église céleste, N°ˢ 3654, 6364. Les douze Tribus ont représenté et par suite signifié toutes les choses de l'amour et de la foi dans le complexe, N°ˢ 3858, 3926, 4060, 6335 ;

par conséquent aussi le Ciel et l'Église Nos 6337, 6637, 7836, 7891. Elles signifient selon l'ordre dans lequel elles sont nommées, Nos 3862, 3926, 3939, 4603 et suiv., 6337, 6640. Les douze Tribus ont été divisées en deux Royaumes, afin que les Juifs représentassent le Royaume céleste, et les Israélites le Royaume spirituel, Nos 8770, 9320. Par la semence d'Abraham, d'Isaac et de Jacob sont signifiés les biens et les vrais de l'Église, Nos 3373, 10445.

De l'Écriture Sainte ou de la Parole.

249. L'homme sans une révélation procédant du Divin ne peut rien savoir de la Vie éternelle, ni même rien savoir de Dieu, ni à plus forte raison rien savoir de l'amour et de la foi envers Dieu ; en effet, l'homme naît dans une complète ignorance, et ensuite il doit par les choses mondaines apprendre toutes celles par lesquelles il formera son entendement ; il naît aussi d'après l'héréditaire dans tout mal qui appartient à l'amour de soi et du monde ; les plaisirs qui en proviennent règnent continuellement, et suggèrent des choses qui sont diamétralement opposées au Divin : de là vient donc que l'homme par lui-même ne sait rien de la vie éternelle ; en conséquence, il est indispensable qu'il y ait une Révélation, par laquelle il en ait connaissance.

250. Que les maux de l'amour de soi et du monde introduisent une telle ignorance des choses qui appartiennent à la vie éternelle, c'est ce qu'on voit clairement par ceux, au dedans de l'Église, qui quoiqu'ils sachent par la Révélation qu'il y a un Dieu, qu'il y a un Ciel et un Enfer, qu'il y a une Vie éternelle, et qu'on doit acquérir cette vie par le bien de l'amour et de la foi, tombent cependant dans le négatif sur ces points, tant

les érudits que ceux qui ne le sont pas. Par là on voit de nouveau combien serait grande l'ignorance, s'il n'y avait aucune Révélation.

251. Puis donc que l'homme vit après la mort, et alors pour l'éternité, et que la vie lui reste selon son amour et sa foi, il s'ensuit que le Divin, d'après l'Amour envers le Genre humain, a révélé les choses qui doivent conduire à cette vie, et contribuer au salut de l'homme. Ce que le Divin a révélé est chez nous la Parole.

252. Comme la Parole est la Révélation procédant du Divin, elle est Divine dans toutes et dans chacune des choses qui la composent ; car ce qui procède du Divin ne peut être autrement. Ce qui procède du Divin descend par les Cieux jusqu'à l'homme ; c'est pourquoi la Parole dans les Cieux a été accommodée à la sagesse des Anges qui y sont, et dans les Terres elle a été accommodée à la conception des hommes qui les habitent : c'est pour cela que dans la Parole il y a pour les Anges un sens interne qui est spirituel, et pour les hommes un sens externe qui est naturel : de là vient que c'est par la Parole qu'il y a conjonction du Ciel avec l'homme.

253. Le sens réel de la Parole n'est saisi que par ceux qui ont été illustrés ; et il n'y a d'illustrés que ceux qui sont dans l'amour et dans la foi envers le Seigneur ; car leur intérieurs sont élevés par le Seigneur jusque dans la lumière du ciel.

254. La Parole, dans la lettre, ne peut être saisie qu'au moyen d'une Doctrine faite d'après la Parole par un homme illustré ; car le sens de sa lettre a été accommodé à la conception des hommes même simples ; c'est pourquoi la Doctrine tirée de la Parole leur servira de flambeau.

D'après les Arcanes Célestes.

255. *De la Nécessité et de l'Excellence de la Parole.* Par la lumière naturelle on ne sait rien sur le Seigneur, sur le Ciel et l'Enfer, sur la Vie de l'homme après la mort, ni sur les Divins Vrais par lesquels l'homme possède la vie spirituelle et éternelle, Nos 8944, 10318, 10319. 10320. On peut s'en convaincre par ce fait que beaucoup d'hommes, et parmi eux des Érudits, ne croient pas à ces choses, quoiqu'ils soient nés dans des contrées où existe la Parole, et qu'ils en aient été instruits par la Parole, No 10319. Il a donc été nécessaire qu'il y eût quelque Révélation du Ciel, car l'homme est né pour le Ciel, No 1775. C'est pour cela que de tout temps il y a eu Révélation, No 2895. Des diverses espèces de Révélations qui se sont succédé sur cette terre, Nos 10355, 10632. Chez les Très-Anciens qui vécurent avant le Déluge, dans le temps qui fut appelé Siècle d'or, la Révélation était immédiate, et par suite le Divin Vrai était inscrit dans leurs cœurs, No 2896. Dans les Anciennes Églises qui existèrent après le Déluge, il y eut une Parole Historique et Prophétique Nos 2686, 2897. *Voir,* au sujet de ces Églises, ci-dessus, No 247. La Partie Historique était appelée les Guerres de Jéhovah et la Partie Prophétique, les Énoncés, No 2897. Cette Parole était semblable à notre Parole quant à l'Inspiration, No 2897. Moïse en a fait mention, Nos 2686, 2897. Mais cette Parole a été perdue, No 2897. Il y a eu aussi des Révélations Prophétiques chez d'autres, comme on le voit par les paroles Prophétiques de Biléam (Balaam), No 2898.

La Parole est Divine dans toutes et dans chacune des choses qu'elle contient, Nos 639, 680, 10321, 10637. La Parole est Divine et Sainte quant à chaque iota et quant à chaque accent ; d'après l'expérience, No 9349. Comment aujourd'hui l'on explique que la Parole a été inspirée quant à chaque iota, No 1886.

L'Église en particulier existe où il y a la Parole, et où par Elle le Seigneur est connu et les Divins Vrais sont révélés, Nos 3857, 10761. Cependant ne sont pas pour cela de l'Église ceux qui sont nés où il y a la Parole, et où par Elle le Seigneur est connu ; mais sont de l'Église ceux qui sont régénérés par le Seigneur au moyen des Vrais tirés de la Parole ; ce sont ceux qui vivent selon les Vrais qu'elle contient, par conséquent ceux qui vivent la vie de l'amour et de la foi, Nos 6637, 10143, 10153, 10578, 10645, 10829.

256. *La Parole n'est comprise que par ceux qui sont illustrés.* Le Rationnel humain ne peut saisir les Divins, ni même les Spirituels, s'il n'est illustré par le Seigneur, Nos 2196, 2203, 2209, 2654. Ainsi il n'y a que les illustrés qui saisissent la Parole N° 10323. Le Seigneur donne à ceux qui sont illustrés la faculté de comprendre le vrai, et de discerner les choses qui, dans la Parole, semblent se contredire, Nos 9382, 10659. La Parole dans le sens de la lettre n'est pas semblable à elle-même, et paraît quelquefois se contredire. N° 9025 ; et c'est pour cela que ceux qui n'ont pas été illustrés peuvent l'expliquer et la tourner de manière à confirmer toute sorte d'opinion et d'hérésie, et à protéger tout amour mondain et corporel, Nos 4783, 10330, 10400. Sont illustrés d'après la Parole ceux qui la lisent d'après l'amour du vrai et du bien, mais non ceux qui la lisent d'après l'amour de la réputation, du gain, de l'honneur, et ainsi d'après l'amour de soi, Nos 9382, 10548, 10549, 10551. Sont illustrés ceux qui sont dans le bien de la vie, et par suite dans l'affection du vrai N° 8694. Sont illustrés ceux dont l'Interne a été ouvert, par conséquent ceux qui peuvent être élevés dans la lumière du Ciel quant à leur homme Interne, Nos 10400, 10402, 10691, 10694. L'illustration est une ouverture actuelle (des intérieurs qui appartiennent au mental), et aussi une élévation dans la lumière du Ciel, N° 10330. Le Saint influe de l'Interne, c'est-à-dire, du Seigneur par l'Interne, chez ceux qui considèrent la Parole comme sainte, et cela à leur insu, N° 6789. Ceux qui sont conduits par le Seigneur sont illustrés et voient les vrais dans la Parole, mais non ceux qui sont conduits par eux-mêmes. N° 10638. Ceux qui sont conduits par le Seigneur sont ceux qui aiment le vrai parce qu'il est le vrai, et ceux-là sont aussi ceux qui aiment vivre selon les Divins vrais, Nos 10578, 10645, 10829. La Parole est vivifiée chez l'homme selon la vie de son amour et de sa foi, N° 1776. Les choses qui viennent de la propre intelligence n'ont pas la vie en elles-mêmes, parce que rien de bien ne procède du propre de l'homme, Nos 8941, 8944. Ceux qui se sont beaucoup confirmés dans

une Doctrine fausse ne peuvent être illustrés, N° 10640. C'est l'Entendement qui est illustré, Nos 6608, 9300 ; parce que l'Entendement est le récipient du vrai, Nos 6222, 6608, 10659. Sur chaque Doctrinal de l'Église il y a des idées, selon lesquelles il y a entendement du sujet, Nos 3310, 3825. Les idées de l'homme, tant qu'il vit dans le monde, sont naturelles, parce que l'homme pense alors dans le naturel ; mais toujours est-il que des idées spirituelles ont été renfermées dans ces idées naturelles chez ceux qui sont dans l'affection du vrai pour le vrai, Nos 10237, 10240, 10551. Sans les idées, il n'y a aucune perception de quoi que ce soit, N° 3825. Les idées sur les choses de la foi sont ouvertes dans l'autre vie ; et là, elles sont vues par les Anges telles qu'elles sont, Nos 1869, 3110, 5510, 6200, 8885. C'est pour cela que la Parole n'est comprise que par l'homme Rationnel ; car croire quelque chose sans l'idée du sujet et sans l'intuition de la raison, c'est seulement retenir de mémoire un mot destitué de toute vie de perception et d'affection, ce qui n'est pas croire, N° 2553. Le Sens littéral de la Parole est celui qui est illustré, Nos 3619, 9824, 9905, 10548.

257. *La Parole n'est comprise que par une Doctrine d'après la Parole.* La Doctrine de l'Église doit être d'après la Parole, Nos 3464, 5402, 6832, 10763, 10765. La Parole sans la Doctrine n'est pas comprise, Nos 9025, 9409, 9424, 9430, 10324, 10431, 10582. La vraie Doctrine est un flambeau pour ceux qui lisent la Parole, N° 10400. La Doctrine réelle doit être donnée par ceux qui sont dans l'illustration venant du Seigneur, Nos 2510, 2516, 2519, 9424, 10105. La Parole est comprise au moyen d'une Doctrine faite par quelqu'un qui a été illustré, N° 10324. Ceux qui sont dans l'illustration se font une doctrine d'après la Parole, Nos 9382, 10659. Différence entre ceux qui enseignent et apprennent d'après la Doctrine de l'Église, et ceux qui enseignent et apprennent d'après le seul sens de la lettre de la Parole; quelle est cette différence, N° 9025. Ceux qui sont dans le sens littéral de la Parole sans une doctrine, ne viennent dans aucun entendement sur les vrais Divins, Nos 9409, 9410, 10582. Ils tombent dans plusieurs erreurs, N° 10431. Ceux qui sont dans l'affection du vrai pour le vrai, quand ils deviennent adultes et qu'ils peuvent voir par leur entendement, ne demeurent pas sim-

plement dans les Doctrinaux de leur Église, mais ils examinent attentivement s'ils sont vrais d'après la Parole, Nos 5402, 5432, 5047. Autrement, chacun aurait le vrai par un autre ou d'après le sol natal, qu'il soit né Juif ou Grec, No 6047. Néanmoins les choses qui sont devenues choses de foi d'après le sens littéral de la Parole ne doivent pas être éteintes, si ce n'est après une complète intuition, No 9039.

La vraie doctrine de l'Eglise est la Doctrine de la charité et de la foi, Nos 2417, 4766, 10763, 10764. Ce qui fait l'Eglise, ce n'est pas la Doctrine de la foi, mais c'est la vie de la foi, qui est la charité, Nos 809, 1798, 1799, 1834, 4468, 4677, 4766, 5826, 6637. Les Doctrinaux ne sont rien, si l'on n'y conforme pas sa vie, Nos 1515, 2049, 2116. Aujourd'hui, dans les Eglises, il y a la Doctrine de la foi, et non celle de la charité ; et la doctrine de la charité a été reléguée dans la Science qu'on nomme Théologie morale, No 2417. L'Eglise serait une, si l'on était reconnu pour homme de l'Eglise d'après la vie, par conséquent d'après la charité, Nos 1285, 1316, 2982, 3267, 3445, 3451, 3452. Combien la Doctrine de la charité l'emporte sur la Doctrine de la foi séparée d'avec la charité, No 4844. Ceux qui n'ont aucune notion de la charité sont dans l'ignorance au sujet des choses célestes, No 2435. Dans combien d'erreurs tombent ceux qui ont seulement la Doctrine de la foi, et non en même temps celle de la charité, Nos 2383, 2417, 3146, 3325, 3412, 3413, 3416, 3773, 4672, 4730, 4783, 4925, 5351, 7623 à 7627, 7752 à 7762, 7790, 8094, 8313, 8530, 8765, 9186, 9224, 10555. Ceux qui sont seulement dans la doctrine de la foi, et non dans la vie de la foi, qui est la Charité, ont été autrefois appelés Incirconcis ou Philisthins, Nos 3412, 3413, 8093. Chez les Anciens, il y a eu la Doctrine de l'amour envers le Seigneur et de la Charité à l'égard du prochain, et la Doctrine de la foi était à son service, Nos 2417, 3419, 4844, 4955.

La Doctrine faite par un homme illustré peut ensuite être confirmée par les rationnels, et ainsi elle est comprise plus pleinement et elle est corroborée, Nos 2553, 2719, 2720, 3052, 3310, 6047. *On voit plusieurs choses sur ce sujet*, ci-dessus, No 51. Ceux qui sont dans la foi séparée d'avec la charité veulent qu'on croie simplement les doctrinaux de l'Eglise, sans aucune intuition rationnelle, No 3394.

Il appartient à un homme sage, non de confirmer le dôgme mais de voir s'il est vrai avant qu'il soit confirmé ; et c'est ce que font ceux qui sont dans l'illustration, Nos 1017, 4741, 7012, 7680, 7950. La lumière de la confirmation est une lumière naturelle, non spirituelle, pouvant exister même chez les méchants, No 8780. Toutes choses, même les faux, peuvent être confirmées, jusqu'à paraître comme des vrais, Nos 2482, 2490, 5033, 6865, 8321.

258. *Dans la Parole il y a un Sens spirituel, qui est appelé Sens Interne.* On ne peut savoir ce que c'est que le Sens Interne de la Parole, à moins qu'on ne sache ce que c'est que la Correspondance, Nos 2895, 4322. Toutes les choses en général et en particulier, jusqu'aux plus petites, qui existent dans le monde naturel, correspondent aux choses Spirituelles, et par suite les signifient, Nos 1886 à 1889, 2987 à 3003, 3213 à 3227. Les spirituels, auxquels correspondent les naturels, apparaissent dans le naturel sous une autre face, de sorte qu'on ne peut pas les discerner, Nos 1887, 2395, 8920. Il est à peine quelqu'un aujourd'hui qui sache où est le Divin dans la Parole, lorsque cependant le Divin est dans son sens interne ou spirituel, dont on ignore aujourd'hui l'existence, Nos 2899, 4989. Le mystique de la Parole n'est autre chose que ce que contient son Sens interne ou spirituel, dans lequel il s'agit du Seigneur, de son Royaume et de l'Église, et non des choses naturelles qui sont dans le monde, No 4923. Les Prophétiques, dans un très-grand nombre de passages, ne sont pas compris, et ne sont par conséquent d'aucun usage, sans le Sens interne ; montré par des exemples, Nos 2608, 8020, 8398. Ainsi, ce qui est signifié par le Cheval Blanc, dans l'Apocalypse, Nos 2760 et suivants. Ce qui est signifié par les Clefs du Royaume des Cieux donnés à Pierre ; Préf. du Chap. XXII de la Genèse, et No 9410. Ce qui est signifié par la Chair, le Sang, le Pain, le Vin dans la Sainte Cène, et ainsi pourquoi elle a été instituée par le Seigneur, No 8682. Ce qui est signifié par les Prophétiques de Jacob sur ses fils, Gen. Chap. XLIX, Nos 6306, 6333 à 6465. Ce qui est signifié par plusieurs prophétiques sur Jehudah et Israel, prophétiques qui n'ont point de rapport avec cette nation et qui ne présentent point de coincidence selon le sens de la lettre, Nos 6333, 6361, 6415, 6438,

6444. Outre d'innombrables autres exemples, N° 2608.

Sur le Sens interne ou spirituel de la Parole, en général, N°s 1767 à 1777, 1869 à 1879. Il y a un Sens interne dans toutes et dans chacune des choses de la Parole, N°s 1143, 1984, 2135, 2333, 2395, 2495, 2619. Ce Sens n'apparait pas dans le Sens de la lettre, mais toujours est-il qu'il y est en dedans, N° 4442.

259. *Le Sens Interne de la Parole est principalement pour les Anges, et il est aussi pour les hommes.* Pour qu'on sache ce que c'est que le Sens Interne, je vais dire ici en général quel il est, et d'où il vient : On pense et on parle dans le Ciel autrement que dans le Monde ; dans le Ciel, spirituellement ; dans le Monde, naturellement ; c'est pourquoi, lorsque l'homme lit la Parole, les Anges qui sont chez l'homme la perçoivent spirituellement, tandis que les hommes l'entendent naturellement. De là, les Anges sont dans le Sens Interne, tandis que les hommes sont dans le Sens Externe ; mais néanmoins ces sens font un par Correspondance.

La Parole est comprise par les Anges dans les Cieux autrement que par les hommes dans les terres ; le Sens interne ou spirituel est pour les Anges, et le sens externe ou naturel pour les hommes, N°s 1887, 2395. Les Anges perçoivent la Parole dans le Sens interne et non dans le sens externe ; d'après l'expérience de ceux qui du Ciel ont parlé avec moi, lorsque je lisais la Parole, N°s 1769, 1770, 1771, 1772. Les idées des Anges et aussi leurs paroles sont spirituelles, tandis que les idées et les paroles des hommes sont naturelles ; c'est pourquoi le Sens interne, qui est spirituel, est pour les Anges ; illustré par l'expérience, N° 2333. Cependant le sens littéral de la Parole sert de moyens pour les idées spirituelles des Anges, de la même manière que les mots du langage servent à l'homme pour le sens de la chose, N° 2143. Les choses qui appartiennent au sens interne de la Parole tombent dans des choses qui appartiennent à la lumière du Ciel, et ainsi dans la perception angélique, N°s 2618, 2619, 2629, 3086. Les choses que les Anges perçoivent de la Parole leur sont pour cela même précieuses, N°s 2540, 2541, 2545, 2551. Les Anges ne comprennent pas même un seul mot du sens littéral de la Parole, N°s 64, 65, 1434, 1929. Ils ne savent pas non plus les noms de personnes et de lieux qui sont dans la Parole, Nos 1434, 1888, 4442, 4480. Les Noms ne peuvent entrer dans le Ciel, ni y être énoncés, Nos 1876, 1888. Tous les Noms dans la Parole signifient des choses et sont changés dans le Ciel en idées de la chose qu'ils signifient, Nos 768, 1888, 4310, 4442, 5225, 5287, 10329. Les Anges pensent même abstractivement des personnes, Nos 6613, 8343, 8985, 9007. Combien est élégant le Sens interne de la Parole, lors même qu'il n'est composé que de Noms; prouvé par des exemples tirés de la Parole, Nos 1224, 1888, 2395. Et même une série de plusieurs Noms exprime dans le Sens interne une seule chose, N° 5095. Tous les nombres dans la Parole signifient aussi des choses, Nos 482, 487, 647, 648, 755, 813, 1963, 1988, 2075, 2252, 3252, 4264, 6175, 9488, 9659, 10217, 10253. Les Esprits perçoivent aussi la Parole dans le Sens Interne, selon que leurs intérieurs ont été ouverts pour le Ciel, N° 1771. Le sens littéral de la Parole, qui est naturel, est transformé sur le-champ en sens spirituel chez les Anges, parce qu'il y a Correspondance, N° 5648. Et cela, sans qu'ils entendent et sans qu'ils connaissent ce qu'il y a dans le sens de la lettre ou dans le sens externe, N° 10215. Ainsi le sens de la lettre ou le sens externe est seulement chez l'homme, et il ne va pas plus loin, N° 2015.

Il y a un sens Interne de la Parole, et aussi un sens Intime ou suprême; sur ces deux sens, *voir* Nos 9407, 10604, 10614, 10627. Les Anges spirituels, c'est-à-dire, ceux qui sont du Royaume spirituel du Seigneur, perçoivent la Parole dans le Sens interne; et les Anges célestes, c'est-à-dire, ceux qui sont du Royaume céleste du Seigneur, perçoivent la Parole dans le Sens intime, Nos 2157, 2275.

La Parole est pour les hommes, et aussi pour les Anges; elle a été accommodée pour les uns et pour les autres, Nos 7381, 8862, 10322. C'est la Parole qui unit le Ciel et la terre, Nos 2310, 2495, 9212, 9216, 9357. Par la Parole il y a conjonction du Ciel avec l'homme, Nos 9396, 9400, 9401, 10452. C'est pour cela que la Parole est appelée alliance, N° 9396; parce que l'alliance signifie la conjonction, Nos 665, 666, 1023, 1038, 1864, 1996, 2003, 2021, 6804, 8767, 8778, 9396, 10632. Il y a un Sens Interne dans la Parole, parce que la Parole est descendue du Seigneur par les trois Cieux jusqu'à l'homme, Nos 2310, 6397 ; et ainsi elle a été accommodée pour les Anges des trois Cieux et aussi pour les hommes, Nos 7381, 8862. C'est de là que la Parole est Divine, Nos 2899, 4989 ; et qu'elle est Sainte, N° 10276 ; et qu'elle est Spirituelle, N° 4480 ; et que la Parole a été Inspirée par le Divin, N° 9094. C'est là l'Inspiration, N° 9094.

L'homme qui a été régénéré est même en actualité dans le Sens interne de la Parole, quoiqu'il ne le sache pas ; car chez lui a été ouvert l'homme Interne, auquel appartient la perception spirituelle, N° 10400 ; mais chez lui le spirituel de la Parole influe dans les idées naturelles et se présente ainsi naturellement, parce que, quand il vit dans le Monde, il pense dans l'homme naturel, N° 5614. De là, chez ceux qui sont illustrés, la Lumière du vrai vient de leur Interne, c'est-à-dire, du Seigneur par l'Interne, Nos 10691, 10694. C'est aussi par ce chemin que le saint influe chez ceux qui considèrent la Parole comme sainte, N° 6789. Puisque l'homme Régénéré est en actualité dans le Sens interne de la Parole, et dans le saint de ce sens, quoiqu'il l'ignore, c'est pour cela qu'après la mort il vient de lui-même dans ce sens, et qu'il n'est plus dans le sens de la lettre, Nos 3226, 3342, 3343.

260. *Dans le Sens interne ou Spirituel de la Parole il y a des Arcanes innombrables.* La Parole, dans son Sens Interne, contient des choses innombrables, qui surpassent la conception humaine, Nos 3085, 3086. Elles sont même inexplicables, N° 1965. Elles se présentent seulement aux Anges et sont comprises par eux, N° 167. Le Sens Interne de la Parole contient les Arcanes du Ciel, qui concernent le Seigneur et son Royaume dans les Cieux et dans les terres, Nos 1, 2, 3, 4, 937. Ces Arcanes ne se montrent pas dans le Sens de la lettre, Nos 937, 1502, 2161. Plusieurs choses qui, dans les Prophètes, paraissent comme décousues, se présentent, dans le Sens Interne, liées entre elles dans un ordre admirable, Nos 7153, 9022. Il n'est pas un seul mot, pas même un seul iota, qui puisse être retranché du sens littéral de la Parole, sans qu'il y ait interruption dans le Sens interne; et c'est pour cela que, par la Divine Providence du Seigneur, la Parole a été conservée si entière quant à tout mot et à tout accent, N° 7933. Il y a des choses innombrables dans chaque particularité de la Parole. Nos 6617, 6620, 8920 ; et dans cha-

que mot, N° 1869. Il y en a d'innombrables dans l'Oraison Dominicale, et dans chacune de ses expressions, N° 6619 ; et dans les préceptes du Décalogue, dans le sens externe desquels il y a cependant des choses qui ont été connues de chaque Nation sans révélation, Nos 8867, 8900.

Dans la Parole, surtout dans la Parole Prophétique, il y a deux expressions qui semblent désigner une même chose, mais l'une se réfère au bien et l'autre au vrai, ainsi l'une au céleste et l'autre au spirituel, Nos 683, 707, 2516, 8339. Dans la Parole, les biens et les vrais sont conjoints d'une manière admirable, et cette conjonction est seulement manifeste pour celui qui connaît le Sens Interne, N° 10554. Et ainsi dans la Parole et dans chacune de ses choses, il y a le Mariage Divin et le Mariage Céleste, Nos 683, 793, 801, 2173, 2516, 2712, 5138, 7022 ; le Mariage Divin, qui est le Mariage du Divin Bien et du Divin Vrai, ainsi le Seigneur, en Qui Seul existe ce Mariage, Nos 3004, 3005, 3009, 5138, 5194, 5502, 6343, 7945, 8339, 9263, 9314. Par Jésus est signifié le Divin Bien, et par Christ le Divin Vrai, et par l'un et l'autre le Mariage Divin dans le Ciel, ce qui est le Mariage du Divin Bien et du Divin Vrai, Nos 3004, 3005, 3009. Dans chacune des choses de la Parole, dans son Sens Interne, il y a ce Mariage, par conséquent le Seigneur quant au Divin Bien et au Divin Vrai, N° 5502. Le Mariage du Bien et du Vrai d'après le Seigneur dans le Ciel et dans l'Église, c'est ce qui est appelé Mariage Céleste, Nos 2508, 2618, 2803, 3004, 3211, 3952, 6179. Ainsi, sous ce rapport, la Parole est une sorte de Ciel, Nos 2173, 10126. Le Ciel est assimilé au Mariage, dans la Parole, d'après le Mariage du bien et du vrai là, Nos 2758, 3132, 4434, 4835.

Le Sens interne est la Doctrine même de l'Église, Nos 9025, 9430, 10400. Ceux qui comprennent la Parole selon le sens interne connaissent la vraie Doctrine même de l'Église, parce que le Sens interne la contient, Nos 9025, 9430, 10400. L'Interne de la Parole est aussi l'Interne de l'Église, et pareillement l'Interne du Culte, N° 10460. La Parole est la Doctrine de l'amour envers le Seigneur et de la charité à l'égard du prochain, Nos 3419, 3420.

La Parole dans la lettre est comme une Nuée, et dans le Sens Interne elle est une Gloire, — Préf. de la Gen., Chap.

XVIII, — et Nos 5622, 6343, où sont expliquées ces paroles : *Le Seigneur doit venir dans les Nuées du Ciel avec Gloire*. La Nuée aussi, dans la Parole, signifie la Parole dans le sens de la lettre, et la Gloire la Parole dans le Sens interne, — Préf. Ch. XVIII. Gen. — et Nos 4060, 4391, 5922, 6343, 6752, 8106, 8781, 9430, 10551, 10574. Les choses qui sont dans le sens de la lettre sont, par rapport à celles que renferme le sens interne, comme ces traits grossièrement projetés autour d'un cylindre optique poli, d'après lesquels cependant se présente dans le cylindre une belle image d'homme, N° 1871. Ceux qui ne veulent et ne reconnaissent que le Sens de la lettre sont représentés dans le Monde spirituel par une Vieille décrépite ; mais ceux qui veulent et reconnaissent en même temps le Sens interne sont représentés par une Vierge décemment vêtue, N° 1774. La Parole dans tout le complexe est l'image du Ciel, parce que la Parole est le Divin Vrai, et que le Divin Vrai fait le Ciel ; et comme le Ciel ressemble à un Homme, la Parole est sous ce rapport comme l'image d'un homme, N° 1871. *Voir* dans le Traité DU CIEL ET DE L'ENFER, que le Ciel dans un seul complexe ressemble à un homme, Nos 59 à 67 ; et que le Divin Vrai procédant du Seigneur fait le Ciel, Nos 126 à 140, 200 à 212. La Parole se présente devant les Anges avec beauté et avec charme, Nos 1767, 1768. Le Sens de la lettre est comme le corps, et le Sens interne est comme l'âme de ce corps, N° 8943. De là, la Parole a la vie par le Sens interne, Nos 1405, 4857. La Parole est pure dans le Sens interne, et elle n'apparaît pas ainsi dans le Sens de la lettre, Nos 2362, 2395. Les choses qui sont dans le Sens de la lettre de la Parole sont saintes par les choses internes, Nos 10126, 10728.

Dans les Historiques de la Parole, il y a aussi un sens interne, mais il est au dedans de ces historiques, N° 4989. Ainsi, les Historiques de la Parole, de même que les Prophétiques, contiennent des arcanes du ciel, Nos 755, 1659, 1709, 2310, 2333. Les Anges les perçoivent non pas historiquement, mais spirituellement, N° 6884. Les arcanes intérieurs qui sont dans les Historiques se présentent moins clairement à l'homme que ceux qui sont dans les Prophétiques ; pourquoi, Nos 2176, 6597.

Quel est, en outre, le Sens Interne de la Parole ; démontré,

Nos 1756, 1984, 2004, 2663, 3035, 7089, 10604, 10614; et illustré par des comparaisons, N° 1873.

261. — *La Parole a été écrite par des Correspondances, et ainsi par des Représentatifs.* La Parole, quant au Sens de la lettre, a été écrite par de pures Correspondances, ainsi par des choses qui représentent et signifient les spirituels appartenant au Ciel et à l'Église, Nos 1404, 1408, 1409, 1540, 1619, 1659, 1709, 1783, 2179, 2763, 2899. Cela a été fait à cause du Sens interne dans chacune des choses de la Parole, N° 2899 ; ainsi, à cause du Ciel, parce que ceux qui sont dans le Ciel comprennent la Parole, non pas selon le Sens de sa lettre, qui est naturel, mais selon le Sens interne, qui est spirituel, N° 2899. Le Seigneur a parlé par des Correspondances, par des Représentatifs et des Significatifs, parce qu'il parlait d'après le Divin, Nos 9048, 9063, 9086, 10126, 10728. Ainsi le Seigneur a parlé en même temps devant le Monde et devant le Ciel, Nos 2533, 4807, 9048, 9063, 9086. Les choses que le Seigneur a prononcées ont rempli tout le Ciel, N° 4637. Les Historiques de la Parole sont des représentatifs, les mots sont des significatifs, Nos 1540, 1659, 1709, 1783, 2686. Pour qu'il y eût par la Parole communication et conjonction avec les Cieux, elle ne pouvait pas être écrite dans un autre style, Nos 2899, 6943, 9481. Combien se trompent grossièrement ceux qui méprisent la Parole à cause du style en apparence simple et peu poli, et qui pensent qu'ils auraient reçu la Parole, si elle eût été écrite dans un autre style, N° 8783. La manière d'écrire et le style, chez les Très-Anciens, étaient aussi par Représentatifs et par Significatifs, Nos 605, 1756, 9942. Les Sages Anciens faisaient leurs délices de la Parole, parce qu'ils y trouvaient des Représentatifs et des Significatifs ; prouvé par l'expérience, Nos 2592, 2593. Si l'homme de la Très-Ancienne Église eût lu la Parole, il aurait vu clairement les choses qui sont dans le Sens interne, et obscurément celles qui sont dans le Sens externe, N° 4493. Les fils de Jacob ont été amenés dans la terre de Canaan, parce que dans cette terre tous les lieux, dès les temps très-anciens, étaient devenus représentatifs, Nos 1585, 3686, 4447, 5136, 6516; et par conséquent afin que là fût écrite une Parole, dans laquelle ces lieux devaient être mentionnés à cause du Sens interne, Nos 3686, 4447, 5136, 6516. Mais néanmoins la Parole a été

changée quant au Sens externe à cause de cette Nation, mais non quant au Sens interne, Nos 10453, 10461, 10603, 10604. Afin qu'on sache ce que sont et quels sont les Correspondances et les Représentatifs dans la Parole, il en sera dit aussi quelque chose.

Toutes les choses qui correspondent représentent aussi, et par suite signifient, de sorte que les Correspondances et les Représentations sont un, Nos 2179, 2896, 2897, 2987, 2989, 2990, 3002, 3225. Ce que sont les Correspondances et les Représentations ; montré par l'expérience et par des exemples, Nos 2763, 2987 à 3002, 3213 à 3226, 3337 à 3352, 3472 à 3485, 4218 à 4228, 9280. La science des Correspondances et des Représentations a été la principale science chez les Anciens, Nos 3021, 3419, 4280, 4749, 4844, 4964, 4966, 6004, 7729, 10252 ; surtout chez les Orientaux, Nos 5702, 6692, 7097, 7779, 9391, 10252, 10407 ; en Égypte plus que dans les autres contrées, Nos 5702, 6692, 7097, 7779, 9391, 10407 ; et aussi chez les Gentils, par exemple, dans la Grèce et ailleurs, Nos 2762, 7729. Mais aujourd'hui elle est au nombre des Sciences entièrement perdues, surtout en Europe, Nos 2894, 2895, 2994, 3630, 3632, 3747, 3748, 3749, 4581, 4966, 10252. Néanmoins cette Science l'emporte sur toutes les sciences, puisque sans elle on ne comprend pas la Parole, on ignore ce qui signifient les Rites de l'Église Judaïque dont il est parlé dans la Parole, on ne sait pas quel est le Ciel, ni ce que c'est que le Spirituel, ni comment l'Influx spirituel agit dans le naturel, ni plusieurs autres choses, No 4280, et *aux endroits ci-dessus cités*. Toutes les choses qui apparaissent chez les Anges et chez les Esprits sont des Représentatifs selon les Correspondances des choses qui appartiennent à l'amour et à la foi, Nos 1971, 3213 à 3226, 3475, 3485, 9481, 9574, 9576, 9577. Les Cieux sont pleins de Représentatifs, Nos 1521, 1532, 1619. Les représentatifs existent d'autant plus beaux, et d'autant plus parfaits, qu'ils sont plus intérieurement dans les Cieux, No 3475. Les Représentatifs y sont des apparences réelles, parce qu'ils sont produits par la Lumière du Ciel qui est le Divin Vrai ; et ce Vrai est l'essentiel même de l'existence de toutes choses, No 3485.

Si toutes choses, en général et en particulier, qui sont dans le Monde Spirituel, sont représentées dans le Monde

Naturel, c'est parce que l'Interne se revêt de choses qui lui conviennent dans l'Externe, et par lesquelles il se rend visible et se manifeste, Nos 6275, 6284, 6299 Ainsi la fin se revêt de choses qui lui conviennent pour se fixer comme cause dans une sphère inférieure, et ensuite pour se fixer comme effet dans une sphère encore plus inférieure ; et lorsque par la cause la fin devient effet, elle devient visible ou se manifeste devant les yeux, N° 5711. Ceci est illustré par l'Influx de l'âme dans le corps ; à savoir, en ce que dans le corps l'âme se revêt de choses par lesquelles tout ce qu'elle pense et veut peut se manifester et se présenter visiblement ; aussi la pensée, quand elle coule dans le corps est-elle représentées par des gestes et des affections qui correspondent, N° 2988. Les affections qui appartiennent au mental sont représentées d'une manière manifeste sur la face par ses différentes expressions, au point qu'on les y voit, Nos 4791 à 4805, 5695. Il est évident d'après cela que, dans toutes les choses de la nature, en général et en particulier, il y a intérieurement cachées une Cause et une Fin venant du Monde Spirituel, Nos 3562, 5711 ; puisque les choses qui sont dans la Nature, sont les derniers effets dans lesquels des antérieurs sont contenus, Nos 4240, 4939, 5051, 6275, 6284, 6299, 9216. Les Internes sont les choses qui sont représentées, et les Externes, celles qui représentent, N° 4292.

Comme toutes choses dans la Nature sont représentatives des spirituels et des célestes, c'est pour cela que, dans les temps Anciens, il y eut des Églises dans lesquelles tous les Externes, qui étaient les Rites, ont été représentatifs ; ces Églises pour cette raison ont été appelées Églises Représentatives, Nos 519, 521, 2896. L'Église chez les Fils d'Israël a été instituée Église Représentative, Nos 1003, 2179. 10149. Tous les Rites y étaient des Externes qui représentaient des Internes appartenant au Ciel et à l'Église, Nos 4288, 4874. Les Représentatifs de l'Église et du Culte ont cessé quand le Seigneur est venu dans le monde, parce que le Seigneur a ouvert les Internes de l'Église, et parce que tous les Externes de l'Église dans le sens suprême Le concernaient, N° 4832.

262. *Du Sens littéral ou Externe de la Parole.* Le Sens littéral de la Parole est conforme aux apparences dans le Monde, Nos 589, 926, 2719, 2720, 1832, 1874, 2242, 2520, 2533 ; et à

la portée des simples, Nos 2533, 9048, 9063, 9086. La Parole dans le sens de la lettre est naturelle, N° 8783 ; et cela, parce que le naturel est le dernier dans lequel se terminent les spirituels et les célestes, et sur lequel ils subsistent, comme une maison sur son fondement ; autrement, le sens interne sans l'externe serait comme une maison sans fondement, Nos 9360, 9430, 9824, 9433, 10044, 10436. La Parole, parce qu'elle est telle, est le contenant du sens spirituel et du sens céleste, N° 9407 ; et parce qu'elle est telle, elle est le saint Divin dans le sens de la lettre, quant à tout ce qu'elle renferme en général et en particulier, jusqu'à chaque iota, Nos 639, 680, 1869, 1870, 9198, 10321, 10637. Les lois portées pour les Fils d'Israël, quoique abrogées, sont toujours la sainte Parole, à cause du sens interne qui est en elles, Nos 9211, 9259, 9549. Parmi les Lois, les Jugements et les Statuts pour l'Église Israélite et Juive, qui était une Église Représentative, il y en a qui sont encore en vigueur dans l'un et l'autre sens, l'Externe et l'Interne ; il y en a qui doivent être entièrement observés selon le sens Externe ; il y en a qui peuvent être mis en usage, si on le juge convenable ; et il y en a qui sont entièremen abrogés ; *voir* lesquels, N° 9349. La Parole est Divine, même quant aux choses qui ont été abrogées, N° 10637.

Quelle est la Parole dans le sens de la lettre, si elle n'est pas comprise en même temps quant au sens interne, ou, ce qui est la même chose, selon la vraie doctrine tirée de la Parole, N° 10402. Des hérésies surgissent en nombre immense du sens de la lettre sans le sens interne, ou sans la Doctrine Réelle tirée de la Parole N° 10400. Ceux qui sont dans l'Externe sans être dans l'Interne ne supportent pas les intérieurs de la Parole, N° 10694. Les Juifs ont été tels, et ils sont encore tels aujourd'hui, Nos 301, 302, 303, 3479, 4429, 4433, 4680, 4844, 4847, 10396, 10401, 10407, 10694, 10701, 10707.

263. *Le Seigneur est la Parole.* Dans le sens intime de la Parole, il s'agit uniquement du Seigneur, et là sont décrits tous les états de la glorification de son Humain, c'est-à-dire, de l'union avec le Divin Même, et en même temps tous les états de la subjugation des Enfers, et de l'ordination de toutes les choses qui sont dans les Enfers et dans les Cieux, Nos 2249, 7014. Ainsi dans ce sens est décrite toute la vie du

Seigneur dans le Monde, et par là il y a présence continuelle du Seigneur chez les Anges, N° 2523. Par conséquent le Seigneur Seul est dans l'intime de la Parole, et c'est de là que viennent le Divin et le Saint de la Parole, Nos 1873, 9357. Ces Paroles du Seigneur, que tout ce qui a été écrit de Lui a été accompli, signifient que toutes les choses qui sont dans le sens intime ont été accomplies, N° 7933.

La Parole signifie le Divin Vrai, Nos 4692, 5075, 9987. Le Seigneur est la Parole, parce qu'il est le Divin Vrai, N° 2533. Le Seigneur est la Parole, parce qu'aussi la Parole vient de Lui et traite de Lui, N° 2859 ; et qu'elle traite du Seigneur Seul dans le sens intime, ainsi le Seigneur Lui-Même est dans ce sens, Nos 1873, 9357 ; et parce que dans toutes et dans chacune des choses de la Parole il y a le Mariage du Divin Bien et du Divin Vrai, Nos 3004, 5502. Jésus est le Divin Bien, et Christ est le Divin Vrai, Nos 3004, 3005, 3009. Le Divin Vrai est le réel unique, et ce dans quoi il est, venant du Divin, est le substantiel unique, Nos 5272, 6880, 7004, 8200. Et comme le Divin Vrai procédant du Seigneur est la Lumière dans le Ciel, et que le Divin Bien est la Chaleur dans le Ciel, et comme par eux toutes choses y existent, et que le Monde naturel existe par le Ciel ou par le Monde spirituel, il est évident que toutes les choses qui ont été créées l'ont été par le Divin Vrai, par conséquent par la Parole, selon ces expressions dans Jean : « *Au commencement était la Parole, et la Parole était chez Dieu, et Dieu elle était, la Parole ! et par Elle ont été faites toutes les choses qui ont été faites ; et* LA PAROLE CHAIR A ÉTÉ FAITE. » (I. 1, 2, 3, 14.) Nos 2803, 2894, 5272, 6880. De plus, sur la Création de toutes choses par le Divin Vrai, ainsi par le Seigneur, *voir* dans le Traité DU CIEL ET DE L'ENFER, N° 137 ; et plus pleinement dans deux Articles de ce Traité, Nos 116 à 125, et Nos 126 à 140.

Il y a par la Parole, au moyen du sens interne, conjonction du Seigneur avec l'homme, N° 10375. Il y a conjonction par toutes et par chacune des choses de la Parole, et c'est de là que la Parole est admirable plus que tout autre écrit, Nos 10632, 10633, 10634. Depuis que la Parole a été écrite, le Seigneur parle par elle avec les hommes, N° 10290.

264. *De ceux qui sont contre la Parole.* De ceux qui méprisent, tournent en ridicule, blasphèment et profanent la Parole, N° 1878. Quels ils sont dans l'autre vie, N°s 1761, 9222. Ils représentent les viscosités du Sang, N° 5719. Combien de dangers résultent de la profanation de la Parole, N°s 571, 582. Combien il est nuisible de confirmer par la Parole les principes du faux, et surtout les principes qui favorisent l'amour de soi et l'amour du monde. N° 589. Ceux qui ne sont dans aucune affection du vrai pour le vrai rejettent entièrement le sens interne de la Parole, et éprouvent du dégoût pour lui ; prouvé par l'expérience, N° 5702. De quelques-uns, dans l'autre vie, qui ont rejeté les intérieurs de la Parole ; ils sont privés de la rationalité, N° 1879.

265. *Diverses autres choses concernant la Parole.* Le mot Parole dans la Langue Hébraïque a différentes significations ; il signifie Discours, Pensée du mental, toute chose qui existe réellement, et aussi quelque chose, N° 9987. La Parole signifie le Divin Vrai et le Seigneur, N°s 4692, 5075, 9987. Les Paroles signifient les Vrais, N°s 4692, 5075 ; elles signifient les Doctrinaux, N° 1288. Les Dix paroles signifient tous les Vrais Divins, N° 10688. Elles signifient les choses qui existent réellement, N°s 1785, 5075, 5272.

Il y a dans la Parole, surtout dans la Parole Prophétique, deux expressions d'une même chose ; l'une se réfère au bien et l'autre au vrai, qui ainsi sont conjoints, N°s 683, 707, 2516, 8339. Ce n'est que par le sens interne de la Parole qu'on peut savoir quelle expression se rapporte au bien, et quelle expression se rapporte au vrai, parce qu'il y a des mots particuliers pour exprimer les choses qui appartiennent au bien, et des mots particuliers pour exprimer celles qui appartiennent au vrai, N°s 793, 801 ; et cela au point qu'on reconnaît par le seul emploi des mots, si c'est du bien ou si c'est du vrai qu'il s'agit; N° 2722. Quelquefois aussi l'une des expressions enveloppe le commun, et l'autre quelque chose de déterminé d'après le commun, N° 2212. Il y a dans la Parole une espèce de réciprocation ; il en est parlé, N° 2240. La plupart des choses, dans la Parole, ont aussi le sens opposé, N° 4816. Le Sens interne suit d'une manière attributive son sujet, N° 4502.

Ceux qui ont mis leur plaisir dans la Parole reçoivent

dans l'autre vie la chaleur du Ciel dans laquelle est l'amour céleste, suivant la qualité et la quantité du plaisir d'après l'amour, N° 1773.

266. *Quels sont les Livres de la Parole.* Les Livres de la Parole sont tous ceux qui ont le Sens Interne ; mais les livres qui n'ont pas ce sens ne sont point la Parole. Les Livres de la Parole dans l'Ancien Testament sont : Les cinq Livres de Moïse, le Livre de Josué, le Livre des Juges, les deux Livres de Samuel, les deux Livres des Rois, les Psaumes de David ; les Prophètes, Ésaïe, Jérémie, les Lamentations, Ézéchiel, Daniel, Hosée, Joel, Amos, Obadie, Jonas, Michée, Nahum, Habakuk, Séphanie, Haggée, Zacharie, Malachie : et, dans le Nouveau Testament, les quatre Évangélistes, Matthieu, Marc, Luc, Jean ; et l'Apocalypse. Les autres Livres n'ont point le Sens Interne, N° 10325.

DE LA PROVIDENCE.

267. Le Gouvernement du Seigneur dans les Cieux et dans les Terres est appelé Providence ; et comme tout bien qui appartient à l'amour et tout vrai qui appartient à la foi, d'après lesquels il y a le salut, procèdent du Seigneur, et qu'il n'en vient absolument rien de l'homme, il est bien évident que la Divine Providence du Seigneur est dans toutes et dans chacune des choses qui contribuent au salut du Genre Humain : le Seigneur l'enseigne ainsi dans Jean : « *Moi, je suis le chemin, la Vérité et la Vie.* » — XIV. 6 : — et ailleurs : « *Comme le sarment ne peut porter du fruit par soi-même, s'il ne demeure dans le cep, de même vous non plus, si vous ne demeurez en Moi ; sans Moi vous ne pouvez faire rien.* » — XV. 4. 5.

268. La Providence Divine du Seigneur existe quant aux plus petits singuliers de la vie de l'homme, car il n'y

a qu'une source unique de la vie, c'est le Seigneur, d'après Lequel nous sommes, nous vivons et nous agissons.

269. Ceux qui pensent sur la Providence Divine d'après les choses mondaines, en concluent qu'elle est seulement universelle, et que les singuliers dépendent de l'homme ; mais ceux-là ne connaissent pas les arcanes du ciel ; car ils ne tirent leurs conclusions que des amours de soi et du monde et de leurs voluptés ; lors donc qu'ils voient les méchants s'élever aux honneurs et acquérir plus de richesses que les bons, et qu'ils voient aussi les méchants réussir dans leurs artifices, ils disent dans leur cœur qu'il n'en serait pas ainsi, si la Divine Providence était dans toutes et dans chacune des choses; mais ces hommes ne considèrent pas que la Providence Divine a en vue, non pas ce qui passe en peu de temps et prend fin avec la vie de l'homme dans le monde, mais ce qui demeure éternellement, par conséquent ce qui n'a point de fin. Ce qui n'a point de fin, cela Est; mais ce qui a une fin, cela relativement n'Est point ; que celui qui le peut, considère si cent mille ans sont quelque chose en comparaison de l'éternité, et il percevra qu'ils ne sont rien ; qu'est-ce alors que quelques années de vie dans le monde ?

270. Quiconque est judicieux peut savoir que la Prééminence et l'Opulence dans le monde ne sont point de réelles Bénédictions Divines, quoique l'homme, par l'agrément qu'il y trouve, les appelle ainsi, car elles passent et aussi séduisent beaucoup de personnes, et détournent du Ciel, mais que la vie éternellle et sa félicité sont de réelles Bénédictions qui procèdent du Divin : c'est même ce que le Seigneur enseigne dans Luc : « *Faites-vous un trésor dans les Cieux, qui ne s'épuise pas, où le voleur n'approche point, et où la*

teigne ne corrompt point; car où est votre trésor, là aussi sera votre cœur. » — XII. 33, 34.

271. Si les méchants réussissent dans leurs artifices, c'est parce qu'il est de l'ordre Divin que chacun fasse d'après la raison ce qu'il fait, et aussi le fasse d'après le libre ; si donc il n'avait pas été laissé à l'homme de faire selon sa raison d'après le libre, et par conséquent aussi si les artifices qui en proviennent ne réussissaient pas, l'homme ne pourrait nullement être disposé à recevoir la vie éternelle, car cette vie est insinuée lorsque l'homme est dans le libre et que sa raison est illustrée ; personne, en effet, ne peut être contraint au bien, parce que rien de ce qui a été contraint ne s'attache, car cela n'appartient point à l'homme ; ce qui est fait d'après le libre selon sa raison devient chose de l'homme même, car d'après le libre se fait ce qui vient de la volonté ou de l'amour, et la volonté ou l'amour est l'homme même ; si l'homme était contraint à ce qu'il ne veut pas, il inclinerait toujours en intention vers ce qu'il veut ; et en outre, chacun tend à ce qui est défendu ; et cela, par une cause latente, parce qu'il tend au libre ; de là il est évident que si l'homme n'était pas tenu dans le libre, il ne pourrait pas être pourvu pour lui au bien.

272. Laisser à l'homme de penser, de vouloir, et autant que les lois ne les défendent pas, de faire le mal, d'après son libre, cela est appelé Permettre.

273. Être conduit aux choses heureuses dans le monde par habileté semble à l'homme comme si cela provenait de la propre prudence, mais toujours est-il que la Divine Providence accompagne sans cesse en permettant et en détournant continuellement du mal : au contraire, être conduit aux choses heureuses dans le Ciel, on sait

et l'on perçoit que ce n'est pas d'après la propre prudence, parce que cela vient du Seigneur, et est fait d'après sa Divine Providence en disposant et en conduisant continuellement au bien.

274. Que cela soit ainsi, l'homme ne le peut saisir d'après la lueur de la nature, car par cette lueur il ne connaît pas les lois de l'ordre Divin.

275. Il faut qu'on sache qu'il y a Providence et Prévoyance, c'est au bien qu'il est Pourvu par le Seigneur, et c'est le mal qui est Prévu par le Seigneur ; l'une doit être avec l'autre, car ce qui vient de l'homme n'est autre que le mal et ce qui vient du Seigneur n'est autre que le bien.

D'après les Arcanes Célestes.

Puisque tout bien, auquel il est pourvu pour l'homme par le Seigneur, influe, il faudra aussi, dans ce qui suit, rapporter d'après les *Arcanes Célestes* des choses qui concernent l'INFLUX : et comme le Seigneur pourvoit à toutes choses selon l'Ordre Divin, il faudra également en rapporter qui concernent l'ORDRE.

276. *De la Providence.* La Providence est le Gouvernement du Seigneur dans les Cieux et dans les Terres, N° 10773. Le Seigneur d'après la Providence gouverne toutes choses selon l'Ordre, et par conséquent le Gouvernement selon l'Ordre est la Providence, N°s 1755, 2447. Et il gouverne toutes choses ou par Volonté, ou par Indulgence, ou par Permission, ainsi sous un rapport différent selon la qualité chez l'homme, N°s 1755, 2447, 3704, 9940. La Providence agit d'une manière invisible, N° 5508. La plupart des choses qui sont faites d'après la Providence apparaissent à l'homme comme contingentes, N° 5508. Si la Providence agit d'une manière invisible, c'est afin que l'homme ne soit pas par des choses visibles contraint de croire, et par consé-

quent afin que son libre ne soit pas blessé ; car si l'homme n'a pas le libre, il ne peut pas être réformé, ni par conséquent être sauvé, Nos 1937, 1947, 2876, 2881, 3854, 5508, 5982, 6477, 8209, 8987, 9588, 10409, 10777. La Providence Divine considère non pas les choses temporelles qui passent vite, mais les choses éternelles, Nos 5264, 8717, 10776 ; illustré, N° 6491. Ceux qui ne saisissent pas cela croient que les richesses et les dignités dans le Monde sont les seules choses auxquelles il est pourvu ; en conséquence ils les appellent des Bénédictions Divines, et cependant elles ne sont point considérées par le Seigneur comme des Bénédictions, mais seulement comme des moyens pour la vie de l'homme dans le monde ; mais le Seigneur considère les choses qui conduisent à la félicité éternelle de l'homme, Nos 10409, 10776. Ceux qui sont dans la Divine Providence du Seigneur sont portés en toutes choses, en général et en particulier, vers des félicités pour l'éternité, Nos 8478, 8480. C'est ce que ne pensent pas, et ne saisissent pas, ceux qui attribuent toutes choses à la nature et à la propre prudence, et rien au Divin, Nos 6484, 10409, 10775.

La Divine Providence du Seigneur n'est pas, comme on le croit dans le monde, universelle seulement ; et les particuliers ou singuliers ne dépendent pas de la prudence chez l'homme, Nos 8717, 10775. L'universel n'existe que d'après des singuliers et avec eux, puisque les singuliers pris ensemble sont appelés l'Universel, de même que les particuliers pris ensemble sont appelés le Commun, Nos 1919, 6159, 6338, 6482, 6483, 6484. Tels sont les singuliers dont est composé et avec lesquels existe l'universel, tel est cet universel, Nos 917, 1040, 6483, 8857. La Providence du Seigneur est universelle, parce qu'elle est dans les très-singuliers, Nos 1919, 2694, 4329, 5122, 5949, 6058, 6481 à 6486, 6490, 7004, 7007, 8717, 10774 ; confirmé d'après le Ciel, N° 6486. Si la Providence Divine du Seigneur n'était pas universelle d'après les très-singuliers et dans les très-singuliers, rien ne pourrait subsister, N° 6338. Par là toutes choses ont été disposées dans l'ordre, et sont tenues dans l'ordre, dans le commun et dans la partie, N° 6338. Comment cela a lieu comparativement avec un Roi sur la terre, Nos 6482, 10800. La propre prudence de l'homme est comme un grain de sable dans l'univers, et la Providence Divine est respectivement comme l'univers lui-même, N° 6485. Les hommes dans le monde saisissent difficilement qu'il en soit ainsi, N°s 8717, 10775, 10780 ; parce qu'un grand nombre d'illusions les assaillent et les aveuglent, N° 6481. D'un certain homme, dans l'autre vie, qui dans le monde avait cru par confirmation que toutes choses dépendaient de la propre prudence, et que rien n'appartenait à la Providence Divine ; tout chez lui apparaissait infernal, N° 6484.

Quelle est la Providence du Seigneur par rapport aux maux, N°s 6481, 6495, 6574, 10777, 10779. Les maux sont régis par le Seigneur au moyen des Lois de permission, et sont permis à cause de l'ordre, N°s 8700, 10778. La permission du mal par le Seigneur n'est pas comme de quelqu'un qui veut, mais comme de quelqu'un qui ne veut pas, et qui ne peut porter secours à cause de l'urgence de la fin, qui est la salvation, N° 7877. Laisser à l'homme de penser et de vouloir le mal d'après son libre, et de le faire en tant que les lois ne le défendent pas, c'est permettre, N° 10778. Sans le libre, ainsi sans cette permission, l'homme ne peut pas être réformé, ni par conséquent être sauvé ; *voir* ci-dessus dans la Doctrine sur le LIBRE, N°s 141 à 149.

Il y a chez le Seigneur la Providence et la Prévoyance, et l'une n'est pas sans l'autre, N°s 5195, 6489. Le Seigneur pourvoit au bien et prévoit le mal, N°s 5155, 5195, 6489, 10781.

Il n'y a point de Prédestination ou de Destin, N° 6487. Tous ont été prédestinés pour le Ciel, et nul ne l'a été pour l'Enfer, N° 6488. Il n'y a chez l'homme aucune nécessité absolue provenant de la Providence, mais il y a pleine liberté ; illustré par une comparaison, N° 6487. Par les Élus, dans la Parole, sont entendus ceux qui sont dans la vie du bien, et de là dans la vie du vrai, N°s 3755, 3900, 5057, 5058. Comment doivent être entendues ces paroles, *Dieu a fait rencontrer sous la main.* — Exod. XXI. 13, — N° 9010.

La Fortune qui, dans beaucoup de circonstances dans le monde, paraît admirable, est l'opération de la Divine Providence dans le dernier de l'ordre, selon l'état de l'homme, et elle peut servir à confirmer que la Divine Providence est dans les très-singuliers de toutes choses, Nos 5049, 5179, 6493, 6494. Elle vient du Monde spirituel, et de là proviennent ses variations ; aussi d'après l'expérience, Nos 5179, 6493, 6494.

277. *De l'Influx*. De l'Influx du Ciel dans le Monde, et de l'Influx de l'âme dans toutes les choses du corps ; d'après l'expérience, 6053 à 6058, 6189 à 6215, 6307 à 6327, 6466 à 6495, 6598 à 6626. Rien n'existe par soi, mais par un antérieur à soi, ainsi toutes choses existent par un Premier, Nos 4523, 4524, 6040, 6056. De même que toutes choses ont existé, de même elles subsistent, parce que la subsistance est une perpétuelle existence, Nos 2886, 2888, 3627, 3628, 3648, 4523, 4524, 6040, 6056. Selon cet ordre se fait l'influx, No 7270. De là, il est évident que toutes choses subsistent perpétuellement par le Premier Être, parce qu'elle ont existé par Lui, Nos 4523, 4524, 6040, 6056. Le tout de la vie influe du Premier, parce qu'il en dérive, par conséquent influe du Seigneur, Nos 3001, 3318, 3337, 3338, 3344, 3484, 3628, 3741, 3742, 3743, 4318, 4319, 4320, 4417, 4524, 4882, 5847, 5986, 6325, 6468, 6469, 6470, 6479, 9276, 10196. Tout Exister vient d'un Être, et rien ne peut Exister, à moins qu'en Lui il n'y ait son Être, Nos 4523, 4524, 6040, 6056.

Toutes les choses que l'homme pense et qu'il veut lui viennent par influx ; prouvé par l'expérience, Nos 904, 2886, 2887, 2888, 4151, 4319, 4320, 5846, 5848, 6189, 6191, 6194, 6197, 6198, 6199, 6213, 7147, 10219. Si l'homme peut considérer les choses, penser et analytiquement conclure, c'est d'après l'influx, Nos 2888, 4319, 4320. L'homme ne pourrait vivre un seul moment, si l'influx provenant du monde spirituel lui était ôté ; et néanmoins l'homme est dans le libre ; prouvé par l'expérience, Nos 2887, 5849, 5854, 6321. La vie qui influe du Seigneur est variée selon l'état de l'homme, et selon la réception, Nos 2069, 5986, 6472, 7343. Chez les méchants le bien qui influe du Seigneur est changé en mal, et le vrai en faux ; prouvé par l'expérience, Nos 3643, 4632. Le bien et le vrai, qui influent continuellement du Seigneur, ne sont reçus qu'autant que le mal et le faux ne font point obstacle, Nos 2411, 3142, 3147, 5828.

Tout bien influe du Seigneur, et tout mal influe de l'enfer, Nos 904, 4151. L'homme croit aujourd'hui que toutes choses sont en lui et viennent de lui, lorsque cependant elles influent, et ceci, il le sait d'après le doctrinal de l'Église, qui enseigne que tout bien vient du Ciel et que tout mal vient de l'Enfer, Nos 4249, 6193, 6206 ; mais s'il croyait, ainsi que la chose est réellement, il ne s'approprierait pas le mal, car il le rejetterait de lui vers l'enfer, et il ne ferait pas sien le bien et n'en tirerait par conséquent aucun mérite, Nos 6206, 6324, 6325. Combien alors l'état de l'homme serait heureux ! car de l'intérieur il verrait par le Seigneur et le bien et le mal, No 6325. Ceux qui nient le Ciel, ou ne savent rien du ciel, ignorent qu'il y ait quelque influx qui en vienne, Nos 4322, 5649, 6193, 6479. Ce que c'est que l'Influx ; illustré par des comparaisons, Nos 6128, 6323, 9407.

L'Influx est spirituel, et non pas physique, ainsi l'Influx vient du Monde Spirituel dans le Monde Naturel, et non du Monde Naturel dans le Monde Spirituel, Nos 3219, 5119, 5259, 5427, 5428, 5477, 6322, 9109, 9110. Il y a influx par l'homme Interne dans l'homme Externe, et non *vice versâ*, Nos 1702, 1707, 1940, 1954, 5119, 5259, 5779, 6322, 9380 ; parce que l'homme Interne est dans le Monde Spirituel, et l'homme Externe dans le Monde Naturel, Nos 978, 1015, 3628, 4459, 4523, 4524, 6057, 6309, 9701 à 9709, 10156, 10472. Il semble que l'Influx vienne des externes dans les internes, mais c'est une illusion, No 3721. Chez l'homme l'Influx est dans ses Rationnels, et par ceux-ci dans les Scientifiques, et non *vice versâ*, Nos 1495, 1707, 1940. Quel est l'ordre de l'Influx, Nos 775, 880, 1096, 1495, 7270.

L'Influx vient immédiatement du Seigneur, et aussi médiatement par le Monde spirituel ou le Ciel, Nos 6063, 6307, 6472, 9682, 9683. Il y a Influx immédiat du Seigneur dans les très-singuliers de toutes les choses, Nos 6058, 6474 à 6478, 8717, 8728. De l'Influx médiat du Seigneur par le Ciel, Nos 4067, 6982, 6985, 6996 ; il se fait par les Esprits et par les Anges qui sont adjoints à l'homme, Nos 697, 5846 à 5866. Le Seigneur par les Anges influe dans les fins, d'après lesquelles et pour lesquelles l'homme pense, veut et agit de telle ou telle manière, Nos 1317, 1645, 5846, 5854 ; et dans les choses qui appartiennent à la conscience chez l'homme, Nos 6207, 6213 ; mais, par les Esprits, dans les pensées et par suite dans les choses de la mémoire, Nos 4186, 5854, 5858,

6192, 6193, 6198, 6199, 6319. Cela peut difficilement être cru par l'homme, N° 6214. Le Seigneur influe dans les premiers et en même temps dans les derniers, ou dans les intimes et en même temps dans les extrêmes ; comment, Nos 5147, 5150, 6473, 7004, 7007, 7270. L'Influx du Seigneur est dans le bien chez l'homme, et par le bien dans le vrai, mais non *vice versâ*, Nos 5482, 5649, 6027, 8685, 8701, 10153. Le bien donne la faculté de recevoir du Seigneur l'influx, mais le vrai sans le bien ne la donne pas, N° 8321. Ce qui entre dans la pensée n'est en rien nuisible, mais ce qui entre dans la volonté peut être nuisible, parce que cela est approprié à l'homme, N° 6308. Le Divin dans les suprêmes est tacite et pacifique, mais à mesure qu'il descend vers les inférieurs chez l'homme, il devient impacifique et tumultueux, à cause des choses en désordre qui y sont, N° 8823. Influx du Seigneur chez les Prophètes ; quel il était, N° 6212.

Il y a un Influx commun ; il en est parlé, N° 5850. Cet Influx est un continuel effort d'agir selon l'Ordre, N° 6211. Cet Influx est dans les vies des animaux, N° 5850 ; et aussi dans les sujets du Règne végétal, N° 3648. C'est aussi selon l'Influx commun que la pensée tombe dans le langage, et la volonté dans les gestes chez l'homme, Nos 5862, 5990, 6192, 6211.

278. *De l'Influx de la vie chez l'homme en particulier.* Il y a une Vie unique, de laquelle tous vivent tant dans le Ciel que dans le Monde, Nos 1954, 2021, 2536, 2658, 2886 à 2889, 3001, 3484, 3742, 5847, 6467. Cette Vie vient du Seigneur Seul ; illustré par diverses choses, Nos 2886 à 2889, 3344, 3484, 4319, 4320, 4524, 4882, 5986, 6325, 6468, 6469, 6470, 9276, 10196. Le Seigneur est la Vie même, — *voir* Jean, I. 1, 4, V. 26. XIV. 6. — La Vie influe du Seigneur chez les Anges, les Esprits et les Hommes, d'une manière admirable, Nos 2886 à 2889, 3337, 3338, 3484, 3742. Le Seigneur influe par son Divin Amour, qui est tel, qu'il veut que ce qui lui appartient appartienne à un autre, Nos 3742, 4320. Tel est tout amour, par conséquent infiniment plus l'Amour Divin, Nos 1820, 1865, 2253, 6872. Par suite la vie apparaît comme dans l'homme, et non comme influant, Nos 3742, 4320. Si la vie apparaît comme dans l'homme, c'est aussi parce que la cause principale, qui est la vie influant du Seigneur, et la

cause instrumentale qui est la forme récipiente, font une seule cause, qui est sentie dans la cause instrumentale, N° 6325. Le principal de la sagesse et de l'intelligence des Anges est de percevoir et de savoir que le tout de la vie vient du Seigneur, N° 4318. De la joie des Anges, perçue et confirmée par leur conversation avec moi, de ce qu'ils vivent non d'après eux-mêmes mais d'après le Seigneur, N° 6469. Les méchants ne veulent pas être convaincus que la vie influe, N° 3743. Les doutes sur l'Influx de la vie procédant du Seigneur ne peuvent être éloignés, tant que règnent les illusions, l'ignorance et le négatif, N° 6479. Tous ceux de l'Église savent que tout bien et tout vrai viennent du Ciel, c'est-à-dire, de Dieu par le Ciel, et que tout mal et tout faux viennent de l'Enfer, et cependant le tout de la vie se réfère au bien et au vrai, et au mal et au faux, au point que sans eux il n'y a rien de la vie Nos 2893, 4151. C'est aussi ce que dicte le doctrinal de l'Église, puisé dans la Parole, N° 4249. Néanmoins l'homme ne croit point que la vie influe, N° 4249. Si la communication et le lien avec les esprits et les anges étaient ôtés, l'homme mourrait à l'instant même, N° 2887. De là, il est encore évident que le tout de la vie influe du Premier Être de la vie, parce qu'aucune chose n'a existé d'après soi, mais d'après des antérieurs à soi, ainsi toutes choses en général et en particulier d'après le Premier ; et parce que de même qu'une chose a existé, de même aussi elle subsiste absolument, puisque la subsistance est une perpétuelle existence, N° 4523, 4524 Les Anges, les Esprits et les Hommes ont été créés pour recevoir la vie, par conséquent sont seulement des formes récipientes de la vie, Nos 2021, 3001, 3318, 3344, 3484, 3742, 4151, 5114, 5986. Telle est la manière dont ils reçoivent, telles formes ils sont, Nos 2888, 3001, 3484, 5847, 5986, 6467, 6472. C'est pourquoi les hommes, les esprits et les anges sont tels que sont les formes récipientes de la vie influant du Seigneur, Nos 2888, 5847, 5986, 6467, 6472. L'homme a été créé de manière que dans ses intimes, et par suite dans les choses qui suivent en ordre, il puisse recevoir le Divin, être élevé vers le Divin, et être conjoint au Divin par le bien de l'amour et par les vrais de la foi, et que par conséquent il vive éternellement, ce qui n'a pas lieu pour les bêtes, N° 5114.

La vie influe aussi du Seigneur chez les méchants, par conséquent aussi chez ceux qui sont dans l'Enfer, Nos 2706, 3743, 4417, 10196 ; mais eux tournent le bien en mal, et le vrai en faux, ainsi la vie en mort spirituelle, car tel est l'homme, telle est la réception de la vie, Nos 4319, 4320, 4417. Les biens et les vrais influent aussi continuellement du Seigneur chez eux, mais ou ils les rejettent, ou ils les étouffent, ou ils les pervertissent, N° 3743. Ceux qui sont dans les maux et par suite dans les faux n'ont point la vie réelle ; quelle est leur vie, Nos 726, 4623, 7342, 10284, 10286.

279. *De l'Ordre*. C'est du Divin Vrai procédant du Seigneur que vient l'Ordre, et le Divin Bien est l'essentiel de l'Ordre, Nos 1728, 2258, 8700, 8988. Le Seigneur est l'Ordre, puisque le Divin Bien et le Divin Vrai procèdent du Seigneur, et même sont le Seigneur dans les cieux et dans les terres, Nos 1919, 2011, 5110, 5703, 10336, 10619. Les Divins Vrais sont les Lois de l'ordre, Nos 2447, 7995. Où est l'Ordre, là le Seigneur est présent ; mais où n'est point l'Ordre, là le Seigneur n'est point présent, N° 5703. Puisque le Divin Vrai est l'Ordre, et que le Divin Bien est l'essentiel de l'Ordre, c'est pour cela que toutes et chacune des choses dans l'univers se réfèrent au Bien et au Vrai, pour qu'elles soient quelque chose, parce qu'elles se réfèrent à l'Ordre, Nos 2452, 3166, 4390, 4409, 5232, 7256, 10122, 10555. Le Bien, parce qu'il est l'essentiel de l'Ordre, dispose les vrais dans l'Ordre, mais non *vice versâ*, Nos 3316, 3470, 4302, 5704, 5709, 6028, 6690. Le Ciel entier, quant à toutes les sociétés angéliques, a été disposé par le Seigneur selon son Ordre Divin, parce que le Divin du Seigneur chez les Anges fait le Ciel, Nos 6338, 7211, 9128, 9338, 10125, 10151, 10157. Par suite la Forme du Ciel est une Forme selon l'Ordre Divin, Nos 4040 à 4043, 6607, 9877.

Autant l'homme vit selon l'Ordre, ainsi autant il vit dans le bien selon les Divins Vrais qui sont les lois de l'Ordre, autant il est homme. N° 4839. Et même autant il vit ainsi, autant dans l'autre vie il apparaît comme un homme parfait et beau ; mais autant il ne vit pas ainsi, autant il apparaît comme un monstre, Nos 4839, 6605, 6626. De là, il est évident que c'est dans l'homme que toutes les choses de l'Ordre Divin ont été réunies, et que par création il est l'Ordre

Divin dans une forme, Nos 4219, 4220, 4223, 4523, 4524, 5114, 5850, 6013, 6057, 6605, 6626, 9706, 10156, 10472. Chaque Ange, parce qu'il est un récipient de l'Ordre Divin procédant du Seigneur, est dans une forme humaine, parfaite et belle selon la réception, Nos 322, 1880, 1881, 3633, 3804, 4622, 4735, 4797, 4985, 5199, 5530, 6054, 9879, 10177, 10594. Le Ciel Angélique dans tout le complexe est aussi dans une forme comme Homme ; et cela, parce que le Ciel entier, quant à toutes les sociétés angéliques qui y sont, a été disposé par le Seigneur selon l'ordre Divin, Nos 2996, 2998, 3624 à 3649, 3636 à 3643, 3741 à 3745, 4625. De là, il est évident que c'est du Divin Humain que procèdent toutes ces choses, Nos 2996, 2998, 3624 à 3649, 3741 à 3745. Il suit aussi de là, que le Seigneur est le seul Homme, et que ceux-là sont hommes qui reçoivent le Divin procédant de Lui, N° 1894. Autant ils le reçoivent, autant ils sont les images du Seigneur, N° 8547.

L'homme naît non pas dans le bien et le vrai, mais dans le mal et le faux, ainsi non pas dans l'Ordre Divin, mais dans le contraire de l'Ordre, et c'est de là qu'il naît dans une entière ignorance, et que par conséquent il doit de toute nécessité naître de nouveau, c'est-à-dire, être régénéré, ce qui se fait par les Divins Vrais procédant du Seigneur, et par la vie selon ses vrais, afin qu'il soit inauguré dans l'Ordre, et qu'ainsi il devienne homme, Nos 1047, 2307, 2308, 3518, 3812, 8480, 8550, 10283, 10284, 10286, 10731. Le Seigneur, quand il régénère l'homme, dispose toutes choses chez lui selon l'Ordre, c'est-à-dire, selon la forme du Ciel, Nos 5700, 6690, 9931, 10303. L'homme, qui est conduit par le Seigneur, est conduit selon l'Ordre Divin, N° 8512. Les intérieurs, qui appartiennent au mental, ont été ouverts pour le Ciel jusqu'au Seigneur à cet homme qui est dans l'Ordre Divin, et ont été fermés à celui qui n'est point dans l'Ordre Divin. N° 8513. Autant l'homme vit selon l'Ordre, autant il a d'intelligence et de sagesse, N° 2592.

Le Seigneur gouverne les premiers de l'Ordre et les derniers, les premiers d'après les derniers, et les derniers d'après les premiers, et ainsi il contient toutes choses dans un enchaînement et dans l'ordre, Nos 3702, 3739, 6040, 6056, 9828. De l'Ordre successif ; et du Dernier de l'Ordre, dans lequel les successifs sont ensemble aussi dans leur ordre, N°s 634, 3691, 4145, 5114, 5897, 6239, 6326, 6465, 8603, 9215, 9216, 9828, 9836, 10044, 10099, 10329, 10335.

Les maux et les faux sont contre l'Ordre, et toujours est-il qu'ils sont gouvernés par le Seigneur, non selon l'ordre, mais d'après l'ordre, N°s 4839, 7877, 10778. Les maux et les faux sont gouvernés par les lois de permission ; et cela, à cause de l'Ordre, N°s 7877, 8700, 10778. Ce qui est contre l'Ordre Divin est impossible ; par exemple, il est impossible que l'homme, qui vit dans le mal, puisse être sauvé d'après la seule Miséricorde ; il est impossible que, dans l'autre vie, les méchants puissent être consociés avec les bons ; et il en est de même de beaucoup d'autres choses, N° 8700.

Du Seigneur.

280. Il y a un seul Dieu, qui est Créateur de l'univers et Conservateur de l'univers, par conséquent qui est Dieu du Ciel et Dieu de la terre.

281. Il y a deux choses qui font la vie du ciel chez l'homme, le Bien de l'Amour et le Vrai de la foi ; cette vie vient de Dieu en l'homme, et il n'en vient absolument rien de l'homme ; c'est pourquoi le principal de l'Église est de reconnaître Dieu, de croire en Dieu, et de L'aimer.

282. Ceux qui sont nés au dedans de l'Église doivent reconnaître le Seigneur, son Divin et son Humain, croire en lui et L'aimer ; car du Seigneur procède tout salut : c'est ce qu'enseigne le Seigneur dans Jean » : *Celui qui croit au Fils a la vie éternelle ; mais celui qui ne croit pas au Fils ne verra point la vie, mais la colère de Dieu demeure sur lui.* » — III. 36 ; — dans le Même : « *C'est la volonté de Celui qui M'a envoyé, que quiconque voit le Fils, et croit en Lui, ait la vie éternelle:*

et je le ressusciterai au dernier jour. » — VI 40 ;
— dans le Même : « *Jésus dit : Moi, je suis la résurrection et la vie ; celui qui croit en Moi, bien qu'il meure, vivra ; mais quiconque vit et croit en Moi, ne mourra point durant l'éternité.* » — XI. 25. 26.

283. Ceux donc qui, au dedans de l'Eglise, ne reconnaissent point le Seigneur, ni son Divin, ne peuvent être conjoints à Dieu, ni par conséquent partager en aucune manière le sort des Anges dans le Ciel ; en effet, personne ne peut être conjoint à Dieu que par le Seigneur et dans le Seigneur. Que personne ne puisse être conjoint à Dieu que par le Seigneur, c'est ce que le Seigneur enseigne dans Jean : « *Dieu, personne ne le vit jamais ; L'Unique-Engendré Fils, qui est dans le sein du Père, Lui L'a exposé.* » — I. 18 ; — dans le Même : *Ni la voix du Père vous n'avez entendu jamais, ni son aspect vous n'avez vu.* » — V. 37 ; dans Matthieu : « *Personne ne connaît le Père que le Fils, et celui à qui le Fils aura voulu Le révéler.* » — XI. 27 ; — et dans Jean : « *Moi, je suis le chemin, la vérité et la vie ; personne ne vient au Père que par Moi.* » — XIV. 6. — Que personne ne puisse être conjoint à Dieu que dans le Seigneur, c'est parce que le Père est en Lui, et qu'ils sont un, comme il l'enseigne aussi dans Jean : « *Si vous me connaissez, mon Père aussi vous connaissez ; qui Me voit, voit le Père : Philippe, ne crois-tu pas que Moi* (je suis) *dans le Père, et que le Père* (est) *en Moi ? Croyez-Moi, que Moi* (je suis) *dans le Père, et que le Père* (est) *en Moi.* » — XIV. 7 à 11 ; — et dans le Même : « *le Père et Moi nous sommes un. Afin que vous connaissiez et que vous croyiez que Moi* (je suis) *dans le Père et que le Père* (est) *en Moi.* » X. 30, 38.

284. Puisque le Père est dans le Seigneur, et que le Père et le Seigneur sont un, et puisqu'il faut croire en Lui, et que celui qui croit en Lui a la vie éternelle, il est bien évident que le Seigneur est Dieu. Que le Seigneur soit Dieu, la Parole l'enseigne, par exemple, dans Jean : « *Au commencement était la Parole, et la Parole était chez Dieu ; et* Dieu elle était, la Parole! *toutes choses par Elle ont été faites, et sans Elle n'a été fait rien de ce qui a été fait.* Et la Parole Chair a été faite, *et Elle a habité parmi nous, et nous avons vu sa gloire, gloire comme de l'Unique-Engendré du Père.* » — I. 1, 3, 14 ; — dans Ésaïe : « *Un enfant nous est né, un Fils nous a été donné ; sur son épaule sera la principauté, et sera appelé son Nom,* Dieu. Héros, Père d'Éternité, *Prince de Paix.* » IX. 5 ; — dans le Même : « *La vierge concevra et enfantera un fils, et sera appelé son Nom,* Dieu avec nous. » VII. 14. Matth. I. 23 ; — et dans Jérémie : « *Voici, les jours viendront, que je susciterai à David un germe juste, qui régnera Roi, et prospérera ; et voici son Nom, dont on l'appellera :* Jéhovah notre Justice. » — XXXIII. 5, 6. XXIII. 15, 16.

285. Tous ceux qui sont de l'Église, et dans la lumière procédant du Ciel, voient le Divin dans le Seigneur ; mais ceux qui ne sont point dans la lumière procédant du Ciel, ne voient que l'Humain dans le Seigneur, tandis que cependant le Divin et l'Humain ont été tellememt unis en Lui, qu'ils sont un, comme le Seigneur aussi l'a enseigné ailleurs, dans Jean : « *Père, toutes choses miennes sont tiennes, et toutes choses tiennes (sont) miennes.* » — XVII. 10.

286. Que le Seigneur ait été conçu de Jéhovah le Père, et qu'ainsi il ait été Dieu par conception, c'est ce

qui est connu dans l'Église ; et l'on y sait aussi qu'il est ressuscité avec tout son corps, car il n'a rien laissé dans le sépulcre ; c'est même ce qu'il a confirmé ensuite à ses disciples, en disant : » *Voyez mes mains et mes pieds, car c'est Moi-Même ; touchez-Moi, et voyez, car un Esprit chair et os n'a point, comme vous Me voyez avoir.* » — Luc, XXIV. 39 ; — et quoiqu'il fût homme quant à la chair et aux os, néanmoins il entra les portes étant fermées ; et après qu'il se fut manifesté, il devint invisible. — Jean, XX. 19, 26, Luc, XXIV. 31. — Il en est autrement de tout homme, car l'homme ressuscite seulement quant à l'esprit, et non quant au corps ; c'est pourquoi quand Il dit *qu'il n'est pas comme un Esprit*, il dit qu'il n'est pas comme un autre homme. De là, il est évident que dans le Seigneur l'Humain aussi est Divin.

287. Tout homme tient de son père l'Être de sa vie, qui est appelé son Ame, l'Exister de la vie qui en provient est ce qui est appelé Corps ; de là, le Corps est l'Effigie de son Ame, car par le corps l'Ame dirige sa vie à son gré ; de là vient que les hommes naissent à la ressemblance de leurs pères, et que les familles sont distinguées. D'après cela on peut voir quel a été le Corps ou quel a été l'Humain du Seigneur, à savoir, qu'il a été comme le Divin Même, qui était l'Être de sa vie ou l'Ame procédant du Père ; aussi a-t-il dit : « *Qui Me voit, voit le Père.* « — Jean, XIV. 9.

288. Que le Divin et l'Humain du Seigneur soient une seule Personne, c'est aussi ce qui est admis par la foi reçue dans tout le monde Chrétien, laquelle est celle-ci : *Quoique Christ soit Dieu et Homme, cependant il n'est pas deux, mais un seul Christ ; il est même absolument un et une seule Personne ; parce que de*

même que le corps et l'âme sont un seul homme, de même aussi Dieu et Homme est un seul Christ. » Ceci est tiré du Symbole d'Athanase.

289. Ceux qui ont de la Divinité l'idée de trois Personnes ne peuvent avoir l'idée d'un seul Dieu : si de bouche ils disent un, toujours est-il qu'ils pensent trois : mais ceux qui ont de la Divinité l'idée de Trois dans une seule Personne peuvent avoir l'idée d'un seul Dieu, et ils peuvent dire un seul Dieu, et aussi penser un seul Dieu.

290. On a l'idée de Trois dans une seule Personne, quand on pense que le Père est dans le Seigneur, et que l'Esprit Saint procède du Seigneur ; alors le Trine dans le Seigneur est le Divin Même qui est appelé Père, le Divin Humain qui est appelé Fils, et le Divin procédant qui est appelé Esprit Saint.

291. Comme dans le Seigneur tout est Divin, de là vient qu'il a tout Pouvoir dans les cieux et dans les terres ; c'est aussi ce qu'il dit Lui-Même, dans Jean : « *Le Père a donné toutes choses en la main du Fils.* » — III. 35 ; — dans le Même : « *Le Père a donné au Fils pouvoir sur toute chair.* » — XVII. 2 ; — dans Matthieu : « *Toutes choses m'ont été livrées par le Père.* » — XI. 27 ; — dans le Même : *Il M'a été donné tout pouvoir dans le Ciel et sur terre.* » XXVIII. 18. — — Un tel pouvoir est Divin.

292. Ceux qui font l'Humain du Seigneur semblable à l'humain d'un autre homme ne réfléchissent pas sur sa Conception par le Divin Même : ils ne considèrent point que le corps de chacun est l'effigie de son âme. Ils ne pensent pas non plus à sa Résurrection avec tout son corps ; ni à sa Transfiguration pendant laquelle les disciples virent sa face resplendir comme le Soleil. Ils

ne pensent pas non plus que les choses que le Seigneur a dites de la foi en Lui, de l'Union avec le Père, de la Glorification, et du Pouvoir sur le Ciel et sur la terre, sont des choses Divines et ont été dites de son Humain. Ils ne se ressouviennent pas non plus que le Seigneur est Tout-Présent, même quant à l'Humain, — Matthieu, XXVIII. 20 ; de là, cependant, la foi en sa Toute-présence dans la Sainte-Cène ; la Toute-présence est Divine. Peut-être même ne pensent-ils pas que le Divin, qui est appelé Esprit Saint, procède de son Humain ; et cependant il procède de son Humain glorifié, car il est dit : « *Il n'y avait pas encore Esprit Saint, parce que Jésus n'était pas encore glorifié.* » — Jean, VII. 39.

293. Le Seigneur est venu dans le monde pour sauver le Genre humain, qui autrement eût péri de la mort éternelle ; et il l'a sauvé par cela qu'il a subjugué les enfers qui infestaient tout homme venant au monde et sortant du monde ; et en même temps par cela qu'il a glorifié son Humain, car ainsi il peut tenir les enfers subjugués éternellement. La Subjugation des enfers et en même temps la Glorification de son Humain, ont été faites par les Tentations admises dans l'Humain qu'il tenait d'une mère, et alors par de continuelles Victoires : sa Passion sur la croix a été la dernière Tentation et la complète Victoire.

294. Que le Seigneur ait subjugué les enfers, Lui-Même l'enseigne dans Jean ; quand était proche la Passion de la croix, alors Jésus dit ; « *C'est maintenant le jugement de ce monde*, MAINTENANT LE PRINCE DE CE MONDE SERA JETÉ DEHORS. » — XII. 27, 28, 31 ; — dans le Même : « *Ayez confiance*; MOI, J'AI VAINCU LE MONDE. » — XVI. 33 ; — et dans Ésaïe : « *Qui (est celui-ci qui vient d'Édom, s'avançant dans la multi-*

tude de sa force, Grand pour sauver ? Mon bras m'a procuré le salut ; c'est pourquoi il est devenu pour eux un Sauveur. » — LXIII. 1 à 8 ; LIX. 16 à 21. — Qu'il ait glorifié son Humain, et que la Passion de la croix ait été la dernière Tentation et la complète Victoire par laquelle il a été glorifié, c'est ce qu'il enseigne aussi dans Jean ; « *Après que Judas fut sorti, Jésus dit : Maintenant a été glorifié le Fils de l'homme, et Dieu Le glorifiera en Soi-Même, et à l'instant il Le glorifiera.* » — XIII. 31, 32 ; — dans le Même ; « *Père ! l'heure est venue, glorifie ton Fils, afin qu'aussi ton Fils Te glorifie.* »— XVII, 1, 5 ; — dans le Même « *Maintenant mon âme a été troublée ; Père, glorifie ton Nom ; et il sortit une voix du Ciel : Et je l'ai glorifié, et de nouveau je le glorifierai.* » —XII . 27, 28 ; — et dans Luc : « *Ne fallait-il pas que le Christ souffrît ces choses, et qu'il entrât de sa gloire !* » — XXIV. 26. — Ces choses ont été dites de sa Passion ; glorifier, c'est faire Divin. De là donc, il est évident que si le Seigneur ne fût venu dans le monde, et n'eût été fait homme, et par ce moyen n'eût délivré de l'enfer tous ceux qui croient en Lui et qui L'aiment, aucun des mortels n'aurait pu être sauvé : c'est ainsi qu'il est entendu que sans le Seigneur il n'y a point de salut.

295. Quand le Seigneur eut pleinement glorifié son Humain, il dépouilla l'Humain provenant de la mère, et revêtit l'Humain provenant du père, qui est le Divin Humain ; c'est pourquoi il ne fut plus alors le Fils de Marie.

296. La Première et la Principale chose de l'Église, c'est de connaître et de reconnaître son Dieu ; car sans cette connaissance et sans cette reconnaissance il n'y a point de conjonction ; ainsi point de conjonction dans

l'Église sans la reconnaissance du Seigneur. Le Seigneur l'enseigne dans Jean: « *Celui qui croit au fils a la vie éternelle; or, celui qui ne croit point au Fils ne verra point la vie, mais la colère de Dieu demeure sur lui.* »—III. 36. Et ailleurs: « *Si vous ne croyez pas que Moi, je suis, vous mourrez dans vos péchés,* »—VIII. 24.

297. Que dans le Seigneur il y ait le Trine, à savoir, le Divin Même, le Divin Humain et le Divin procédant, c'est là un arcane venant du Ciel, et pour ceux qui seront dans la Sainte Jérusalem.

D'après les Arcanes Célestes.

298. *Le Seigneur a eu le Divin d'après la Conception même.* Le Seigneur a eu le Divin d'après le Père, N°s 4641, 4963, 5041, 5157, 6716, 10125. La semence pour le Seigneur Seul a été le Divin, N° 1438. Son Ame était Jéhovah, N°s 1999, 2004, 2005, 2018, 2025. Ainsi, l'intime du Seigneur était le Divin Même ; l'enveloppe venait d'une mère, N° 5041. Le Divin Même a été l'Être de la vie du Seigneur ; de ce Divin l'Humain ensuite est sorti, et est devenu l'Exister d'après cet Être, N°s 3194, 3210, 10269, 10372.

299. *Le Divin du Seigneur doit être reconnu.* Au dedans de l'Église où est la Parole, et où par elle le Seigneur est connu, on ne doit pas nier le Divin du Seigneur, ni le Saint procédant de Lui. N° 2359. Ceux qui, au-dedans de l'Église, ne reconnaissent point le Seigneur, n'ont point de conjonction avec le Divin ; il en est autrement pour ceux qui sont hors de l'Église, N° 10205. L'essentiel de l'Église est de reconnaître le Divin du Seigneur, et son union avec le Père, N°s 10083, 10112, 10370, 10730, 10738, 10816, 10817, 10818, 10820.

300. *Le Seigneur dans le monde a glorifié son Humain.* Dans la Parole, en beaucoup d'endroits, il s'agit de la Glori-

fication du Seigneur, N° 10828 ; et dans le sens interne de la Parole, il en est question partout, Nos 2249, 2523, 3245. Le Seigneur a glorifié son Humain, et non son Divin, parce que celui-ci était glorifié en soi, N° 10057. Le Seigneur est venu dans le monde pour glorifier son Humain, Nos 3637, 4180, 9315. Le Seigneur a glorifié son Humain par le Divin qui était en Lui d'après la conception, N° 4727. On peut avoir une idée de la Glorification de l'Humain du Seigneur d'après l'idée de la Régénération de l'homme, puisque le Seigneur régénère l'homme de la même manière qu'il a glorifié son Humain, Nos 3043, 3138, 3212, 3296, 3490, 4402, 5688. Quelques-uns des Arcanes concernant la Glorification de l'Humain du Seigneur, N° 10057. Le Seigneur a sauvé le Genre Humain par cela qu'il a glorifié son Humain, Nos 1676, 4180. De l'état de glorification et de l'état d'Humiliation du Seigneur, Nos 1785, 1999, 2159, 6866. La Glorification, quand il s'agit du Seigneur, est l'union de son Humain avec le Divin ; et Glorifier, c'est faire Divin, Nos 1603, 10053, 10828.

301. *Le Seigneur d'après l'Humain a subjugué les Enfers quand il était dans le monde.* Le Seigneur a subjugué tous les Enfers, quand il était dans le monde, et il a remis alors toutes choses en ordre dans les Cieux et dans les Enfers, Nos 4075, 4287, 9937. Le Seigneur a délivré alors des Antédiluviens le Monde Spirituel, N° 1266. Quels ont été ces Antédiluviens, Nos 310, 311, 560, 562, 563, 570, 581, 607, 660, 805, 808, 1034, 1120, 1265 à 1272. Le Seigneur, par la Subjugation des enfers, et en même temps par la Glorification de son Humain, a sauvé les hommes, Nos 4180, 10019, 10152, 10655, 10659, 10828.

302. *La Glorification de l'Humain du Seigneur et la Subjugation des Enfers ont été faites par les Tentations.* Le Seigneur, plus que tous, a subi de très-graves Tentations, Nos 1663, 1668, 1787, 2776, 2786, 2795, 2816, 4295, 9528. Le Seigneur a combattu d'après son Divin Amour envers le Genre humain, Nos 1690, 1691, 1812, 1813, 1820. L'Amour du Seigneur a été le salut du Genre humain, N° 1820. Les Enfers ont combattu contre l'Amour du Seigneur, N° 1820. Le Seigneur Seul et d'après la propre puissance a combattu contre les Enfers, et les a vaincus, Nos 1692, 1813, 2816,

4295, 8273, 9937. Par suite le Seigneur a été fait Seul Justice et Mérite, N°ˢ 1813, 2025, 2026, 2027, 9713, 9809, 10019. La dernière Tentation du Seigneur a été dans Gethsémané et sur la croix, et alors a eu aussi lieu la complète Victoire, par laquelle il a subjugué les enfers et en même temps glorifié son Humain, N°ˢ 2776, 2803, 2818, 2854, 10655, 10659, 10828. Le Seigneur ne pouvait pas être tenté quant au Divin Même, N°ˢ 2795, 2803, 2813, 2814. C'est pour cela qu'il a pris d'une mère le faible humain, dans lequel il a admis les tentations, N°ˢ 1414, 1444, 1573, 5041, 5157, 7193, 9315. Par les Tentations et par les Victoires il a rejeté tout l'héréditaire provenant de la mère, et il a dépouillé l'humain qu'il tenait d'elle, à un tel point qu'enfin il n'était plus son fils, N°ˢ 2159, 2574, 2649, 3036, 10830. Jéhovah, qui était en Lui, semblait comme absent pendant les Tentations ; et cela, en tant que le Seigneur était dans l'Humain provenant de la mère, N° 1815. Cet état était l'état d'humiliation du Seigneur, N°ˢ 1785, 1999, 2159, 6866. Par les Tentations et par les Victoires le Seigneur a aussi disposé toutes choses en ordre dans les Cieux, N°ˢ 4287, 4295, 9528, 9937. Par les mêmes il a aussi uni son Humain au Divin, c'est-à-dire, glorifié son Humain, N°ˢ 1725, 1729, 1733, 1737, 3318, 3381, 3382, 4286, 4287, 9397, 4295, 9937.

303. *L'Humain du Seigneur était le Divin Vrai, quand il était dans le Monde.* Le Seigneur a fait Divin Vrai son Humain d'après le Divin Bien qui était en Lui, quand il était dans le monde, N°ˢ 2803, 3194, 3195, 3210, 6716, 6864, 7014, 7499, 8127, 8724, 9199. Le Seigneur alors a disposé chez Lui toutes choses dans la forme céleste, qui est selon le Divin Vrai, N°ˢ 1928, 3633. Conséquemment, le Ciel alors a été dans le Seigneur, et le Seigneur a été comme Ciel, N°ˢ 911, 1900, 1928, 3624 à 3631, 3634, 3884, 4041, 4279, 4523, 4524, 4525, 6013, 6057, 6690, 9279, 9632, 9931, 10303. Le Seigneur a parlé d'après le Divin Vrai même, N° 8127. C'est pour cela que le Seigneur dans la Parole a parlé par correspondances, N°ˢ 3131, 3472 à 3485, 8615, 10687. De là, le Seigneur est la Parole, et est appelé la Parole, laquelle est le Divin Vrai, N°ˢ 2533, 2813, 2859, 2894, 3393, 3712. Dans la Parole, le fils de l'homme signifie le Divin Vrai, et le Père signifie le Divin Bien, N°ˢ 2803, 3704, 7499, 8724, 9194. Parce que le

Seigneur était le Divin Vrai, il était la Divine Sagesse, Nos 2500, 2572. Le Seigneur Seul a eu d'après Lui-Même la Perception et la Pensée, et bien au-dessus de toute perception et de toute pensée angéliques, Nos 1904, 1914, 1919. Le Vrai Divin a pu être tenté, mais non le Divin Bien, N° 2814.

304. *Le Seigneur a uni le Divin Vrai au Divin Bien, ainsi son Humain au Divin Même.* Le Seigneur a été instruit de la même manière qu'un autre homme, Nos 1457, 1461, 2523, 3030. Le Seigneur s'est successivement avancé vers l'union avec le Père, Nos 1864, 2033, 2632, 3141, 4585, 7014, 10076. Autant le Seigneur était uni au Père, autant il parlait avec Lui comme avec Soi-Même, et en autre temps il parlait avec Lui comme avec un autre, Nos 1745, 1999, 7058. Le Seigneur d'après la propre puissance a uni l'Humain au Divin, Nos 1616, 1749, 1752, 1813, 1921, 2025, 2026, 2523, 3141, 5005, 5045, 6716. Le Seigneur a uni le Divin Vrai, qui était Lui-Même, avec le Divin Bien qui était en Lui, Nos 10047, 10052, 10076. L'union a été réciproque, Nos 2004, 10067. Le Seigneur quand il quitta le monde fit Divin Bien son Humain, Nos 3194, 3210, 6864, 7499, 8724, 9199, 10076. Ainsi il était sorti du Père et il est retourné au Père, Nos 3194, 3210. Ainsi il a été fait un avec le Père, Nos 2751, 3704, 4766. Le Seigneur, dans l'union avec le Divin Même, qui était en Lui, avait en vue la conjonction de Soi-Même avec le Genre humain, N° 2034. Depuis l'union, le Divin Vrai procède du Seigneur, Nos 3704, 3712, 3969, 4577, 5704, 7499, 8127, 8241, 9199, 9398. Comment procède le Divin Vrai; illustré, Nos 7270, 9407.

Si le Divin n'eût pas été dans l'Humain du Seigneur d'après la conception, l'Humain n'aurait pas pu être uni au Divin Même, à cause de l'ardeur de l'Amour Infini dans lequel est le Divin Même, N° 6849. C'est pourquoi jamais aucun Ange ne peut être uni au Divin Même, si ce n'est à distance, et au moyen d'un voile, autrement il serait consumé, N° 6849. Le Divin Amour est tel, N° 8644. De là on peut voir que l'Humain du Seigneur n'a point été comme l'Humain d'un autre homme, Nos 10125, 10826. L'union du Seigneur avec le Père, de qui venait son Ame, n'a pas été comme entre deux, mais comme entre l'Ame et le Corps, Nos 3737, 10824. L'union se dit de l'Humain du Seigneur avec le Divin, et la conjonction se dit de l'homme avec le Divin, N° 2021.

305. *De cette manière le Seigneur a fait Divin son Humain.* L'Humain du Seigneur est Divin, parce qu'il venait de l'Être du Père, qui était l'Ame du Seigneur ; illustré par la ressemblance du Père dans les enfants, N°s 10269, 10372, 10823 ; et parce qu'il venait du Divin Amour, qui était en Lui, N° 6872. Chaque homme est tel qu'est son amour, et il est son amour, N°s 6872, 10177, 10284. Le Seigneur a été le Divin Amour, N°s 2077, 2253. Le Seigneur a fait Divin tout son Humain, tant l'Interne que l'Externe, N°s 1603, 1815, 1902, 1926, 2093, 2803. C'est pourquoi il est ressuscité quant au corps tout entier, ce qui n'a lieu pour aucun homme, N°s 1729, 2083, 5078, 10825. Que l'Humain du Seigneur soit Divin, cela est reconnu par la toute-présence de son Humain dans la Sainte Cène, N°s 2343, 2359 ; et cela est évident d'après sa transfiguration devant les trois disciples, N° 3212 ; et aussi d'après la Parole, N° 10154 ; et parce qu'il y est appelé Jéhovah, N°s 1603, 1736, 1815, 1902, 2921, 3035, 5110, 6303, 6281, 8864, 9194, 9315. Dans le sens de la lettre, il est fait une distinction entre le Père et le Fils, ou entre Jéhovah et le Seigneur, mais non dans le sens interne de la Parole, dans lequel sont les Anges du Ciel, N° 3035. Le Monde Chrétien ne reconnaît pas l'Humain du Seigneur pour Divin, par suite d'une décision prise dans un Concile à cause du Pape, afin qu'il fût reconnu pour le Vicaire du Seigneur ; prouvé par une conversation dans l'autre vie avec des membres de ce Concile, N° 4738.

Le Divin Humain de toute éternité était le Divin Vrai dans le Ciel, ainsi le Divin Exister, qui plus tard dans le Seigneur a été fait le Divin Être, de qui (procède) le Divin Exister dans le Ciel, N°s 3061, 6280, 6880, 10579. État du Ciel auparavant ; quel il était, N°s 6371, 6372, 6373. Le Divin n'a été perceptible, ni par conséquent réceptible, que lorsqu'il eut passé à travers le Ciel, N°s 6982, 6996, 7004. Le Seigneur de toute éternité a été le Divin Vrai dans le Ciel, N°s 2803, 3195, 3704. C'est ce Divin qui est le Fils de Dieu né de toute éternité, N°s 2628, 2798.

Dans le Ciel il n'est pas perçu d'autre Divin que le Divin Humain, N°s 6475, 9303, 9356, 10067. Les Très-Anciens n'ont point pu adorer l'Être Infini, mais ils ont adoré l'Exister Infini, qui est le Divin Humain, N°s 4687, 5321. Les Anciens ont reconnu le Divin, parce qu'il apparaissait dans une forme humaine, et ce Divin était le Divin Humain, N°s 5110, 5663, 6846, 10737. Les habitants de toutes les Terres adorent le Divin sous une forme Humaine, et ils se réjouissent quand ils apprennent que Dieu a été réellement fait Homme, N°s 6700, 8541 à 8547, 9361, 10736, 10737, 10738 ; voir dans l'Opuscule *Des Terres dans notre Monde Solaire, et dans le Ciel astral*. On ne peut penser au sujet de Dieu, qu'en se le représentant dans une forme Humaine, et ce qui est incompréhensible ne tombe dans aucune idée, N°s 9359, 9972. L'homme peut adorer ce dont il a quelque idée, mais non ce dont il n'a aucune idée, N°s 4733, 5110, 5663, 7211, 9356, 10067. C'est pour cela que la plupart, sur le globe entier, adorent le Divin sous une forme Humaine, et cela a lieu par l'influx venant du Ciel, N° 10159. Tous ceux qui sont dans le bien quant à la vie, lorsqu'ils pensent au Seigneur, pensent au Divin Humain, et non à l'Humain séparé du Divin, N°s 2326, 4724, 4731, 4766, 8878, 9193, 9198. Aujourd'hui, dans l'Église, ceux qui sont dans le mal quant à la vie, et ceux qui sont dans la foi séparée d'avec la charité, pensent à l'Humain du Seigneur sans le Divin, et ils ne saisissent pas non plus ce que c'est que le Divin Humain ; pourquoi, N°s 3212, 3241, 4689, 4692, 4724, 4731, 5321, 6371, 8878, 9193, 9198.

306. *Il y a un Trine dans le Seigneur.* Les Chrétiens dans l'autre vie ont été examinés concernant l'idée qu'ils avaient de Dieu un, et il a été découvert qu'ils avaient l'idée de trois dieux, N°s 2329, 5256, 10736, 10737, 10738, 10821. On peut concevoir le Trine Divin dans une seule Personne, et ainsi un seul Dieu, mais non dans trois Personnes, N°s 10738, 10821, 10822. Le Trine dans une Seule Personne, ainsi dans le Seigneur, est le Divin Même qui est appelé le Père, le Divin Humain qui est appelé le Fils, et le Divin Procédant qui est appelé l'Esprit Saint, et ainsi le Trine est Un, N°s 2149, 2156, 2288, 2321, 2329, 2447, 3704, 6993, 7182, 10738, 10822, 10823. Le Trine Divin dans le Seigneur est reconnu dans le Ciel, N°s 14, 15, 1729, 2005, 5256, 9303. Le Seigneur est un avec le Père, ainsi il est le Divin Même et le Divin Humain, N°s 1729, 2004, 2005, 2018, 2025, 2751, 3704, 3736,

4766. Son Divin procédant est aussi son Divin dans le Ciel, Divin qui est appelé l'Esprit Saint, Nos 3969, 4673, 6788, 6993, 7499, 8127, 8302, 9199, 9228, 9229, 9278, 9407, 9818, 9820, 10330. Ainsi le Seigneur est le Seul et Unique Dieu, Nos 1607, 2149, 2156, 2329, 2447, 2751, 3194, 3704, 3712, 3938, 4577, 4687, 5321, 6280, 6371, 6849, 6993, 7014, 7091, 7182, 7209, 8241, 8724, 8760, 8864, 8865, 9194, 9303.

307. *Du Seigneur dans le Ciel.* Le Seigneur apparaît dans le Ciel comme Soleil et comme Lune, comme Soleil à ceux qui sont dans le Royaume Céleste, et comme Lune à ceux qui sont dans le Royaume Spirituel, Nos 1053, 1521, 1529, 1530, 1531, 3636, 3643, 4321, 5097, 7078, 7083, 7173, 7270, 8812, 10809. La lumière qui procède du Seigneur comme Soleil, est le Divin Vrai, d'où les Anges ont toute sagesse et toute intelligence, Nos 1053, 1521 à 1533, 2776, 3138, 3195, 3222, 3223, 3225, 3339, 3341, 3636, 3643, 3993, 4180, 4302, 4415, 5400, 9399, 9407, 9548, 9571, 9684. Et la Chaleur, qui procède du Seigneur comme Soleil, est le Divin Bien, d'où les Anges ont l'Amour, Nos 3338, 3636, 3643, 5215. Le Divin Même du Seigneur est loin au-dessus de son Divin dans le Ciel, Nos 7270, 8760. Le Divin Vrai n'est point dans le Seigneur, mais il procède du Seigneur de même que la Lumière n'est point dans le Soleil, mais procède du Soleil, No 3969. Dans le Seigneur est l'Être, et du Seigneur vient l'Exister, No 3938. Le Seigneur est le Centre commun, vers lequel se tournent tous les Anges dans le Ciel, Nos 3633, 9828, 10130, 10189. Cependant les Anges ne se tournent pas vers le Seigneur, mais le Seigneur les tourne vers Lui, No 10189; parce qu'il n'y a pas présence des Anges chez le Seigneur, mais il y a présence du Seigneur chez les Anges, No 9415. La présence du Seigneur chez les Anges est selon la réception du bien de l'amour et de la charité procédant de Lui, Nos 904, 4198, 4206, 4211, 4320, 6280, 6832, 7042, 8819, 9680, 9682, 9683, 10106, 10810. Le Seigneur est présent chez tous dans le Ciel, et aussi chez tous dans l'Enfer, No 2776. Le Seigneur d'après le Divin Amour veut amener tous les hommes vers Lui dans le Ciel, No 6645. Le Seigneur est dans un continuel effort de conjonction avec l'homme, mais l'influx et la conjonction sont empêchés par les propres amours de l'homme, Nos 2041, 2053, 2411, 5696.

Le Divin Humain du Seigneur influe dans le Ciel et fait le Ciel, et il n'y a aucune conjonction avec le Divin Même dans le Ciel, mais il y a conjonction avec le Divin Humain, Nos 3038, 4211, 4724, 5663. Et ce Divin-là influe du Ciel et par le Ciel chez les hommes, N° 1925. Le Seigneur est le tout du Ciel et il est la vie du Ciel, Nos 7211, 9128. Le Seigneur habite chez les Anges dans ce qui Lui appartient, Nos 9338, 10125, 10151, 10157. D'après cela, ceux qui sont dans le Ciel sont dans le Seigneur, Nos 3637, 3638. Le Ciel correspond au Divin Humain du Seigneur, et l'Homme, quant à toutes choses en général et en particulier, correspond au Ciel, et par suite le Ciel dans le commun est comme un seul Homme, lequel pour cela même est appelé le Très-Grand Homme, Nos 2988, 2996, 3624 à 3649, 3636 à 3643, 3741 à 3745, 4625. Le Seigneur est le Seul Homme, et ceux-là seulement sont hommes qui reçoivent de Lui le Divin, N° 1894. Autant ils le reçoivent, autant ils sont les images du Seigneur, N° 8547. Les Anges sont des formes de l'amour et de la charité dans une forme humaine, et cela par le Seigneur, Nos 3804, 4735, 4797, 4985, 5199, 5530, 9879, 10177.

308. *Tout Bien et tout Vrai viennent du Seigneur.* Le Seigneur est le Bien Même et le Vrai même, Nos 2011, 5110, 10336, 10619. Tout Bien et tout Vrai viennent du Seigneur, par conséquent toute Paix, toute Innocence, tout Amour, toute Charité, toute Foi, Nos 1614, 2016, 2751, 2882 2883, 2891, 2892, 2904 ; et aussi toute Sagesse et toute Intelligence, Nos 109, 112, 121, 124. Du Seigneur il ne vient que le bien, mais les méchants tournent en mal le bien qui vient du Seigneur, Nos 7643, 7679, 7710, 8632. Les Anges savent que tout bien et tout vrai viennent du Seigneur, mais les méchants ne veulent pas le savoir, Nos 6193, 9128. Les Anges par la présence du Seigneur sont davantage dans le bien, mais les infernaux par la présence du Seigneur sont davantage dans le mal, N° 7989. Les méchants se jettent dans l'enfer à la seule présence du Seigneur, Nos 8137, 8265. Le Seigneur juge tous les hommes d'après le bien, N° 2335. Le Seigneur regarde tous les hommes d'après la Miséricorde, N° 223. Jamais le Seigneur ne se met en colère contre qui que ce soit, ne fait de mal à qui que ce soit, n'envoie en enfer qui que ce soit, Nos 245, 1683, 2335, 8622. Comment il faut entendre, ce qui

est dit dans la Parole, que Jéhovah ou le Seigneur se met en colère, tue, jette dans l'enfer, et plusieurs autres choses semblables, N°s 592, 696, 1093, 1874, 1875, 2395, 2447, 3605, 3607, 3614, 6071, 6997.

309. *Le Seigneur a tout Pouvoir dans les Cieux et sur Terre.* Tout le Ciel appartient au Seigneur, N°s 2751, 7086; et le pouvoir dans les cieux et sur terre est au Seigneur, N°s 1607, 10089, 10827. Comme le Seigneur gouverne tout le Ciel, il gouverne aussi toutes les choses qui en dépendent, ainsi toutes les choses dans le Monde, N°s 2026, 2027, 4523, 4524. Il gouverne aussi les Enfers, N° 3642. Le Seigneur gouverne toutes choses d'après le Divin par le Divin Humain, N°s 8864, 8865. Le Seigneur gouverne toutes choses selon l'Ordre Divin, et l'Ordre Divin se réfère aux choses qui sont de Sa Volonté, à celles qui se font par Son Indulgence, et à celles qui se font par Sa Permission, N°s 1755, 2447, 6574, 9940; sur l'Ordre, *voir* ci-dessus, N° 279. Le Seigneur gouverne les derniers d'après les premiers, et les premiers d'après les derniers, et de là vient qu'il est appelé le Premier et le Dernier, N°s 3702, 6040, 6056. Le Seigneur Seul a la puissance d'éloigner les enfers, de détourner des maux, et de tenir dans le bien, par conséquent de sauver. N° 10019. Le Jugement appartient au Seigneur, N°s 2319, 2320, 2321, 10810, 10811. Ce que c'est que le Sacerdoce du Seigneur, et ce que c'est que la Royauté du Seigneur, N°s 1728, 2015.

310. *Comment doivent être entendues, dans la Parole, certaines expressions concernant le Seigneur.* Ce que c'est que la Semence de la femme, dans le Prophétique sur le Seigneur, N° 256. Ce que signifient le Fils de l'homme et le Fils de Dieu dans la Parole, N°s 2159, 2813. Ce que signifient les deux Noms de Jésus et de Christ, N°s 3004 à 3011. Ce qui est signifié, quand il est dit du Seigneur, qu'il a été Envoyé par le Père, N°s 2397, 6831, 10561. Comment il faut entendre que le Seigneur a porté les iniquités de tous, N° 9937. Comment il faut entendre que le Seigneur a racheté l'homme par son sang, N° 10152. Comment il faut entendre que le Seigneur a rempli toutes les choses de la loi, N° 10239. Comment il faut entendre que le Seigneur intercède pour l'homme, N°s 2250, 8573, 8705. Comment il faut entendre que sans le Seigneur il n'y a aucun salut, N° 10828. Il n'y a

pas salvation par l'intuition du Père, ou par la prière au Père afin qu'il ait pitié à cause du Fils, car le Seigneur dit : *Moi je suis le Chemin, la Vérité et la Vie, nul ne vient au Père que par Moi,* — Jean, XIV. 6, — N° 2854. Contradictions que contient la foi reçue, à savoir, que le Seigneur par la Passion de la croix a réconcilié le Genre Humain avec le Père, N° 10659. L'avènement du Seigneur est sa présence dans la Parole, N°s 3900, 4060. Le Seigneur ne veut pas pour Lui-Même la gloire de la part de l'homme, mais il la veut pour le salut de l'homme, N°s 5957, 10646. Le Seigneur dans la Parole, lorsqu'il est nommé Seigneur, signifie le Divin Bien, N°s 4973, 9167, 9194 ; lorsqu'il est nommé Christ, il signifie le Divin Vrai, N°s 3008, 3004, 3005, 3009.

La vraie reconnaissance et le vrai culte du Seigneur, c'est de faire ses préceptes ; montré d'après la Parole, N°s 10143, 10153, 10578, 10645, 10829.

Du Gouvernement Ecclésiastique et Civil.

311. Il y a deux sortes de choses qui, chez les hommes, seront dans l'ordre, à savoir, les choses qui appartiennent au Ciel, et celles qui appartiennent au Monde : celles qui concernent le Ciel sont nommées Ecclésiastiques ; celles qui concernent le Monde sont nommées Civiles.

312. L'ordre ne peut être tenu dans le monde sans des Chefs chargés de surveiller tout ce qui se fait conformément à l'ordre, et tout ce qui se fait contre l'ordre ; de récompenser ceux qui vivent conformément à l'ordre, et de punir ceux qui l'enfreignent ; si cela ne se fait pas, le Genre humain périra ; car tout homme d'après l'héréditaire naît avec le penchant à vouloir commander aux autres et posséder les richesses des autres, d'où découlent les

inimitiés, les envies, les haines, les vengeances, les fourberies, les cruautés, et plusieurs autres maux; c'est pourquoi, si les hommes ne sont pas tenus dans des liens, par des Lois, et par des récompenses convenables à leurs amours, c'est-à-dire, par des honneurs et des profits pour ceux qui font des biens, et par des punitions contraires à leurs amours, c'est-à-dire, par la perte des honneurs, des possessions et de la vie, pour ceux qui font des maux, le Genre humain périrait.

313. Il y aura par conséquent des Chefs qui tiendront les Réunions d'hommes dans l'ordre ; ces Chefs seront experts dans les lois, remplis de sagesse, et auront la crainte de Dieu. Il y aura aussi parmi les Chefs un ordre, de peur qu'aucun d'eux, par bon plaisir ou par ignorance, ne permette les maux contre l'ordre, et par conséquent ne le détruise, ce qui est évité quand il y a des Chefs supérieurs et des Chefs inférieurs, entre lesquels existe une subordination.

314. Les Chefs préposés sur ce qui, parmi les hommes, concerne le Ciel, ou sur les choses Ecclésiastiques, sont appelés Prêtres, et leur fonction est appelée Sacerdoce. Les Chefs préposés sur ce qui, parmi les hommes, concerne le Monde, ou sur les choses Civiles, sont appelés Magistrats, et le premier d'entre eux, dans les pays où existe une autorité suprême, est appelé Roi.

315. Quant à ce qui concerne les Prêtres, ils enseigneront aux hommes le chemin qui conduit au Ciel, et en outre ils les dirigeront ; ils les enseigneront conformément à la doctrine de leur Église d'après la Parole, et les dirigeront pour qu'ils vivent selon cette doctrine. Les Prêtres qui enseignent les vrais, et qui par ces vrais conduisent au bien de la vie, et par conséquent au Seigneur, sont les bons Pasteurs des brebis ; mais ceux qui enseignent

et ne conduisent pas au bien de la vie, ni par conséquent au Seigneur, sont les mauvais Pasteurs.

316. Les Prêtres ne s'arrogeront aucun pouvoir sur les âmes des hommes, parce qu'ils ne savent pas dans quel état sont les intérieurs de l'homme; ils ne s'arrogeront pas, à plus forte raison, le pouvoir d'ouvrir et de fermer le Ciel, puisque ce pouvoir appartient au Seigneur seul.

317. Il y aura pour les Prêtres dignité et honneur à cause des choses saintes qui appartiennent à leurs fonctions; mais ceux d'entre eux qui sont sages attribuent l'honneur au Seigneur, de Qui procèdent les choses saintes, et non à eux-mêmes; ceux, au contraire, qui ne sont point sages, s'attribuent l'honneur; ceux-ci le dérobent au Seigneur. Ceux qui s'attribuent l'honneur à cause des choses saintes qui appartiennent à leurs fonctions préfèrent l'honneur et le gain au salut des âmes, auquel ils doivent veiller; mais ceux qui attribuent l'honneur au Seigneur, et non à eux-mêmes, préfèrent le salut des âmes à l'honneur et au gain. L'honneur d'une fonction ne réside pas dans la personne, mais il est adjoint à la personne selon la dignité de la chose qu'elle administre; et ce qui est adjoint, cela n'appartient pas à la personne même, et aussi en est séparé avec la fonction : l'honneur dans la personne est l'honneur de la sagesse et de la crainte du Seigneur.

318. Les Prêtres enseigneront le peuple, et le conduiront par les vrais au bien de la vie; mais néanmoins ils ne contraindront qui que ce soit, puisque nul ne peut être contraint à croire le contraire de ce qu'il a pensé du fond du cœur être vrai; celui qui croit autrement que le prêtre et ne cause pas de troubles sera laissé en paix; mais celui qui cause des troubles sera séparé; car cela appartient aussi à l'ordre pour lequel le sacerdoce a été établi.

319. De même que les Prêtres ont été préposés pour administrer les choses qui concernent la Loi Divine et le Culte, de même les Rois et les Magistrats l'ont été pour administrer les choses qui concernent la Loi Civile et le Jugement.

320. Comme le Roi seul ne peut administrer toutes choses, il a en conséquence sous lui des Chefs, à chacun desquels a été confiée la charge d'administrer ce que le Roi ne peut administrer et n'a pas la faculté d'administrer ; ces chefs pris ensemble constituent la Royauté, mais le Roi lui-même est le chef suprême.

321. La Royauté elle-même n'est pas dans la personne, mais elle a été adjointe à la personne ; le Roi qui croit que la Royauté est dans sa personne, et le Chef qui croit que la dignité de sa fonction est dans sa personne, ne sont point sages.

322. La Royauté consiste à administrer selon les lois du Royaume, et à juger selon ces lois d'après le juste. Le Roi qui regarde les Lois comme au-dessus de lui est sage ; mais le Roi qui se regarde comme au-dessus des lois n'est point sage. Le Roi qui regarde les lois comme au-dessus de lui place la Royauté dans la Loi, et la Loi domine sur lui ; car il sait que la Loi est la Justice, et que toute Justice, qui est la Justice, est Divine : mais le Roi qui regarde les lois comme au-dessous de lui, place la Royauté en lui-même, et croit ou qu'il est lui-même la Loi, ou que la Loi qui est la Justice, vient de lui ; de là, ce qui est Divin, il se l'arroge ; au-dessous du Divin cependant il doit être.

323. La Loi, qui est la Justice, doit être établie dans le Royaume par des Jurisconsultes sages et craignant Dieu ; puis, et le Roi et les sujets vivront selon cette loi : le Roi qui vit selon la loi établie, et qui en donne le

premier l'exemple aux sujets, est véritablement un Roi.

324. Le Roi, qui a un pouvoir absolu, et qui croit que ses sujets sont tellement esclaves qu'il a droit sur leurs possessions et sur leur vie, n'est pas un Roi s'il exerce un tel droit, mais c'est un tyran.

325. On doit obéir au Roi selon les lois du Royaume, et ne l'outrager en aucune manière, ni en fait ni en parole, car de là dépend la sécurité publique.

FIN.

TABLE GÉNÉRALE

Numéros.

Du Nouveau Ciel et de la Nouvelle Terre, et ce qui est entendu par la Nouvelle Jérusalem 1
Introduction à la Doctrine. 8
Du Bien et du Vrai 11
   De ceux qui sont dans les faux d'après le mal, et de ceux qui sont dans les faux non d'après le mal ; ainsi, des faux d'après le mal, et des faux non d'après le mal. . 21
   De ceux qui sont dans les vrais et non dans le bien ; ainsi, des vrais sans le bien 22
   De ceux qui sont dans les vrais, et qui par les vrais regardent le bien et tendent au bien ; ainsi, des vrais par lesquels vient le bien 23
   De ceux qui sont dans les vrais d'après le bien, ainsi, des vrais d'après le bien 24
   Tout bien et tout vrai viennent du Seigneur. 25
   Des divers biens et des divers vrais. 26
   La sagesse vient du bien par les vrais. 27
De la Volonté et de l'Entendement. 28
De l'homme Interne et de l'homme Externe. . . . 36
   De l'Interne et de l'Externe chez l'homme. 47
   Du Naturel et du Spirituel 48
   De la Lumière du Ciel dans laquelle est l'homme Spirituel. 49
   De l'homme sensuel, qui est l'homme naturel au plus bas degré. 50
   Des sciences et des connaissances, par lesquelles l'homme spirituel Interne est ouvert 51
   De la Mémoire Naturelle qui appartient à l'homme Externe, et de la Mémoire Spirituelle qui appartient à l'homme Interne. 52
   Des Illusions des sens, dans lesquelles sont les hommes entièrement naturels et sensuels. 53
De l'Amour en général. 54
Des Amours de soi et du monde 65
   Des Amours de soi et du monde. 81
   Du Propre de l'homme. 82
   De l'Héréditaire de l'homme. 83
De l'Amour à l'égard du Prochain, ou de la Charité . . 84
De la Foi 108
De la Piété 123

	Numéros.
De la Conscience	130
De la Conscience d'après les Arcanes Célestes	139
De la Perception	140
Du Libre	141
Du Mérite	150
De la Repentance et de la Rémission des Péchés	159
Du Péché ou du Mal	170
Du Faux	171
Du Profane et de la Profanation	172
De la Régénération	173
Ce que c'est que la Régénération, et pourquoi elle est faite	183
Qui est régénéré	184
La régénération est faite par le Seigneur seul	185
Plusieurs particularités sur la Régénération	186
De la Tentation	187
D'où viennent et quelles sont les tentations	197
Comment et quand ont lieu les tentations	198
Quel bien produisent les tentations	199
Le Seigneur combat pour l'homme dans les tentations	200
Des Tentations du Seigneur	201
Du Baptême	202
De la Sainte Cène	210
De la Cène d'après les Arcanes Célestes	215
Du Corps et de la Chair	216
Du Sang	217
Du Pain	218
Du Vin	219
Manger et Boire	220
Des Sacrifices	221
De la Résurrection	223
Du Ciel et de l'Enfer	230
De l'Église	241
Des Églises Anciennes	247
De l'Église Juive et des Juifs	248
De l'Écriture Sainte ou de la Parole	249
De la Nécessité et de l'Excellence de la Parole	255
La parole n'est comprise que par ceux qui sont illustrés	256
La parole n'est comprise que par une Doctrine d'après la Parole	257
Dans la Parole il y a un Sens spirituel, qui est appelé Sens Interne	258
Le Sens Interne de la Parole est principalement pour les	

Anges, et il est aussi pour les hommes	259
Dans le Sens Interne ou Spirituel de la Parole il y a des Arcanes innombrables	260
La Parole a été écrite par des Correspondances, et ainsi par des Représentatifs	261
Du Sens littéral ou Externe de la Parole	262
Le Seigneur est la Parole	263
De ceux qui sont contre la Parole	264
Diverses autres choses concernant la Parole	265
Quels sont les Livres de la Parole	266
De la Providence	267
De la Providence d'après les Arcanes Célestes	276
De l'Influx	277
De l'Influx de la vie chez l'homme en particulier	278
De l'Ordre	279
Du Seigneur	280
Le Seigneur a eu le Divin d'après la Conception même	298
Le Divin du Seigneur doit être reconnu	299
Le Seigneur dans le Monde a glorifié son Humain	300
Le Seigneur d'après l'Humain a subjugué les Enfers quand il était dans le monde	301
La Glorification de l'Humain du Seigneur et la Subjugation des Enfers ont été faites par les Tentations	302
L'Humain du Seigneur était le Divin Vrai, quand il était dans le Monde	303
Le Seigneur a uni le Divin Vrai au Divin Bien, ainsi son Humain au Divin Même	304
De cette manière le Seigneur a fait Divin son Humain	305
Il y a un Trine dans le Seigneur	306
Du Seigneur dans le Ciel	307
Tout Bien et tout Vrai viennent du Seigneur	308
Le Seigneur a tout Pouvoir dans les Cieux et sur Terre	309
Comment doivent être entendues, dans la Parole, certaines expressions concernant le Seigneur	310
Du Gouvernement Ecclésiastique et Civil	311

OBSERVATION

Ce Traité étant lui-même l'analyse de ce qui concerne la Nouvelle Église du Seigneur, il peut paraître étonnant qu'après avoir donné une *Table générale* des matières, nous présentions encore une *Table Analytique*; mais nous pensons qu'un moment de réflexion fera reconnaitre qu'une Table Analytique, *dressée par ordre Alphabétique*, n'est pas sans utilité. En effet, après avoir lu ce Traité, il serait difficile, parmi tant de richesses spirituelles qu'on y a contemplées, de retrouver sous sa main la perle ou le diamant qu'on voudrait mettre de nouveau sous ses yeux, surtout s'il s'agit d'un sujet dont il n'est pas question dans la Table générale, tandis qu'au moyen de la Table Alphabétique, ce qui aurait exigé de longues recherches est trouvé en un moment.

Nous avons suivi pour cette Table la marche que nous avons adoptée pour les Tables des Traités précédemment publiés. Quant aux sujets qui sont mentionnés dans la Table générale, nous renvoyons aux N°s indiqués dans cette Table, en donnant seulement la définition de la chose lorsqu'il y en a une, et les passages relatifs à cette chose lorsqu'il s'en rencontre dans les autres parties de l'ouvrage.

A la suite de cette Table est placé un *Index* des Passages de la Parole cités dans l'Ouvrage, et après l'Index se trouve un *Tableau* des erreurs typographiques du Texte latin relatives aux N°s cités.

Ce tableau, qui contient plus de quatre cents numéros rectifiés, a été dressé en deux parties; l'une renvoie au Texte latin, et l'autre à la Traduction. Si nous avons indiqué dans ce Tableau les pages et les lignes du Texte latin où sont les N°s à rectifier, c'est dans la prévision d'une nouvelle Édition de ce Texte, afin d'éviter à l'Éditeur, de quelque pays qu'il soit, le travail long et difficile qu'il nous a fallu faire pour arriver à cette rectification. En effet il nous a fallu vérifier tous les N°s, et il y en a des milliers, pour nous assurer s'ils étaient exacts; et, lorsqu'ils ne l'étaient pas, il nous a fallu, pour un grand nombre d'entre eux, faire de longues recherches afin de découvrir les N°s que l'Auteur avait voulu citer. Nous avouons que nous avons longtemps hésité à entreprendre un tel travail; mais ayant fait cette réflexion, que plus on tarderait à l'exécuter, plus les erreurs se multiplieraient, soit dans le texte si on le réimprimait, soit dans les traductions étrangères ou françaises, lorsqu'on en donnerait de nouvelles éditions; car, quelque soin qu'on prenne, il n'est guère possible qu'il ne se glisse pas quelque erreur lorsqu'il s'agit de tant de milliers de chiffres, nous nous sommes enfin mis à l'œuvre, et nous rendons grâces au Seigneur de ce qu'il a daigné nous soutenir dans un travail qui, sans son assistance, aurait été extrêmement fatigant.

TABLE ALPHABÉTIQUE ET ANALYTIQUE

Les chiffres renvoient aux Numéros et non aux Pages. *Syn.* est l'abréviation de *signifie* ou de *signifient*.

L'acception dans laquelle certains mots doivent être pris est présentée en *Observation*.

ABLUTION (l'), dans la Parole, *sign.* l'ablution spirituelle, qui est la purification des maux et des faux, 186. Dans les Églises Anciennes et dans l'Église Israélite, les ablutions ont représenté et par suite signifié ces purifications des maux et des faux, 209. L'ablution totale, qui avait lieu par une immersion dans les eaux du Jourdain, *sign.* la régénération elle même, 209.

ACCENT. Il n'y a pas un seul accent qui puisse être retranché du sens littéral de la Parole sans qu'il y ait interruption dans le sens interne, 260.

ACCROISSEMENT des vrais. Il en est de cet accroissement comme de la fructification par l'arbre, et de la multiplication par les semences, d'où sont formés des jardins entiers, 24.

ACTUALITÉ (en), 24, 41, 47, 82, 121, 183, 186, 259.

Obs. Cette expression a été employée pour distinguer *actualiter* de *realiter*, dont l'Auteur se sert aussi; ainsi, entre en *actualité* et en *réalité*, il y a la même distinction qu'entre *actuel*, pris dans le sens philosophique, et *réel*.

ACTUEL. Sont appelés maux actuels ceux que l'homme ajoute par lui-même à ses maux héréditaires, 83, 176. Dans l'autre vie personne n'est puni pour les maux héréditaires, mais on est puni pour les maux actuels qui reviennent, 83. — *Voir* HÉRÉDITAIRES.

ADJOINT. A chaque homme sont adjoints des anges du ciel, et des esprits de l'enfer, 149. Ce qui est adjoint à une personne, en raison d'une fonction, n'appartient pas à la personne, et en est séparé avec la fonction, 317.

ADORER. L'homme peut adorer ce dont il a quelque idée, mais non ce dont il n'a aucune idée, 305. C'est pour cela que la plupart, sur le globe entier, adorent le Divin sous une forme humaine, et cela a lieu par l'influx venant du ciel, 305. Les Très-Anciens n'ont pas pu adorer l'Être Infini, mais ils ont adoré l'Exister Infini, qui est le Divin Humain, 305. Les habitants de toutes les Terres (Planètes) adorent le Divin sous une forme Humaine, et ils se réjouissent quand ils apprennent que Dieu a été réellement fait Homme, 305.

ADULTÉRER. Si le bien est adjoint au faux du mal, il n'est plus le bien, mais il est le mal, parce qu'il a été adultéré, 18.

ADULTÈRES (les) sont principalement des hommes sensuels, 50. — *Voir* SENSUEL.

ADULTES. Ceux qui sont dans l'affection du vrai pour le vrai, quand ils deviennent adultes et qu'ils peuvent voir par leur entendement, ne demeurent pas simplement dans les doctrinaux de leur Église, mais ils examinent attentivement s'ils sont vrais d'après la Parole, 257.

AFFAMÉS. Qui étaient ceux que

es Anciens entendaient par les affamés, auxquels ils devaient donner à manger, 107. Être affame *sign*. désirer d'affection le vrai et le bien, 220.

AFFECTER.

Obs Ce mot est pris dans l'acceptaion d'imprimer une affection.

AFFECTION (l') appartient à l'amour, 23. Il y a l'affection du vrai et l'affection du bien, 27. L'affection du vrai et du bien est imprimée par le Seigneur dans l'homme interne, à l'insu de l'homme, 200. Quels sont ceux qui sont dans l'affection du vrai, et quels sont ceux qui sont dans l'affection du bien 27. Quels sont ceux qui peuvent venir dans l'affection du vrai, et qui sont ceux qui ne le peuvent pas, 27. L'affection du vrai et l'affection du bien dans l'homme naturel sont comme le frère et la sœur, et dans l'homme spirituel comme le mari et la femme, 27. Toute affection réelle du vrai vient du bien et est selon le bien 23. La première affection du vrai n'est pas réelle, mais elle est purifiée à mesure que l'homme est perfectionné, 23. Le bien ne reconnaît pour vrai rien autre chose que ce qui concorde avec l'affection qui appartient à l'amour, 23. L'affection qui appartient à l'amour s'adjoint toujours aux vrais selon les usages de la vie ; cette affection est reproduite avec les vrais, et les vrais sont reproduits avec l'affection, 23. Tous les vrais sont mis en ordre sous une affection commune, 27. Dans l'affection de vouloir et faire du bien au prochain, il y a une aussi grande félicité que celle des anges, 103. Les affections qui appartiennent au mental sont représentées d'une manière manifeste sur la face par ses différentes expressions, 261.

AFFIRMATIF. A ceux qui sont dans l'affirmatif sur les vrais de la loi, il est permis de les confirmer intellectuellement par les scientifiques, parce que l'affirmatif, qui précède attire tous les scientifiques dans son parti, 51. Il y a le doute affirmatif, et il y a le doute négatif, celui-là chez quelques bons et celui-ci chez les méchants, 51.

AFFLIGÉS. Qui étaient ceux que les Anciens entendaient par les affligés, 107.

AGIR. Le bien agit, et le vrai réagit, mais d'après le bien, 23.

AGNEAU (par l'), dans l'Apocalypse, est entendu le Seigneur quant au Divin Humain, 1.

AGRÉMENT (tout) appartient à l'amour, et sa qualité est selon la qualité de l'amour, 62.

AIMER. Ce que l'homme aime par-dessus toutes choses est sans cesse présent dans sa pensée, et aussi dans sa volonté, et fait sa vie même, 55. L'homme a pour fin ce qu'il aime, 62. Ce que l'homme aime et a pour fin règne universellement chez lui, c'est à dire, dans toutes choses en général et en particulier, 62. Tout ce que l'homme aime, il l'appelle bien, 23. Ce que c'est que s'aimer soi-même, 65 à 75. Ce que c'est qu'aimer le monde, 76 à 78. Aimer Dieu ou le Seigneur, c'est vivre selon les préceptes du Seigneur, 106, 126. Aimer le prochain, c'est aimer non la personne, mais ce qui fait chez la personne qu'elle est le prochain, c'est-à-dire, le bien et le vrai, 106. Aimer le prochain, c'est faire le bien, le juste et le droit dans toute œuvre et dans toute fonction, 106.

ALLIANCE (l') *sign*. la conjonction, 259.

ALTÉRÉS. Qui étaient ceux que

les Anciens entendaient par les altérés, auxquels ils devaient donner à boire, 107.

AME (l') est l'Être de la vie de l'homme, 287. Par le corps l'âme dirige la vie de l'homme à son gré, 287. L'Ame du Seigneur était Jéhovah, 298. - Voir MENTAL; OBS.

AMOUR (l') est la chaleur spirituelle et la vie même de l'homme, 62. L'amour est une conjonction dans le Monde spirituel, 2, 33. Tel est l'amour de l'homme, tel est l'homme; mais c'est l'amour dominant ou régnant qui fait l'homme, 54. L'amour de la domination reste chez chacun après la vie dans le monde, 73. Ce qui appartient à l'amour de la domination est ce qui est aimé par dessus toutes choses, 54. — L'Amour céleste consiste à aimer les usages et les biens, et à être affecté du plaisir du cœur en les faisant, 70 : cet amour est l'amour envers le Seigneur, 106. — L'Amour spirituel consiste à faire les usages pour les usages, 106; cet amour est l'amour à l'égard du prochain ou la charité, 76, 106. — L'Amour de soi consiste à ne vouloir du bien qu'à soi seul, et à n'en vouloir aux autres que par rapport à soi, 65. Qui sont ceux qui sont dans l'amour de soi, 68, 74. Quels sont les maux chez ceux qui sont dans l'amour de soi, 75. — L'Amour du monde consiste à vouloir attirer à soi les richesses des autres, et à placer son cœur dans ces richesses, 76. Qui sont ceux qui sont dans l'amour du monde, 76. — L'Amour envers le Seigneur et l'amour à l'égard du prochain sont les amours du ciel, et l'amour de soi et l'amour du monde sont les amours de l'enfer, 78. Les deux amours du ciel ouvrent et forment l'homme interne, et les deux amours de l'enfer le ferment et le détruisent, 63. Un amour infernal ne peut pas être transformé en un amour céleste, 239. — Sur l'AMOUR, voir. Nos 54 à 107.

AMOUR VRAIMENT CONJUGAL (l') descend du ciel et existe d'après le mariage du bien et du vrai, 24.

ANALYTIQUEMENT. L'homme peut penser analytiquement et rationnellement, parce que la vue de l'homme interne est dans la lumière du ciel, 49.

ANCIENS (les), par la science des correspondances, s'introduisaient dans la connaissance des spirituels, 51. Ils ont reconnu le Divin, parce qu'il apparaissait dans une forme Humaine, et ce Divin était le Divin Humain, 305. Chez les Anciens, on a discuté au sujet de la première chose de l'Église, si c'est la foi ou si c'est la charité, 121, 186.

ANCIENS (les Très-) n'ont point pu adorer l'Être Infini, mais ils ont adoré l'Exister Infini, qui est le Divin Humain, 305.

ANGES (les) sont des formes de l'amour et de la charité dans une forme humaine, 307. Les Anges sont seulement des formes récipientes de la vie, 278. Chaque Ange, parce qu'il est un récipient de l'ordre Divin procédant du Seigneur, est dans une forme humaine parfaite et belle selon la réception, 307. Chez chaque homme il y a des esprits et des anges; sans eux l'homme ne pourrait pas vivre, 197. Les Anges chez l'homme entrent dans les fins, d'après lesquelles et pour lesquelles l'homme pense, veut, agit de telle manière et non de telle autre, 196. Les Anges du Royaume céleste du Seigneur ne savent pas ce que c'est que la foi, tellement qu'ils n'en prononcent pas même le nom; mais les Anges du Royaume Spirituel du Seigneur parlent de la foi, parce qu'ils raisonnent sur les vrais, 121, 140. Les Anges célestes sont dans la perception de toutes les choses qui appartiennent à la foi, parce qu'ils mettent aussitôt dans la vie les vrais de la foi, 121, 140. Les Anges spirituels raisonnent sur la foi, parce qu'ils mettent d'abord les vrais de la foi dans la mémoire, 121, 140. Les anges qui sont chez l'homme perçoivent la Parole spirituellement, tandis que les hommes l'entendent naturellement, 259. Ils sont dans le sens interne, tandis que les hommes sont dans le sens externe ; mais néanmoins ces sens font un par correspondance, 259. Les Anges spirituels perçoivent la Parole dans le sens interne, et les Anges célestes la perçoivent dans le sens intime, 259. Les idées des anges et aussi leurs paroles sont spirituelles, tandis que les idées et les paroles des hommes sont naturelles, 259. Il y a présence du Seigneur chez les Anges, mais il n'y a pas présence des Anges chez le Seigneur ; c'est pourquoi les Anges ne se tournent pas vers le Seigneur, mais le Seigneur les tourne vers Lui, 307.

ANIMUS, 41, 124, 197.

Obs. L'*Animus* est une sorte de mental extérieur, formé par des affections et des inclinations externes résultant principalement de l'éducation, de la société et de l'habitude. — Von AM. C. N° 216, Voir aussi MENTAL ; Obs.

ANNÉES (quarante) *sign.* l'état complet des tentations depuis le commencement jusqu'à la fin, 201.

ANTÉDILUVIENS. Le Seigneur, quand il était dans le Monde, a délivré des Antédiluviens le Monde spirituel ; quels ont été ces Antédiluviens, 301.

ANXIÉTÉ. Il y a des anxiétés naturelles et des anxiétés spirituelles : les anxiétés naturelles ont pour objet les choses mondaines, et les anxiétés spirituelles, les choses célestes, 189. D'où vient chez l'homme l'anxiété intérieure, qui est la tentation, 187, 188, 197.

APÔTRES (les douze) ont représenté et par suite signifié tous les vrais et tous les biens de l'Eglise en général et en particulier, ainsi toutes les choses de la foi et de l'amour, 1. Par les douze Apôtres, qui seront assis sur douze trônes pour juger les douze tribus d'Israël, il est signifié que tous doivent être jugés selon les vrais et les biens de l'Eglise, ainsi par le Seigneur de qui procèdent ces vrais et ces biens, 1.

APPARENCE. Les vrais chez l'homme sont des apparences du vrai, 21, 27. Il n'y a de vrais purs que chez le Seigneur, 27. Les premiers vrais chez l'homme sont des apparences du vrai d'après les illusions des sens, 27. Chez l'homme qui est dans le bien, les apparences du vrai sont reçues par le Seigneur comme étant des vrais, 27. Ce que c'est que les apparences du vrai, et quelle est leur qualité, 27. Le sens de la lettre de la Parole est en beaucoup d'endroits selon les apparences, 27.

APPARENCES dans le Monde spirituel.

Obs. On appelle *Apparences* les choses qui, dans le monde spirituel, se présentent à la vue des esprits et des anges ; ces choses sont nommées apparences, parce que, correspondant aux intérieurs des esprits et des anges et les représentant, elles varient selon les états de ces intérieurs. Il y a des apparences réelles et des apparences non réelles ; les apparences non réelles sont celles qui ne correspondent pas aux intérieurs. — *Voir* C. E. N° 175

APPROPRIER. Les choses qui viennent dans l'entendement, et en même temps dans la volonté, sont appropriées à l'homme, mais non celles qui viennent seulement dans l'entendement, 35. Les vrais ne sont pas appropriés à l'homme, et ne deviennent pas sa chose, quand seulement il les sait et les reconnaît d'après des causes qui procèdent de l'amour de soi et du monde, 22 : mais ceux qu'il reconnaît à cause du vrai même et du bien même sont appropriés. 22. Si l'homme croyait que le mal vient de l'enfer, ainsi que la chose est réellement, il ne se l'approprierait pas, 277.

APRÈS (d').

OBS. Cette locution prépositive est souvent employée pour rendre la préposition latine *ex* ; elle est surtout employée lorsque notre préposition *de* donnerait lieu à une équivoque, et pour éviter la trop fréquente répétition de ces mots *qui procède de* ou *qui provient de* ; et aussi du reste pour se conformer à la brièveté du texte.

ARBRE. Le Seigneur est l'arbre de vie, les biens de la charité en sont les fruits, et la foi en est les feuilles, 121.

ARCANES. Dans le sens interne ou spirituel de la Parole, il y a des arcanes innombrables, 260. Ces arcanes ne se montrent pas dans le sens de la lettre, 260.

ARC-EN-CIEL (dans l') est représentée la régénération de l'homme, 186.

ARROGER. (s') ce qui est Divin c'est ce que fait un Roi, quand il place la Royauté en lui-même, et croit ou qu'il est lui-même la loi, ou que la loi, qui est la justice, vient de lui, 322. Les prêtres ne s'arrogeront aucun pouvoir sur les âmes des hommes, parce qu'ils ne savent pas dans quel état sont les intérieurs de l'homme ; ni, à plus forte raison, le pouvoir d'ouvrir ou de fermer le ciel, puisque ce pouvoir appartient au Seigneur seul, 316.

ARTIFICES. Si les méchants réussissent dans leurs artifices, c'est parce qu'il est de l'ordre Divin que chacun fasse d'après la raison ce qu'il fait, et aussi le fasse d'après le libre, 271.

ASSURANCE (l') ou la confiance, qui dans un sens élevé est appelée la foi qui sauve, n'existe que chez ceux qui sont dans le bien quant à la vie, ainsi chez ceux qui sont dans la charité, 121. — *Voir* CONFIANCE.

ASTUCE. Chez ceux qui sont dans l'amour de soi, il y a l'Astuce, 75.

AUTEL. Ce qui était signifié dans les sacrifices par l'autel et par tout ce qui en dépendait, 221.

AUTORITÉS. Le Genre humain, à cause des amours de soi et du monde, a été obligé de se soumettre à des Autorités, afin d'être en sûreté, 81.

AVARES. L'amour chez les avares est l'amour des richesses pour les richesses seules, 77. Les avares sont principalement sensuels, 50.

AVÈNEMENT (l') du Seigneur est sa présence dans la Parole, 310.

AVEUGLE. L'homme qui n'est pas régénéré est comme aveugle quant aux vrais et aux biens de la foi et de l'amour, 186. Qui étaient ceux que les Anciens entendaient par les aveugles, 107.

AZYMES (la fête des) signifiait

la délivrance de la damnation par le Seigneur, 215.

BABEL *sign.* la profanation du bien, 172.

BABYLONIE Le culte externe dans lequel règne intérieurement l'amour de soi, tel qu'il est chez ceux qui sont de la Babylonie, est profane, 129.

OBS. La Babylonie est le catholicisme Romain. — *Voir* D. P. N° 261.

BAIN (le) du baptême n'est autre que le Bain spirituel, qui est la régénération, 202.

BAPTÊME (le) *sign.* la Régénération par le Seigneur au moyen des vrais de la foi d'après la Parole, 209. — Sur le BAPTÊME, *voir* N°s 202 à 209.

BÉATITUDE (la) céleste influe du Seigneur dans la charité, parce qu'elle influe dans la vie même de l'homme, et non dans la foi sans la charité, 121. Dans l'autre vie, autant quelqu'un fait le bien sans but de rémunération, autant influe du Seigneur la béatitude avec accroissement, et cette béatitude est dissipée aussitôt qu'on pense à la rémunération, 158. Ceux qui agissent selon la conscience sont dans la béatitude interne, 133, 139.

BEAU. Autant l'homme vit selon l'ordre, autant dans l'autre vie il apparaît beau et parfait, 279.

BEAUTÉ. Par les vrais d'après le bien il y a la beauté pour les anges, et par conséquent pour les hommes quant aux intérieurs qui appartiennent à leur esprit, 24. Combien est grande la beauté de l'homme externe, quand il a été conjoint à l'homme interne, 47.

BEIGNETS (les) ou Minchahs, dans les sacrifices, *sign.* le culte d'après le bien de l'amour, 218.

BÉNÉDICTIONS (les) réelles ne sont ni l'opulence ni la prééminence dans le monde ; mais la vie éternelle et sa félicité sont de réelles bénédictions qui procèdent du Divin, 270, 276. Croire que les honneurs et les richesses sont de réelles bénédictions données par Dieu, c'est croire d'après les illusions des sens, 53.

BÊTES. Pourquoi les bêtes ne vivent pas éternellement, 278. Par la volonté et par l'entendement l'homme est distingué des bêtes, 35. Ce qui était signifié par l'action de poser les mains sur les bêtes qui étaient sacrifiées, 221. Ce qui était signifié dans les Holocaustes par l'action de placer les parties intérieures des bêtes immolées sur leurs parties supérieures, 221. Ce que signifiaient en particulier les bêtes qui étaient sacrifiées, 221.

BIEN (tout) vient du Seigneur, 277, 308. Tout ce qui influe du Seigneur chez l'homme est le bien, 121. Le bien qui influe continuellement du Seigneur est changé en mal chez les méchants, 277. Le bien chez chacun est différent, 87. Le plaisir de la charité est le bien même, 153. Le bien dans l'autre vie a en lui sa rémunération, 170. Chez le régénéré le bien est à la première place, et le vrai est à la seconde, 186. Le bien que l'homme fait d'après le propre n'est pas le bien, mais il est en soi le mal, 83, 152, 183. — Le Bien Naturel naît avec quelques hommes, mais ce bien néanmoins n'est pas le bien, parce qu'il est enclin à tous les maux et à tous les faux, 83. Ce bien n'est point accepté dans le ciel, à moins qu'il ne devienne spirituel, 83. — Le Bien Spirituel consiste à vouloir et à faire le bien d'après l'affection de l'amour du bien, 186. — Le Bien du ciel intime ou troisième ciel est appelé céleste, le bien du ciel moyen ou second ciel est appelé spirituel, et le bien du dernier ou premier ciel est appelé spirituel-naturel, 48. — Le Bien Civil est le juste. et le Bien Moral est le sincère, 106 — Faire du bien aux méchants, c'est faire du mal aux bons, 106.

BIEN ET VRAI. — *Voir* Nos 11 à 27.

BIZARRURES de lumière et d'ombre ; d'où elles viennent, 49.

BLASPHÉMER. Ceux qui blasphèment représentent les viscosités du sang, 264.

BOIRE se dit de l'appropriation et de la conjonction du vrai, 220.

Bois (le) en particulier, principalement le bois de schittim, *sign.* le bien du mérite, 158.

BOITEUX. Qui étaient ceux que les anciens entendaient par les boiteux, 107.

BONHEUR (tout) appartient à l'amour, et sa qualité est selon la qualité de l'amour, 62.

BROUILLARDS. Les faux d'après le mal apparaissent comme des brouillards au-dessus des enfers 21, 171. L'élévation hors de l'externe vers les inférieurs est comme l'élévation hors du brouillard dans la lumière, 47.

BRUTES. L'homme, considéré d'après l'héréditaire et le propre, est pire que les brutes, 183.

CAIN représente ceux qui séparent la foi d'avec la charité, 121.

CANAAN. La terre de Canaan *sign.* l'Eglise, 1, 5. Tous les lieux dans cette terre, dès les temps très-anciens, étaient devenus représentatifs des choses qui sont dans le Royaume du Seigneur et dans l'Église, 5, 261. La Canaan céleste *sign.* le ciel, 5.

CARRÉ (le) *sign.* le parfait, 1.

CATHOLIQUES-ROMAINS. L'Eglise chrétienne n'est point chez eux ; pourquoi ? 8. — *Voir* RELIGION ; OBS.

CAUSE. Dans toutes les choses de la nature il y a intérieurement cachée une cause venant du Monde spirituel, 261. La cause principale, qui est la vie influant du Seigneur, et la cause instrumentale qui est la forme récipiente de la vie, font une seule cause, qui est sentie dans la cause instrumentale, 278.

CÉLESTE. Tout ce qui est céleste est dans la lumière, 19. Les célestes, les spirituels et les naturels se suivent et se succèdent en ordre, 48. Les célestes sont la tête, les spirituels le corps, et les naturels les pieds, 48. Ils influent aussi dans le même ordre où ils se suivent et se succèdent, 48. Les célestes ne peuvent pas être saisis par ceux qui sont entièrement naturels et sensuels, 53. Différence entre les Anges célestes et les Anges spirituels, 140 ; *Voir* ANGE. Les Anges célestes ont la perception, 140.

CÈNE (la Sainte) a été instituée par le Seigneur, afin que par elle il y ait conjonction de l'Église avec le Ciel, par conséquent avec le Seigneur, 210. Sur la SAINTE CÈNE, *voir* Nos 210 à 222. — Les cènes ou soupers signifiaient la consociation par amour, 215.

CENT QUARANTE-QUATRE. Ce nombre *sign.* toutes choses dans le complexe, 1.

CENTRE. Le Seigneur est le centre commun, vers lequel se

tournent tous les Anges dans le ciel, 307. Sous la vue de l'homme interne sont au Centre et dans la clarté les choses qui appartiennent à l'amour, mais sur les côtés et dans l'obscurité celles qui n'appartiennent pas à l'amour, 51.

CHAIR (la) en général *sign.* le volontaire, ainsi le propre de l'homme, qui, considéré en soi, est le mal ; mais qui, vivifié par le Seigneur, signifie le bien, 216. Par suite, dans la Parole, la chair est l'homme tout entier, et tout homme, 216. La chair *sign.* la vie par l'homme, et l'esprit la vie par le Seigneur, 209. — La Chair du Seigneur dans la Sainte Cène est le bien de l'amour, 212 ; elle *sign.* le Divin Bien de son Divin Amour, qui appartient à son Divin Humain, 216.

CHAIDLE (la) *sign.* la profanation du vrai, 172.

CHALEUR (la), qui procède du Seigneur comme Soleil, est le Divin Bien, d'où les Anges ont l'Amour, 307. La chaleur spirituelle dans son essence est l'amour, 64.

CHAM représente ceux qui séparent la foi d'avec la charité, 121.

CHANT DU COQ (le), dans la Parole, *sign.* le dernier temps de l'Eglise, 122.

CHARITÉ (la) ou l'amour à l'égard du prochain est la vie spirituel de l'homme, 106. Elle consiste dans l'affection interne de faire le bien, et non dans l'affection externe sans l'affection interne, 106. Ainsi la charité consiste à faire les usages pour les usages, 106 ; *voir* USAGES. La charité est une affection interne, d'après laquelle l'homme veut faire le bien, et cela sans rémunération ; le plaisir de sa vie est de faire le bien, 104. On ne sait pas aujourd'hui ce que c'est que la charité, 106. La vie de la charité, c'est de vouloir du bien et de faire du bien au prochain, d'agir dans tout ouvrage d'après le juste et l'équitable, d'après le bien et le vrai, pareillement dans toute fonction ; en un mot, la vie de la charité consiste à faire des usages, 124. — Sur la CHARITÉ, *voir* Nos 84 à 107.

CHATIMENT. Dans l'autre vie le mal a en lui son châtiment, 170.

CHEFS. Nécessité de chefs dans le monde, pour que l'ordre soit tenu, et quels doivent être ces chefs, 312 à 325.

CHEMIN (le) de l'entendement est ouvert par les sensuels quand ils sont à la dernière place et soumis aux intérieurs 50. Le bien influe chez l'homme par le chemin interne ou de l'âme, mais les vrais par le chemin externe ou de l'ouïe et de la vue, 23.

CHEVAL. Ce qui est signifié par le Cheval blanc dans l'Apocalypse, 258.

CHRÉTIENS (les) dans l'autre vie ont été examinés concernant l'idée qu'ils avaient de Dieu un, et il a été découvert qu'ils avaient l'idée de trois dieux, 306. L'Eglise Chrétienne est aujourd'hui à sa fin, la foi n'y étant plus, parce qu'il n'y a aucune charité, 246.

CHRIST. Le Seigneur dans la Parole, lorsqu'il est nommé Christ, *sign.* le Divin Vrai, 310. — *Voir* JÉSUS CHRIST.

CIEL (le) est dans l'homme, 233. Vouloir et faire du bien au prochain, sans un but de récompense, c'est le ciel dans l'homme, 105 Le ciel chez l'homme est dans son interne, 234. — Sur le CIEL, *voir* Nos 230 à 240. Le Nouveau Ciel *sign.* la Nouvelle Église dans les cieux, 1.

Cieux (les) sont pleins de représentatifs, 261. Ces représentatifs sont d'autant plus beaux, et d'autant plus parfaits, qu'ils sont plus intérieurement dans les cieux, 261. — Cieux anciens, 4. — Nouveau ciel, 2; qui sont ceux dont il a été formé, 2, 3. Il est distinct des cieux anciens, 4. Tous ces cieux, néanmoins font un par l'influx médiat et immédiat procédant du Seigneur, 4.

Cités (les) *sign.* les doctrines qui appartiennent à l'Église et à la religion, 1.

Civil. Sont nommées choses civiles celles qui concernent le monde, 311.

Classes de la charité chez les anciens, 107.

Clefs. Ce qui est signifié par les clefs du royaume des cieux données à Pierre, 258.

Cogitatif (le) réel vient de l'homme interne ou spirituel, quand d'après lui l'homme naturel voit, agit et vit, 48.

Colère (la) est attribuée au Seigneur dans la Parole, quoiqu'il ne se mette jamais en colère; pourquoi; 170, 308.

Collision entre les maux et les biens; d'où elle vient, 188.

Combats (les) dans les tentations se font par les vrais de la foi, qui sont tirés de la Parole. 191. Les combats spirituels ont lieu principalement par les vrais de la foi, 198. Pour les hommes de l'Église spirituelle il y a combat par les vrais, mais pour les hommes de l'Église céleste il y a combat par les biens, 198.

Combattre. Dans les tentations le Seigneur combat pour l'homme, 200. L'homme ne peut en aucune manière, d'après lui-même, combattre contre les maux et les faux, parce que ce serait combattre contre tous les enfers, 200. Les enfers combattent contre l'homme, et le Seigneur combat pour l'homme, 200. L'homme doit cependant combattre comme par lui-même, et ne pas rester les mains pendantes, ni attendre un secours immédiat; mais il doit croire que le combat est fait par le Seigneur, 200. Ceux qui placent le mérite dans les œuvres ne peuvent combattre contre les maux, parce qu'ils combattent d'après le propre, et ne permettent pas au Seigneur de combattre pour eux, 200.

Commun. Les particuliers pris ensemble sont appelés le commun, 276. Dans l'Interne il y a des milliers de milliers de choses qui dans l'Externe apparaissent comme un seul commun, 47.

Communion. Dans les cieux il y a la communion de tous les biens. 236. Ceux qui sont hors de l'Église, et qui cependant reconnaissent un seul Dieu, et vivent selon leur religiosité dans une sorte de charité à l'égard du prochain, sont en Communion avec ceux qui sont de l'Église, parce que nul homme, qui croit en Dieu et vit bien, n'est damné, 244.

Comprendre. On croit que chez les méchants il y a l'entendement, parce qu'ils disent qu'ils comprennent, mais chez eux comprendre n'est que savoir, 33.

Conception. Le Seigneur a été Dieu par Conception, 286.

Conduire. Le Seigneur conduit ceux qui aiment le bien et le vrai pour le bien et le vrai, 146, 256. Autant quelqu'un est dans l'amour céleste, autant il est conduit par le Seigneur, et autant quelqu'un est dans l'amour de soi, autant il est conduit par soi-même, 70. Ceux qui sont conduits par le Seigneur sont illustrés et voient les vrais dans la Parole, mais non ceux qui sont conduits par eux-mêmes, 256. L'homme qui est régénéré est d'abord conduit par le Seigneur comme un petit enfant, puis comme un jeune garçon, ensuite comme un adulte, 186. Le Seigneur détourne l'homme du mal et le tourne vers le bien, en le conduisant par le libre si doucement et si tacitement, que l'homme ne sait autre chose, sinon que c'est de lui que tout procède, 148. Être conduit par le Seigneur, c'est le libre ; et être conduit par les amours de soi et du monde et par leurs convoitises, c'est le servile, 148.

CONFESSER DES PÉCHÉS, c'est connaître des maux, les voir chez soi, les reconnaître, se déclarer coupable, et à cause de ces maux, se condamner ; et faire cela devant Dieu, 160. — Voir CONFESSION.

CONFESSION. Celui qui seulement d'une manière générale reconnaît qu'il est un pécheur, et se déclare coupable de tous les maux sans s'examiner, c'est-à-dire, sans voir ses péchés, fait une Confession, mais non la Confession de la repentance, 162. — Voir REPENTANCE.

CONFIANCE (la) ou l'Assurance, qui se dit de la foi et est appelée la foi même qui sauve, est une confiance naturelle, mais non pas spirituelle, quand elle appartient à la foi seule, 115. La confiance de la foi séparée est morte, 115. La vraie confiance ne peut pas exister chez ceux qui ont mené une vie mauvaise, 115. Elle n'existe que chez ceux qui sont dans le bien quant à la vie, ainsi chez ceux qui sont dans la charité, 121. Il en est peu qui sachent ce que c'est que cette confiance 121.

CONFIRMATION. La lumière de la confirmation, sans la perception préalable du vrai, est une lumière naturelle ; elle peut exister même chez ceux qui ne sont pas sages, 35. C'est une lumière naturelle, non spirituelle, pouvant exister même chez les méchants, 257.

CONFIRMER. Le faux peut être confirmé aussi bien que le vrai, 51. Avant de confirmer quelque chose, il faut examiner si c'est un vrai ou non, 21. Il appartient à l'entendement de voir et de percevoir si une chose est vraie avant de la confirmer, et non pas de pouvoir confirmer quoi que ce soit 35. Voir et percevoir si une chose est vraie, avant de la confirmer, est donné seulement à ceux qui sont affectés du vrai pour le vrai, 35. Tous les dogmes, même ceux qui sont faux, peuvent être confirmés, jusqu'au point de se montrer comme vrais, 35, 258. Il faut bien se garder de confirmer des faux de religion ; pourquoi ? 21. Combien il est nuisible de confirmer par la Parole les principes du faux et surtout les principes qui favorisent l'amour de soi et l'amour du monde, 264. Ceux qui se sont beaucoup confirmés dans une doctrine fausse ne peuvent être illustrés, 257. Chez les intelligents et les savants du monde qui se confirment, d'après les sciences, contre les choses qui sont du Ciel et de l'Église, l'interne est plus fermé que chez les simples, 47. A ceux qui sont dans l'affirmatif sur les vrais de la foi, il est permis de les confirmer intellectuellement par les scientifiques, mais non à ceux qui sont dans le négatif; pourquoi? 51. La doctrine faite par un homme illustré peut ensuite être confirmée par les rationnels, et ainsi elle est comprise plus pleinement et elle est corroborée, 257. Par les tentations les biens et les vrais sont confirmés, 199.

Conjoindre. Être conjoint à Dieu, c'est vivre éternellement, 223. Personne ne peut être conjoint à Dieu que par le Seigneur et dans le Seigneur, 283. L'homme par la régénération est conjoint au Seigneur, 183. Le bien est dans un perpétuel effort et dans un perpétuel désir de se conjoindre les vrais, et les vrais réciproquement se conjoignent avec le bien, 23. Les vrais sont conjoints au bien chez l'homme autant et de la même manière que l'homme est dans le bien quant à la vie, 23. Le vrai, quand il a été conjoint au bien, est approprié à l'homme, parce qu'il devient chose de sa vie ; 23 ; et alors il s'évanouit de la mémoire, 27. Les vrais ne peuvent être conjoints au bien que dans l'état libre, 27. Les vrais sont conjoints au bien par les tentations, 27. Les plus grandes précautions sont prises par le Seigneur pour que le vrai ne soit point conjoint au mal, ni le faux du mal au bien, 21. L'homme, par ses deux facultés qui sont l'entendement et la volonté, peut être conjoint au Seigneur, 35. La charité se conjoint avec la foi, chez l'homme, quand l'homme veut ce qu'il sait et perçoit, 110. — Voir Conjonction.

Conjonction. L'amour est la conjonction dans le Monde spirituel, 35. La conjonction du vrai de la foi et du bien de la charité est comme un mariage, 121. La conjonction du Seigneur avec l'homme se fait non pas par la foi, mais par la vie selon les vrais qui appartiennent à la foi, 121. Il n'y a point de conjonction dans l'Église, sans la reconnaissance du Seigneur, 296. Il n'y a aucune conjonction avec le Divin Même dans le ciel, mais il y a conjonction avec le Divin Humain, 307. Le Seigneur est dans un continuel effort de conjonction avec l'homme, mais l'influx et la conjonction sont empêchés par les propres amours de l'homme, 307. Il y a conjonction réciproque du bien avec le vrai et du vrai avec le bien, 23. Pour que le vrai soit conjoint au bien, il faut qu'il y ait consentement de l'entendement et de la volonté ; quand la volonté aussi consent, il y a conjonction, 23. La conjonction du bien et du vrai se fait selon l'accroissement des connaissances, 23. La conjonction se fait d'une manière chez les célestes, et d'une autre manière chez les spirituels, 23. L'homme externe pense et veut selon la conjonction avec l'homme interne, 47. L'externe doit être en correspondance avec l'interne pour qu'il y ait conjonction, 47. Il y a par la Parole, au moyen du sens interne, conjonction du Seigneur avec l'homme, 263. Conjonction de l'Église avec le Ciel par la Sainte Cène, 210 et suiv. — Voir Conjoindre.

Connaissances. Sont appelés connaissances les scientifiques qui appartiennent à l'état et à la vie spirituelle, 51 ; voir Scientifiques. L'homme doit être imbu de sciences et de connaissances, puisque par elles il apprend à penser, ensuite à comprendre ce que c'est que le vrai et le bien, et enfin à être sage, c'est-à-dire, à vivre selon le vrai et le bien, 51. Les connaissances ouvrent le chemin vers l'homme interne, et ensuite elles le conjoignent avec l'homme externe selon les usages, 51. Les connaissances, parce qu'elles appartiennent à l'homme externe, sont dans la lumière du monde, 51. Elles sont les réceptacles et comme les vases du vrai et du bien qui appartiennent à l'homme interne, 51.

Conscience (la) est un lien interne, par lequel l'homme est tenu à penser, dire et faire le bien, et par lequel il est détourné de penser, dire et faire le mal, et cela, non par rapport à lui-même et au monde, mais par rapport au bien, au vrai, au juste et au droit, 139. La Conscience est un dictamen interne, que telle ou telle chose doit être faite ou ne pas être faite, 139. — Sur la Conscience, voir Nos 130 à 139.

Consentement. Pour que le vrai soit conjoint au bien, il faut qu'il y ait consentement de l'entendement et de la volonté ; quand la volonté aussi consent, alors il y a conjonction, 23.

Consociation (la) par amour était signifiée par les Dîners et par les Cènes ou Soupers, 215. La consociation dans le ciel était signifiée par la Cène Pascale, 215.

Obs. Ce mot est employé pour rendre exactement l'expression latine *Consociatio*; le mot *Association* ne conviendrait pas; il y a une différence très sensible entre *Consociation* et *Association*.

Consocier. Tous, dans le Monde spirituel, sont consociés selon les amours, 62, 121. Les vrais non réels, et aussi les faux, peuvent être consociés avec les vrais réels chez ceux qui sont dans le bien, mais non chez ceux qui sont dans le mal 21. Les faux et les vrais sont consociés par les apparences d'après le sens de la lettre de la Parole, 21. Par la régénération l'homme est consocié aux anges dans le ciel, 183.

Consommation du siècle (la) et l'avènement du Seigneur sont le dernier temps de la vieille Eglise et le premier de la nouvelle Eglise, 246.

Contradictions que contient la foi reçue, à savoir, que le Seigneur, par la Passion de la croix, a réconcilié le Genre Humain avec le Père, 310.

Contredire (se). La Parole dans la sens de la lettre paraît quelquefois se contredire, 256. Le Seigneur donne à ceux qui sont illustrés la faculté de comprendre le vrai, et de discerner les choses qui, dans la Parole, semblent se contredire, 256.

Contraindre (se) vient du bien, mais être contraint n'en vient pas, 148. L'homme doit se contraindre pour résister au mal, 148 ; et aussi pour faire le bien comme par lui-même, mais néanmoins reconnaître que c'est d'après le Seigneur, 148. Personne ne peut être contraint au bien, parce rien de ce qui a été contraint ne s'attache, car cela n'appartient point à l'homme, 271.

Contraint (le) provient non de la volonté de l'homme, mais de la volonté de celui qui contraint 143. Rien de ce qui est fait dans le contraint n'est conjoint à l'homme, 148. Si l'homme pouvait être réformé dans le contraint, tous seraient sauvés, 148. Le contraint dans la réformation est dangereux, 148. Nul n'est contraint par le Seigneur, 148. Ce qui est semé dans le contraint ne reste point 143, 148. Le culte d'après le contraint ne plait pas au Seigneur, 143 ; ce culte n'est pas un culte, 148. La repentance dans l'état contraint n'a aucune valeur, 148. Quels sont les états contraints, 148.

CONTROVERSE chez les Anciens au sujet du vrai de la foi et du bien de la charité : d'où provenait cette controverse, 186.

CONVERTIR (se) et être guéri, — Jean, XII, 40, — c'est profaner, ce qui arrive quand les biens et les vrais sont reconnus et ensuite rejetés, 172. Ceux qui croient que les Juifs, à la fin de l'Église, se convertiront et reviendront dans la terre de Canaan, sont dans une grande erreur, 248.

CONVOITISE (toute) appartient à l'amour de soi et du monde, 81. Les convoitises sont domptées par les tentations, 199.

CORPS (le) de l'homme est seulement un externe surajouté, au dedans duquel existent l'interne et l'externe de l'esprit de l'homme, 46. Le corps ne fait rien de lui-même, mois il agit d'après l'esprit qui est en lui, 46. Le corps n'est qu'une obéissance, 31. Le corps ne sent pas, mais c'est l'esprit de l'homme qui sent dans le corps, 51. Le corps est l'effigie de l'âme, car par le corps l'âme dirige sa vie à son gré, 287 Accommodé aux usages dans le monde naturel, le corps est rejeté quand l'homme meurt, 224. Le Corps du Seigneur dans la Sainte Cène, *sign.* le Divin Bien de son Divin Amour, appartient à son Divin Humain, 216.

CORRESPONDANCE. Toutes les choses en général et en particulier, jusqu'aux plus petites, qui existent dans le monde naturel, ont une correspondance ou correspondent aux choses spirituelles, 258. Les spirituels auxquels correspondent les naturels, apparaissent dans le naturel sous une autre face, de sorte qu'on ne peut les discerner, 258. Toutes les choses qui correspondent représentent aussi et par suite signifient, 261. 216. Le ciel correspond au Divin Humain du Seigneur, et l'homme quant à toutes choses, en général et en particulier, correspond au ciel, 307. Dans l'homme externe il y a des choses qui correspondent avec l'homme interne, et il y en a qui ne correspondent pas, 47. Entre les choses qui sont dans l'homme interne, et celles qui sont dans l'homme externe il y a correspondance, et par suite elles apparaissent dans chacun d'eux sous une forme différente, tellement qu'elles ne peuvent être discernées que par la science des correspondances. 34 La science des correspondances a été la principale science chez les Anciens ; surtout chez les Orientaux ; en Égypte plus que dans les autres contrées ; et aussi chez les Gentils, par exemple, dans la Grèce et ailleurs, 261. Mais aujourd'hui elle est au nombre des sciences entièrement perdues, surtout en Europe, 261. Néanmoins cette science l'emporte sur toutes les sciences, parceque sans elle on ne comprend pas la Parole, 261. La Parole a été écrite par de pures correspondances, et de là son sens interne ou spirituel, dont on ne peut connaitre ni la nature, ni même l'existence, sans la science des correspondances, 216.

COURONNEMENT. Les cérémonies du couronnement des rois enveloppent des choses qui appartiennent au Divin Vrai, mais la connaissance de ces choses est perdue aujourd'hui, 1.

CRÉER. Toutes les choses qui ont été créées l'ont été par le Divin Vrai, 263. Les Anges, les esprits et les hommes ont été créés pour recevoir la vie, par conséquent sont seulement des formes récipientes de la vie, 278. Dans la Parole, par créer l'homme, il est signifié le régénérer, 183.

CROIRE quelque chose sans l'idée du sujet et sans l'intuition de la raison, c'est seulement retenir de mémoire un mot destitué de toute vie de perception et d'affection, ce qui n'est pas croire, 256 Croire les choses qu'enseigne la Parole, ou qu'enseigne la doctrine de l'Eglise, et n'y point conformer sa vie, ce n'est point là la foi qui sauve, mais c'est la foi persuasive, 116. L'homme croit aujourd'hui que toutes choses sont en lui et viennent de lui, lorsque cependant elles influent, 277; s'il croyait ainsi, que la chose est réellement, à savoir, que tout bien vient du ciel, et que tout mal vient de l'enfer, il ne s'approprierait pas le mal, car il le rejetterait de lui vers l'enfer, et il ne ferait pas sien le bien et n'en tirerait par conséquent aucun mérite, 277. Celui qui ne croit que ce qu'il peut voir de ses yeux et toucher de ses mains est appelé homme sensuel, 50.

CROÎTRE. Les vrais croissent immensément quand ils procèdent du bien, 24. Les vrais d'après le bien croissent selon la qualité et la quantité de l'amour du bien, et les faux d'après le mal croissent selon la qualité et la quantité de l'amour du mal, 24.

CRUAUTÉ (la) provient de l'amour de soi et de l'amour du monde, 81, 75. Les cruautés découlent du penchant de l'homme à vouloir commander aux autres et posséder les richesses des autres, 312.

CULTE (le) Divin consiste principalement dans la vie de la charité, mais en second lieu dans la vie de la piété, 124. Le culte lui-même est la vie selon les préceptes de l'Eglise, qui sont tirés de la Parole, 129. Le vrai culte du Seigneur c'est de faire ses préceptes, 310. Le vrai culte vient du Seigneur chez l'homme et non de l'homme lui-même, 129. L'homme est dans le vrai culte quand il est dans le bien, quant à la vie, 129. Le culte du Seigneur consiste dans la vie de la charité, 121. La qualité du culte est selon la qualité de la charité, 121. Faire le bien c'est rendre un culte au Seigneur, 127. Le culte est prescrit dans la doctrine, et se fait selon la doctrine, 6. La qualité du culte est selon le bien, 129. Le Seigneur exige de l'homme un culte pour le salut de l'homme, et non pour Sa propre Gloire, 129. Le culte n'est point culte sans l'humiliation, 129; voir HUMILIATION. Le culte d'après le libre plaît au Seigneur, mais non le culte d'après le contraint, 143. Le culte d'après le libre est un culte; mais le culte d'après le contraint n'est pas un culte, 148. Il y a un culte interne et un culte externe, 129. Le culte externe sans le culte interne est un culte nul, 47, 129; L'interne est dans le culte, si la vie de l'homme est la charité, 129. Le culte externe sans le culte interne peut être comparé à la vie de la respiration sans la vie du cœur, et le culte externe d'après le culte interne, à la vie de la respiration conjointe à la vie du cœur, 125. Le culte externe sans le culte interne est chez ceux qui n'ont ni la charité ni la foi, 129. Si intérieurement chez l'homme règne l'amour de soi et du monde, son culte est externe sans interne, de quelque manière qu'il se montre dans la forme externe, 129. Quel est le culte dans lequel il y a l'amour de soi, 81 ; *Voir* BABYLONIE. Imiter les affections célestes dans le culte, quand on est dans les maux provenant de l'amour de soi, est une chose infernale, 129.

CUPIDITÉ (toute) appartient à l'amour de soi et du monde, 81. Une cupidité sans bornes est cachée dans tout homme qui est dans l'amour de soi, 71.

DAMNATION. Quand l'homme est dans la tentation, il lui semble être dans la damnation, 197.

DAMNER. Nul homme, qui croit en Dieu et vit bien, n'est damné, 244. Si l'homme ne reçoit pas du Seigneur une vie nouvelle, c'est-à-dire, s'il n'est pas créé de nouveau, il est damné, 176.

DÉCALOGUE. Il y a des choses innombrables dans les préceptes du Décalogue, 260.

DÉFENDU. Chacun tend à ce qui est défendu, et cela par une cause latente, parce que chacun tend au libre, 271.

DEGRÉS. Il y a dans l'homme trois degrés selon les trois cieux, 47. Les choses qui sont dans un degré supérieur sont plus parfaites que celles qui sont dans un degré inférieur, 47. Les biens et les vrais en général sont distingués, selon les degrés, en naturels, spirituels et célestes, 26. Il y a trois degrés du bien, et par conséquent trois degrés du vrai, 26. Il y a des biens et des vrais de ce triple genre dans l'homme interne, et tout autant dans l'homme externe, 26. Les intérieurs et les extérieurs de l'homme ne sont point continus, mais ils sont distincts selon les degrés, et chaque degré a sa limite, 47. Celui qui ne perçoit pas les distinctions des intérieurs et des extérieurs de l'homme selon les degrés, et qui ne comprend pas quels sont les degrés, ne peut pas saisir l'interne et l'externe de l'homme, 47. — Degrés ascendants du prochain, 91, et suiv.

DÉLUGE (le) *sign.* les tentations, 209. Les quarante jours de durée du déluge *sign.* l'état complet des tentations depuis le commencement jusqu'à la fin, 201.

DEMEURER dans le Seigneur, c'est être dans l'amour envers Lui, 222.

DÉRIVATION du mal dans les enfants, 175.

DERNIER. Dans le Dernier de l'ordre les successifs sont ensemble aussi dans leur ordre, 279. Les intérieurs successivement influent dans les extérieurs, jusque dans l'extrême ou le Dernier, et là ils existent et subsistent ensemble, 47 ; non-seulement successivement ils influent, mais encore ils forment dans le Dernier un simultané, 47. Tous les intérieurs sont contenus dans un enchaînement à partir du Premier par le Dernier, 47. De là le Dernier est saint plus que les intérieurs, 47. Le Seigneur gouverne les premiers de l'ordre et les derniers, les premiers d'après les derniers, et les derniers d'après les premiers, 279, 309. De là vient qu'il est appelé le Premier et le Dernier, 309. Dans les derniers il y a la force et la puissance, 47. Dans la Parole, le premier et le dernier *sign.* toutes choses en général et en particulier, ainsi le tout, 47.

DÉSERT. L'homme est comme un désert, lorsque chez lui la charité et la foi n'ont pas été conjointes, 106. Les quarante années pendant lesquelles les fils d'Israël demeurèrent dans le désert, et les tentations du Seigneur dans le désert pendant quarante jours, *sign.* l'état complet des tentations depuis le commencement jusqu'à la fin, 201.

DÉSESPOIR. D'où vient le désespoir dans les tentations, 196. Les tentations, pour l'ordinaire, sont portées jusqu'au désespoir, qui en est le dernier point, 197. Dans la tentation elle-même, il y a aussi des désespoirs, mais ils se terminent en un désespoir général, 197. Dans le désespoir l'homme prononce des duretés, mais le Seigneur n'y fait pas attention, 197.

DÉSIR. Le bien est dans un perpétuel désir de se conjoindre les vrais, 23. Quel est chez les esprits le désir de savoir, 51. Chez les anges le désir de savoir est immense, parce que la science, l'intelligence et la sagesse sont la nourriture spirituelle, 51.

DESTIN. Il n'y a point de Prédestination ou de Destin, 276.

DÉTOURNÉ (être) du mal et tenu dans le bien, c'est la rémission des péchés ; et cela est effectué par le Seigneur seul, 170. Les maux ne peuvent pas être enlevés de l'homme, mais seulement l'homme peut en être détourné, et être tenu dans le bien, 170.

DEVOIR. Celui qui remplit le devoir d'après le devoir, et exécute la juste d'après le juste, exerce la charité, 102.

DICTAMEN. *Voir* CONSCIENCE.

DIEU. Il y a un seul Dieu qui est Créateur de l'univers et Conservateur de l'univers, par conséquent qui est Dieu du ciel et de la terre, 280. Dieu a été réellement fait Homme, 305. On ne peut penser au sujet de Dieu, qu'en se le représentant dans une forme Humaine ; ce qui est incompréhensible ne tombe dans aucune idée, 305. On peut concevoir le Trine Divin dans une seule Personne, et ainsi un seul Dieu, mais non dans trois Personnes, 306. Le Seigneur Jésus-Christ est le seul et unique Dieu, 306, 284. Ceux qui ont de la Divinité l'idée de trois Personnes ne peuvent avoir l'idée d'un seul Dieu ; si de bouche ils disent un, toujours est-il qu'ils pensent trois 289. La première et la principale chose de l'Église, c'est de connaître et de reconnaître son Dieu ; sans cette connaissance et sans cette reconnaissance il n'y a point de conjonction, 296. Par Dieu et par l'Agneau, dans l'Apocalypse, il est entendu le Seigneur quant au Divin Même et quant au Divin Humain, 1. — Le Fils de Dieu, né de toute éternité, c'est le Divin Vrai dans le ciel, 305. — *Voir* SEIGNEUR ; OBS.

DIFFÉRENCE. Entre les choses qui sont dans les cieux et les choses qui sont dans les terres, il n'y a de différence qu'en ce que toutes les choses dans les cieux sont dans un état immensément plus parfait, 7. Différence entre le vrai qui conduit au bien et le vrai qui procède du bien, 24. Différence entre croire les choses qui sont de Dieu et croire en Dieu, 121. Différence entre les tentations, les infestations et les vastations, 197. Différence entre prévarication, iniquité et péché, 170. Différence entre ceux qui enseignent et apprennent d'après la doctrine de l'Église, et ceux qui enseignent et apprennent d'après le seul sens de la lettre de la Parole, 257.

DIGNITÉ (la) d'une fonction appartient à la chose, et non à la personne, 317. Le chef qui croit que la Dignité de sa fonction est dans sa personne n'est point sage, 321.

DINERS (les) signifiaient la consolation par amour, 215.

DISCIPLES (les douze) du Seigneur ont représenté l'Église quant à toutes les choses de la foi et de la charité dans le complexe, 122.

DISTINCTION (la) de toutes choses dans les cieux vient des variétés du bien et des vrais, 26. La distinction entre l'homme interne et l'homme externe est comme celle qui existe entre la cause et l'effet, et entre l'antérieur et le postérieur, et il n'y a pas continuité, 47 ; elle est par conséquent comme entre le Ciel et le Monde, ou entre le spirituel et le naturel, 47. Les distinctions du prochain, que l'homme de l'Église doit absolument connaître, sont en rapport avec le bien qui est chez chacun, 86.

DISTINGUER. L'homme sait difficilement distinguer entre l'entendement et la volonté, parce qu'il sait difficilement distinguer entre penser et vouloir, 35. Toutes les sociétés angéliques dans les cieux sont distinctes entre elles, et dans une société chaque ange est distinct d'un autre ange, 26.

DIVIN. Le Seigneur a eu le Divin d'après le Père, 298. Tout est Divin dans le Seigneur, 291. Le Divin et l'Humain du Seigneur sont une seule Personne, 288. Ce qui procède du Divin descend par les cieux jusqu'à l'homme, 252. L'homme a été créé de telle sorte que les Divins qui, selon l'ordre, descendent dans la nature, soient perçus chez lui, 48. Le Divin n'a été perceptible, ni par conséquent réceptible, que lorsqu'il eut passé à travers le ciel, 305. Dans la Parole, le Divin est dans son sens interne ou spirituel, dont on ignore aujourd'hui l'existence, 258. Le Divin du Seigneur dans les cieux est l'amour envers Lui et l'amour à l'égard du prochain, 64. Le Divin dans les suprêmes est tacite et pacifique, mais à mesure qu'il descend vers les inférieurs chez l'homme, il devient impacifique et tumultueux, à cause des choses en désordre qui y sont, 277. Le Divin ne peut influer que dans un cœur humble, parce que autant l'homme est dans l'humiliation, autant il est absent de son propre, par conséquent de l'amour de soi, 129.

DIVIN BIEN (le) est l'essentiel de l'ordre, 279. La chaleur procédant du Soleil spirituel est le Divin Bien du Divin Amour, 49, 262, 307. Le Seigneur, quand il quitta le Monde, fit Divin Bien son Humain, 304. Dans la Parole Jésus est le Divin Bien, et Christ est le Divin Vrai, 263. Le Seigneur est le Divin Bien du Divin Amour, 25.

DIVIN HUMAIN (le) du Seigneur influe dans le ciel et fait le ciel, 307. Le Divin Humain de toute éternité était le Divin Vrai dans le ciel, ainsi le Divin Exister, qui plus tard dans le Seigneur a été fait le Divin Être, de qui procède le Divin Exister dans le Ciel, 305. Quand le Seigneur eut pleinement glorifié son Humain, il dépouilla l'Humain provenant de la mère, et revêtit l'Humain provenant du Père, qui est le Divin Humain, 295. Le ciel correspond au Divin Humain du Seigneur, 307. Il n'y a aucune conjonction avec le Divin Même dans le ciel, mais il y a conjonction avec le Divin Humain, 307. Dans le ciel il n'est pas perçu d'autre Divin que le Divin Humain, 305. Les Très-Anciens n'ont point pu adorer l'Être Infini, mais ils ont adoré l'Exister Infini, qui est le Divin Humain, 305. Les Anciens ont reconnu le Divin, parce qu'il apparaissait dans une forme humaine, et ce Divin était le Divin Humain, 305. Tous ceux qui sont dans le bien quant à la vie, lorsqu'ils pensent au Seigneur, pensent au Divin Humain, et non à l'Humain séparé du Divin, 305. Aujourd'hui, dans l'Eglise, ceux qui sont dans le mal quant à la vie, et ceux qui sont dans la foi séparée d'avec la charité, pensent à l'Humain du Seigneur sans le Divin, et ils ne saisissent pas non plus ce que c'est que le Divin Humain, 305. Dans la Parole, le Divin Humain est appelé Fils, 306.

OBS. L'expression DIVINUM HUMANUM, employée très souvent par l'Auteur dans ses traités, avait d'abord été rendue en français par DIVINE HUMANITÉ et cette locution était assez généralement admise, mais un substantif précédé d'un adjectif est loin de rendre exactement la locution latine qui, composée de deux mots pris substantivement, marque l'union réciproque des deux Essences, c'est-à-dire, l'union du Divin avec l'Humain et de l'Humain avec le Divin ; et, outre cela, cette expression DIVINE HUMANITÉ, si en l'employant toujours dans les divers Traités de l'Auteur, aurait l'inconvénient de jeter de la confusion dans beaucoup de passages. Par conséquent, pour éviter cet inconvénient, et aussi pour plus d'exactitude, au lieu de la *Divine Humanité* il est dit *le Divin Humain* partout où dans le texte il y a *Divinum Humanum*.

DIVIN MÊME (le) a été l'Être de la vie du Seigneur, 298. De ce Divin l'Humain ensuite est sorti, et est devenu l'Exister d'après cet Être, 298. L'intime du Seigneur était le Divin Même, 298. Le Divin Même du Seigneur est loin au-dessus de son Divin dans le ciel, 307. Le Seigneur, dans l'union avec le Divin Même, avait en vue la conjonction de Soi-Même avec le genre humain, 304. Jamais aucun ange ne peut être uni au Divin Même, si ce n'est à distance, et au moyen d'un voile, autrement il serait consumé, 304. Dans la Parole le Divin Même est appelé Père, 306.

DIVIN PROCÉDANT. Dans la Parole le Divin Procédant est appelé Esprit Saint, 306.

DIVIN VRAI (le) procède du Divin Bien, par comparaison, comme la lumière procède du soleil, 25. Le Seigneur de toute éternité a été le Divin Vrai dans le ciel, et c'est ce Vrai qui est le Fils de Dieu né de toute éternité, 305. La Lumière procédant du Soleil spirituel est le Divin Vrai, 49, 307, 263. Le Divin Vrai est le réel unique, et ce dans quoi il est, venant du Divin, est le substantiel unique, 263. Toutes les choses qui ont été créées l'ont été par le Divin Vrai, 263. Le Divin Vrai procédant du Seigneur dans les cieux apparait comme Lumière, et constitue toute la lumière du ciel, 48. Le Divin Vrai n'est point dans le Seigneur, mais il procède du Seigneur, de même que la lumière n'est point dans le soleil, mais procède du soleil, 307. Depuis l'union du Seigneur avec le Divin Même, le Divin Vrai procède du Seigneur, 304. C'est du Divin Vrai procédant du Seigneur que vient l'ordre, 279. Les Divins Vrais sont les lois de l'ordre, 279. Au Divin Vrai appartient toute puissance, 25. Dans la Parole Jésus est le Divin Bien, et Christ est le Divin Vrai, 263.

DOCTRINAUX (les) sont principalement les scientifiques qui appartiennent à l'état et à la vie spirituelle, et qui sont appelés connaissance, 51. Les doctrinaux de l'Eglise ne servent à rien, s'ils ne regardent pas la charité comme fin, 106. Les doctrinaux ne sont rien, si l'on n'y conforme pas sa vie, 257. Les doctrinaux sur la foi seule détruisent la charité, 121. Ceux qui sont dans l'affection du vrai pour le vrai, quand ils deviennent adultes et qu'ils peuvent voir par leur entendement, ne demeurent pas simplement dans les doctrinaux de leur Église, mais ils examinent attentivement s'ils sont vrais d'après la Parole, 257. Ceux qui sont dans la foi séparée d'avec la charité veulent qu'on croie simplement les doctrinaux de l'Église, sans aucune intuition rationnelle, 257. Sur chaque doctrinal de l'Église il y a des idées, selon lesquelles il y a entendement du sujet, 256. Tout doctrinal de l'Église a avec lui des idées, et par elles il est perçu quel il est, 35. Selon ces idées il y a l'entendement du doctrinal, et sans l'idée intellectuelle chez l'homme, il n'y a que l'idée du mot, et nullement l'idée de la chose, 35.

DOCTRINE (la) réelle est la doctrine de la charité et en même temps de la foi, et non la doctrine de la foi sans celle de la charité, 243. La doctrine de la charité et en même temps de la foi est la doctrine de la vie, 243. La doctrine de l'Église doit être d'après la Parole, 257. La Parole sans la doctrine n'est pas comprise, 243, 257. La vraie doctrine de l'Église est la doctrine de la charité et de la foi, 257. La doctrine seule ne fait point l'Église chez l'homme; c'est la vie selon la doctrine qui la fait, 243, 246. La vraie doctrine est un flambeau pour ceux qui lisent la Parole, 257. La doctrine réelle doit être donnée par ceux qui sont dans l'illustration venant du Seigneur, 257. La Parole est comprise au moyen d'une doctrine faite par quelqu'un qui a été illustré, 257. La doctrine faite par un homme illustré peut ensuite être confirmée par les rationnels, et ainsi elle est comprise plus pleinement et elle est corroborée, 257. Ceux qui sont dans l'illustration se font une doctrine d'après la Parole, 257. La doctrine de la charité, qui est la doctrine de la vie, était la doctrine même dans les Anciennes Églises, 9, 121. La doctrine de la charité, qui avait été d'un si grand prix chez les Anciens, est aujourd'hui au nombre des choses entièrement perdues, 9. Aujourd'hui, dans les Églises, il y a la doctrine de la foi, et non celle de la charité, et la doctrine de la charité a été reléguée dans la science qu'on nomme Théologie morale, 257. Combien la doctrine de la charité l'emporte sur la doctrine de la foi séparée d'avec la charité! 257. Dans combien d'erreurs tombent ceux qui ont seulement la doctrine de la foi, et non en même temps celle de la charité! 257. — Doctrine de la charité, telle que l'avaient les Anciens chez qui était l'Église, voir N° 107. — La DOCTRINE CÉLESTE contenue dans ce Traité, est pour la Nouvelle Église, et elle a été révélée du ciel à Swedenborg, 7.

DOGME. Seulement confirmer un dogme, ce n'est pas le fait d'un homme intelligent, parce que le faux peut être confirmé aussi bien que le vrai, 51. Tous les dogmes, même ceux qui sont faux, peuvent être confirmés jusqu'au point de se montrer comme vrais, 35.

DOMESTICITÉ. Ceux qui ont fait le bien à cause de la rémunération remplissent des offices de domesticité dans le Royaume du Seigneur, 158.

Dominant. L'homme est absolument tel qu'est le dominant de sa vie; par ce dominant il est distingué des autres; selon lui se fait son ciel s'il est bon, et se fait son enfer s'il est mauvais; après la mort il ne peut être changé, parce qu'il est l'homme lui-même, 57.

Domination. Il y a deux genres de domination; l'une, de l'amour à l'égard du prochain; l'autre, de l'amour de soi, 72. Celui qui domine d'après l'amour à l'égard du prochain veut du bien à tous, et n'aime rien plus que de faire des usages, et ainsi de servir les autres, 72. Celui qui domine d'après l'amour de soi ne veut du bien à qui que ce soit, il n'en veut que pour lui et pour les siens, 72. L'amour de la domination reste chez chacun après la vie dans le monde; à ceux qui ont dominé d'après l'amour à l'égard du prochain est aussi confiée une domination dans les cieux; mais ceux qui ont dominé d'après l'amour de soi sont dans l'enfer, et ils y sont de vils esclaves, 73. L'amour de la domination est insatiable; ceux qui étendent leur domination sur le ciel, et transfèrent en eux la Divine Puissance du Seigneur, désirent continuellement davantage, 74. — Par les tentations, la domination est acquise à l'homme spirituel ou interne sur l'homme naturel ou externe, par conséquent au bien sur le mal et au vrai sur le faux, 199.

Dos. La sphère des esprits infernaux se conjoint avec le sensuel de l'homme par le dos, 50.

Douleur de conscience (la) est une anxiété du mental, à cause de l'injuste, du non sincère et d'un mal quelconque, que l'homme croit être contre Dieu et contre le bien du prochain, 139. Les tentations spirituelles sont les douleurs du mental introduites par les mauvais esprits chez ceux qui sont dans les biens et dans les vrais, 187, 196.

Doute. Il y a le doute affirmatif, et il y a le doute négatif, celui-là chez quelques bons et celui-ci chez les méchants, 51. Celui qui est dans le doute négatif, lequel en soi est le négatif, et qui dit qu'il ne croit pas avant d'être persuadé par les scientifiques, ne croira jamais, 51.

. Douze *sign*. toutes choses dans le complexe, 1.

Eau (l') *sign*. le vrai de la foi, 181, 186, 204, 209. Le pain et l'eau *sign*. tous les biens de l'amour et tous les vrais de la foi, 209. Les eaux du baptême *sign*. aussi les tentations; pourquoi? 205. Les faux d'après le mal apparaissent comme des eaux impures au-dessus des enfers, 21, 171.

Éber a institué les sacrifices, entièrement inconnus dans les Églises anciennes, 247.

Ecclésiastiques. Les choses qui, chez les hommes, concernent le ciel, sont nommés ecclésiastiques; elles seront dans l'ordre, 311.

Ecrire. La manière d'écrire chez les Très-Anciens était par représentatifs et par significatifs, 261.

Écriture sainte (toute l') n'est autre chose que la doctrine de l'Amour et de la Charité, 9. — Sur l'Écriture sainte ou la Parole, *voir* Nos 249 à 266.

Effets. Les choses, qui sont dans la nature, sont les derniers effets dans lesquels des antérieurs sont contenus, 261. — *Voir* Fin.

Effort. Le Seigneur est dans

un continuel effort de conjonction avec l'homme ; mais l'influx et la conjonction sont empêchés par les propres amours de l'homme, 307. Le bien est dans un perpétuel effort de se conjoindre les vrais, 23.

Église (l') chez l'homme est le mariage du bien et du vrai, 24. L'Église du Seigneur est partout sur le globe entier, quoiqu'elle soit spécialement où le Seigneur est reconnu, et où il y a la Parole, 244. — Sur l'Église voir Nos 241 à 248, puis Nos 120, 121.

Égypte. La science des correspondances a existé en Égypte, 51 ; plus que dans les autres contrées, 261.

Égyptiens (les premiers-nés des) représentent ceux qui séparent la foi d'avec la charité, 121.

Élévation (de l') du mental vers les intérieurs résulte la sagesse, 9. L'élévation hors de l'externe vers les intérieurs est comme l'élévation hors du brouillard dans la lumière, 47. L'influx et l'illustration procédant du ciel chez l'homme sont une actuelle élévation des intérieurs par le Seigneur, 47. L'élévation au-dessus des sensuels et le détachement des sensuels étaient connus des Anciens, 50.

Élus (les) *sign.* ceux qui sont dans la vie du bien, et de là dans la vie du vrai, 276.

Embryon. Comparaison de la régénération de l'homme avec la conception et la formation de l'embryon dans l'utérus, 186.

Emplois. Ceux qui n'ont pas la conscience, et qui néanmoins se laissent gouverner par les liens externes, peuvent remplir des emplois éminents dans le monde, et faire le bien de même que ceux qui ont la conscience, mais ceux-là dans la forme externe d'après les liens externes, et ceux-ci dans la forme interne d'après les liens internes, 139.

Enchainement. Tous les intérieurs sont contenus dans un enchaînement à partir du premier par le dernier, 47.

Enfance. Par les vrais et par la vie selon les vrais le bien de l'enfance devient le bien de la sagesse, 27.

Enfants. Tous ceux qui meurent enfants sont élevés dans le ciel et deviennent Anges, 3. Les enfants, qui meurent enfants et reçoivent leur éducation dans le ciel, ne sont que maux d'après l'héréditaire, 83.

Enfer. L'amour de soi et l'amour du monde, quand ils règnent, font la vie de l'enfer chez l'homme, 237 ; c'est pourquoi ceux chez qui règnent ces amours ne peuvent rien recevoir du ciel, mais ce qu'ils reçoivent vient de l'enfer, 237. On ne sait pas ce que c'est que l'enfer, à moins qu'on ne sache ce que c'est que le mal, 170. L'homme purement naturel est dans l'enfer, à moins qu'il ne devienne spirituel par la régénération, 47. Tous ceux qui sont dans l'externe sans l'interne, ou chez qui l'interne spirituel est fermé, sont dans l'enfer, 47. Il y a une lueur dans les enfers, mais elle est chimérique, et comme une lueur de feu de charbons, 49. Ceux qui sont dans les enfers apparaissent à eux-mêmes dans leur lueur comme des hommes, mais dans la lumière du ciel comme des diables et des monstres, 49. Si les enfers sont dits être dans l'obscurité et dans les ténèbres, c'est parce qu'ils sont dans les faux d'après le mal, 49. Les enfers les plus malicieux sont tenus séparés, afin qu'ils n'opèrent pas dans les maux héréditaires chez les hommes et chez les esprits, 83.

ENGENDRER. Être engendré d'eau et d'esprit, *sign.* être régénéré, 204, 209.

ÉNONCÉS. Dans l'Ancienne Parole, ou Parole antémosaïque, la partie prophétique était appelée les Énoncés, 255.

ENTENDEMENT (l') est l'une des deux facultés qui font la vie de l'homme, 28. — Sur l'ENTENDEMENT, *voir* N°s 28 à 35.

ENTRER par les vrais de la foi dans les scientifiques est selon l'ordre, mais entrer par les scientifiques dans les vrais de la foi est contre l'ordre, 51.

ENVIE. Chez ceux qui sont dans l'amour de soi, il y a l'envie, 75. Les envies découlent du penchant de l'homme à vouloir commander aux autres et posséder les richesses des autres, 312.

ENVOYÉ. Ce qui est signifié, quand il est dit que le Seigneur a été envoyé par le Père, 310.

ÉPOUSE. L'Église, dans la Parole, est appelée fiancée et épouse du Seigneur ; fiancée, avant qu'elle soit conjointe, et épouse, quand elle a été conjointe, 6, 13.

ÉQUILIBRE. L'homme est tenu par le Seigneur entre le ciel et l'enfer, et ainsi dans l'équilibre, afin qu'il soit dans le libre pour la réformation, 148 L'équilibre entre le ciel et l'enfer est l'équilibre entre le bien qui procède du ciel et le mal qui provient de l'enfer ; ainsi c'est un équilibre spirituel qui dans son essence est le libre, 149 ; en effet, chez chaque homme il y a des esprits de l'enfer et des anges du ciel ; par les esprits de l'enfer l'homme est dans son mal, mais par les anges du ciel l'homme est dans le bien qui procède du Seigneur, ainsi il est dans l'équilibre spirituel, c'est-à-dire, dans le libre, 149.

ERREURS. Dans combien d'erreurs tombent ceux qui ont seulement la doctrine de la foi, et non en même temps celle de la charité, 257. Ceux qui sont dans le sens littéral de la Parole sans une doctrine tombent dans plusieurs erreurs, 257.

ÉRUDITS (les), qui se sont confirmés contre les vrais de l'Église, sont sensuels, 50 ; *voir* SENSUEL. Un grand nombre d'érudits déraisonnent plus que les simples au sujet des spirituels ; pourquoi ? 51. Les érudits ne saisissent pas ce que c'est que la perception, 140 ; *voir* PERCEPTION.

ESCLAVES. Ceux qui dans le monde ont dominé d'après l'amour de soi sont dans l'enfer après la vie dans le monde, et ils y sont de vils esclaves, 73.

ESPRIT. La volonté et l'entendement font l'esprit de l'homme, 31. L'esprit de l'homme, après la mort du corps, apparaît dans le Monde spirituel dans une forme humaine absolument comme dans le monde, 225. Il jouit aussi de la faculté de voir, d'entendre, de parler et de sentir comme dans le monde, 46, 225. Et il possède à un haut degré toute faculté de penser, de vouloir et de faire comme dans le monde : en un mot, c'est un homme quant à toutes choses en général et en particulier, excepté qu'il n'est pas enveloppé de ce corps grossier qu'il avait dans le monde ; il le laisse en mourant, et il ne le reprend jamais, 225. L'homme par son esprit peut voir les choses qui sont dans le monde spirituel, s'il peut être détaché des sensuels qui sont du corps, et être élevé dans la lumière du ciel par le Seigneur, 50. La raison de cela, c'est que le corps ne sent pas, mais c'est l'esprit de l'homme qui sent dans le corps, et autant il sent dans le corps, autant il sent grossièrement et obscurément, ainsi dans les ténèbres ; mais autant il sent non dans le corps, autant il sent clairement et dans la lumière, 50. — Dans la Parole, l'esprit *sign.* la vie du vrai ou la vie de la foi, 209. L'esprit *sign.* la vie par le Seigneur, et la chair la vie par l'homme, 209. - *Voir* MENTAL ; OB.

ESPRITS Chez chaque homme il y a des esprits et des anges, 196. Ils sont dans ses pensées et dans ses affections, 196. S'ils étaient enlevés, l'homme ne pourrait pas vivre, 196 ; parce que par eux l'homme a avec le Monde spirituel une communication et une conjonction sans lesquelles il n'y aurait pas de vie pour lui, 196. Les esprits chez l'homme sont changés selon ses affections qui appartiennent à l'amour, 196. Il y a chez chaque homme des esprits mauvais et des esprits bons ; les mauvais esprits sont dans ses maux, et les bons esprits sont dans ses biens ; les mauvais esprits, quand ils s'approchent, font sortir ses maux, et les bons esprits, au contraire, font sortir ses biens, 188. Les esprits de l'enfer sont dans les propres amours de l'homme, 196. Les esprits entrent dans toutes les choses de la mémoire de l'homme, 196. Dans les tentations, les mauvais esprits, qui sont chez l'homme, répandent des scandales contre les biens et les vrais que l'homme aime et croit, et excitent aussi les maux qu'il a faits et les faux qu'il a pensés, 197. Ils se servent alors de toute espèce de ruses et de malices, 197. Quoique les esprits et les anges soient chez l'homme dans ses pensées et dans ses affections, l'homme cependant est toujours dans le libre de penser, de vouloir et d'agir, 196.

L'influx médiat du Seigneur se fait par les esprits et par les anges qui sont adjoints à l'homme, 277. Le Seigneur par les esprits influe dans les pensées, et par suite dans les choses de la mémoire, 277. L'homme n'est point visible pour les esprits, et les esprits ne le sont point pour l'homme, 196 ; par conséquent les esprits ne peuvent, par l'homme, rien voir de ce qui est dans notre monde solaire, 196.

ESPRIT SAINT. Dans la Parole, le Divin Procédant est appelé Esprit Saint, 306. Le Divin, qui est appelé Esprit Saint, procède de l'Humain glorifié du Seigneur, 292. Le Divin Procédant du Seigneur, qui est appelé Esprit Saint, est aussi son Divin dans le ciel, 306.

ESSENTIELS (les) de l'Église sont l'amour et la foi envers le Seigneur d'après le Seigneur, 242. L'essentiel de l'Église est de reconnaître le Divin du Seigneur, et son union avec le Père, 299.

EST. Ce qui n'a point de fin, cela EST ; mais ce qui a une fin, cela relativement n'EST point, 269.

ÉTAT (l') de la vie de l'homme est renversé par naissance, et c'est pour cela qu'il doit être entièrement retourné, pour que l'homme puisse être sauvé, 183. Il y a deux états pour l'homme qui est régénéré ; le premier, quand il est conduit par le vrai au bien ; le second, quand d'après le bien il agit, et que d'après le bien il voit le vrai, 186. Quel est l'état de l'homme, quand le vrai est à la première place, et le bien à la seconde, 186. Si, après une repentance de cœur, l'homme retombe dans les maux antérieurs, il profane ; et alors son dernier état est pire que le précédent, 172. Combien a été perverti l'état de ceux chez qui l'entendement et la volonté ne font pas un ! 35 ; tel est l'état chez les hypocrites, les fourbes, les flatteurs et les imposteurs, 35. — États successifs de l'Église Chrétienne jusqu'à son dernier état, 246. — États contraints, 168.— État de Glorification et État d'Humiliation du Seigneur, 300:

ÉTENDUE. Les cieux sont des Étendues, l'une au-dessus de l'autre, 4. Les Anciens Cieux constituent les Étendues supérieures, et le Nouveau Ciel l'Étendue au-dessous, 4. Dans les Étendues suprêmes habitent ceux qui sont appelés Anges célestes, dont la plupart sont de la Très-Ancienne Église : dans les Étendues au-dessous d'eux habitent ceux qui sont appelés Anges spirituels, dont la plupart sont de l'Ancienne Église, 4.

ÊTRE. Le bien est l'Être même de la chose, et le vrai est par suite l'Exister de cette chose, 32. Le bien est l'Être de la vie, et le vrai est par suite l'Exister de la vie, 23. Ainsi le bien a son Exister de la vie dans le vrai, et le vrai a son Être de la vie dans le bien, 23. Le bien sans le vrai n'Existe point, et le vrai sans le bien n'Est point, 23. Chez l'homme la volonté est l'Être même de sa vie, parce qu'elle est le réceptacle du bien, et l'entendement est l'Exister de la vie provenant de l'Être, parce qu'il est le réceptacle du vrai, 23, 35, 57. Tout homme tient de son père l'Être de sa vie, qui est appelé son âme ; l'Exister de la vie qui en provient est ce qui est appelé corps, 287. Le Divin Même a été l'Être de la vie du Seigneur ; de ce divin l'Humain ensuite est sorti, et est devenu l'Exister d'après cet Être, 293.

ÊTRE INFINI. Les Très-Anciens n'ont point pu adorer l'Être Infini, mais ils ont adoré l'Exister Infini qui est le Divin Humain, 305.

EUROPE. Aujourd'hui, dans l'Europe, la science des correspondances est au nombre des sciences entièrement perdues, 261.

EXAMINER (s'). Ce que c'est que s'examiner, 164.

EXISTER. Rien n'existe par soi, mais par un antérieur à soi, ainsi toutes choses existent par un Premier, 277, 278. De même que toutes choses ont existé, de même elles subsistent, 277. Toutes choses subsistent perpétuellement par le Premier Être, parce qu'elles ont existé par Lui, 277. Tout Exister vient d'un Être, et rien ne peut Exister à moins qu'en Lui il n'y ait son Être, 277. — Voir ÊTRE.

EXISTER INFINI. Voir ÊTRE INFINI.

EXONÉRATIONS (les) de l'homme spirituel se font dans l'homme naturel et par lui, 48.

EXPRESSIONS. Dans la Parole, surtout dans la Parole Prophétique, il y a deux expressions qui semblent désigner une même chose, mais l'une se réfère au bien et l'autre au vrai, ainsi l'une au céleste et l'autre au spirituel, 260, 265. Ce n'est que par le sens interne de la Parole qu'on peut savoir quelle expression se rapporte au bien, et quelle expression se rapporte au vrai, parce qu'il y a des mots particuliers pour exprimer les choses qui appartiennent au bien, et des mots particuliers pour exprimer celles qui appartiennent au vrai, 265. Quelquefois aussi l'une des expressions enveloppe le commun, et l'autre quelque chose de déterminé d'après le commun, 265.

EXTÉRIEURS (les) qui appartiennent au mental (animus) sont

tournés, chez chacun, du côté où sont les intérieurs, 41. Les intérieurs et les extérieurs de l'homme ne sont point continus, mais ils sont distincts selon les degrés, et chaque degré a sa limite, 47.

EXTERNE (l') doit être subordonné et soumis à l'Interne, 47. — Sur l'EXTERNE, voir Nos 36 à 47.

FACE. Les affections qui appartiennent au mental sont représentées d'une manière manifeste sur la face par ses différentes expressions, au point qu'on les y voit, 261. Les spirituels, auxquels correspondent les naturels, apparaissent dans le naturel sous une autre face, de sorte qu'on ne peut pas les discerner, 258.

FACULTÉS. Il y a dans l'homme deux facultés, qui font sa vie; l'une est appelée la Volonté, et l'autre est appelée l'Entendement, 28, 35. Ces deux facultés font l'homme même, 35. Ce sont elles qui reçoivent le bien et le vrai, par conséquent aussi la charité et la foi, 109. Elles doivent faire un pour que l'homme soit homme, 35. Par elles l'homme est distingué des bêtes, 35. — Le bien donne la faculté de recevoir du Seigneur l'influx, mais le vrai sans le bien ne la donne pas, 277. Dans le bien il y a la faculté d'être sage, 27.

FAIRE le bien et le vrai pour le bien et le vrai, c'est aimer le Seigneur et aimer le prochain, 25, 106. Si faire le bien n'est pas conjoint avec vouloir le bien et penser le bien, il n'y a aucune salvation, ni aucune conjonction de l'homme interne avec l'homme externe, 121. Faire le bien sans but de rémunération constitue la félicité céleste, 158.

FAIM (avoir) sign., dans la Parole, désirer d'affection le bien et le vrai, 220.

FAISCEAUX. Les scientifiques et les connaissances sont disposés en faisceaux et conjoints selon les amours par lesquels ils ont été introduits, 51.

FALSIFICATION DU VRAI. Plusieurs particularités sur cette falsification, 21, 171.

FALSIFIER. Les vrais peuvent être falsifiés; comment? Exemples, 21. Il est permis aux méchants de falsifier les vrais; pourquoi? 21. Les vrais sont falsifiés par les méchants, par cela qu'ils sont appliqués, et par conséquent dirigés vers le mal, 21. Le vrai est dit falsifié, quand il est appliqué au mal, ce qui est fait principalement par les illusions et par les apparences dans les externes, 21, 171. Le vrai falsifié d'après le mal est contre le vrai et le bien, 21, 171.

FAUX. Il y a d'innombrables genres de faux, à savoir, autant qu'il y a de maux; et les maux et les faux sont selon les origines, qui sont en grand nombre, 21, 171. Il y a le faux d'après le mal ou le faux du mal, et il y a le mal d'après le faux ou le mal du faux, et de nouveau par suite le faux, 21, 171. D'un seul faux, surtout s'il tient lieu de principe, découlent des faux en série continue, 21, 171. Il y a le faux d'après les cupidités de l'amour de soi et du monde, et il y a le faux d'après les illusions des sens, 21, 171. Il y a les faux de religion, et il y a les faux d'ignorance, 21, 171. Il y a le faux dans lequel est le bien et le faux dans lequel n'est pas le bien, 21, 171. Il y a le falsifié, 21, 171. Tout mal a avec lui un faux, 21. Le faux d'après les cupidités de l'amour de soi est le faux même du mal, 21. Tout faux peut être confirmé, et quand il a été confirmé il apparaît comme vrai, 21, 171. Il faut se bien garder de confirmer les faux de religion, parce que de là vient principalement la persuasion du faux, 21, 171 ; *voir* PERSUASION DU FAUX. Il y a des faux de religion qui sont en concordance avec le bien, et il y en a qui sont en discordance, 21, 171. Les faux de religion, s'ils ne sont pas en discordance avec le bien, ne produisent pas le mal, excepté chez ceux qui sont dans le mal, 21, 171. Les faux de religion ne sont point imputés à ceux qui sont dans le bien, mais ils le sont à ceux qui sont dans le mal, 21, 171. Les faux de religion chez ceux qui sont dans le bien sont reçus par le Seigneur comme des vrais, 21, 171. Le bien dont la qualité vient d'un faux de religion est accepté par le Seigneur, s'il y a ignorance, et que dans l'ignorance il y ait innocence, et fin bonne, 21, 171. — Sur le FAUX, *voir* N° 171.

OBS Il est dit *Faux* au pluriel, quoique dans cette acception le mot *faux* pris substantivement n'ait pas de pluriel ; mais l'Auteur employant les deux expressions *falsa* et *falsitates*, la première a été traduite par *les faux*, et la seconde par *les faussetés* Il faut distinguer entre les faux et les faussetés comme entre l'antérieur et le postérieur; *voir* R. C. N° 21. On peut aussi considérer les *faux* comme principes, et les *faussetés* comme dérivations.

FÉLICITÉ (toute) appartient à l'amour, et sa qualité est selon la qualité de l'amour, 62. La félicité céleste consiste dans l'affection de faire le bien sans but de rémunération, 158. La félicité éternelle est à ceux qui sont dans l'amour et la foi envers le Seigneur d'après le Seigneur, 236. Ceux qui sont dans la Divine Providence du Seigneur sont portés en toutes choses, en général et en particulier, vers des félicités pour l'éternité, 276.

FEMME (la), dans la Parole, *sign.* l'Église, 122.

FÊTE DES AZYMES (la) ou de la Pâque *sign.* la délivrance de la damnation par le Seigneur, 215.

FEU. Ce qui était signifié, dans les sacrifices, par le feu de l'autel, 221.

FEUILLES (les) de l'Arbre de vie sont la Foi, 121.

FIANCÉ. Dans la Parole, le Seigneur est appelé Fiancé, 13.

FIANCÉE (la) du Seigneur *sign.* l'Église avant qu'elle soit conjointe, 6. Dans la Parole, le Ciel et l'Église sont appelés Fiancée; pourquoi ? 13.

FILS (le) de l'homme *sign.* le Divin Vrai, 303. Le Fils de Dieu né de toute éternité, c'est le Divin Vrai dans le ciel, 305.

FIN (la) se revêt de choses qui lui conviennent pour se fixer comme cause dans une sphère inférieure, et ensuite pour se fixer comme effet dans une sphère encore plus inférieure ; et lorsque par la cause la fin devient effet, elle devient visible ou se manifeste devant les yeux, 261. Toutes les choses dans la Nature ont été disposées en ordre et en série selon les fins, 48. Dans le ciel règnent les fins, qui sont les usages, 48. L'homme a pour fin ce qu'il aime par dessus toutes choses, 56, 99. La fin elle-même, pour laquelle on agit, fait l'homme, 99. C'est de la fin ou de l'usage que l'amour tire sa qualité ; car telle est la fin pour laquelle on désire, tel est l'amour ; toutes les autres choses lui servent comme moyens, 77. Autant on désire les fins, autant on aime les moyens et aussi autant on y croit, 117. La fin de la régénération est que l'homme interne ou spirituel commande, et que l'homme externe ou naturel serve, 183.

FLAMBEAU. La vraie doctrine est un flambeau pour ceux qui lisent la Parole, 257.

FLATTEURS. Chez les flatteurs l'entendement et la volonté ne font pas un ; combien leur état a été perverti, 35.

FLUCTUATION. Après la tentation, il y a d'abord fluctuation entre le vrai et le faux, 197.

Foi (la) est l'affection du vrai provenant de vouloir le vrai parce qu'il est le vrai, 112. La foi ne peut exister que dans la charité ; si elle n'est pas dans la charité, ce qui est dans la foi n'est pas le bien, 121. — Sur la Foi, voir Nos 108 à 122.

FONCTIONS. Les méchants peuvent, de même que les bons, remplir des fonctions et faire des usages et des biens, parce qu'ils regardent les honneurs et le gain comme des récompenses pour lesquelles ils agissent dans la forme externe de même que les bons. 81.

FONDEMENTS (les) de la muraille de la Nouvelle Jerusalem *sign* les connaissances du vrai sur lesquelles les doctrinaux sont fondés, 1.

FONTAINE (la) des eaux vives *sign*. les vrais de la foi procédant du Seigneur, ainsi la Parole, 209.

FORMATION. Il y a formation de l'homme interne spirituel selon les choses qui appartiennent au ciel, 43.

FORME (la) du ciel, selon laquelle s'y font toutes les consociations et toutes les communications, est la forme du Divin Vrai d'après le Divin Bien procédant du Seigneur; et l'homme revêt cette forme quant à son esprit par la vie selon le Divin Vrai, 2. Le Ciel Angélique dans tout le complexe est dans une forme comme Homme, 279. Tous les Anges sont des formes du ciel, 2. Les Anges, les Esprits et les hommes ont été créés pour recevoir la vie, par conséquent sont seulement des formes récipientes de la vie, 278 ; telle est la manière dont ils reçoivent la vie, telle forme ils sont, 278. — Le bien a sa forme par les vrais, ainsi le vrai est la forme du bien, 23.

FORMER. L'homme interne qui est spirituel a été formé à l'image du ciel, et l'homme externe qui est naturel a été formé à l'image du monde ; comment ? 47.

FORTUNE (la) qui, dans beaucoup de circonstances dans le Monde, parait admirable, est l'opération de la Divine Providence dans le dernier de l'ordre, selon l'état de l'homme, et elle peut servir à confirmer que la Divine Providence est dans les très-singuliers de toutes choses, 276. Elle vient du Monde spirituel, et de là proviennent ses variations, 276.

FOURBERIES (les) proviennent de l'amour de soi et de l'amour du Monde, 81, 75. Elles découlent du penchant de l'homme à vouloir commander aux autres et posséder les richesses des autres, 312.

FOURBES. Chez les fourbes l'entendement et la volonté ne font pas un ; combien leur état a été perverti ! 35. Les fourbes sont principalement sensuels, 50. — *Voir* SENSUEL.

FREINS. Autant on lâche les freins à l'amour de soi, autant il s'élance, jusqu'à vouloir dominer non-seulement sur tout le globe, mais encore sur le ciel, et sur le Divin Même, 71, 81.

FRÈRES. Dans les Anciennes Églises on appelait frères tous ceux qui vivaient dans le bien de la charité, de quelque manière qu'ils différassent quant aux vrais qui aujourd'hui sont appelés vrais de la foi, 9. Le bien, dans la Parole, est appelé le frère du vrai, 27.

FROMENT (le) *sign.* le bien de l'amour, 218.

FRUCTIFICATION. Comment s'opère la fructification du bien chez ceux qui sont régénérés, 186. Si l'homme interne n'a pas été conjoint à l'homme externe, il n'y a aucune fructification, 47.

FRUITS (les) de l'Arbre de vie sont les biens de la charité, 121.

GATEAUX (les) ou Minchahs, dans les sacrifices, *sign.* le culte d'après le bien de l'amour, 218.

GÉNÉRATIONS (les) et les naissances, dans la Parole, *sign.* des générations et des naissances spirituelles, c'est-à-dire, qui appartiennent à la régénération, 186.

GENRE HUMAIN. Par l'Église il y a conjonction du Seigneur avec le Genre Humain; pourquoi? 5.

GENRES. Il y a d'innombrables genres de maux et de faux, 170, 171. Tous les genres du prochain sont compris dans les paroles du Seigneur, — Matth. XXV. 34 à 40, — 90. Il y a autant de genres et d'espèces de plaisirs et de voluptés qu'il y a de genres et d'espèces d'affections qui appartiennent à l'amour, 62.

GENTILS (les), parce qu'ils sont hors de l'Église et n'ont pas la Parole, ne peuvent point profaner, 172. Le ciel est formé de Gentils aussi bien que de Chrétiens, 3. La science des correspondances a été connue chez les Gentils, 261. De l'instauration de l'Église chez les Gentils, 246.

GERMINATIONS (les) dans le règne végétal peuvent illustrer la régénération de l'homme, 186.

GESTES. La pensée, quand elle coule dans le corps, est représentée par des gestes qui correspondent, 261.

GLOIRE. Le Seigneur ne veut pas pour Lui-Même la gloire de la part de l'homme, mais il la veut pour le salut de l'homme, 310. La Gloire Divine est le salut du Genre Humain, 129. La gloire *sign.* le Divin Vrai tel qu'il est dans le ciel, et par suite l'intelligence et la sagesse, 1. La gloire *sign.* la Parole dans le sens interne, 260.

GLORIFICATION (la), quand il s'agit du Seigneur, est l'union de son Humain avec le Divin, 300. La Glorification du Seigneur a été faite par les tentations admises dans l'Humain qu'il tenait d'une mère, et alors par de continuelles victoires, 293, 302. On peut avoir une idée de la Glorification de l'Humain du Seigneur, d'après l'idée de la régénération de l'homme, puisque le Seigneur régénère l'homme de la même manière qu'il a glorifié son Humain, 300. De l'état de glorification et de l'état d'humiliation du Seigneur, 300.

GLORIFIER, c'est faire Divin, 294, 300. Par les tentations, admises en Lui, le Seigneur a subjugué les enfers, et a remis toutes choses en ordre dans les enfers et dans les cieux, et en même temps il a glorifié son Humain, 201, 294. Le Seigneur a glorifié son Humain, et non son Divin, parce que celui-ci était glorifié en soi, 300. Le Seigneur est venu dans le Monde pour glorifier son Humain, 300. Le Seigneur a glorifié son Humain par le Divin qui était en Lui d'après la conception, 300. Le Seigneur a sauvé le Genre Humain par cela qu'il a glorifié son Humain, 300.

GOUVERNEMENT. Dans le Ciel il y a, comme sur la Terre, des Gouvernements, 7. Le Gouvernement du Seigneur dans les cieux et dans les terres est appelé Providence, 267, 276. Le Genre Humain, à cause des amours de soi et du monde, a été obligé d'établir des Gouvernements, et de se soumettre à des Autorités, afin d'être en sûreté, 81. — Sur le GOUVERNEMENT ECCLÉSIASTIQUE ET CIVIL, voir Nos 311 à 325.

GOUVERNER. Comme le Seigneur gouverne tout le ciel, il gouverne aussi toutes les choses qui en dépendent, ainsi toutes les choses dans le monde, 309. Il gouverne aussi les enfers, 309. Il gouverne toutes choses d'après le Divin par le Divin Humain, 309. Il gouverne toutes choses ou par Volonté, ou par Indulgence, ou par Permission, ainsi dans un rapport différent selon la qualité chez l'homme, 276, 309. Le Seigneur gouverne toutes choses selon l'ordre Divin, 309. Il gouverne les premiers de l'ordre et les derniers, les premiers d'après les derniers, et les derniers d'après les premiers, et ainsi il contient toutes choses dans un enchaînement et dans l'ordre, 279, 309. Les maux et les faux sont gouvernés par le Seigneur, non selon l'ordre, mais d'après l'ordre, 279 ; ils sont gouvernés au moyen des lois de Permission, et ils sont permis à cause de l'ordre, 276, 279. Le Seigneur par l'Interne, où tout est paisible, gouverne les Externes où tout est tumultueux, 47. Le Seigneur gouverne le monde au moyen des méchants, en les conduisant par leurs propres amours qui se réfèrent à l'amour de soi et à l'amour du monde, 81.

GRAPPE DE RAISIN (la) sign. le bien spirituel, qui est le bien de la charité, 217.

GRÂCE (la) a cultivé la science des correspondances, 261.

GUERRES. Dans l'Ancienne Parole, ou Parole antémosaïque, la partie historique était appelée les Guerres de Jéhovah, 255.

HAINE (la) provient de l'amour de soi et de l'amour du monde, 81, 75. Les haines découlent du penchant de l'homme à vouloir commander aux autres et posséder les richesses des autres, 312. Les formes de la haine et de la charité ne peuvent être ensemble, 106.

HAUT (le), dans la Parole, sign. l'interne, 47.

HAUTEUR (la), la longueur et la largeur de la Nouvelle Jérusalem, qui sont égales, sign. tous les biens et tous les vrais de la doctrine céleste de la Nouvelle Église dans le complexe, 1.

HÉBRAÏQUE (Église). Différence entre cette Église et l'Église Ancienne, 247. Éber fondateur de cette Église a institué les sacrifices, entièrement inconnus dans les Anciennes Églises, 247.

HÉRÉDITAIRES (les Maux) sont les maux de l'amour de soi et du monde, qui consistent en ce que l'homme s'aime de préférence à Dieu, et aime le monde de préférence au ciel, et regarde comme rien le prochain, 83, 70. Les maux héréditaires sont dérivés des parents et aïeux dans une longue série remontante, pendant laquelle ils se sont accrus et accumulés, 83. Ils ne viennent pas, comme on le croit, d'un premier homme parce qu'il a mangé de l'arbre de la science, 83. C'est pourquoi, les maux héréditaires aujourd'hui ont plus de malignité qu'autrefois, 83. Tout homme d'après l'héréditaire naît avec le penchant à vouloir commander aux autres et posséder les richesses des autres, 312. Ce que l'homme tire de l'héréditaire penche continuellement vers cet héréditaire, et y tombe ; par suite l'homme confirme ce mal, et il y ajoute aussi de lui-même plusieurs maux, qui sont appelés maux actuels, 176, 83. Dans l'autre vie personne n'est puni pour les maux héréditaires, mais on est puni pour les maux actuels qui reviennent, 83. Chez chacun les maux intérieurs viennent du père, et les maux extérieurs viennent de la mère, 83. Par les tentations et par les victoires le Seigneur a rejeté tout l'héréditaire provenant de la mère, et il a dépouillé l'humain qu'il tenait d'elle, à un tel point qu'enfin il n'était plus son fils, 302.

Hérésies (des) surgissent en nombre immense du sens littéral de la Parole sans le sens interne, ou sans la Doctrine réelle tirée de la Parole, 262.

Hiéroglyphes (les) viennent de la science des correspondances qui avait été cultivée en Égypte, 51.

Historiques (les) de la Parole, de même que les Prophétiques, contiennent des arcanes du ciel, 260. Les Anges les perçoivent non pas historiquement, mais spirituellement, 260. Les arcanes intérieurs qui sont dans les historiques se présentent moins clairement à l'homme que ceux qui sont dans les prophétiques; pourquoi? 260. Les Historiques de la Parole sont des représentatifs, les mots sont des significatifs, 261.

Holocaustes. Voir Sacrifices.

Homme (l') par création est l'ordre Divin dans une forme, 279. L'homme a été créé de manière que dans ses intimes, et par suite dans les choses qui suivent en ordre, il puisse recevoir le Divin, être élevé vers le Divin, et être conjoint au Divin par le bien de l'amour et par les vrais de la foi, et que par conséquent il vive éternellement, ce qui n'a pas lieu pour les bêtes, 278. D'homme interne l'homme est devenu homme externe, et cela successivement, 9. L'homme est absolument tel qu'est l'amour dominant de sa vie, 57. L'homme ressuscite seulement quant à l'esprit et non quant au corps; le Seigneur seul est ressuscité quant au corps, 286. Le Seigneur est le seul Homme, et ceux-là seulement sont hommes qui reçoivent de Lui le Divin, 307, 279. — Sur l'Homme, voir Nos 28 à 35; et Nos 36 à 53.

Homme (le Très-Grand). Le Ciel dans le commun est comme un seul Homme, lequel pour cela même est appelé le Très-Grand Homme, 307.

Honneur (l') d'une fonction ne réside pas dans la personne, mais il est adjoint à la personne selon la dignité de la chose qu'elle administre, 317. L'honneur dans la personne est l'honneur de la sagesse et de la crainte du Seigneur, 317.

Hostilité. Chez ceux qui sont dans l'amour de soi, il y a hostilité contre ceux qui ne leur sont pas favorables, 75.

Huile (l') sign. le bien de l'amour, 87, 119.

Humain du Seigneur (l') n'est pas semblable à l'humain d'un autre homme, 292. L'Humain du Seigneur est Divin, 305. — Voir Divin Humain.

Humiliation (l') du cœur chez l'homme existe par la reconnaissance de lui-même, à savoir, qu'il n'est que mal, et que de lui-même il ne peut rien, et par la reconnaissance du Seigneur alors, à savoir, que du Seigneur il ne procède que le bien, et que le Seigneur peut toutes choses, 129. Le Divin ne peut influer que dans un cœur humble, 129.

Le Seigneur veut l'humiliation non pour Lui-même, mais pour l'homme, afin que l'homme soit en état de recevoir le Divin, 129. L'humiliation de cœur est l'humiliation interne, 129. Il n'y a pas d'humiliation de cœur chez les méchants, 129. Le Seigneur était dans l'état d'humiliation, en tant qu'il était dans l'Humain provenant de la mère, 302.

Hypocrites. Chez les hypocrites l'entendement et la volonté ne font pas un ; combien leur état a été perverti! 35. Tous les hypocrites peuvent faire bien et parler bien, mais non vouloir bien ni penser bien, 234.

Idées (les) de l'homme, tant qu'il vit dans le monde, sont naturelles, parce que l'homme pense alors dans le naturel, mais toujours est-il que des idées spirituelles ont été renfermées dans ces idées naturelles chez ceux qui sont dans l'affection du vrai pour le vrai, 256. Sans les idées il n'y a aucune perception de quoi que ce soit, 256. Les idées des Anges sont spirituelles, tandis que les idées des hommes sont naturelles, 259. Les idées de l'entendement s'étendent amplement dans les sociétés des esprits et des anges de tout côté, 35. Les idées sur les choses de la foi sont ouvertes dans l'autre vie, et là elles sont vues par les anges telles qu'elles sont, 256, 35. Sur chaque doctrinal de l'Église il y a des idées, selon lesquelles il y a entendement du sujet, 256. Tout doctrinal de l'Église a avec soi des idées, et par elles il est perçu quel il est, 35. Selon ces idées il y a l'entendement du doctrinal, et sans l'idée intellectuelle chez l'homme, il n'y a que l'idée du mot, et nullement l'idée de la chose, 35. On ne peut penser au sujet de Dieu, qu'en se le

représentant dans une fo humaine, et ce qui est inc préhensible ne tombe dans cune idée, 303. L'homme p adorer ce dont il a quelque id mais non ce dont il n'a aucu idée, 303. Ceux qui ont de Divinité l'idée de trois P sonnes ne peuvent avoir l'i d'un seul Dieu ; mais ceux ont de la Divinité l'idée de T dans une seule Personne, p vent avoir l'idée d'un seul Di 289. On a l'idée de Trois d une seule Personne, quand pense que le Père est dans Seigneur, et que l'Esprit S procède du Seigneur, 290. près la chaleur et la lumière soleil, on peut se former idée du bien qui appartient charité et du vrai qui apparti à la foi, 114. Chez ceux d l'interne a été fermé, les id de la pensée sont matérielles nullement spirituelles, 47.

Ignorance. Pour qu'il n'y pas profanation, l'homme es préférence tenu dans l'ig rance, et dans le culte exter 172. Le bien dont la qua vient d'un faux de religion accepté par le Seigneur, s'il ignorance, et que dans l'ig rance il y ait l'innocence et bonne, 21. Ceux qui ne s pas dans la charité sont d l'ignorance sur les Divins Vr quoiqu'ils croient être sag 106.

Illumination. Ceux chez l'homme Interne spirituel a ouvert dans le ciel vers le S gneur sont dans la lumière ciel et dans l'illumination le Seigneur, et par suite d l'intelligence et dans la sages 44.

Illusions. L'homme dont l' terne est tellement Externe, q ne croit que ce qu'il peut v de ses yeux et toucher de mains, est dans des illusions sur toutes les choses qui appartiennent à la foi de l'Église, 45. Les hommes entièrement naturels et sensuels pensent et raisonnent d'après les illusions des sens, 53. Il y a des illusions des sens dans les choses naturelles, dans les choses civiles, dans les choses morales, et dans les choses spirituelles, 53. Énumération de quelques-unes de ces illusions dans les choses spirituelles, 53.

ILLUSTRATION (l') est une ouverture actuelle des intérieurs qui appartiennent au mental, et aussi une élévation dans la lumière du ciel, 256, 3., 47. La lumière du ciel est illustration pour l'entendement, comme la lumière du monde pour la vue, 35. L'illustration de l'entendement est variée selon les états de la vie de l'homme, 35. Ceux qui sont dans l'illustration se font une doctrine d'après la Parole, 257. — De l'état d'illustration de ceux qui sortent des tentations et sont élevés dans le ciel, 197, 199.

ILLUSTRER. Ceux qui sont conduits par le Seigneur sont illustrés, mais non ceux qui sont conduits par eux-mêmes, 256. C'est l'entendement qui est illustré par le Seigneur, 35, 256. L'entendement est illustré, en tant que l'homme reçoit le vrai par la volonté, c'est-à-dire, en tant qu'il veut faire selon le vrai, 35. Le sens littéral de la Parole est celui qui est illustré, 256. Le Seigneur donne à ceux qui sont illustrés la faculté de comprendre le vrai, et de discerner les choses qui, dans la Parole, semblent se contredire, 256, 35. Le sens réel de la Parole n'est saisi que par ceux qui ont été illustrés, et il n'y a d'illustrés que ceux qui sont dans l'amour et dans la foi envers le Seigneur, 253, 256. Sont illustrés d'après la Parole ceux qui la lisent d'après l'amour du vrai et du bien, et non ceux qui la lisent d'après l'amour de la réputation, du gain, de l'honneur, 256, 35. Sont illustrés ceux qui sont dans le bien de la vie, et par suite dans l'affection du vrai, 256. Sont illustrés ceux dont l'interne a été ouvert, par conséquent ceux qui peuvent être élevés dans la lumière du ciel quant à leur homme interne, 256. Chez ceux qui sont illustrés, la lumière du vrai vient de leur interne, c'est-à-dire, du Seigneur par l'interne, 259.

OBS. Dans les écrits de l'Auteur, *illustrer* est pris, en général, dans l'acception d'éclairer, de mettre en lumière.

IMAGE. Les vrais d'après le bien, étant conjoints, présentent l'image de l'homme, 24.

IMAGINATIF (l') réel vient de l'homme interne ou spirituel, quand d'après lui l'homme naturel voit, agit et vit, 48.

IMAGINATION. Dans l'homme naturel considéré en lui-même il y a une imagination matérielle, et il y a des affections telles que sont celles des bêtes, 48. — *Voir* IMAGINATIF.

IMMERSION (l') dans les eaux du Jourdain signifiait la régénération elle-même, comme la signifie pareillement le baptême, 209.

IMPOSSIBLE. Ce qui est contre l'Ordre Divin est impossible ; par exemple, il est impossible que l'homme, qui vit dans le mal, puisse être sauvé d'après la seule Miséricorde ; il est impossible, dans l'autre vie, que les méchants puissent être consociés avec les bons, 279.

IMPOSTURES. Chez les imposteurs l'entendement et la volonté ne font pas un ; combien leur état a été perverti ! 35.

INCIRCONCIS (les) *sign.* ceux qui sont seulement dans la doctrine de la foi, et non dans la vie de la foi, qui est la charité, 257.

INCOMPRÉHENSIBLE. Ce qui est incompréhensible ne tombe dans aucune idée, 305.

INCRÉDULITÉ. Les vrais ne peuvent pas être reçus profondément, tant que règne l'incrédulité, 21.

INDULGENCE. Le Seigneur gouverne toutes choses ou par Volonté, ou par Indulgence, ou par Permission. 276.

INFÉRIEUR (l') dans la Parole, *sign.* l'extérieur, 47.

INFERNAL. Tout ce qui est infernal est dans les ténèbres, 19. Imiter les affections célestes, quand on est dans les maux provenant de l'amour de soi, est une chose infernale, 129.

INFESTATIONS. Quelle est la différence entre les tentations, les infestations et les vastations, 197.

INFLUER. Le tout de la vie influe du Premier, parce qu'il en dérive, par conséquent influe du Seigneur, 277. Tout bien influe du Seigneur, et tout mal influe de l'enfer, 277. Le Seigneur influe dans les premiers et en même temps dans les derniers, ou dans les intimes et en même temps dans les extrêmes, 277. Les intérieurs successivement influent dans les extérieurs, jusque dans l'extrême ou le dernier, et là ils existent et subsistent ensemble, 47. Les intérieurs peuvent influer dans les extérieurs, et non *vice versâ*, 47. Le Divin Humain du Seigneur influe dans le ciel et fait le ciel, et ce Divin influe du ciel et par le ciel chez les hommes, 307. Le Divin ne peut influer que dans un cœur humble ; pourquoi ? 129. Le bien ne peut influer dans les vrais, tant que l'homme est dans le mal, 21.

INFLUX. Toutes les choses que l'homme pense et qu'il veut lui viennent par influx, 277. L'influx est spirituel, et non pas physique ; ainsi l'influx vient du Monde Spirituel dans le Monde Naturel, et non du Monde Naturel dans le Monde Spirituel, 277, 47 ; ainsi il y a un influx de l'homme spirituel dans l'homme naturel, et non un influx de l'homme naturel dans l'homme spirituel, 47. L'homme ne pourrait vivre un seul moment, si l'influx provenant du Monde spirituel lui était ôté, et néanmoins l'homme est dans le libre, 277. Il y a influx du Seigneur à travers l'homme interne dans l'homme externe, 47. L'influx du ciel a lieu dans la conscience chez l'homme, 139. — Sur l'INFLUX, *voir* Nos 277, 278.

INHUMANITÉ. Chez ceux qui sont dans l'amour de soi il y a inhumanité envers ceux qui ne leur sont pas favorables, 75.

INIMITIÉ (l') provient de l'amour de soi et de l'amour du monde, 81, 75. Les inimitiés découlent du penchant de l'homme à vouloir commander aux autres et posséder les richesses des autres, 312.

INIQUITÉS. Comment il faut entendre que le Seigneur a porté les iniquités de tous, 310. Différence entre prévarication, iniquité et péché, 170.

INJUSTE. Dans la Parole est appelé injuste celui qui s'attribue sa propre justice et son propre mérite, 156.

INNOCENCE (toute) vient du Seigneur, 308. L'homme, quand il est régénéré par le Seigneur, est d'abord dans l'état de l'innocence externe, qui est l'état de son enfance spirituelle, ensuite il est successivement conduit dans l'état de l'innocence interne, qui est l'état de sa sagesse, 186.

INNOMBRABLE. Dans le sens interne ou spirituel de la Parole il y a des arcanes innombrables, 260. Il y a des choses innombrables dans chaque particularité de la Parole, et dans chaque mot, 260 ; il y en a d'innombrables dans l'Oraison Dominicale, et dans chacune de ses expressions, et dans les préceptes du Décalogue, 260. Il y a des choses innombrables dans chaque bien, 27. D'après le bien on peut savoir des choses innombrables, 27.

INONDATION (l') des eaux *sign.* les tentations, 209.

INSENSÉ. Les scientifiques sont des moyens de devenir sage, et des moyens de devenir insensé, 51.

INSINUATION (il y a) du bien dans les vrais, 23.

INSPIRATION DE LA PAROLE (l') consiste en ce que la Parole est descendue du Seigneur par les trois cieux jusqu'à l'homme, et a été ainsi accommodée pour les Anges des trois cieux, et aussi pour les hommes, 259.

INSTAURATION (de l') de l'Église chez les Gentils, 246.

INTELLIGENCE (toute) vient du Seigneur, 308. L'intelligence et la sagesse augmentent immensément dans l'autre vie chez ceux qui ont vécu dans le monde la vie de la charité, 106. Autant l'homme vit selon l'ordre, autant il a d'intelligence et de sagesse, 279.

INTELLIGENTS. Chez les intelligents du monde qui se confirment, d'après les sciences, contre les choses qui sont du Ciel et de l'Église, l'interne est plus fermé que chez les simples, 47.

L'homme qui est dans le mal, et par suite dans le faux, ne peut pas être dit intelligent, 33.

INTERCÉDER. Comment il faut entendre que le Seigneur intercède pour l'homme, 310.

INTÉRIEURS (les) et les extérieurs de l'homme ne sont point continus, mais ils sont distincts selon les degrés, 47. Les intérieurs chez ceux qui sont hommes spirituels ont été en actualité élevés du côté du ciel, mais les intérieurs appartenant au mental chez ceux qui sont purement naturels ont été en actualité tournés vers le monde, 41. Les intérieurs, qui appartiennent au mental, ont été tournés chez chacun vers ce qu'il aime par dessus toutes choses, 41. Les intérieurs sont fermés jusqu'au sensuel, qui est le dernier, si le Divin est nié, 47. — *Voir* EXTÉRIEURS.

INTERMÉDIAIRE. Quand les biens et les vrais intermédiaires ont servi à introduire l'homme dans des biens et des vrais réels, ils sont ensuite abandonnés, et les réels les remplacent, 186.

INTERNE (l') doit être le maître, et l'externe doit être son ministre, et sous un certain rapport son serviteur, 47. — Sur l'INTERNE, *voir* Nos 36 à 47, 129, 246.

INTRODUCTION. Les biens et les vrais non réels servent à l'introduction des biens et des vrais réels, et ensuite ceux qui ont précédé sont abandonnés, 23.

INVISIBLE. La Providence agit d'une manière invisible ; pourquoi ? 276.

IOTA. Il n'y a pas un seul iota, qui puisse être retranché du sens littéral de la Parole, sans qu'il y ait interruption dans le sens interne, 260.

ISRAÉLITE. La nation Israélite et Juive n'a point été choisie, mais elle á été reçue pour représenter l'Eglise, à cause de l'opiniâtreté avec laquelle leurs pères et Moïse persistaient à le demander, 248. Les douze Tribus ont été divisés en deux Royaumes, afin que les Juifs représentassent le Royaume céleste du Seigneur, et les Israélites son Royaume spirituel, 248.

IVRES. Quand ceux qui sont dans le négatif pensent, dans l'autre vie, aux spirituels, ils deviennent comme ivres, 51.

JACOB (les fils de) ont été amenés dans la terre de Canaan, parce que dans cette terre tous les lieux, dès les temps très-anciens, étaient devenus représentatifs, 264.

JACQUES (l'Apôtre) a représenté la charité, 122.

JARDIN. L'homme est comme un Jardin, lorsque chez lui la charité et la foi ont été conjointes, 106.

JASPE. Ce qui est signifié par le Jaspe, dont la muraille de la Nouvelle Jérusalem était construite, 1.

JEAN (l'Apôtre) a représenté les biens de la charité, 122.

JÉHOVAH. Le Seigneur était le Dieu de la Très-Ancienne Église, et il était appelé Jéhovah, 247. Dans les tentations du Seigneur, Jéhovah qui était en Lui semblait comme absent ; et cela, en tant que le Seigneur était dans l'Humain provenant de la mère, 302, 201. Jéhovah sur la montagne de Sinaï a apparu aux Juifs selon leur qualité, dans un feu consumant, dans une nuée épaisse, et dans une fumée comme d'une fournaise, 248. La nation Juive adorait Jéhovah seulement quant au Nom, 248.

JEHUDAH, dans le sens interne, sign. le Seigneur quant à l'amour céleste, et le Royaume céleste du Seigneur, 248. La Tribu de Jehudah sign. l'Égl céleste, 248. Cette Tribu dev pire que les autres Tribus, 2

JÉRUSALEM, dans la Paro sign. l'Église elle-même quan la doctrine, ou quant au cult pourquoi ? 1, 6.

JÉSUS-CHRIST. Le Seigneur J sus-Christ est le seul et uniq Dieu, 306, 284 ; voir SEIGNEU OBS. Par Jésus est signifié le vin Bien et par Christ le Di Vrai, et par l'un et l'autre Mariage Divin dans le ciel, qui est le Mariage du Div Bien et du Divin Vrai, 260, 2 310.

JETER DANS L'ENFER. Comme il faut entendre, ce qui est d dans la Parole, que Jéhovah le Seigneur jette l'homme da l'enfer, 308.

JOIE (toute) du cœur appa tient à l'amour, et sa qualité selon la qualité de l'amour, Ceux qui ont pour fin l'amo de soi et l'amour du mon croient que, s'ils étaient priv de la joie qu'ils tirent de gloire des honneurs et des chesses, il n'y aurait plus ri de la joie, et cependant c' alors que commence la joie teste, qui surpasse infinime toute autre joie, 105. La j celeste est à ceux qui sont d l'amour et la foi envers le S gneur d'après le Seigneur l'homme qui a le ciel en vient dans cette joie après mort ; en attendant, elle re cachée dans son interne, 2 Après les tentations, dans l quelles l'homme a vaincu, a une joie qui a sa source da la conjonction du bien et vrai, quoique l'homme ne sa pas que la joie alors tire de son origine, 199.

JOURDAIN. L'immersion d les eaux du Jourdain signifi la régénération, 209.

Jours (quarante) *sign.* l'état complet des tentations depuis le commencement jusqu'à la fin, 201.

Juge (le) qui punit les méchants afin qu'ils se corrigent, et que les bons ne soient pas corrompus par eux, aime le prochain, 106, 101.

Jugement (le) appartient au Seigneur, 309. Jugements concernant l'Église Israélite et Juive, 262 ; *voir* Loi.

Jugement dernier (le) est le dernier temps de l'Église, 246.

Juger. Ce que c'est qu'être jugé d'après le vrai, et être jugé d'après le bien, 22. Le Seigneur juge tous les hommes d'après le bien, 308.

Juifs (les) ne connaissaient nullement les internes du culte, et ils ne voulaient pas les connaître, 248. Ils ne supportent pas les intérieurs de la Parole, 262. Ils ne peuvent pas profaner les choses saintes intérieures de la Parole, parce qu'ils ne les reconnaissent point, 172. Les internes de l'Église ne leur ont pas été ouverts, parce qu'ils les auraient profanés, 248. Ils pensent d'une manière erronée ceux qui croient que les Juifs, à la fin de l'Église, se convertiront et reviendront dans la terre de Canaan, 248. — Sur les Juifs, *voir* N° 148.

Juive (la nation) était pire que toutes les autres nations, 248. Il a été institué chez la nation Juive une Église représentative, mais dans la nation elle-même il n'y a eu aucune Église, 248 ; c'est pourquoi il y a eu un représentatif de l'Église, et non une Église, 248. La nation Israélite et Juive n'a point été choisie, mais elle a été reçue pour représenter l'Église, à cause de l'opiniâtreté avec laquelle leurs pères et Moïse persistaient à le demander, 248. Cette nation aussi, plus que toutes les autres, était telle, qu'elle pouvait être dans le saint externe, l'interne étant fermé, 248. L'une des origines de cette nation est tirée d'une Cananite, et les deux autres, de la scortation de Jehudah avec sa bru, 248. Cette nation était idolâtre de cœur, et plus que toutes les autres elle adorait d'autres dieux, 248. — Sur la Nation Juive, *voir* N° 248.

Juste (le) est le bien civil, et le sincère est le bien moral, 106. Le juste et le sincère sont le prochain, 106. Aimer le juste et le sincère pour le juste et le sincère, c'est la sainteté interne, 125. Dans la Parole est appelé Juste celui à qui la justice et le mérite du Seigneur sont attribués, 158. Celui qui une fois est juste d'après le Seigneur doit être continuellement juste d'après le Seigneur, 158.

Justice (toute), qui est la Justice, est Divine, 322. Au Seigneur seul appartient la Justice, 158. Par les tentations, et par les victoires obtenues par la propre puissance, le Seigneur est devenu seul Justice et Mérite, 201. La justice ne devient jamais la propre justice de l'homme, mais elle appartient continuellement au Seigneur, 158. Nul homme ne peut de lui-même devenir la justice, ni d'après aucun droit se l'attribuer, 158. Quels sont dans l'autre vie ceux qui s'arrogent la justice, 158.

Justification. Ceux qui croient à la justification enseignée dans l'Église, savent peu de chose sur la régénération, 158.

Laideur. Combien est grande la laideur de l'homme externe, quand il n'a pas été conjoint à l'homme interne, 47.

Lampes. L'huile dans les lampes *sign.* le bien de l'amour dans la foi, 119.

LANGUE. L'homme dans le monde parle les langues d'après la mémoire extérieure, 52. Les esprits et les anges parlent d'après la mémoire intérieure, et c'est de là qu'ils possèdent la langue universelle, qui est telle que tous, de quelque terre qu'ils soient, peuvent parler entre eux, 52.

LARGEUR (la) *sign.* le vrai et son extension, 1.

LAVAGES (les) de vêtements, chez les Israelites, signifiaient que l'entendement était purifié des faux, 186, 209.

LAVEMENT DES PIEDS (le) *sign.* la purification de l'homme naturel, 209. Le lavement des pieds des disciples *sign.* que, quand l'homme naturel a été régénéré, l'homme tout entier a été régénéré, 186.

LAVER les pieds *sign.* purifier l'homme naturel, 186.

LIBATION. Dans les sacrifices, la libation, qui était du vin, signifiait le bien spirituel, qui est le saint vrai, 219.

LIBERTÉ. Il n'y a chez l'homme aucune nécessité absolue provenant de la Providence, mais il y a pleine liberté, 276.

LIBRE (le) est ce qui appartient à l'amour et à la volonté, et par suite à la vie de l'homme, 141, 148, 200. Le libre est d'être conduit par le Seigneur et par le propre du Seigneur, 82. Tout le libre vient du propre et sa qualité est selon le propre, 82. Le libre de faire le bien vient du ciel et est appelé libre céleste, 144. Le libre de faire le mal vient de l'enfer et est appelé libre infernal, 144. Le libre infernal, considéré en lui-même, est le servile, 248. — Sur le LIBRE, *voir* Nos 141 à 149.

Obs. Il faut distinguer entre *le Libre* et *la Liberté* comme entre l'antérieur et le postérieur ; l'antérieur est plus universel que le postérieur, — *voir* R. C. No 21. — On peut aussi considérer *le Libre* comme principe, et *la Liberté* comme dérivation.

LIBRE ARBITRE (le) consiste à faire le bien d'après son arbitre ou sa volonté, et dans ce libre sont ceux que le Seigneur conduit, c'est-à-dire, ceux qui aiment le bien et le vrai pour le bien et le vrai, 146.

LIENS. Chez ceux qui sont dans les amours de soi et du monde il y a des liens externes, mais aucun lien interne ; c'est pourquoi, les liens externes étant ôtés, ils se précipitent dans tous les crimes, 81. Le Seigneur gouverne l'homme spirituel au moyen de la conscience, qui est pour lui un lien interne, 139. Si la communication et le lien avec les esprits et les anges étaient ôtés, l'homme mourrait à l'instant même, 278.

LIEUX (tous les), dans la terre de Canaan, étaient devenus représentatifs des choses qui sont dans le Royaume du Seigneur et dans l'Église ; pourquoi ? 5.

LIVRE DE LA VIE (le) de l'homme est sa mémoire intérieure, 52.

LIVRES. Quels sont les Livres de la Parole ? 266.

LOI (la) est la Justice, 322. La loi, qui est la justice, doit être établie par des Jurisconsultes sages et craignant Dieu, 323. Les Divins Vrais sont les lois de l'ordre, 279. Les lois de l'ordre Divin qui sont dans le Monde ont été inscrites dans l'homme externe, et les lois de l'ordre qui sont dans le Ciel ont été inscrites dans l'homme interne, 51. Les maux et les faux sont gouvernés par les lois de permission ; et cela, à cause de l'ordre, 279. Parmi les Lois, les

Jugements et les Statuts pour l'Église Israélite et Juive, qui était une Église représentative, il y en a qui sont encore en vigueur dans l'un et l'autre sens, l'externe et l'interne ; il y en a qui doivent être entièrement observés selon le sens externe ; il y en a qui peuvent être mis en usage, si on le juge convenable ; et il y en a qui sont entièrement abrogés, 262. Les Lois portées pour les fils d'Israel, quoique abrogées, sont toujours la sainte Parole, à cause du sens interne qui est en elles, 262. La Loi et les Prophètes sont la Parole en général et en particulier, 9, 107.

LONGUEUR (la) *sign.* le bien et son extension, 1.

LUEUR. Par la lueur, qui est appelée lueur naturelle ou lueur de la nature, l'homme voit seulement les choses qui appartiennent au monde et celles qui lui appartiennent, mais non celles qui appartiennent au Ciel ni celles qui appartiennent à Dieu, 177, 37, 49. Par la lueur de la nature l'homme ne connait pas les lois de l'ordre Divin, 274. La lumière du ciel influe dans la lueur naturelle, et autant l'homme reçoit cette lumière, autant il est sage, 49.

LUMIÈRE (la), qui procède du Seigneur comme Soleil, est le Divin Vrai, d'où les Anges ont toute sagesse et toute intelligence, 307, 34. La Lumière du ciel, qui est le Divin Vrai uni au Divin Bien, éclaire et la vue et l'entendement des anges et des esprits, 25. La lumière du vrai, chez ceux qui sont illustrés, vient de leur interne, c'est-à-dire, du Seigneur par l'interne, 259. La Lumière de la perception est absolument autre que la lumière de la confirmation, 140. — Sur la LUMIÈRE, *voir* N°49.

LUMINAIRE, — Genèse, 1, 16. — Le Luminaire grand est l'amour, et le luminaire moindre est la foi, 121.

LUNE. Le Seigneur apparait dans le Ciel comme Lune à ceux qui sont dans le Royaume spirituel, 307.

MAGISTRATS (les) sont les chefs préposés sur ce qui, parmi les hommes, concerne le Monde, ou sur les choses civiles, 314, 319.

MAISON (la) *sig.* l'homme lui-même, 172.

MAL. Il y a d'innombrables genres de maux, 170. Il y a le mal d'après le faux ou le mal du faux, et il y a le faux d'après le mal ou le faux du mal, et de nouveau par suite le mal et le faux, 170. Il y a des maux qui viennent de la faute de l'homme, et des maux qui ne viennent pas de sa faute, 170. Il y a des maux provenant de l'entendement, et des maux provenant de la volonté, 170. Tout mal qui par habitude a contracté une sorte de nature est dérivé dans les enfants, 175. Tout mal influe de l'enfer, 170. L'homme ne s'approprierait pas le mal, s'il croyait, — comme la chose est réellement, — que tout mal vient de l'enfer, et que tout bien vient du Seigneur, 170. Tous les maux sont adhérents à l'homme, 170. Les maux ne peuvent pas être enlevés à l'homme, mais seulement l'homme peut en être détourné, et être tenu dans le bien, 170. Dans l'autre vie le mal a en lui son châtiment, 170. Les maux sont pour ainsi dire pesants et tombent d'eux-mêmes dans l'enfer, 21, 170. Vouloir les maux, c'est les faire, 164. — Sur le MAL, *voir* N° 170.

MALADES. Qui étaient ceux que les Anciens entendaient par les malades, 107.

MAL ET FAUX. Dans l'univers toutes les choses qui sont contre l'ordre Divin se réfèrent au mal et au faux, 17, 20. Toute sottise et toute folie naissent de la conjonction du mal et du faux, 17. — Sur le MAL ET LE FAUX, voir Nos 17 à 19, 170 et 171.

MAL HÉRÉDITAIRE. Voir HÉRÉDITAIRE.

MANDUCATION (la) dans la Sainte Cène est l'appropriation et la conjonction, 212.

MANGER sign. être approprié et conjoint par l'amour et par la charité, et par suite être consocié, 220. Manger se dit de l'appropriation et de la conjonction du bien, 220. Ce que signifie manger et boire dans le Royaume du Seigneur, 220. La profanation a été représentée dans l'Église Israélite et Juive par l'action de manger du sang, 172.

MARI. Dans la Parole, le Seigneur est appelé Mari, 13.

MARIAGE. La loi du Mariage est que deux soient un, selon les paroles du Seigneur, 24, 121. Dans le ciel entier et le monde entier, et dans chacune des choses qui les constituent, il y a une ressemblance du Mariage, 24. Dans la Parole, et dans chaque chose de la Parole, il y a le Mariage Divin et le Mariage Céleste, 260, 263. Le Mariage Divin est le Mariage du Divin Bien et du Divin Vrai, ainsi le Seigneur, en qui seul existe ce Mariage, 260. Le Mariage Céleste est le mariage du bien et du vrai d'après le Seigneur dans le Ciel et dans l'Église, 260. 13 à 15. Le mariage du bien et du vrai est l'Église et le Ciel chez l'homme, 24. La conjonction du mal et du faux est appelée mariage infernal, 17.

MARIE. Le Seigneur n'est plus le fils de Marie ; pourquoi ? 295.

MATÉRIELLEMENT. Penser matériellement, c'est penser, voir et percevoir les choses elles-mêmes conjointement avec la matière et dans la matière, ainsi d'une manière grossière et obscure, 29.

MÉCHANCETÉ (toute) provient de l'amour de soi et de l'amour du monde, 81.

MÉCHANTS (les) ne veulent pas être convaincus que la vie influe, 278. Chez les méchants le bien qui influe du Seigneur est changé en mal, et le vrai en faux, 277. Si les méchants réussissent dans leurs artifices, c'est parce qu'il est de l'ordre Divin que chacun fasse d'après la raison ce qu'il fait, et aussi le fasse d'après le libre, voir 271. Le Seigneur gouverne le monde au moyen des méchants, en les conduisant par leurs propres amours qui se réfèrent à l'amour de soi et à l'amour du monde, 81. Les méchants peuvent, de même que les bons, remplir des fonctions et faire des usages et des biens, parce qu'ils regardent les honneurs et le gain comme des récompenses pour lesquelles ils agissent dans la forme externe de même que les bons, 81. Les méchants, dans l'autre vie, sont remis dans leurs maux, 170. Les biens et les vrais leur sont ôtés, 21. Ils se jettent dans l'enfer à la seule présence du Seigneur, 308. Le méchant, qui, dans l'état contraint, promet de faire œuvre de repentance et qui même fait le bien, retourne dans sa précédente vie du mal, quand il vient dans l'état libre, 168.

MÉLANGE (le) du bien et du mal, et aussi du vrai et du faux chez l'homme, est la profanation, 172.

MÉMOIRE (la) est seulement un

vestibule où sont rassemblées les choses qui doivent entrer dans l'entendement et dans la volonté, 109. L'homme possède deux mémoires, l'une extérieure et l'autre intérieure, ou l'une naturelle et l'autre spirituelle, 52. Toutes les choses que l'homme a pensées, prononcées et faites, et toutes celles qu'il a entendues et vues, ont été inscrites dans sa mémoire intérieure, 52. Cette mémoire est le livre de la vie de l'homme, 52. Les choses qui sont passées en habitude, et sont devenues choses de la vie, sont dans la mémoire intérieure, 52. Les scientifiques et les connaissances appartiennent à la mémoire extérieure, 52. — Sur ces deux MÉMOIRES, *voir* N° 52.

MÉMORIAL. Le Baptême a été institué pour mémorial que l'homme doit être régénéré, 202.

MENTAL. La volonté et l'entendement constituent un seul mental, 35. L'entendement et la volonté font un seul mental et une seule vie, quand l'entendement procède de la volonté, mais non quand l'homme pense et parle autrement qu'il ne veut, 24, 32. La volonté et l'entendement sont ramenés à l'unité dans l'autre vie, et il n'est pas permis d'y avoir un mental divisé, 35. Ceux qui agissent selon ce qu'ils comprennent et croient être vrai et bien, ont un mental non divisé, 131.

OBS. Le Mental (*Mens*) se compose des deux facultés qui font que l'homme est homme, à savoir, la volonté et l'entendement. Le Mental, composé de la volonté spirituelle et de l'entendement spirituel, est l'homme interne; il enveloppe l'homme intime ou l'Ame (*Anima*), et il est enveloppé par le Mental naturel ou homme externe, composé de la volonté naturelle et de l'entendement naturel; ce mental naturel, avec une sorte de mental plus externe ou extérieur appelé l'*Animus*, lequel est formé par des affections et des inclinations externes résultant principalement de l'éducation, de la société et de l'habitude, est l'homme extérieur. Le tout, organisé en parfaite forme humaine, est appelé Esprit (*Spiritus*). L'Esprit, dans notre Monde, est enveloppé d'un corps terrestre, qui le rend invisible; mais, dégagé de ce corps par la mort naturelle, il entre dans le Monde spirituel, où son corps spirituel est parfaitement visible et tactile. — *Voir* ANIMUS.

MÉPRIS (le) pour les autres vient de l'amour de soi et de l'amour du monde, 75, 81. Les maux provenant de l'amour de soi produisent le Mépris pour le Divin, et pour les Divins qui sont les vrais et les biens de l'Église, 75.

MERCENAIRES (les), dans la Parole, *sign.* ceux qui font le bien à cause de la récompense, 158.

MÈRE (la), dans la Parole, *sign.* l'Église, 122. Chez chacun les maux extérieurs viennent dela mère, 83.

MÉRITE. Au Seigneur seul le Mérite, 158. Le Mérite du Seigneur consiste en ce que par sa propre puissance il a sauvé le Genre Humain, 155, 158. Ceux qui sont dans l'amour du bien ne veulent pas entendre parler de mérite, 151. Ceux qui placent le mérite dans les œuvres ne peuvent combattre contre les maux, parce qu'ils combattent d'après le propre, et ne permettent pas au Seigneur de combattre pour eux, 200; ils succombent dans les tentations, 158. Dans le bien du mérite est caché le bien de l'amour de soi et du monde, et ce bien procède de l'homme et non du Seigneur, 152. Penser et croire que ceux qui font le bien vont au ciel, et aussi qu'il faut faire le bien pour aller au ciel, ce n'est point placer le mérite dans les œuvres, 157.

— Sur le Mérite, *voir* Nos 150 à 158.

Mériter. Ceux qui font du bien afin de mériter, font du bien non pas par amour du bien, mais par amour de la récompense, 150. Celui qui veut mériter veut être récompensé, 150.

Méritoire. Ceux qui séparent la foi d'avec la charité font méritoires, dans l'autre vie, la foi et les bonnes œuvres qu'ils ont faites dans la forme externe, 106. La charité réelle est sans aucune chose méritoire, parce qu'elle procède de l'amour, par conséquent du plaisir de faire le bien, 158, 106.

Mesure (la) *sign.* la qualité de la chose quant au vrai et quant au bien, 1.

Microcosme. Pourquoi l'homme a été appelé microcosme par les Anciens, 47.

Minchahs (les), qui étaient des Gâteaux et des Beignets offerts dans les sacrifices, signifiaient le culte d'après le bien de l'amour, 218. Ce que signifiaient les diverses Minchahs en particulier, 218, 221.

Miroir. Les scientifiques sont pour ainsi dire des miroirs, dans lesquels les vrais et les biens de l'homme interne apparaissent et sont perçus comme en image, 51.

Misérables. Qui étaient ceux que les Anciens entendaient par les misérables, 107.

Mois (quarante) *sign.* l'état complet des tentations depuis le commencement jusqu'à la fin, 201.

Monde. L'homme a été créé de telle sorte, qu'il est à la fois dans le monde spirituel et dans le monde naturel, 36. Par son interne il est dans le monde spirituel, et par son externe il est dans le monde naturel, 36. Ainsi dans l'homme le monde spirituel et le monde naturel ont été conjoints, 47. Il y a chez l'homme descente du monde spirituel dans le monde naturel, 47. Dans le monde spirituel règnent les fins, qui sont les usages, 48. Toutes choses en général et en particulier qui sont dans le monde spirituel sont représentées dans le monde naturel; pourquoi? 261.

Monstre. Autant l'homme ne vit pas selon l'ordre, autant dans l'autre vie il apparaît comme un monstre, 279.

Mort (la) spirituelle est la vie de l'enfer, 227.

Mot. Il n'est pas un seul mot qui puisse être retranché du sens littéral de la Parole, sans qu'il y ait interruption dans le sens interne, 260. Dans chaque mot de la Parole il y a des choses innombrables, 260. Les mots dans la Parole sont des significatifs, 261. Il y a des mots particuliers pour exprimer les choses qui appartiennent au bien, et des mots particuliers pour exprimer celles qui appartiennent au vrai, 265; par le seul emploi des mots on reconnaît si c'est du bien ou si c'est du vrai qu'il s'agit, 265.

Mourir. L'homme, quant à son interne, ne peut pas mourir; pourquoi? 223. L'homme naturel est celui qui, dans la Parole, est appelé mort, 38. Les hommes morts, c'est-à-dire, qui ne sont pas dans la foi et l'amour envers le Seigneur, ni dans l'amour à l'égard du prochain, ne sont pas admis dans les tentations, parce qu'ils succomberaient, 197.

Mout (le) *sign.* le vrai d'après le bien, dans l'homme naturel, 219.

MULTIPLICATION (de la) du vrai d'après le bien, 27. Comment s'opère la multiplication du vrai chez ceux qui sont régénérés, 186.

MURAILLE (la) de la Nouvelle Jérusalem sign. les vrais qui la défendent, 1.

MYSTIQUE (le) de la Parole n'est autre chose que ce que contient son sens interne ou spirituel, dans lequel il s'agit du Seigneur, de son Royaume et de l'Église, et non des choses naturelles qui sont dans le Monde, 258.

NAISSANCES (les, dans la Parole sign. des naissances spirituelles, c'est-à-dire, qui appartiennent à la régénération, 186.

NAÎTRE. L'homme naît, non pas dans l'ordre Divin, mais dans le contraire de l'ordre, 279. L'homme par ses parents ne naît pas dans la vie spirituelle, mais il naît dans la vie naturelle, 174. Chaque homme par ses parents naît dans les maux de l'amour de soi et du monde, 175, 249. Tous les hommes sans exception naissent dans les maux de tout genre, 83. L'homme doit de toute nécessité naître de nouveau, c'est-à-dire, être régénéré, 83, 279. L'homme naît dans une complète ignorance, et il doit par les choses mondaines apprendre toutes celles par lesquelles il formera son entendement, 249. L'homme naîtrait dans toute science, et par suite dans toute intelligence, s'il naissait dans l'amour envers le Seigneur et dans la charité à l'égard du prochain ; mais parce qu'il naît dans l'amour de soi et du monde, il naît dans une ignorance totale, 249.

NATIONS (les) sign. ceux qui sont dans le bien, et dans le sens opposé, ceux qui sont dans le mal ; et de là, par abstraction, les biens, et dans le sens opposé les maux, 1. — La nation Israélite et Juive était pire que toutes les autres nations, 248. — Nations ou Gentils ; voir GENTILS.

NATURE (la) est le dernier plan dans lequel les Divins, les célestes et les spirituels s'arrêtent et sont terminés, 48. Toute la nature est le théâtre représentatif du Monde spirituel, 48. Toutes les choses dans la nature sont représentatives des spirituels et des célestes, 261. Dans toutes les choses de la nature il y a intérieurement cachées une fin et une cause venant du Monde spirituel, 261. Les choses qui sont dans la nature sont les derniers effets dans lesquels des antérieurs sont contenus, 261. Toutes les choses dans la nature ont été disposées en ordre et en série selon les fins, 48. Toutes les choses dans la nature non-seulement ont existé, mais encore subsistent par le Divin ; et cela, au moyen du Monde spirituel, 48.

NATUREL (le) est le plan dans lequel se termine le spirituel, 48, 262. — Sur le NATUREL, voir N° 48. — L'homme externe est celui qui est appelé homme naturel, parce qu'il est dans la lumière du monde, lumière qui est naturelle, 38. L'homme naturel est celui qui, dans la Parole, est appelé Mort, 38. — Sur l'HOMME NATUREL, voir N°s 38 à 48.

NÉCESSITÉS. Il n'y a chez l'homme aucune nécessité absolue provenant de la Providence, mais il y a pleine liberté, 276. — Nécessité de la Parole, voir N° 255.

NÉGATIF. A ceux qui sont dans le négatif sur les vrais de la foi, il n'est pas permis de les confirmer intellectuellement par les scientifiques, parce que le négatif qui précède attire tous les scientifiques dans son parti, 51. Il y a le doute affirmatif, et il y a le le doute négatif; celui-là chez quelques bons, et celui-ci chez les méchants, 51.

NEIGE. La lumière de ceux qui sont dans la foi séparée d'avec la charité est couleur de neige, et elle est comme la lumière d'hiver, 49.

NOMBRES (tous les), dans la Parole, *sign.* des choses, 1, 259. Les nombres qui sont le produit d'une multiplication *sign.* la même chose que les nombres simples d'où ils viennent, 1.

NOMS (tous les) de personnes et de lieux, dans la Parole, *sign.* des choses, abstraction faite des personnes et des lieux, 122, 259; ils ne peuvent entrer dans le ciel, ni y être énoncés, 259; ils sont changés dans le ciel en idées de la chose qu'ils signifient, 259. Une série de plusieurs noms exprime dans le sens interne une seule chose, 259. Noms que les Anciens donnaient à ceux envers lesquels ils devaient exercer la charité, 107.

NOURRIR. La science, l'intelligence et la sagesse nourrissent le mental, 218.

NOURRITURE (la) *sign.* tout ce qui nourrit la vie spirituelle, 218. La nourriture spirituelle est la science, l'intelligence et la sagesse, ainsi le Bien et le Vrai, parce que celles-là procèdent de ceux-ci, 218, 51,

NOUVEAU (un) Ciel et une nouvelle Terre *sign.* du nouveau dans les cieux et dans les terres quant aux biens et quant aux vrais, 1.

NUÉE (la), dans la Parole *sign.* la Parole dans le sens de la lettre, 260. L'obscurité de la nuée *sign.* les scientifiques, 51.

NUS. Qui étaient ceux que les Anciens entendaient par les nus qu'ils devaient vêtir, 107.

OBSCURITÉ (l') *sign.* le faux du mal, 49. La lumière du ciel est une obscurité pour ceux qui sont dans les faux d'après le mal, 49. Les enfers sont dit être dans l'obscurité, parce qu'ils sont dans les faux du mal, 49.

OEUVRES. S'instruire l'un l'autre dans les vrais de la foi est une des œuvres de la charité, 9.

OMBRE. Dans les cieux toute lumière vient du Seigneur, toute ombre vient de l'ignorance et du propre des anges et des esprits, 49.

OPULENCE (l') dans le monde n'est point une réelle bénédiction divine, quoique l'homme par l'agrément qu'il y trouve l'appelle ainsi, 270.

OR (l'), dans la Parole, *sign.* le bien de l'amour, 1.

ORAISON DOMINICALE (dans et dans chacune de ses expressions, il y a des choses innombrables, 260. Comment doivent être entendues dans l'Oraison Dominicale ces paroles, *ne nous induis point en tentation,* 200.

ORDINATION (l') de toutes les choses qui sont dans les enfers et dans les cieux par le Seigneur, est décrite dans le sens intime de la Parole, 263. L'ordination des vrais d'après le bien comparée avec les fibres et les vaisseaux sanguins dans le corps, et par suite avec leurs textures et leurs formes, selon les usages de la vie, 24.

Obs. L'*Ordination* est l'action *disposer en ordre.*

ORDRE. C'est du Divin Vrai procédant du Seigneur que vient l'Ordre, et le Divin Bien est l'essentiel de l'Ordre, 279. Le Seigneur gouverne toutes choses selon l'ordre Divin ; et l'Ordre Divin se réfère aux choses qui sont de sa Volonté, à celles qui se font par son Indulgence, et à celles qui se font par sa Permission, 309. — Sur l'ORDRE, voir N° 279. — Chez l'homme dès la naissance l'ordre de la vie a été renversé, et cet ordre renversé doit être retourné, afin que l'homme puisse être sauvé, 179. Le régénéré est dans l'ordre du ciel, 186. Il y a deux sortes de choses qui, chez les hommes, seront dans l'ordre, les choses qui appartiennent au ciel, et celles qui appartiennent au monde, 311. L'Ordre ne peut être tenu dans le monde sans des chefs chargés de surveiller tout ce qui se fait conformément à l'ordre, et tout ce fait contre l'ordre, 312.

ORIENTAUX. La science des correspondances a été connue chez les Orientaux, 51, 261.

ORIGINES (les) des maux, et des faux provenant des maux, sont en grand nombre, 21. Origines de la nation Juive, 218.

ORPHELINS. Qui étaient ceux que les Anciens entendaient par les orphelins, 107.

OUIE. Le bien influe chez l'homme par le chemin interne ou de l'âme, mais les vrais par le chemin externe ou de l'ouïe et de la vue, 23.

OUVRIR. Les amours du ciel ouvrent et forment l'homme interne spirituel, 61. Autant l'homme pense et veut d'après le ciel, autant est ouvert l'homme interne spirituel, 43. Les idées sur les choses de la foi sont ouvertes dans l'autre vie, 256.

PAIN (le) *sign.* toute nourriture céleste et spirituelle, 218. En général, il signifie le bien de l'amour, 218. Quand il s'agit du Seigneur, il signifie le Divin Bien du Divin Amour du Seigneur et le réciproque de l'homme, 218. Dans la Parole, lorsqu'il est dit le pain et l'eau il est signifié le bien de l'amour et le vrai de la foi, 209, 218. Dans la Sainte Cène, le pain est le bien de l'amour, et le vin est le vrai de la foi, 212, 222 ; le pain et le vin y sont tout culte du Seigneur d'après le bien de l'amour et de la foi, 221. Dans les Anciennes Églises, rompre le pain était le représentatif de l'amour mutuel, 218. Quand les Anciens disaient : « Le pain, » ils entendaient toute nourriture en général, 218. Dans l'Eglise Israélite, les holocaustes et les sacrifices étaient appelés d'un seul mot le pain, 214, 221. Les pains sur la table dans le tabernacle signifiaient le Divin Bien du Divin Amour du Seigneur, 218.

PAIX (toute) vient du Seigneur 308.

PAPE. Chez les catholiques-romains, les décisions du Pape sont mises au même rang que la Parole, et même au-dessus de la Parole, 8. Le Monde chrétien ne reconnait pas l'Humain du Seigneur pour Divin, par suite d'une décision prise dans un concile à cause du Pape, afin qu'il fût reconnu pour le vicaire du Seigneur, 305.

PÂQUE (la fête de la) signifiait la délivrance de la damnation par le Seigneur, 215. La cène pascale signifiait la consociation dans le ciel, 215.

PARALLÉLISME. Il n'y a pas de parallélisme entre le Seigneur et l'homme quant aux vrais séparés du bien ; mais il y en a un quant au bien, 25.

PAROLE (la) est la Révélation procédant du Divin ; elle est Divine dans toutes et dans chacune des choses qui la composent, 252. La Parole a été écrite par de pures correspondances ; et de là son sens interne ou spirituel, dont on ne peut connaître ni la nature, ni à peine l'existence, sans la science des correspondances, 216. — Sur la PAROLE, *voir* Nos 249 à 266.

PAROLES (les) *sign.* les vrais, 265 ; elles signifient les doctrinaux, 265. Les dix Paroles *sign.* tous les Vrais Divins, 265 ; elles signifient les choses qui existent réellement, 265.

PARTICULIERS (les) pris ensemble sont appelés le commun, 276. Les particuliers ne dépendent pas de la prudence chez l'homme, 276.

PASSION (la) du Seigneur sur la croix a été sa dernière tentation et sa complète victoire, 293.

PASTEURS. Les bons pasteurs des brebis sont les Prêtres qui enseignent les vrais, et qui par ces vrais conduisent au bien de la vie, et par conséquent au Seigneur ; mais ceux qui enseignent et ne conduisent pas au bien de la vie sont les mauvais pasteurs, 315. — *Voir* PRÊTRES.

PATRIE (la) est le prochain de préférence à une société, parce qu'elle est comme une mère, 93. On doit par amour faire du bien à la Patrie selon ses nécessités, 93. Celui qui aime la Patrie, et qui lui fait du bien d'après le bien-vouloir, celui-là dans l'autre vie aime le Royaume du Seigneur, car là le Royaume du Seigneur est pour lui la Patrie, 93.

PAUVRES. Qui étaient ceux que les Anciens entendaient par les pauvres, 107.

PÉCHÉ (le) est et signifie une séparation et un éloignement d'avec le Seigneur, 170 ; il est et signifie une séparation et un éloignement d'avec le bien et le vrai, 170 ; il est et signifie cequi est contre l'ordre, 170. — *Voir* RÉMISSION DES PÉCHÉS ; CONFESSER DES PÉCHÉS ; REPENTANCE.

PÉCHEUR· (se reconnaître). — *Voir* CONFESSION.

PENCHANT NATUREL. Ceux qui font le bien par le seul penchant naturel, et non d'après la religion, ne sont pas reçus dans le ciel, 48.

PENSÉE. Il y a une pensée intérieure et une pensée extérieure, 47. Quand l'homme vit dans le monde, sa pensée spirituelle influe dans sa pensée naturelle, et s'y présente naturellement, 47, 39. La pensée, quand elle coule dans le corps, est représentée par des gestes et des affections qui correspondent, 264. Tant que l'homme vit dans le monde, il ne perçoit pas la pensée qui est dans l'interne, mais il perçoit celle qui par suite est dans l'externe, 47.

PENSER. Quand l'homme vit dans le monde, il pense d'après l'interne dans l'externe, 47. L'homme externe pense selon la conjonction avec l'homme interne, 47. Ce que c'est que penser spirituellement, et ce que c'est que penser matériellement 39. — *Voir* SPIRITUELLEMENT ; MATÉRIELLEMENT.

PERCEPTIBLE. Le Divin n'a été perceptible, ni par conséquent réceptible, que lorsqu'il eut passé à travers le ciel, 305.

PERCEPTION (la) consiste à voir ce qui est vrai et bien par l'influx procédant du Seigneur, 140. La perception du vrai d'après le bien est une conscience supérieure; ceux qui ont la conscience du vrai sont du royaume spirituel du Seigneur; mais ceux qui ont la conscience supérieure, appelée perception, sont du royaume céleste du Seigneur, 135. Le Seigneur seul a eu d'après Lui-Même la Perception, et bien au-dessus de toute perception angélique, 303, — Sur la PERCEPTION, *voir* N° 140.

PERCEVOIR. L'homme qui a été régénéré peut percevoir la béatitude qui procède d'une vie céleste, 182; il perçoit du plaisir en faisant le bien pour le bien, et en prononçant le vrai pour le vrai, 167. L'homme sensuel ne perçoit rien de ce qui est dans la lumière du ciel, 50.

PÈRE (le) *sign*. le Divin Bien, 303. Le Père et le Seigneur sont un, 283, 284. Chez chacun les maux intérieurs viennent du Père, et les maux extérieurs viennent de la mère, 83.

PERMETTRE. Laisser à l'homme de penser, de vouloir, et, en tant que les lois ne le défendent pas, de faire le mal, cela est appelé permettre, 272, 276. Les maux et les faux sont permis à cause de l'ordre, 170, 276.

PERMISSION (la) du mal par le Seigneur n'est pas comme de quelqu'un qui veut, mais comme de quelqu'un qui ne veut pas, et qui ne peut porter secours en raison d'une fin urgente, 170, 276. Sans la Permission du mal, l'homme ne peut pas être réformé, ni par conséquent être sauvé, 276. Les maux sont régis par le Seigneur au moyen des lois de permission, 276. — *Voir* PERMETTRE.

PERSONNE. Peu importe quelle est la personne qui représente, puisque la représentation regarde la chose, mais non la personne, 248.

PERSUASIF. Ceux qui dans le monde aspirent aux grandes choses, et désirent beaucoup de choses, sont dans un plus fort persuasif que ce qu'enseigne la doctrine de leur Église est le vrai, que ceux qui n'aspirent pas aux grandes choses, et ne désirent pas beaucoup de choses : pourquoi? 117; autant ils sont dans le feu des amours de soi et du monde, et autant d'après ce feu ils parlent, prêchent et agissent, autant ils sont dans ce persuasif; mais quand ils ne sont point dans le feu de leurs amours, ils croient peu, et plusieurs d'entre eux ne croient rien, 117. Quand ceux qui sont dans un fort persuasif du faux approchent des autres, dans l'autre vie, ils ferment leur rationnel, et pour ainsi dire les suffoquent, 171.

PERSUASION DU FAUX (la) vient principalement de ce que l'on a confirmé des faux de religion, 171. La confirmation du faux reste chez l'homme après la mort, 21. Combien est pernicieuse la persuasion du faux, 21, 171. La persuasion du faux suscite continuellement des choses qui confirment le faux, 171. Ceux qui sont dans la persuasion du faux sont intérieurement enchaînés, 171. — *Voir* FAUX.

PEUPLE (le) de la terre *sign*. ceux qui sont de l'Église spirituelle, 1.

PHILISTINS (les) représentent ceux qui séparent la foi d'avec la charité, 121.

PIEDS (les) *sign*. les choses qui appartiennent à l'homme naturel, 186.

PIERRE (l'Apôtre) a représenté

la foi, 122. Ce qui est signifié par les clefs du Royaume des cieux données à Pierre, 258.

PIERRES PRÉCIEUSES (les) *sign.* les vrais d'après le bien, 1.

PIÉTÉ (la) sans la charité ne fait pas la vie spirituelle, 123. La vie de la piété sans la vie de la charité n'a point de valeur; mais, avec elle, elle est utile, 129. — Sur la PIÉTÉ, *voir* Nos 123 à 129.

PLACE (la) de la cité *sign.* le vrai de la doctrine d'après le bien, 1.

PLAISIR (tout) appartient à l'amour, et sa qualité est selon la qualité de l'amour, 62. Il y a autant de genres et d'espèces de plaisirs qu'il y a de genres et d'espèces d'affections qui appartiennent à l'amour, 62. C'est le plaisir de son amour qui est pour l'homme le bien, 58. L'homme appelle plaisir ce qu'il aime, parce qu'il le sent, ce qu'il pense et n'aime pas, il peut aussi l'appeler plaisir, mais ce n'est pas le plaisir de sa vie, 58. Le plaisir de la charité est le bien même, et le plaisir de la foi est le vrai même, 153. Les plaisirs qui proviennent de l'amour de soi et du monde règnent continuellement, et suggèrent des choses qui sont diamétralement opposées au Divin, 249. Le plaisir de l'amour est d'autant plus vil qu'il est plus externe, 62. Les plaisirs de l'amour de chacun sont changés dans l'autre vie en plaisirs correspondants, 64.

POINT DU JOUR (le), dans la Parole, *sign.* le dernier temps de l'Église, 122.

PORTES (les) de la cité *sign.* les vrais qui introduisent dans la doctrine, et, au moyen de la doctrine, dans l'Église, 1.

POURVOIR. Le Seigneur pourvoit à toutes choses selon l'ordre Divin, 276. Il est principalement pourvu par le Seigneur à ce que la profanation n'ait pas lieu, 172.

POUVOIR (le) dans les cieux et sur terre est au Seigneur, 309. Le pouvoir d'ouvrir et de fermer le ciel appartient au Seigneur seul, 316.

PRÉDESTINATION. Il n'y a point de prédestination ou de destin, 276. Tous ont été prédestinés pour le ciel, et nul ne l'a été pour l'enfer, 276.

PRÉDICATEUR. — *Voir* PERSUASIF.

PRÉÉMINENCE (la) dans le monde n'est point une réelle bénédiction Divine, quoique l'homme par l'agrément qu'il y trouve, l'appelle ainsi, 270.

PREMIER (le) et le dernier, dans la Parole, *sign.* toutes choses en général et en particulier, ainsi le tout, 47. Le Seigneur est appelé le Premier et le Dernier, parce qu'il gouverne les derniers d'après les premiers, et les premiers d'après les derniers, 309. Rien n'existe par soi, mais par un antérieur à soi, ainsi toutes choses existent par un Premier, 277. Toutes choses subsistent perpétuellement par le Premier Être parce qu'elles ont existé par lui, 277. Le tout de la vie influe du Premier, parce qu'il en dérive, par conséquent influe du Seigneur, 277. Le Seigneur gouverne les premiers de l'ordre et les derniers, les premiers d'après les derniers, et les derniers d'après les premiers, 279. Tous les intérieurs sont contenus dans un enchaînement à partir du premier par le dernier 47.

PREMIER-NÉ (le), dans la Parole, *sign.* le premier de l'Église, auquel appartient la priorité et la supériorité, 186. Le Seigneur est appelé le Premier-né, parce que tout bien de l'amour, de la charité et de la foi, est en Lui et vient de Lui, 186. Chez les Anciens on a discuté, au sujet de la première chose ou du premier-né de l'Eglise, si c'est la foi ou si c'est la charité, 121,186. Le bien de la charité est le premier-né de l'Eglise en actualité, et le vrai de la foi l'est seulement en apparence, 186, 121.

PRÉSENCE (la) du Seigneur chez les hommes et chez les anges est selon l'état de leur amour et de leur charité, 106, 307. Il n'y a pas présence des anges chez le Seigneur, mais il y a présence du Seigneur chez les anges, 307. Les anges par la présence du Seigneur sont davantage dans le bien, mais les infernaux par la présence du Seigneur sont davantage dans le mal, 308. Les méchants se jettent dans l'enfer à la seule présence du Seigneur, 308.

PRÉSENT. Le Seigneur est présent chez tous dans le ciel, et aussi chez tous dans l'enfer, 307. Dans les tentations, l'homme croit que le Seigneur est absent, parce qu'alors les prières ne sont pas exaucées de même qu'elles le sont hors des tentations, mais le Seigneur néanmoins est alors davantage présent, 200.

PRÊTRES (les) ont été préposés pour administrer les choses qui appartiennent à la Loi Divine et au culte, 314. 319. Les prêtres ne s'arrogeront aucun pouvoir sur les âmes des hommes, ni à plus forte raison le pouvoir d'ouvrir et de fermer le ciel, 316. Ils enseigneront le peuple, et le conduiront par les vrais au bien de la vie ; mais néanmoins ils ne contraindront qui que ce soit, puisque nul ne peut être contraint à croire le contraire de ce qu'il a pensé du fond du cœur être vrai, 318. Les prêtres qui s'attribuent l'honneur de leurs fonctions le dérobent au Seigneur, 317. — Le prêtre qui enseigne le vrai, et conduit au bien, pour le vrai et le bien, exerce la charité ; mais celui qui agit ainsi pour lui-même et pour le monde n'exerce pas la charité, parce qu'il n'aime pas le prochain, mais il s'aime lui-même. 101. Voir PASTEURS.

PRÉVARICATION. Différence entre prévarication, iniquité et péché, 170.

PRÉVOYANCE. Il y a chez le Seigneur la Providence et la Prévoyance, et l'une n'est pas sans l'autre, 275, 276. Le Seigneur pourvoit au bien et prévoit le mal, 275, 276.

PRIÈRES. Dans les tentations, les prières ne sont point exaucées comme hors des tentations, 197, 200.

PRINCIPAL (le) de l'Eglise est de reconnaître Dieu, de croire en Dieu et de l'aimer, 281, 296.

PRINCIPE (tout) doit être tiré des vrais de la doctrine d'après la Parole, 51, D'un seul faux, surtout s'il tient lieu de principe, découlent des faux en série continue, 21.

PRIORITÉ du bien sur le vrai, ou de la charité sur la foi, 186, 121.

PRISONNIERS. Qui étaient ceux que les Anciens entendaient par les prisonniers qu'ils devaient aller voir, 107.

PROCHAIN. Les distinctions du prochain sont en rapport avec le bien qui est chez chacun : et comme tout bien procède du Seigneur, le Seigneur est, dans le sens suprême et au degré le plus éminent, le Prochain, 86, 106 ; de là résulte que chacun est le prochain en proportion de ce qu'il a du Seigneur ou du bien chez lui, 86. La qualité du bien détermine à quel degré et dans quel rapport chacun est le prochain, 87. Dans un sens universel le bien est le prochain, 88, 89. Chaque homme est le prochain selon la qualité du bien ou de l'amour qui est en lui par le Seigneur, 88 Le prochain est non-seulement l'homme dans le singulier, mais c'est aussi l'homme dans le pluriel, ainsi une Société, petite et grande, la Patrie, l'Eglise, le Royaume du Seigneur, et le Seigneur Lui-Même, 91. Une Société est le prochain de préférence à un seul homme, 92. La Patrie est le prochain de préférence à une Société, 93. L'Eglise est le prochain de préférence à la Patrie, 94. Le Royaume du Seigneur est le prochain de préférence à l'Eglise, 95. Le Seigneur est le Prochain au degré suprême, 96. En quoi consiste l'amour à l'égard du prochain, 100 à 105. Aimer le prochain, c'est faire le bien, le juste et le droit dans toute œuvre et dans toute fonction, 106. Aimer le prochain, c'est aimer non pas la personne, mais ce qui fait chez la personne qu'elle est le prochain ; ainsi, c'est aimer le bien et le vrai, 106. Ceux qui aiment la personne, et non ce qui fait chez la personne qu'elle est le prochain, aiment le mal de même que le bien, 106 ; et ils font du bien aux méchants de même qu'aux bons, lorsque cependant faire du bien aux méchants, c'est faire du mal aux bons, ce qui n'est pas aimer le prochain, 106. Comment il faut entendre que chacun est pour soi-même le prochain, ou doit d'abord s'occuper de soi, 97 a 99. — Sur le PROCHAIN, voir N°s 84 à 107.

PROFANATEURS. Le sort des profanateurs dans l'autre vie est le pire de tous, 172.

PROFANATION (la) est le mélange du bien et du mal, et aussi du vrai et du faux chez l'homme, 172. Il y a divers genres de profanations, 172. La profanation a été représentée dans l'Eglise Israélite et Juive par l'action de manger du sang, 172. Dans la Parole, la profanation du bien est signifiée par Babel, et la profanation du vrai par la Chaldée, 172.

PROFANER les biens et les vrais ou les choses saintes de l'Eglise et de la Parole, nul ne le peut que celui qui d'abord les reconnaît, les croit, et plus encore s'il y conforme sa vie, et qui ensuite s'éloigne de la foi, ne les croit pas, et vit pour lui et pour le monde, 172. Si l'homme, après une repentance de cœur, retombe dans les maux antérieurs, il profane ; et alors son dernier état est pire que le premier, 172, 169. Celui qui est dans sa première jeunesse croit les vrais, et plus tard ne les croit pas, profane légèrement ; mais celui qui plus tard confirme chez lui les vrais, et ensuite les nie, profane grièvement. — Sur le PROFANE et sur la PROFANATION, voir N°s 172.

PROGRÈS de la régénération de l'homme ; comment il a lieu, 186. Progrès de la régénération de l'homme de l'Eglise spirituelle, et progrès de la régénération de l'homme de l'Eglise céleste ; quelle est la différence ? 186.

PROPHÈTES. Influx du Seigneur chez les Prophètes ; quel il était 277. La loi et les prophètes sign. toute la Parole, 9, 107.

PROPHÉTIQUES (les), dans un très-grand nombre de passages, ne sont pas compris, et ne sont par conséquent d'aucun usage, sans le sens interne, 258 ; ainsi, ce qui est signifié par les Prophétiques de Jacob sur ses fils, 258 ; ce qui est signifié par plusieurs prophétiques sur Jehudah et Israel, prophétiques qui n'ont point de rapport avec cette nation, et qui ne présentent point de coïncidence selon le sens de la lettre, 258.

PROPRE (le) de l'homme n'est que mal, 70, 82, 183. Le propre de l'homme est de s'aimer de préférence à Dieu, d'aimer le monde de préférence au ciel, et regarder le prochain comme rien perspectivement à soi ; ainsi c'est l'amour de soi et du monde, 82. Le propre de l'homme est l'enfer chez lui. 82. Tous les hommes, sans exception, naissent dans les maux de tout genre, au point que leur propre n'est que mal, 83. Du propre de l'homme découle non-seulement tout mal, mais aussi tout faux, et le faux qui en découle est le faux du mal, 82. L'homme lui-même, considéré d'après le propre, est pire que les brutes, 183. Si donc l'homme était conduit par son propre, il ne pourrait jamais être sauvé, 183. Le propre de l'homme doit être éloigné, pour que le Seigneur et le ciel puissent être présents, 183 ; il est éloigné en actualité, quand l'homme est régénéré par le Seigneur, 183. Par la régénération l'homme reçoit du Seigneur le propre céleste, 148. Ce propre céleste paraît à l'homme comme son propre, mais il ne lui appartient pas, c'est le Propre du Seigneur chez lui, 148, 200. Ceux qui sont dans ce Propre sont dans le Libre même, parce que le Libre est d'être conduit par le Seigneur, et par le propre du Seigneur, 148. Ce que l'homme fait d'après le Libre lui semble fait d'après son propre, 141, 145. Le bien que l'homme fait d'après le propre n'est pas le bien, mais il est en soi le mal, parce qu'il le fait pour lui-même et pour le monde, 82, 183. — Sur le PROPRE, voir N° 82.

PROVIDENCE (la) est le Gouvernement du Seigneur dans les Cieux et dans les Terres, 267, 276. La Divine Providence du Seigneur est dans toutes et dans chacune des choses qui contribuent au salut du Genre humain, 267. La Providence Divine du Seigneur existe quant aux plus petits singuliers de la vie de l'homme, 268, 269. Ceux qui pensent sur la Divine Providence d'après les choses mondaines en concluent qu'elle est seulement universelle, et que les singuliers dépendent de l'homme, 269. La Divine Providence est universelle parce qu'elle est dans les très-singuliers, 276. Il y a chez le Seigneur la Providence et la Prévoyance, et l'une n'est pas sans l'autre, 275, 276. La Divine Providence considère non pas les choses temporelles qui passent vite, mais les choses éternelles, 276. Si la Divine Providence agit d'une manière invisible, c'est afin que l'homme ne soit pas par des choses visibles contraint de croire, et par conséquent afin que son libre ne soit pas blessé, 276. — Sur la PROVIDENCE, voir Nos 267 à 276.

PRUDENCE (la propre) de l'homme est comme un grain de sable dans l'univers, et la Providence Divine est respectivement comme l'univers lui-même, 276. Il est de la prudence chrétienne de bien examiner qu'elle est la vie de l'homme, et d'exercer la charité selon cette vie, 85.

PUISSANCE. Le Seigneur seul a la puissance d'éloigner les enfers, de détourner des maux, et de tenir dans le bien, par conséqu...t de sauver, 309. Ceux qui étendent leur domination sur le ciel, et transfèrent en eux toute la Puissance Divine du Seigneur, désirent continuellement davantage, 71.

Puissants (les) pour qui les liens externes n'existent pas, aspirent à une puissance et à une gloire sans bornes, 71.

Puits (le) des eaux vives *sign.* les vrais de la foi procédant du Seigneur, ainsi la Parole, 209.

Punir. L'homme, dans l'autre vie, n'est point puni pour les maux héréditaires, parce qu'il n'en est pas blâmable, mais il est puni pour ses maux actuels, 170.

Pur. La première affection du vrai chez l'homme qui est régénéré n'est pas pure, mais elle est successivement purifiée, 186.

Purification (la) spirituelle, qui est celle des maux et des faux, est faite par les vrais de la foi, 186, 24.

Quadrangulaire (le) *sign.* le parfait, 1.

Qualité. L'amour tire sa qualité de la fin ou de l'usage, 77. La qualité de tout plaisir, de tout agrément, de tout bonheur, de toute félicité, et de toute joie du cœur, est selon la qualité de l'amour, 62.

Ors. L'Auteur dans ses écrits emploie les deux expressions *quale* et *qualitas*, la première comme principe, la seconde comme dérivation; ton l'Ors. du mot Lunf; la première ne pouvant être rendue en français que par *le tel qu'est* ou *le quale*, nous avons préféré ne pas faire de distinction, et traduire les deux mots *quale* et *qualitas* par le même mot *qualité*. Il faut en outre remarquer que ce mot *qualité* doit être pris en bonne part ou en mauvaise part selon la nature du sujet

Quarante années, quarante mois ou quarante jours, *sign.* l'état complet des tentations de-

puis le commencement jusqu'à la fin, 201.

Racheter. Comment il faut entendre que le Seigneur a racheté l'homme par son sang, 310.

Raisin (le) *sign.* le bien spirituel, qui est le bien de la charité, 217. Le sang des raisins *sign.* le vrai de la foi d'après le bien de la charité, 217.

Raisonnements. L'homme peut difficilement recevoir les vrais réels, et ainsi devenir sage, à cause des illusions des sens et des persuasions du faux, et à cause des raisonnements et des doutes qui en proviennent, 27. L'homme commence à être sage, alors qu'il commence à avoir en aversion les raisonnements contre les vrais, et à rejeter les doutes, 27.

Raisonner. Ceux qui raisonnent sur les vrais de l'Église, pour savoir s'ils sont ou ne sont pas des vrais, sont complètement dans l'obscurité sur les vrais, et ne sont pas encore dans la lumière spirituelle, 51. Ceux qui raisonnent d'après les scientifiques contre les vrais de la foi, raisonnent avec rigueur, parce que c'est d'après les illusions des sens qui captivent et persuadent, car elles ne peuvent être dissipées que difficilement, 51. Ceux qui sont dans la perception ne raisonnent point sur les vrais de la foi, et s'ils raisonnaient, leur perception périrait, 140. Les Anges célestes ne raisonnent pas sur les vrais de la foi, parce qu'ils les perçoivent et les voient, mais les Anges spirituels raisonnent, pour décider si telle chose est un vrai ou n'est pas un vrai, 140.

Rationalité. Dans l'autre vie, quelques-uns, qui ont rejeté les intérieurs de la Parole, sont privés de la rationalité, 264.

Rationnel (le) est conçu et

naît chez l'homme par l'influx du Seigneur à travers le ciel dans les connaissances et les sciences qui sont chez l'homme, 27, 35. Le rationnel naît par les vrais et non par les faux ; par suite tels sont les vrais, tel est le rationnel, 27, 35. Le rationnel est ouvert et formé par les vrais d'après le bien, et il est fermé et détruit par les faux d'après le mal, 27, 35. Le rationnel est cultivé ou détruit par les scientifiques, 51. Le rationnel de l'homme ne peut pas de lui-même percevoir le Divin Vrai, 25. Le rationnel humain ne peut saisir les Divins, ni même les spirituels, s'il n'est illustré par le Seigneur, 2,6. Le rationnel humain non illustré tourne en dérision les vrais intérieurs, 27. — Celui qui est dans les faux d'après le mal n'est pas un homme rationnel, 3,, 3,. L'homme n'est pas rationnel par cela qu'il peut raisonner sur une chose quelconque, mais il l'est en ce qu'il peut voir et percevoir si une chose est un vrai ou n'est pas un vrai, 27, 35.

Obs. Le *Rationnel* de l'homme participe du spirituel et du naturel, ou est un médium entre le spirituel et le naturel. — Voir A. C. N° 268.

RÉCEPTACLE. La volonté et l'entendement de l'homme sont les réceptacles et les sujets du bien et du vrai, 29, 34, 35. Les scientifiques et les connaissances sont les réceptacles et comme les vases du vrai et du bien qui appartiennent à l'homme interne, 51.

RÉCEPTIBLE. Le Divin n'a été perceptible, ni par conséquent réceptible, que lorsqu'il eut passé à travers le ciel, 305.

RÉCIPIENT. L'entendement est le récipient de la foi, et la volonté est le récipient de l'amour,

35. Les vrais sont les vases du bien, parce qu'ils en sont les récipients, 23.

RÉCIPROCATION. Il y a dans la Parole une espèce de réciprocation, 265.

RÉCOMPENSE Faire le bien en vue d'une récompense, c'est le faire d'après soi-même et non d'après le Seigneur, 152, 154. Ceux qui font le bien à cause de la récompense s'aiment eux-mêmes, et n'aiment point le prochain, 158 : Ils veulent, dans l'autre vie, être servis, et ne sont jamais contents, 153. Ils méprisent le prochain, et s'irritent eux-mêmes contre le Seigneur, de ce qu'ils ne reçoivent point de récompense, disant qu'ils ont mérité, 158. Le plaisir même, qui réside dans l'amour de faire le bien sans but de rémunération, est la récompense qui demeure éternellement, 156. Par la récompense, dans l Parole, il est entendu le plaisir et le bonheur en faisant du bien aux autres sans but de récompense, et ceux qui sont dans la charité réelle sentent et perçoivent ce plaisir et ce bonheur, 158.

RÉCOMPENSER. Celui qui veut mériter veut être récompensé, 150. Ceux qui veulent être récompensés ne sont point spirituels, mais ils sont naturels, 150.

RECONNAISSANCE (la vraie) du Seigneur, c'est de faire ses préceptes, 310.

RECONNAITRE. Ceux qui ne sont pas dans la charité ne peuvent reconnaître le Seigneur que par hypocrisie, 106.

RÉEL. Le Divin Vrai est le réel unique, et ce dans quoi il est, venant du Divin, est le substantiel unique, 263, 25.

RÉFORMER. Sans le libre, l'homme ne peut pas être ré

formé, ni par conséquent sauvé, 276.

RegardER. L'homme est tel qu'il peut regarder en haut vers le ciel, et en bas vers le monde, 47. Regarder les autres en soi, et se regarder dans les autres, 67.

Régénération (la) de l'homme est la conjonction du bien et du vrai chez lui, 186. La régénération est un plan pour perfectionner la vie de l'homme dans l'éternité, 183. La régénération est faite par le Seigneur seul, 185. La régénération de l'homme est l'image de la Glorification du Seigneur, c'est-à-dire que de même que le Seigneur a fait Divin son humain, de même le Seigneur fait spirituel l'homme qu'il régénère, 185. — Sur la Régénération, voir Nos 173 à 186.

Régénérer. L'homme ne peut pas être régénéré avant d'avoir été instruit des vrais de la foi et des biens de la charité, 184. 177. Quand le Seigneur régénère l'homme, il dispose toutes choses chez lui selon l'ordre, c'est-à-dire, selon la forme du ciel, 279. Ceux qui sont seulement dans les vrais, et non dans le bien, ne peuvent être régénérés, 184. L'homme qui a été régénéré est en actualité dans le sens interne de la Parole, quoiqu'il ne le sache pas, 259. Après la mort, il vient de lui-même dans ce sens, et il n'est plus dans le sens de la lettre, 259. Ceux qui vivent de la vie de la foi et de la charité, et qui ne sont pas régénérés dans le monde, sont régénérés dans l'autre vie, 184. — Sur les Régénérés, voir Nos 183 à 186.

Religion. Ceux qui font le bien par le seul penchant naturel, et non d'après la religion, ne sont pas reçus dans le ciel, 48. Faux de religion, 21. — Voir Faux.

Obs. Entre Religion et Église il y a une différence qu'il importe de signaler : L'Église du Seigneur, il est vrai, est universelle, et chez tous ceux qui reconnaissent le Divin et vivent dans la charité, quels que soient d'ailleurs leurs dogmes ; mais il y a spécialement Église là où est la Parole, et où par la Parole le Seigneur est connu. Dans les contrées où la Parole n'existe pas, ou bien, quand la Parole est enlevée au peuple et remplacée par des décisions humaines, comme dans le Catholicisme-Romain, il y a religion seulement, et à proprement parler il n'y a pas église. Chez les Protestants il y a l'église, mais cette Église est à sa fin, parque la Parole y a été pervertie.

Religiosité. L'Église du Seigneur est chez tous ceux qui, sur le Globe, vivent dans le bien selon leur religiosité, 246.

Obs. Religiosité (Religiosum), c'est la religion ou le principe religieux chez ceux qui sont hors de l'Église ou est la Parole et où par la Parole le Seigneur est connu.

Rémission des péchés. Être détourné du mal et tenu dans le bien, c'est la Rémission des péchés, 170. Il appartient à la rémission des péchés de considérer les choses d'après le bien, et non d'après le mal, 170. — Voir Péché, Repentance.

Remords de conscience. Chez ceux qui sont dans l'enfer il n'y a aucun remords de conscience pour les maux qu'ils ont faits dans le monde, 139.

Rémunération. Le bien doit être fait sans but de rémunération, 158. Dans l'autre vie, autant quelqu'un fait le bien sans but de rémunération, autant influe du Seigneur la béatitude avec accroissement, et cette béatitude est dissipée aussitôt qu'on pense à la rémunération, 158. Dans l'autre vie le bien a en lui sa rémunération, 170.

Renoncement au monde. (le), sans la vie dans le monde, ne fait pas la vie spirituelle, 123. Le renoncement au monde n'a de valeur, et n'est accepté du Seigneur, qu'autant qu'on vit dans le monde, 128.

Renoncer au monde (par) il est entendu aimer Dieu et aimer le prochain, en vivant dans le monde, 126, 129. Ceux-là renoncent au monde, qui éloignent d'eux l'amour de soi et du monde, et qui dans toute fonction, dans toute affaire, et dans tout travail, agissent avec justice et sincérité d'après l'intérieur, 128.

Repas. Ce qui était signifié par le repas en commun avec les choses sanctifiées, 221.

Repentance. Faire œuvre de repentance, c'est, après avoir confessé ses péchés devant Dieu, et en avoir demandé d'un cœur humble la rémission, y renoncer et mener une vie nouvelle selon les préceptes de la charité et de la foi, 161 ; voir Confesser ses péchés Celui qui vit la vie de la charité et de la foi fait chaque jour œuvre de repentance, 163. La repentance de la bouche sans celle de la vie n'est point la repentance, 165. Par la repentance de la bouche les péchés ne sont point remis, mais ils le sont par la repentance de la vie, 165. La repentance qui se fait dans un état libre a de l'efficacité, mais celle qui se fait dans un état contraint n'en a pas, 168, 148. — Sur la Repentance, voir Nos 159 à 169.

Réponses (les) et les révélations étaient faites d'après les derniers, parce que dans les derniers il y a la force et la puissance, 47.

Représentatifs. Toutes les choses qui apparaissent chez les anges et chez les esprits sont des représentatifs selon les correspondances des choses qui appartiennent à l'amour et à la foi, 261. Les cieux sont pleins de représentatifs, 261. Les représentatifs sont d'autant plus beaux, et d'autant plus parfaits, qu'ils sont plus intérieurement dans les cieux, 261. Les représentatifs y sont des apparences réelles, parce qu'ils sont produits par la lumière qui est le Divin Vrai, et ce vrai est l'essentiel même de l'existence de toutes choses, 261. Toute la nature est le théâtre représentatif du Monde spirituel, 48. Chez les Juifs il y a eu un représentatif de l'Église, et non une Église, 248. Les historiques de la Parole sont des représentatifs, les mots sont des significatifs, 261. Les représentatifs de l'Église et du Culte ont cessé, quand le Seigneur est venu dans le monde ; pourquoi? 261.

Représentation (la) regarde la chose, mais non la personne, 248. Les correspondances et les représentations sont un, 261.

Représenter. Les internes sont les choses qui sont représentées, et les externes, celles qui représentent, 261. Toutes choses, en général et en particulier, qui sont dans le Monde spirituel, sont représentées dans le Monde naturel : pourquoi ? 261.

Reproduction de l'affection avec les vrais, et des vrais avec l'affection, 23. Il y a chez le régénéré reproduction des vrais de la foi avec la même affection, 121.

Ressemblance du père dans les enfants, 287, 305.

Ressusciter. L'homme ressuscite quant à l'esprit, et non quant au corps, 286. Le Seigneur seul est ressuscité avec tout son corps, car il n'a rien laissé dans le sépulcre, 286, 305.

Résurrection (la) est la continuation de la vie, 226. Résurrection et vie après la mort, 229.
— Sur la Résurrection, voir Nos 223 à 229.

Révélation. L'homme sans une Révélation procédant du Divin ne peut rien savoir de la vie éternelle, ni même rien savoir de Dieu, 249. Il a donc été nécessaire qu'il y eut quelque Révélation du ciel, 255. De tout temps il y a eu Révélation, 255. Dans la Très-Ancienne Église la Révélation était immédiate; dans l'Ancienne Église elle était par correspondances; dans l'Église Juive, de vive voix; et dans l'Église Chrétienne, par la Parole, 247, 255. Par suite de la Révélation immédiate, le Divin Vrai était inscrit dans le cœur des Très-Anciens, 255. Il y a eu aussi des Révélations prophétiques chez des gentils, comme on le voit par les paroles prophétiques de Biléam (Balaam), 255.

Rites (tous les) de l'Église Juive étaient des externes qui représentaient des internes appartenant au Ciel et à l'Église, 261. Dans les Rites des sacrifices sont contenus les arcanes de la Glorification de l'Humain du Seigneur, et ceux de la régénération de l'homme, 224.

Rois (les) ont été préparés pour administrer les choses qui concernent la loi civile, 314, 319. Le roi qui croit que la royauté est dans sa personne n'est point sage; 321; voir Royauté. Le roi qui regarde les lois comme au-dessous de lui place la royauté dans sa personne, 322. Le roi qui vit selon la loi établie, et qui en donne le premier l'exemple, est véritablement Roi, 323. Dans la Parole, les rois sign. ceux qui sont dans le vrai, et dans le sens opposé ceux qui sont dans le faux, et de là, par abstraction, les vrais, et dans le sens opposé les faux, 4.

Rompre le pain était le représentatif de l'amour mutuel dans les Églises Anciennes, 247.

Royauté (la) consiste à administrer selon les lois du royaume, et à juger selon ces lois d'après le juste, 322. La royauté n'est pas dans la personne, mais elle est adjointe à la personne, 321. Ce que c'est que la Royauté du Seigneur, 309.

Ruben représente ceux qui séparent la foi d'avec la charité, 121.

Sacerdoce (le) consiste à administrer les choses qui concernent la Loi Divine et le Culte, 314, 319. Il a été établi pour le maintien de l'ordre dans ces choses, 318. Ce que c'est que le Sacerdoce du Seigneur, 309.

Sacrifices (les), entièrement inconnus dans les anciennes Églises, ont été institués par Éber, 247. Les sacrifices n'ont point été commandés, mais ils ont seulement été permis, 224. Pourquoi ils ont été permis, 224. Les holocaustes et les sacrifices sign. toutes les choses du culte d'après le bien de l'amour et les vrais de la foi, 121. Ils sign. les Divins Célestes qui sont les internes de l'Église d'après lesquels existe le culte, 224. Les holocaustes et les sacrifices qui se faisaient d'agneaux, de chèvres, de brebis, de chevreaux, de boucs, de taureaux, de bœufs, étaient appelés d'un seul mot le Pain, 214, 224.

Sage (être), c'est vivre selon le vrai et le bien, 54. L'homme est sage en tant qu'il est dans le bien et par suite dans les vrais, mais non en tant qu'il sait les vrais sans être dans le bien, 24. L'homme qui est dans le mal, et par suite dans le faux, ne peut pas être dit sage, 33. Dans le bien il y a la faculté d'être sage, 27. L'homme commence à être sage, alors qu'il commence à avoir en aversion les raisonnements contre les vrais, et à rejeter les doutes, 27. Il appartient à un homme sage, non de confirmer le dogme, mais de voir s'il est vrai avant de le confirmer, 257. L'homme sage pense au-dessus des sensuels, 50. Chez l'homme sage et intelligent les sensuels sont à la dernière place, et soumis aux intérieurs, 50. Les sages anciens faisaient leurs délices de la Parole, parce qu'ils y trouvaient les représentatifs et des significatifs, 261.

SAGESSE (la) consiste à voir le vrai d'après la lumière du vrai, et la lumière du vrai est la lumière qui est dans le ciel, 9. Toute sagesse vient du Seigneur, 108. La sagesse ne peut venir d'autre part que du ciel, c'est-à-dire, du Seigneur par le ciel, 9. La sagesse vient du bien par les vrais, 27, 24. Si la pensée n'est pas élevée hors des sensuels, l'homme a peu de sagesse, 50. Ceux qui dans le monde ont vécu dans le bien viennent dans la sagesse angélique après leur sortie du monde, 27. Autant l'homme attribue au Seigneur et non à lui-même tous les biens et tous les vrais, autant il a de sagesse, 158.

SAINT. Le Divin Vrai procédant du Seigneur est ce qui, dans la Parole, est appelé le saint, 219. Le saint de la Parole vient de ce que le Seigneur est dans l'intime de la Parole, 263. Le Seigneur seul est saint, par suite toute chose sainte procède de Lui, 219. Le saint influe de l'interne, c'est-à-dire, du Seigneur par l'interne chez ceux qui considèrent la Parole comme sainte, et cela à leur insu, 256. Le saint de l'amour et le saint de la foi influent des anges chez l'homme, quand il participe saintement au sacrement de la cène, 212, 219.

OBS. Le Saint de l'homme est dans son interne; est appelé Saint ce qui chez l'homme influe du ciel, c'est-à-dire, du Seigneur par le ciel, — A. C. N° 10472.

SAINTETÉ (la) interne consiste à aimer le bien et le vrai pour le bien et le vrai, et aussi le juste et le sincère pour le juste et le sincère, 125. La sainteté externe n'a de valeur et n'est acceptée du Seigneur, qu'autant qu'elle procède de la sainteté interne, 128. La sainteté externe sans la sainteté interne n'est point la sainteté, 129; elle est naturelle et non spirituelle, et elle se trouve chez les méchants, comme chez les bons, 123, 125. Les biens et les vrais sont les saintetés mêmes que l'on doit savoir, croire et aimer, 125. Quels sont dans l'autre vie ceux qui ont vécu dans la sainteté externe, et non d'après la sainteté interne, 129.

SALUT (le) vient du bien qui appartient à l'amour, et du vrai qui appartient à la foi, 267. Comment il faut entendre que sans le Seigneur il n'y a point de salut, 310. — Voir SALVATION; SAUVER.

SALVATION. Il n'y a aucune salvation par la foi, mais il y a salvation par la vie selon les vrais de la foi, 121. Il n'y a aucune salvation, si faire le bien n'est pas conjoint avec vouloir le bien et penser le bien, 121. Il n'y a pas salvation par la prière au Père, afin qu'il ait pitié à cause du Fils, 310. — Voir SALUT; SAUVER.

SANG (le) du Seigneur *sign.* le Divin Vrai procédant du Divin Bien de son Divin Amour, 217. Dans la Sainte Cène le sang du Seigneur est le bien de la foi, 212. Le sang répandu sur l'autel, à l'entour et vers sa base, signifiait l'union du Divin Vrai et du Divin Bien dans le Seigneur, 217. Dans la Parole, le sang des raisins *sign.* le vrai de la foi d'après le bien de la charité, 217. Répandre le sang *sign.* faire violence au Divin Vrai, 217. Ce qui est signifié par le sang et l'eau qui sortirent du côté du Seigneur, 217. Comment il faut entendre que le Seigneur a racheté l'homme par son sang, 217, 310.

SAUVER. Le Seigneur a sauvé le Genre Humain par la subjugation des enfers, et en même temps par la glorification de son Humain, 293, 300, 301. Il est impossible que l'homme qui vit dans le mal puisse être sauvé d'après la seule Miséricorde, 279. Tout homme chez qui il y a l'Église est sauvé, 245. L'homme ne peut être sauvé, s'il n'est pas régénéré, 183. Si la foi cogitative sauvait, tous seraient sauvés, 121. Ceux qui, d'après la doctrine de leur Église, pensent que la foi seule sauve, sont sauvés, s'ils font le juste à cause du juste, et le bien à cause du bien ; car ainsi ils sont néanmoins dans la charité, 121.

SAVANTS. Chez les savants du monde qui se confirment, d'après les sciences, contre les choses qui sont du Ciel et de l'Église, l'interne est plus fermé que chez les simples, 47.

SAVOIR. Quiconque est dans le mal et par suite dans le faux d'après la confirmation et la vie, ne peut savoir ce que c'est que le bien et le vrai ; mais quiconque est dans le bien et par suite dans le vrai d'après la confi[r]mation et la vie, peut savoir ce que c'est que le mal et le faux pourquoi ? 19. Savoir le vrai le bien et agir d'après cel[a] c'est l'externe de l'Église, ma[is] vouloir et aimer le vrai et [le] bien, et agir d'après cela, c'e[st] l'interne de l'Église, 246.

SCIENCE. L'homme naîtrait dan[s] toute science, s'il naissait dan[s] l'amour envers le Seigneur [et] dans la charité à l'égard du pro[chain], 51. L'homme doit êt[re] imbu de sciences, parce que p[ar] elles il apprend à penser, e[n] suite à comprendre ce que c'e[st] que le vrai et le bien, et enf[in] à être sage, c'est-à-dire, à viv[re] selon le vrai et le bien, 51. Ch[ez] ceux qui sont dans le mal et [le] faux, au lieu de l'entendemen[t] il y a la science, 33.

SCIENCE DES CORRESPONDANCE[S]. — *Voir* CORRESPONDANCES.

SCIENTIFIQUES. Sont appelé[s] scientifiques les choses qui so[nt] dans l'homme externe ou natu[rel] et dans sa mémoire, ma[is] non celles qui sont dans l'hom[me] interne ou spirituel, 51. L[es] scientifiques qui appartienne[nt] à l'état et à la vie spirituel[le] sont appelés connaissances ; [ce] sont principalement les doctr[i]naux, 51. Nécessité des scien[ti]fiques, 34. Les vrais de l'homm[e] naturel sont des scientifique[s], 23. Les scientifiques sont com[me] des vases, 23. — Sur les SCIE[N]TIFIQUES, *voir* N° 51.

SCRUPULEUX. Qui sont et que[ls] sont les scrupuleux de con[s]cience, combien ils sont fâcheu[x] et à quoi ils correspondent da[ns] le monde spirituel, 139.

SEIGNEUR (le) est le seul et un[ique] que Dieu, 306 ; en Qui est le D[i]vin Même, qui est appelé [le] Père, le Divin Humain qui e[st] appelé le Fils, et le Divin Proc[é]dant qui est appelé l'Espri[t]

Saint, 306. Il est le Bien même et le Vrai même, 25. — Sur le SEIGNEUR, voir Nos 280 à 310.

Obs. Dans tous les écrits de l'Auteur, par le *Seigneur* il est entendu le Sauveur du Monde JÉSUS-CHRIST, qui est le seul et unique Seigneur.

SEL. Ce qui était signifié par le sel qu'on employait dans les sacrifices, 221.

SEMENCE. Par la semence d'Abraham, d'Isaac et de Jacob, sont signifiés les biens et les vrais de l'Eglise, 248. Ce que c'est que la semence de la femme dans le Prophétique sur le Seigneur, 310.

SEMER. Le Seigneur sème le vrai dans le bien de la charité, quand il régénère l'homme, 121; autrement la semence, qui est le vrai de la foi, ne peut pas prendre racine, 121. Ce qui est semé dans le libre, cela reste ; mais ce qui est semé dans le contraint, cela ne reste point, 143.

SENS de la Parole. Sens de la lettre ; sens interne ou spirituel; sens intime ; — *Voir* Nos 258 à 262.

Obs. Par *le sens interne* ou *le sens spirituel* de la Parole, il est entendu l'un et l'autre sens, le spirituel et le céleste, ou l'interne et l'intime, quand il n'est pas fait de distinction.

SENS (illusions des). — *Voir* ILLUSIONS.

SENSUEL (le) est le dernier de la vie de l'homme, 50. Les sensuels doivent être à la dernière place, et non à la première, et chez l'homme sage et intelligent ils sont à la dernière place et soumis aux intérieurs ; mais chez l'homme insensé ils sont à la première place et ils dominent, 50. Est appelé homme sensuel celui qui juge et conclut toutes choses d'après les sens du corps, et qui ne croit que ce qu'il peut voir de ses yeux et toucher de ses mains, disant que cela est quelque chose, et rejetant tout le reste, 50, 45. L'homme sensuel est homme naturel au plus bas degré, et est dans des illusions sur toutes les choses qui appartiennent à la foi de l'Église, 45. Les hommes sensuels placent dans le corps la vie, et croient que si ce corps ne devait pas revivre, c'en serait fait de l'homme, 226. — Sur le SENSUEL de l'homme, et sur l'homme sensuel, *voir* N° 50.

SENTIR. Le corps ne sent pas, c'est l'esprit de l'homme qui sent dans le corps, et autant il sent dans le corps, autant il sent grossièrement et obscurément, ainsi dans les ténèbres, mais autant il sent non dans le corps, autant il sent clairement et dans la lumière, 50. L'homme sent distinctement les choses qui se font dans l'homme externe, mais il ne sent pas les choses qui se font dans l'homme interne, 197.

SÉPARATION (de la) du vrai d'avec le bien, 22.

SÉPARER. Ceux qui séparent les vrais d'avec le bien sont dans les ténèbres, 22. Le propre de l'homme doit être séparé pour que le Seigneur puisse être présent, 82.

SÉRIE. Dans la Parole, une série de plusieurs noms exprime dans le sens interne une seule chose, 259.

SERPENTS. Les Anciens appelaient serpents de l'arbre de la science ceux qui raisonnent par le sensuel et par suite contre les vrais de la foi, 50.

SERVILE (le) est d'être conduit par l'enfer, 142, 148. Le libre infernal, considéré en lui-même, est le servile, 148. Faire d'après le libre le mal semble être le libre, mais cela est le servile, 142

Servir les autres, c'est d'après le bien-vouloir faire du bien aux autres et faire des usages, 72. L'homme naturel doit être subordonné à l'homme spirituel, et le servir, 48. L'homme externe ou naturel a été fait pour servir l'homme interne ou spirituel, comme le monde pour servir le ciel, 51.

Serv.teur. L'externe doit être le ministre et sous un certain rapport le serviteur de l'interne, 47. Dans la Parole le bien est appelé seigneur et le vrai est appelé serviteur, 27.

Signes que les péchés ont été remis, c'est-à-dire, éloignés, 167. Signes que les péchés n'ont pas été remis, 167.

Significatifs. Les historiques de la Parole sont des représentatifs, et les mots sont des significatifs, 261. Le Seigneur a parlé par des correspondances, par des représentatifs et par des significatifs, 261.

Simples. Ceux qui sont simples de cœur, et cependant sages, savent ce que c'est que le bien de la vie, ainsi ce que c'est que la charité, et ne savent pas ce que c'est que la foi séparée, 121. Le sens littéral de la Parole est à la portée des simples, 262.

Simultané. Les intérieurs forment dans le dernier un simultané ; dans quel ordre ? 47.

Sincère (le) est le bien moral, et le juste est le bien civil, 106. — Voir Juste.

Singuliers (les) pris ensemble sont appelés l'universel, de même que les particuliers pris ensemble sont appelés le commun, 276. Les singuliers ne dépendent pas de la prudence chez l'homme, 269, 276. Tels sont les singuliers dont est composé et avec lesquels existe l'universel, tel est cet universel, 276. La Providence du Seigneur est universelle, parce qu'elle est dans les très-singuliers, 276. Si la Providence Divine du Seigneur n'était pas universelle d'après les très-singuliers et dans les très-singuliers, rien ne pourrait subsister, 276.

Société (une) est le prochain de préférence à un homme seul, parce qu'elle se compose de plusieurs hommes, 92. Toutes les sociétés angéliques dans les cieux sont distinctes entre elles, et dans chaque société chaque ange est distinct d'un autre ange, 26.

Solfil. Le Seigneur apparaît dans le ciel comme Soleil à ceux qui sont dans le Royaume céleste, 307. La Lumière qui procède du Seigneur comme Soleil est le Divin Vrai, d'où les Anges ont toute sagesse et toute intelligence, 307 ; et la chaleur, qui procède du Seigneur comme Soleil, est le Divin Bien, d'où les Anges ont l'amour, 307.

Sortir du Père, et retourner au Père ; ce que c'est, 304.

Soupers (les) ou cènes signifiaient la consociation par amour, 215.

Source. Il n'y a qu'une source unique de la vie, c'est le Seigneur, d'après Lequel nous sommes, nous vivons et nous agissons, 268.

Sphère. Tout vrai a une sphère d'extension dans le ciel selon la qualité et la quantité du bien dont il provient, 24. La sphère des esprits infernaux se conjoint avec le sensuel de l'homme par le dos, 50. La fin se revêt de choses qui lui conviennent pour se fixer comme cause dans une sphère inférieure, et ensuite pour se fixer comme effet dans une sphère encore plus inférieure, 261.

Spirituel (le) est l'essentiel même dans le naturel, 48 ; il est dans tout naturel comme la cause efficiente est dans l'effet, 48. Le spirituel influe dans le naturel, et le naturel n'influe pas dans le spirituel, 48. Vouloir le vrai, parce qu'il est le vrai, est le spirituel même de l'homme, 112. — Sur le SPIRITUEL, voir N° 48. — L'homme interne est celui qui est appelé homme spirituel, parce qu'il est dans la lumière du ciel, lumière qui est spirituelle, 38. L'homme spirituel est celui qui, dans la Parole, est appelé *Vivant*, 38. — Sur l'HOMME SPIRITUEL, voir N°s 38 à 48.

SPIRITUELLEMENT (penser), c'est penser les choses elles-mêmes en soi, voir les vrais d'après la lumière du vrai, et percevoir les biens d'après l'amour du bien ; puis aussi, voir les qualités des choses, et en percevoir les affections, abstraction faite de la matière, 39.

STATUTS pour l'Église Israélite et Juive, 262. — *Voir* LOI.

STYLE. Pour qu'il y eût par la Parole communication et conjonction avec les cieux, elle ne pouvait pas être écrite dans un autre style, 261. Combien se trompent grossièrement ceux qui méprisent la Parole à cause du style en apparence simple et peu poli, et qui pensent qu'ils auraient reçu la Parole, si elle avait été écrite dans un autre style, 261. La manière d'écrire et le style, chez les Très-Anciens, étaient aussi par représentatifs et par significatifs, 261.

SUBJUGATION (la) des enfers a été faite par les tentations et par les victoires du Seigneur, 293, 302.

SUBJUGUER. Le Seigneur, d'après l'Humain, a subjugué les enfers quand il était dans le monde, 301.

SUBSISTANCE (la) est une perpétuelle existence, 277, 278.

SUBSISTER. De même qu'une chose a existé, de même aussi elle subsiste absolument, 277, 278.

SUBSTANTIEL UNIQUE (le) est ce dans quoi est le réel unique, 263. — *Voir* RÉEL.

SUCCESSIFS. De l'ordre successif, et du dernier de l'ordre, dans lequel les successifs sont ensemble aussi dans leur ordre, 279. Dans l'ordre successif le degré antérieur ou supérieur doit être préféré au degré postérieur ou inférieur, 96.

SUJET. La volonté est le réceptacle et le sujet de tout ce qui appartient au bien, et l'entendement est le réceptacle et le sujet de tout ce qui appartient au vrai, 29.

SUPÉRIEUR (le), dans la Parole, *sign.* l'intérieur, 47.

SUPÉRIORITÉ du bien sur le vrai, ou de la charité sur la foi, 186, 121.

SUPRÊME (le), dans la Parole, *sign.* l'interne, 47.

SUSTENTATION (la) par la nourriture *sign.* la nutrition spirituelle, et l'influx du bien et du vrai par le Seigneur, 218.

SYMBOLE d'Athanase, 288.

TEMPOREL. La Providence Divine considère, non les choses temporelles qui passent vite, mais les choses éternelles, 276.

TÉNÈBRES (les) *sign.* les faux, 49. Les enfers sont dits être dans les ténèbres, parce qu'ils sont dans les faux, 49. La lumière de ceux qui sont dans la foi séparée d'avec la charité est changée en de pures ténèbres, quand influe la lumière du ciel, 49.

TENTATION (la) est un combat entre l'homme interne ou spirituel et l'homme externe ou naturel, ainsi entre les plaisirs de l'un et les plaisirs de l'autre, qui alors sont opposés les uns aux autres, 197. Les tentations spirituelles sont des douleurs du mental introduites par les mauvais esprits chez ceux qui sont dans les biens et dans les vrais, 187. Il n'y a que ceux qui sont régénérés qui subissent des tentations spirituelles, 187. Les tentations ont lieu pour la conjonction du bien et du vrai, et aussi pour la conjonction de l'homme interne et de l'homme externe, 186. Dans les tentations, il s'agit de la domination du bien sur le mal, ou du mal sur le bien, 190, 199. Les tentations sont produites par l'enfer, et non par le ciel, 188. Il n'y a d'admis dans les tentations spirituelles que ceux qui ont la conscience, 139. — Sur les TENTATIONS, voir N°s 187, à 201.

TENTER. Nul ne peut être tenté, à moins qu'il ne soit dans la reconnaissance du vrai et du bien, et dans de l'affection pour eux, 197. Celui-là seul est tenté, qui a acquis quelque vie spirituelle 197. Le Seigneur n'a pas pu être tenté quant au Divin, parce que les enfers ne peuvent attaquer le Divin ; c'est pourquoi il a pris d'une mère un Humain tel qu'il put être tenté, 201.

TERRE (la), dans la Parole, *sign.* l'Église, parce que, dans le sens spirituel, par la terre il est entendu la nation qui l'habite, et le culte de cette nation, 1, 5. Le peuple de la terre *sign.* ceux qui sont de l'Église spirituelle, 4. La Nouvelle Terre *sign.* la Nouvelle Église dans les terres, 4, 5. Une nouvelle Terre *sign.* du nouveau quant aux choses qui appartiennent à l'Église dans les terres, 4. — Les habitants de toutes les Terres ou Globes adorent le Divin sous une forme Humaine, et ils se réjouissent quand ils apprennent que Dieu a été réellement fait Homme, 305.

TERRES (dans les).

OBS. Quand, dans les écrits de l'Auteur, il est dit *dans les terres* (in terris) le mot *terres* est pris dans l'acception de contrées, de pays, et spécialement de lieux où il y a l'Église ; ainsi, dans cette dernière acception, l'expression *dans les cieux comme dans les terres* est la même que celle-ci : *Dans les cieux comme dans les lieux où il y a l'Église.* Quand l'Auteur veut parler des Terres ou Globes, il emploie les mots *in Telluribus.*

THÉÂTRE. Toute la nature est le Théâtre représentatif du monde spirituel, 48.

THÉOLOGIE. Aujourd'hui, dans les Églises, la Doctrine de la Charité a été reléguée dans la science qu'on nomme Théologie morale 257.

TOMBER. Ceux qui sont dans le doute négatif tombent dans les faux du mal, 51. Ce que l'homme tire de l'héréditaire penche continuellement vers cet héréditaire et y tombe ; 176. — *Voir* HÉRÉDITAIRES.

TOUTE-PRÉSENCE de l'Humain du Seigneur dans la Sainte Cène, 305.

TRANQUILLITÉ. Ceux qui sont régénérés sont d'abord mis dans un état de tranquillité, puis dans les tentations, et ensuite ils reviennent dans l'état de tranquillité de paix, qui est la fin, 198.

TRIBUS D'ISRAËL (les douze) ont représenté et par suite signifié tous les biens et tous les vrais de l'Église, ainsi toutes les choses de la foi et de l'amour, 1, 248 ; par conséquent aussi le Ciel et l'Église, 248. Elles signifient selon l'ordre dans lequel elles sont nommées, 248. Elles ont été divisées en deux royaumes, afin que les Juifs représentassent le royaume céleste, et les Israélites le royaume spirituel, 248. La Tribu de Jehudah *sin.* l'Église céleste, 248.

TRINE (le) dans une seule Personne, ainsi dans le Seigneur, est le Divin Même qui est appelé le Père, le Divin Humain qui est appelé le Fils, et le Divin Procédant qui est appelé l'Esprit Saint, et ainsi le Trine est Un, 306. 290. C'est là un arcane venant du Ciel, et pour ceux qui seront dans la Sainte Jérusalem, 297. On peut concevoir le Trine Divin dans une seule Personne, et ainsi un seul Dieu, mais non dans trois Personnes, 306. Le Trine Divin dans le Seigneur est reconnu dans le Ciel, 306.

TRINITÉ. Explication de la Trinité, 290. — *Voir* TRINE.

TROIS ou trois fois *sign.* le complet jusqu'à la fin, 122. On a l'idée de Trois dans une seule Personne, quand on pense que le Père est dans le Seigneur, et que l'Esprit Saint procède du Seigneur, 290.

TROUBLES. Celui qui croit autrement que le prêtre, et ne cause pas de troubles, sera laissé en paix, mais celui qui cause des troubles sera séparé, 318.

TYRAN. Le roi, qui a un pouvoir absolu, et qui croit que ses sujets sont tellement esclaves qu'il a droit sur leur possession et sur leur vie, n'est pas un roi s'il exerce un tel pouvoir, mais c'est un tyran, 324.

UNANIME. Le Nouveau Ciel est absolument unanime, 2. Comment un unanime se constitue et devient comme un, 2.

UNION (l') se dit de l'Humain du Seigneur avec le Divin, et la conjonction se dit de l'homme avec le Divin, 304. Le Seigneur s'est successivement avancé vers l'union avec le Père, 304. L'union a été réciproque, 304. Le Seigneur dans l'union avec le Divin Même, qui était en Lui, avait en vue la conjonction de soi-même avec le genre humain, 304. Depuis l'union le Divin Vrai procède du Seigneur, 304. L'union du Seigneur avec le Père, de Qui venait son âme, n'a pas été comme entre deux, mais comme entre l'âme et le corps, 304. Entre la charité et la foi, ou entre le bien et le vrai, il y a la même union qu'entre la volonté et l'entendement, 108, 109.

UNITÉ. L'entendement et la volonté sont ramenés à l'unité dans l'autre vie, et il n'est pas permis d'y avoir un mental divisé, 35. — *Voir* MENTAL.

UNIVERS. Toutes les choses dans l'univers se réfèrent au bien et au vrai pour être quelque chose et à la conjonction de l'un et de l'autre pour produire quelque chose ; ainsi, à l'amour et à la foi, et à leur conjonction, 24, 34, 11. De même que dans l'univers toutes les choses qui sont selon l'Ordre Divin se réfèrent au bien et au vrai, de même toutes celles qui sont contre l'Ordre Divin se réfèrent au mal et au faux, 17, 20.

UNIVERSAUX par la connaissance desquels les vrais spirituels peuvent être compris, 34. Sans ces universaux, les scientifiques et les connaissances, qui appartiennent à l'homme externe, ne peuvent être que peu utiles à l'homme rationnel, 34.

UNIVERSEL (l') n'existe que d'après des singuliers et avec eux, puisque les singuliers pris ensemble sont appelés l'universel, 276. Tels sont les singuliers, tel est l'universel, 276. — *Voir* SINGULIERS.

URIM ET THUMIM. Ce qui est signifié par les pierres précieuses dans l'Urim et le Thumim. 1. Des bigarrures de la lumière par l'Urim et le Thumim, 49.

USAGES. L'affection, qui appartient à l'amour, s'adjoint toujours aux vrais selon les usages de la vie, 23. L'homme interne est ouvert et est successivement perfectionné par les sciences et par les connaissances si l'homme a pour fin un usage bon, surtout un usage qui concerne la vie éternelle, 51. Les usages de la vie céleste sont alors par le Seigneur, au moyen de l'homme interne, extraits, épurés et élevés hors des scientifiques et des connaissances qui sont dans l'homme naturel, 51. Faire les usages pour les usages, c'est la charité, 106. Quand la parole est lue d'après l'amour du vrai et d'après l'amour de l'usage de la vie, l'entendement est illustré, 35.

Obs. L'*Usage* consiste à remplir fidèlement, sincèrement et soigneusement les œuvres de sa fonction, — R. C. N° 744. — Sont appelés *Usages* les choses qui, procédant du Seigneur, sont par création dans l'ordre, — D. A. N° 298. L'*Usage* est le bien, et il tire du vrai sa qualité, — D. P. N° 11.

VARIÉTÉ. Il existe une variété infinie, et jamais une chose n'est identiquement la même qu'une autre, 26. Dans les cieux il existe aussi une variété infinie, 26. Les variétés dans les cieux sont les variétés du bien; et par suite il y a distinction de toutes choses, 26, 49. Ces variétés viennent des vrais, qui sont de plusieurs sortes, par lesquels chacun a le bien, 26.

VASES. Les scientifiques et les connaissances sont les réceptacles et comme les vases du vrai et du bien qui appartiennent à l'homme interne, 51. Par les tentations les vases récipients du vrai sont adoucis, et prennent un état propre à recevoir le bien, 199. Dans la Parole les vases *sign.* les scientifiques et les connaissances, 51.

VASTATION (de la) de l'Eglise, 246. Quand une vieille Eglise est en vastation, les vrais intérieurs sont révélés pour servir à une autre Eglise, qui alors est instaurée, 246. Quelle est la différence entre les infestations, les tentations et les vastations, 197.

Obs. La *vastation* n'est autre chose que l'immission dans les internes, ainsi dans le propre, les externes étaient enlevés, — C. E. N°° 551, 425.

VENGEANCE (la) provient de l'amour de soi et de l'amour du monde, 81, 75. Les vengeances découlent du penchant de l'homme à vouloir commander aux autres et posséder les richesses des autres, 312.

VEUVES. Qui étaient ceux que les Anciens entendaient par les veuves, 107.

VICAIRE. Le Monde Chrétien ne reconnaît pas l'Humain du Seigneur pour Divin, par suite d'une décision prise dans un concile, à cause du Pape, afin qu'il fût reconnu pour le Vicaire du Seigneur, 305.

VICTOIRES du Seigneur, 201. La dernière victoire du Seigneur dans Gethsémané et sur la croix a été la complète victoire, par laquelle il a subjugué les enfers et en même temps glorifié son Humain, 302.

VIDE. Ceux qui placent tout le culte dans la sainteté externe sont pour l'ordinaire vides, c'est-à-dire, sans les connaissances du bien et du vrai, 125.

VIE. Il y a une Vie unique, de laquelle tous vivent tant dans le ciel que dans le monde, 278. Cette vie vient du Seigneur seul, ainsi le Seigneur est la Vie Même, 278. Les Anges, les Esprits et les hommes ont été créés pour recevoir la vie, par conséquent sont seulement des formes récipientes de la vie, 278. La vie qui influe du Seigneur chez les Anges, les Esprits et les hommes d'une manière admirable, 278. La vie qui influe du Seigneur est variée selon l'état de l'homme et selon la réception, 277. La vie influe aussi du Seigneur chez les méchants, par conséquent aussi chez ceux qui sont dans l'enfer, 278. La vie apparaît comme dans l'homme, et non comme influant, parce que la cause principale, qui est la vie influant du Seigneur, et la cause instrumentale, qui est la forme récipiente, font une seule cause, qui est sentie dans la cause instrumentale, 278. — La vie de l'homme est son amour; et tel est l'amour, telle est la vie, et même tel est l'homme tout entier, 54. Il y a deux choses qui font la vie de l'esprit de l'homme, c'est l'amour et la foi, 230. L'amour fait la vie de sa volonté, et la foi fait la vie de son entendement, 230. L'amour du bien et par suite la foi du vrai font la vie du ciel; l'amour du mal et par suite la foi du faux font la vie de l'enfer, 230. La vie du ciel est celle qui est appelée vie éternelle; la vie de l'enfer est celle qui est appelée mort spirituelle, 227. En quoi consiste la vie spirituelle, 123. La vie spirituelle, c'est aimer Dieu par-dessus toutes choses, et aimer le prochain comme soi-même, 174. La vie naturelle, c'est s'aimer et aimer le monde plus que le prochain, et même plus que Dieu, 174. La vie spirituelle même de l'homme est dans la vraie conscience, 133. La vie de la charité est la vie selon les préceptes du Seigneur, 106. Ceux qui sont dans les maux, et par suite dans les faux, n'ont point la vie réelle, 279. La vie de l'âme de l'homme, ou sa vie spirituelle, de laquelle il doit vivre durant l'éternité, est décrite dans la Parole par des choses qui appartiennent à la vie du corps, 222. La vie de l'homme, après la mort, est la vie de son amour et la vie de sa foi, 227, 62. La vie de l'homme ne peut être changée après la mort, elle reste alors telle qu'elle a été; car l'esprit de l'homme est tout entier tel qu'est son amour, et l'amour infernal ne peut être transformé en un amour céleste, puisque ces amours sont opposés, 239.

VIEILLE. Ceux qui ne veulent et ne reconnaissent que le sens de la lettre de la Parole sont représentés dans le Monde spirituel par une vieille décrépite, 260.

VIERGE. Ceux qui veulent et reconnaissent le sens de la lettre de la Parole, et en même temps le sens spirituel, sont représentés dans le Monde spirituel par une vierge décemment vêtue, 260.

VIGNE. (la) sign. l'Eglise quant au vrai, 219.

VILLES (les) sign. les doctrines qui appartiennent à l'Eglise et à la religion, 1.

VIN (le), en général, sign. le bien de la charité, 219. L'huile et le vin sign. le bien et le vrai de ce bien. 87. Le vin, quand il s'agit du Seigneur, sign. le Divin Vrai procédant de son Divin Bien, 219.

VISCOSITÉS DU SANG (les) ont un rapport avec ceux qui méprisent, tournent en ridicule, blasphèment et profanent la Parole, 264.

VISIBLE. L'homme n'est point visible pour les esprits, et les esprits ne sont point visibles pour l'homme, 196.

VITAL (le) même de l'homme est l'amour, 62.

VIVANT. L'homme spirituel est celui qui, dans la Parole, est appelé vivant, 38.

VIVRE, c'est vouloir et faire, 4.

Vivre la vie de la foi, c'est vivre selon la doctrine de son Eglise, 4. Celui qui vit la vie de la foi et de la charité aime autrui comme soi-même, 2. Vivre la vie du ciel, 182. Vivre selon les Divins Vrais, c'est aimer le Seigneur, 106. Etre conjoint à Dieu, c'est vivre éternellement, 223, 278. L'homme ne pourrait vivre un seul moment, si l'influx provenant du Monde spirituel lui était ôté, 277.

Voir. L'interne peut voir toutes choses dans l'externe, mais non vice versâ, 47, 48. L'homme par son esprit peut voir les choses qui sont dans le Monde spirituel, s'il peut être détaché des sensuels qui sont du corps, et être élevé dans la lumière du Ciel par le Seigneur, 50. Voir si une chose est vraie, avant de la confirmer, est donné seulement à ceux qui sont affectés du vrai pour le vrai, 35.

Volonté (la) est l'une des deux facultés qui font la vie de l'homme, 28. La volonté de l'homme est l'être même de sa vie, et l'entendement est l'exister de la vie provenant de l'être, 35. — Sur la Volonté, voir Nos 28 à 35. — La volonté de l'homme est appelée cœur, 131.

Voluptueux (les) sont principalement sensuels, 50. — Voir Sensuels.

Vouloir et aimer le vrai et le bien, et agir d'après cela, c'est l'interne de l'Eglise, 246. On croit que chez les méchants il y a la volonté, parce qu'ils disent qu'ils veulent ; mais chez eux vouloir n'est que convoiter, 33. Vouloir les maux, c'est les faire, 164.

Voyageurs. Qui étaient ceux que les Anciens entendaient par les voyageurs qu'ils devaient recueillir, 107.

Vrai (le) tire du bien son être, 24. Il est la forme du bien, 24. Le vrai n'est essentiellement le vrai, qu'autant qu'il procède du bien, 24. — Du Bien et du Vrai : voir Nos 11 à 27, 171, 186.

Vrais (les) sont les vases du bien, parce qu'ils en sont les récipients, 23. — Sur les Vrais, voir Nos 11 à 27, 51, 171, 186.

Obs. Il est dit vrais au pluriel, quoique le mot vrai pris substantivement n'ait pas de pluriel ; mais l'Auteur employant les deux expressions vera et veritates, la première a été traduite par les vrais, et la seconde par les vérités. Il faut distinguer entre les vrais et les vérités comme entre l'antérieur et le postérieur ; l'antérieur est plus universel que le postérieur, R. C. N° 21. On peut aussi considérer les vrais comme principes, et les vérités comme dérivation.

Vue. La vue de l'homme interne est dans la lumière du ciel, et c'est pour cela que l'homme peut penser analytiquement et rationnellement, 49. La vue de l'homme interne n'attire des scientifiques et des connaissances de l'homme Externe que ce qui appartient à son amour, 51. Le bien influe chez l'homme par le chemin interne ou de l'âme, mais les vrais par le chemin externe ou de l'ouïe et de la vue, 23.

Vulgaire (le) est séduit par les illusions des sens, 50.

Signe des Ouvrages de l'Auteur cités dans les Obs. *de la Table.*

A. C. . . . Arcanes Célestes.
C. E. . . . Ciel et Enfer.
D. A. . . . Divin Amour.
D. P. . . . Divine Providence.
Am. C. . . Amour Conjugal.
R. C. . . . Religion Chrétienne.

AVERTISSEMENT

Le principal but des *Index* que nous plaçons à la suite des ouvrages de Swedenborg, c'est de préparer les moyens d'arriver plus tard à obtenir, en langue vulgaire, une traduction de la Bible aussi exacte qu'il sera possible. *Voir* dans la Revue « LA NOUVELLE JÉRUSALEM » deux Lettres, où ce sujet est développé, l'une dans le Tome VII, pages 249 à 254 ; et l'autre dans le Tome VIII, pages 369 à 372.

Pour remplir ce but, deux choses nous ont paru nécessaires : 1° Avoir des *Index* complets. 2° Indiquer par des signes particuliers non-seulement les Numéros où le passage est expliqué ou illustré, en tout ou en partie, mais aussi les Numéros où, dans l'original, le texte biblique est donné en latin. Jusqu'ici les *Index* sont restés incomplets, et n'ont présenté que la première indication au moyen d'une ou deux astérisques.

Les Index doivent être complets, parce que telle citation qui, à la première vue, paraît de trop peu d'importance pour être signalée, pourrait cependant, après examen, offrir de précieux documents ; et aussi, parce que telle remarque, qui n'intéresserait que médiocrement certains lecteurs, pourrait être d'un très-grand intérêt pour d'autres.

Le texte latin doit être signalé, afin d'éviter une grande perte de temps à ceux qui veulent s'assurer du texte. En effet, dans ces *Index* un grand nombre de Versets de la Parole sont cités sans que le texte soit donné ; et souvent, lorsqu'il est donné dans certains Numéros, il ne l'est pas dans les autres. Dans le premier cas, le lecteur est averti qu'il le chercherait en vain ; dans le second cas, il ne le cherchera que dans les Numéros signalés. Un autre avantage, c'est que, quand un Verset est donné textuellement dans plusieurs Numéros, on pourra facilement s'y reporter pour s'assurer s'il y a des variantes ou s'il n'y en a pas, ces variantes pouvant être d'un grand secours pour la traduction du passage.

Enfin le passage est cité ou textuellement ou en termes non formels. Il importait encore d'indiquer cette différence ; car si le texte exprimé en termes non formels n'a pas la même valeur que le texte même, il peut du moins servir à reconstituer ce texte en donnant les racines des mots.

Désigner ces diverses indications par des signes typographiques qui par eux-mêmes n'auraient aucune signification, ce serait charger la mémoire du lecteur, nous avons préféré recourir à des lettres initiales dont la signification sera facilement retenue. Les trois lettres, *, i, t, initiales des mots *Explication, Illustration* et *Texte*, suffisent pour exprimer huit indications différentes, t signifiant *texte formel* du passage, et cette même lettre retournée, ʇ, signifiant *texte en termes non formels*.

INDEX

DES PASSAGES DE LA PAROLE CITÉS DANS L'OUVRAGE

NOTA. — Les Lettres placées à la suite d'un Numéro signifient, à savoir :

- t   Texte formel du passage.
- ȶ   Texte en termes non formels.
- o   Explication.
- i   Illustration.
- to Texte formel et explication.
- ti Texte formel et illustration.
- ȶo Texte non formel et explication.
- ȶi Texte non formel et illustration.

Si le Numéro n'est suivi d'aucune Lettre, il y a seulement renvoi au Passage pour confirmation.

Le signe i (illustration du passage) indique, non pas seulement une *Explication* détaillée, mais aussi et principalement un de ces traits de lumière, qui ne consistent souvent qu'en un seul mot, et qui cependant peuvent résoudre un point controversé.

Genèse.

Chap.	Vers.	Numéros	Chap.	Vers.	Numéro
XLIII	16,31	218	XLIX	8 à 12	248
XLIX		258			

Exode.

Chap.	Vers.	Numéro.
XVIII	12	218

Lévitique.

Chap.	Vers.	Numéros	Chap.	Vers.	Numéro
III	11,16	221t	XXII	6, 7	221t
XXI	6, 8, 17, 21	221t			

Nombres.

Chap.	Vers.	Numéro
XXVIII	2	221

Juges.

Chap.	Vers.	Numéro
XIII	15, 16	218.

I Samuel.

Chap.	Vers.	Numéro	Chap.	Vers.	Numéro
XIV	28, 29	218	XX	24, 27	218

II Samuel.

Chap.	Vers.	Numéro
IX	7, 10	218

I Rois.

Chap.	Vers.	Numéro
IV	22, 23	218

II Rois.

Chap.	Vers.	Numéro
XXV	29	218

Esaïe.

Chap.	Vers.	Numéros	Chap.	Vers.	Numéros
VII	14	284t	LIX	16 à 21	294
IX	5	284t	LXIII	1 à 8	294t

Jérémie.

Chap.	Vers.	Numéro	Chap.	Vers.	Numéro
XXIII	5, 6	284t	XXXIII	15, 16	284

Ezéchiel.

Chap.	Vers.	Numéro
XXXIX	17 à 21	222te

Malachie.

Chap.	Vers.	Numéro
I	7	221t

Matthieu.

Chap.	Vers.	Numéros	Chap.	Vers.	Numéros
I	23	284	XXII	31, 32	128i
IV	4	218i		37, 38, 39	9te
V	37	140t		37, 38, 39, 40	107te
VI	7, 8	124	XXIV	18	186te
	13	200t	XXV	11, 12	119te
	24	144		29	21to
VII	22, 23	119te		34 à 40	90ti
	24 à 27	127t	XXVJ	75	122to
VIII	11	228i	XXVIII	18	291t
XI	27	283t, 291t		20	292e
XII	43 à 45	169te, 172ti			

Marc.

Chap.	Vers.	Numéro
XVI	16	208ti

Luc.

Chap.	Vers.	Numéros	Chap.	Vers.	Numéros
VI	32 à 35	154t	XVII	31, 32	186te
	47 à 49	127	XX	37, 38	228t
XII	33, 34	270t	XXIII	43	228t
XIII	26, 27	119te	XXIV	26	294t
XVI	22, 23 et suiv.	228t		31	286t
	26	239te		39	286ti
XVII	21	233t			

Jean.

Chap.	Vers.	Numéros	Chap.	Vers.	Numéros
I	1, 3, 14	203t, 284t	XI	25, 26	282t
	18	283t	XII	27, 28	294t
III	3	173t		27, 28, 31	294t
	5	181te, 186te / 204te, 109te		40	172te
			XIII	31, 32	294t
	8	186te	XIV	6	267t, 283t, 310t
	27	154t		7 à 11	283t
	35	291t		9	287t
	36	282t, 296t	XV	2 à 12	222
V	14	172te		4, 5	267t
	37	283t		4 à 8	154t
VI	27	222te	XVI	33	294t
	31 à 35, 47 à 51	221t	XVII	1, 5	294t
	40	282t		2	291t
	50 à 58	222te		10	285t
VII	39	292ti	XIX	26, 27	122ti
VIII	24	296t	XX	19, 26	286t
	34 à 36	142t	XXI	21, 22	122te
X	30, 38	283t			

Apocalypse.

Chap.	Vers.	Numéros	Chap.	Vers.	Numéros
XIX	17, 18	222t	XXI	10	6te
XXI	1, 2, 12 à 24	1te		16	6t
	2	6te		17	6t

TABLEAU

DES ERREURS TYPOGRAPHIQUES DU TEXTE LATIN

Relatives aux Nos cités et corrigées dans cette Traduction

Nota. *Voir* l'Observation placée avant la *Table Alphabétique*

Pag.	Lig.	Text. lat.	Traduc.	Pag.	Lig.	Pag.	Lig.	Text. lat.	Traduc.	Pag.	Lig.
5	9	4478.	4477	4	9	16	28	3025.	3024	23	26
5	13	2329.	2553	4	15	16	43	1446.	1469	24	7
5	26	9642.	9643	5	2	17	15	1063.	2063	24	28
5	36	5292.	*	5	17	17	19	6951.	5951	24	33
5	38	1288.	1261	5	21	17	19	9454.	9154	24	33
5	39	7830.	6860	5	21	17	24	4332.	4301	25	1
7	32	1505.	1585	9	16	17	32	749.	747	25	11
7	37	10658.	10568	9	25	17	33	1094.	1904	25	12
8	15	9.	10	10	27	17	33	2503.	2508	25	12
12	29	2451.	2452	17	25	17	35	2451.	2452	25	15
13	24	8217.	8137	18	36	18	1	3191.	3192	25	28
13	26	7698.	7689	18	38	18	7	6303.	6663	25	37
13	27	8266.	8265	19	1	18	20	10308.	*	26	15
14	2	8602.	8062	19	28	18	22	9454.	9154	26	18
14	5	8602.	8062	19	31	18	27	4704.	5704	26	25
14	34	3180.	8530	20	32	18	33	2231.	2173	26	33
14	34	9454.	9154	20	32	18	33	9795.	9995	26	34
14	41	10637.	10367	21	3	18	38	4353.	4352	26	40
15	1	5830.	5804	21	8	18	40	10648.	10645	27	3
15	12	9221.	9222	21	23	18	42	3495.	3494	27	5
15	14	3051.	2371	21	27	18	43	9089.	9088	27	7
15	15	2507.	2417	21	29	19	3	4983.	4985	27	12
15	19	7258.	2258	21	33	19	4	10485.	10481	27	14
15	29	9284.	9282	22	9	19	5	4704.	5704	27	15
15	32	2579.	3579	22	12	19	7	1690.	1900	27	17
15	32	3180.	8530	22	12	19	19	3222.	3223	27	32
15	33	9454.	9154	22	14	19	23	9041.	9400	27	37
15	40	2484.	2483	22	23	19	30	2884.	2894	28	5
16	4	7917.	7918	22	35	19	30	7835.	7678	28	5
16	7	5407.	5807	22	39	19	39	3051.	3061	28	16
16	14	9144.	9154	23	8	19	39	8478.	8480	28	16
16	18	6951.	6917	23	12	20	7	10662.	10683	28	31
16	18	9454.	9154	23	12	20	8	10682.	10683	28	33

Nota. L'* indique la suppression du N°, comme étant un N° précédent ou suivant répété avec un léger changement de chiffres.

74

Pag.	Lig.	Text.lat.	Traduc.	Pag.	Lig.	Pag.	Lig.	Text lat.	Traduc.	Pag.	Lig.
20	22	10296.	10270	29	12	35	8	9126.	9128	51	18
20	31	2574.	2524	29	23	35	15	4213.	4214	51	29
20	33	1896.	1899	29	26	35	19	3222.	3221	51	4
21	11	2430.	2429	30	18	35	24	9574.	9577	52	2
21	18	2519.	2179	30	27	35	33	3391.	3341	52	15
23	31	3939.	3539	34	34	35	41	3940.	3340	52	26
24	9	5332.	5113	35	14	35	41	4213.	4214	52	26
24	34	89111.	8911	36	11	37	31	5734.	5774	55	18
24	41	2364.	2363	36	23	38	13	6085.	6084	56	17
25	2	5832.	5835	36	28	39	6	5478.	5477	57	32
25	3	4832.	5835	36	29	39	6	9111.	9109	57	32
25	5	4326.	4327	33	33	39	21	4213.	4214	58	15
25	12	6598.	6599	37	2	40	5	1993.	1973	59	16
25	15	6201.	6200	37	5	40	8	5656.	5655	59	19
25	17	5483.	5482	37	8	40	11	4344.	4814	59	23
25	25	10550.	10554	37	20	40	11	4965.	4966	59	23
25	31	9126.	9128	37	28	40	16	4965.	4966	59	28
25	43	2482.	4677	38	6	43	27	2024.	2023	64	12
25	43	2490.	4741	38	6	43	36	2364.	2363	64	24
26	2	2574.	2524	38	9	48	12	7480.	7489	71	10
26	4	1896.	1899	38	12	48	14	7480.	7489	71	13
26	11	9991.	9995	38	22	48	27	4947.	4948	71	29
29	29	9708.	9709	43	13	48	35	10424.	10429	72	7
30	7	4145.	5145	43	31	49	4	1744.	10744	72	16
30	9	4292.	4524	43	34	49	18	2318.	308	72	37
30	9	5132.	5128	43	34	49	28	8478.	8480	73	10
30	9	8610.	5639	43	34	49	33	2882.	2881	73	16
30	28	2922.	9922	44	25	56	6	9833.	9835	83	15
30	32	4958.	4598	44	30	57	6	9212.	9210	84	35
30	37	9111.	9109	44	37	57	17	2487.	2417	85	10
31	21	5512.	5511	45	33	57	21	2363.	2063	85	16
31	32	9217.	9215	46	6	57	33	649.	549	85	33
32	9	10422.	10420	46	38	59	13	7462.	7463	88	6
32	14	10682.	10683	47	5	63	4	2451.	2452	93	23
32	22	10682.	10683	47	17	63	5	4353.	4352	93	25
32	23	10682.	10628	47	18	63	16	3939.	3539	94	6
32	39	5051.	5051	47	38	63	30	1504.	1594	94	29
33	18	453.	454	48	29	63	30	8444.	8443	94	29
33	35	9111.	9109	49	12	64	6	2507.	2417	95	20
33	38	8444.	8944	49	17	64	9	2419.	3419	95	22
34	6	4951.	4952	49	34	64	9	7842.	9242	95	23
34	12	5512.	5511	50	2	64	9	9782.	9783	95	23
34	32	7171.	7083	50	30	64	11	2433.	2383	95	25
34	37	3395.	3195	50	3	64	22	7945.	7545	95	39
35	6	9401.	9400	51	16	64	28	1894.	1834	96	8

Pag.	Lig.	Text.lat.	Traduc.	Pag.	Lig.	Pag.	Lig.	Text. lat.	Traduc.	Pag.	Lig.
64	29	1899.	1799	96	9	87	14	10059.	10060	127	25
64	44	2663.	2063	96	29	87	25	5842.	5481	128	6
65	20	2340.	2343	97	19	87	31	8317.	8318	128	15
65	24	5407.	5807	97	25	87	32	7480.	7489	128	17
65	27	1094.	1904	97	29	87	33	8918.	8318	128	17
65	28	2503.	2508	97	30	88	2	8064.	8094	128	29
65	29	1094.	1904	97	32	88	8	1057.	1857	128	37
65	30	2503.	2508	97	32	88	13	6073.	6071	129	4
65	33	9144.	9154	97	37	88	13	6992.	6991	129	4
65	34	2579.	3579	97	39	88	13	7677.	7679	129	5
66	1	2364.	2363	98	13	88	15	6073.	6071	129	7
66	4	2364.	2363	98	17	88	15	6992.	6991	129	7
66	11	2215.	2715	98	33	88	16	7928.	7926	129	8
66	21	9935.	9936	99	2	88	16	9009.	9010	129	8
66	28	5664.	5664(bis)	99	12	88	19	1778.	10778	129	15
66	29	8076.	8078	99	13	88	34	8266.	8265	129	34
66	32	2340.	2343	99	19	88	37	7698.	7699	129	39
66	33	3417.	3427	99	19	89	3	2475.	1675	130	16
66	39	3589.	3539	99	28	89	14	8044.	8094	130	30
66	40	4610.	4601	99	29	89	16	8602.	8062	130	33
67	11	5198.	9198	100	9	89	23	10284.	8394	131	3
67	16	10081.	10087	100	15	89	25	6960.	6959	131	7
67	25	5580.	5581	100	26	89	27	8082.	8882	131	9
70	15	10195.	10196	104	21	89	33	10284.	10287	131	18
70	32	4357.	4347	105	8	89	36	2081.	*	131	22
74	12	928.	927	109	21	90	19	10384.	10287	132	24
74	20	8042.	6207	109	32	90	21	4402.	3402	132	27
75	5	6707.	6207	110	32	93	6	3712.	3812	137	7
75	15	9506.	9596	110	34	93	7	1073.	10731	137	8
75	15	9935.	9915	111	34	93	15	8478.	8480	137	20
75	17	9935.	9915	111	6	93	18	9455.	9454	137	24
75	21	5227.	5228	111	13	93	19	9938.	9937	137	26
75	29	585.	586	111	24	93	22	2475.	2574	137	30
75	34	2155.	2145	111	32	94	25	9089.	9088	139	9
78	26	8907.	8987	115	9	94	27	2475.	2574	139	12
79	12	8907.	8987	116	4	94	34	7993.	7923	139	22
83	25	9986.	9979	122	1	94	35	9739.	9297	139	23
83	31	3648.	9486	122	10	94	35	10058.	10060	139	24
84	1	9988.	9983	122	10	94	44	4214.	4245	139	37
84	7	8478.	8480	122	28	95	21	5112.	5113	140	27
84	14	2340.	2343	122	36	95	24	3699.	3690	140	31
84	14	2373.	2371	122	36	95	41	3495.	3494	141	15
84	27	2373.	2371	123	15	96	1	10197.	10249	141	22
87	5	8266.	8265	127	12	96	8	8748.	8747	141	31
87	13	10059.	10060	127	23	96	11	9328.	9325	141	35

Pag.	Lig.	Text. lat.	Traduc.	Pag.	Lig.	Pag.	Lig.	Text. lat.	Traduc.	Pag.	Lig.
96	14	4587.	4588	141	39	121	44	10692.	10694	177	13
96	23	3510.	3518	142	11	122	1	9381..	9380	177	16
96	37	6382.	9382	142	30	122	5	4309.	4307	177	20
97	10	4128.	4129	143	14	122	13	8388.	8588	177	31
97	32	10059.	10060	144	5	122	37	4817.	4818	178	23
97	44	4272.	4572	144	22	122	37	4891.	4899	178	23
97	44	5772.	5773	144	22	123	5	6362.	6363	178	37
100	9	5844.	5854	148	8	123	5	6382.	6381	178	37
100	10	5885.	5862	148	9	123	13	3773.	3373	179	8
100	29	5248.	5246	148	35	125	25	1349.	9349	181	31
100	34	10351.	8351	149	4	126	3	10399.	10330	182	16
101	32	7123.	7127	150	25	126	3	10401.	10400	182	16
102	6	5403.	8403	151	7	126	5	10550.	10551	182	20
102	9	6857.	6657	151	11	126	8	10401.	10400	182	25
102	25	10865.	10685	151	34	126	21	6242.	6222	183	3
102	40	858.	868	152	15	126	25	10236.	10237	183	10
103	21	et 212.	à 212	153	8	126	25	10550.	10551	183	10
104	16	8907.	8987	154	23	126	28	6201.	6200	183	14
104	33	9397.	4295	155	3	126	37	10401.	10400	183	26
104	41	10829.	10830	155	14	126	38	2424.	9424	183	28
105	3	10829.	10828	155	20	127	9	10765.	10764	184	9
106	29	9089.	9088	157	4	127	20	7677.	7627	184	26
107	6	9089.	9088	157	13	127	41	2890.	1886	185	15
107	22	9089.	9088	157	37	127	41	2893.	1889	185	15
109	15	2359.	3735	160	10	127	41	2897.	2987	185	15
109	21	2890.	2896	160	10	127	43	2396.	2395	185	18
109	21	2971.	2179	160	10	128	2	2980.	2899	185	22
109	24	10657.	10687	160	14	128	13	6331.	6333	185	40
109	29	4978.	6978	160	21	128	29	2396.	2395	186	22
109	30	10204.	10210	160	23	129	5	5905.	5095	187	11
110	12	5656..	5655	161	12	129	7	3152.	3252	187	14
110	44	10121.	10521	162	9	129	28	2980.	2899	188	3
111	2	1519.	10519	162	13	129	33	10401.	10400	188	10
111	9	9939.	9391	162	23	130	10	6637.	6617	188	40
112	14	9217.	9127	164	14	130	11	1689.	1869	189	1
119	13	7395.	7396	173	20	130	23	4158.	5138	189	17
119	36	6581..	6580	174	12	130	32	4834.	4835	189	30
120	2	4676.	4674	174	24	130	33	10401.	10400	189	32
120	2	5828.	5826	175	24	130	36	10401.	10400	190	34
120	15	4649.	4689	175	1	131	15	2396.	2395	191	28
120	22	4057.	4056	175	12	131	33	9049.	9048	191	15
120	26	4649.	4689	175	15	131	34	9049.	9048	191	17
121	22	4834.	4835	176	2	131	37	2687.	2686	191	20
121	33	4897.	4847	177	1	132	3	449.	4493	191	34
121	43	10390.	10396	177	12	132	6	4441.	4447	191	37

Pag.	Lig.	Text. lat.	Traduç.	Pag.	Lig.	Pag.	Lig.	Text. lat.	Traduc.	Pag.	Lig.
132	13	2890.	2896	192	8	146	23	16.	18	213	25
132	13	2971.	2179	192	8	147	16	1 ad 20.	1 à 8	215	3
132	15	2703.	2763	192	11	147	26	30.	26	215	18
132	18	4965.	4966	192	14	148	8	8041.	5041	216	15
132	30	3457.	*	192	31	148	13	10270.	10269	216	21
133	19	584.	589	193	40	148	21	10728.	10738	216	30
133	19	1719.	2719	193	40	148	27	4286.	4180	217	6
133	19	1720.	2720	193	40	149	4	4286.	4287	217	24
133	20	9049.	9048	194	1	149	20	2276.	2776	218	6
133	28	1319.	1869	194	11	149	21	2813.	2818	218	6
133	30	9210.	9211	194	14	149	21	2814.	2854	218	6
133	39	10401.	10400	194	28	149	21	10829.	10828	218	7
134	19	5200.	8200	195	19	149	26	10829.	10830	218	14
134	25	2884.	2894	195	29	149	31	9397.	4295	218	20
134	26	7830.	6880	195	29	149	33	9397.	4295	218	23
134	37	ad 582.	.582	196	6	149	40	1982.	1928	218	30
135	10	5516.	2516	196	6	150	3	2818.	2813	218	38
138	5	5580.	5508	200	29	150	6	2527.	2572	219	2
138	9	8907.	8987	201	4	150	8	1915.	1919	219	4
138	26	918.	917	201	30	150	17	1753.	1752	219	15
138	26	8858.	8857	201	30	150	41	10270.	10269	220	6
138	27	5904.	5949	201	32	151	24	9267.	9356	220	40
138	28	10074.	10774	201	33	151	34	5633.	5663	221	14
139	29	3619.	3628	203	18	151	34	9267.	9356	221	14
139	36	1288.	2888	203	28	151	35	10667.	10067	221	14
140	11	6180.	6323	204	13	151	42	6372.	6371	221	25
140	14	5478.	5477	204	17	152	5	10284.	10822	221	32
140	14	9111.	9109	204	17	152	12	4706.	4766	222	1
140	29	5844.	5846	204	37	152	15	9270.	9278	222	3
140	31	5864.	5854	204	40	152	17	3939.	3938	222	5
141	34	5424.	4524	206	27	152	18	8763.	8760	222	7
142	5	4742.	7342	206	10	152	21	3643.	3641	222	12
142	11	2247.	2447	207	17	152	25	3399.	3339	222	16
142	15	2451.	2452	207	23	152	38	10811.	10810	222	33
142	20	3038.	6338	207	29	152	39	2766.	2776	222	35
142	29	5368.	5850	208	2	153	3	5633.	5663	223	4
143	15	9217.	9215	209	3	153	10	2948.	2988	223	13
144	15	VI.4.	VI.40	210	1	153	26	8266.	8265	223	35
144	17	21.23.	25,26	210	5	153	33	6073.	6071	224	4
144	23	1.20.	1.18	210	15	153	39	3643.	3642	224	11
144	25	Eund. Matth.		210	18	153	43	3074.	6574	224	16
144	26	Eund. Johan.		210	20	153	43	9948.	9940	224	16
145	30	3.	31	212	11	153	43	238.	279	224	17

Dans ce TRAITÉ, il a été dit, N°s 260, 265, que dans la Parole, et surtout dans la Parole prophétique, il y a souvent deux Expressions qui semblent désigner une même chose, mais que l'une se réfère au bien ou au mal, et l'autre au vrai ou au faux ; nous allons présenter par ordre alphabétique quelques-unes de ces expressions.

Expressions se référant au Bien ou au Mal	Expressions se référant au Vrai ou au Faux.	Traités de l'Auteur.	
Adultère	Scortation	A. C.	8904
Alliance	Serment	A. C.	3375
Charme	Plaisir	A. C.	8056
Colère	Emportement	A. C.	3614
Crainte	Terreur	A. C.	985
Désert	Solitude	A. C.	100
Deuil	Larmes	E. S.	84
Diable	Satan	C. E.	118
Dominer	Régner	A. C.	4691
Faire	Créer	A. C.	472
Frère	Compagnon	A. R.	32
Fructifier	Multiplier	A. C.	43
Fugitif	Errant	A. C.	382
Habiter	Demeurer	A. C.	3613
Holocaustes	Sacrifices	A. C.	8680
Indigent	Pauvre	A. R.	95
Intégrité	Vérité	A. C.	2826
Jéhovah	Dieu	A. C.	2769
Jésus	Christ	C. E.	24
Joie	Allégresse	A. C.	100
Juste	Intègre	A. C.	612
Justice	Jugement	A. R.	668
Maison de Dieu	Temple	A. C.	3720
Meurtrissure	Blessure	A. C.	413
Ministre	Serviteur	A. R.	128
Miséricorde	Grâce	A. C.	598
Nation	Peuple	A. R.	483
Obscurité	Ténèbres	A. C.	7711
Péché	Iniquité	E. S.	84
Profondeur	Abîme	A. C.	8279
Prosterner (se)	S'incliner	A. C.	3118
Recueilli (être) vers ses pères	Être recueilli vers ses peuples	A. C.	3255
Ressemblance de Dieu	Image de Dieu	A. C.	51

Expressions se référant au Bien ou au Mal.	Expressions se référant au Vrai ou au Faux.	Traités de l'Auteur.
Seigneur	Dieu	A. C. 4973
Signe	Mémorial	A. C. 8066
Terreur	Effroi	A. C. 9331
Vague	Vain	A. C. 17
Vastation	Désolation	R. C. 775
Vigueur	Force	A. C. 6343

On a vu aussi que, dans la Parole, on rencontre très-souvent deux expressions qui, sans paraître désigner une même chose, ont cependant entre elles un certain rapport, et dont l'une se réfère au céleste ou au diabolique, et l'autre au spirituel ou au satanique ; nous présenterons aussi par ordre alphabétique quelques-unes de ces expressions.

Expressions se référant au Céleste ou au Diabolique.	Expressions se référant au Spirituel ou au Satanique.	Traités de l'Auteur.
Adorer	Sacrifier	A. C. 10424
Airain	Fer	E. S. 84
Autel	Temple	A. C. 9174
Babel	Chaldée	A. C. 4922
Bois	Pierre	E. S. 84
Chair	Sang	R. C. 367
Champ	Vigne	A. R. 315
Cœur	Ame	E. S. 84
Cœur	Reins	A. R. 140
Couronne	Sceptre	A. C. 9930
Crucifier	Lapider	A. C. 7456
Droite	Gauche	C. E. 118
Disperser	Diviser	A. C. 6361
Épine	Chardon	R. C. 498
Faim	Soif	C. E. 420
Fille	Fils	C. E. 382(bis)
Flamme	Lumière	A. C. 3938
Froment	Orge	A. R. 315
Honneur	Gloire	A. E. 288
Image de Fonte	Image taillée	A. C. 10406
Instruments à vent	Instruments à cordes	A. C. 418
Juste	Saint	A. R. 173

Expressions se référant au Céleste ou au Diabolique.	Expressions se référant au Spirituel ou au Satanique.	Traités de l'Auteur.
Longueur	Largeur	A. C. 1613
Manger	Boire	A. C. 3168
Miséricorde	Vérité	A. C. 10577
Or	Argent	E. S. 84
Pain	Vin	E. S. 84
Paix	Grâce	A. E. 22
Poids	Mesures	A. C. 3104
Pouls	Respiration	C. E. 95
Pourpre	Fin lin	E. S. 84
Prêtres	Rois	C. E. 226
Puissance	Gloire	A. C. 4060
Quantité (grande)	Multitude	A. C. 3934
Rôti	Bouilli	A. C. 7852
Rouge	Blanc	C. E. 179
Sacerdoce	Royauté	C. E. 226
Sage	Intelligent	A. C. 5287

Signes des Ouvrages cités

A. C. Arcanes Célestes.
C. E. Ciel et Enfer.
E. S. Doctrine sur l'Écriture Ste.
A. R. Apocalypse Révélée.
R. C. Religion Chrétienne.
A. E. Apocalypse Expliquée

ERRATA.

Page 24, ligne 33, 9144, lisez : 9154.
— 59, — 18, 4359, lisez : 4459.

CATALOGUE

DES OUVRAGES

D'EMMANUEL SWEDENBORG

EN VENTE

A la Librairie de la Société Swedenborgienne, rue Thouin, 12, près le Panthéon (Paris).

I. Ecrits de Swedenborg, traduits par *Le Boys des Guays*.

1. **Du Ciel et de ses merveilles et de l'Enfer,** d'après ce qui a été vu et entendu par l'auteur, traduit en français par Le Boys des Guays et Harlé, avec index, sec. édit. 1 vol. in-8 . . . . 3 fr.
2. **La Vraie Religion chrétienne,** contenant toute la theologie de la Nouvelle-Eglise, sec. édit. 2 vol. in-8. 8 fr.
3. **Appendice à la vraie Religion chrétienne,** 1 vol. in-12 . . . . 1 fr.
4. **Arcanes célestes** qui sont dans l'Écriture sainte, ou la Parole du Seigneur, avec les merveilles qui ont été vues dans le Monde des Esprits et dans le Ciel des Anges — Premier ouvrage théologique publié par Swedenborg (Londres, 1745-1756), comprenant l'explication du sens spirituel de la Genèse et de l'Exode, 16 vol. in-8. 80 fr.
5. **Index** des noms et des choses contenues dans les Arcanes célestes, ouvrage posthume de Swedenborg, 1 vol. in-8. 4 fr.
6. **Index méthodique** des Arcanes célestes, par Le Boys des Guays, 2 vol. in-8 . . . . 5 fr.

7. **Apocalypse Révélée,** dans laquelle sont dévoilés les Arcanes qui y sont prédits, et qui jusqu'à présent ont été profondément cachés (original latin : Amsterdam, 1766.) 3 vol. in-12, avec Table an. et Index à la fin du 3⁕ vol.
9 fr.
8. **L'Apocalypse exqliquée** selon le sens spirituel, travail préparatoire à l'Apocalypse révélée, 7 vol. in-8. 35 fr.
9. **Index général** des passages de la parole cités dans les écrits de Swedenborg, par Le Boys des Guays, in-8. 20 fr.
10. **Scriptura sacra seu Verbum Domini,** ex liugua originali in latinam, duce Emmanuele Swedenborgio, translata. — Accedunt sensus spiritualis explicationes ex ejusdem operibus theologicis collectæ. Recensuerunt, suppleverunt, notas adjecerunt. J.-F. Steph. Le Boys des Guays et J. B. Aug. Harlé. Pars tertia, *Psalmi,* 1 vol. in-8.
10 fr.
11. Idem... Pars quarta, *libri Prophetici,* tomus I (totius Operis VII), Esaïas. in-8 . . . . 10 fr.
12. Idem... Novum Testamentum, Mattheus, Marcus, Luca, Johannes. — 1 vol. in-8. . . . . 12 fr.
Cette traduction latine de la Parole de Dieu, d'après les écrits de Swedenborg, sera continuée par l'impression des manuscrits laissés par Le Boys des Guays.
13. **Exposition sommaire** du sens interne des Prophètes et des Psaumes, 1 vol. in-8. . . . . 3 fr.
14. **Du divin Amour et de la divine Sagesse,** ouvrage posthume, 1 vol. in-8. . . . . 3 fr.
15. **La Sagesse angélique** sur le Divin Amour et la Divine Sagesse, 1 vol. in-12. . . . . 3 fr.
16. **La Sagesse angélique** sur la Divine Providence, 1 vol. in-12. . . . . 3 fr.
17. **Délices de la Sagesse sur l'amour conjugal;** à la suite sont placés les Voluptés de la folie sur l'amour scortatoire, 2 vol. in-12, avec table analytique et index.
6 fr.
18. **Les quatre Doctrines** sur l'Écriture-Sainte, sur la Foi, sur le Seigneur, sur la Vie, 1 vol. in-12. . . 3 fr.
19. **Chaque Doctrine séparément,** 1 vol. in-32. 50 c.
20. Idem... 1 vol. in-12. . . . . 75 c.
21. **Doctrine de la Charité,** in-8. . . . . 1 fr.

22. Idem . . . . , in-12. . . . . 75 c.
23. Idem . . . . , in-32. . . . . 50 c.
24. **Doctrine de la Nouvelle Jérusalem sur la Charité**, ouvrage posthume, 1 vol. in-32. . . . . . 50 c.
Décalogue, 1 vol. in-8. . . . . 1 fr.
26. Idem. . . . 1 vol. in-32. . . . . 50 c.
27. **De la Nouvelle Jérusalem** *et de sa doctrine céleste,* d'après ce qui a été entendu du Ciel, 1 vol. in-18. 1 f. 50
28. **Exposition sommaire** de la doctrine de la Nouvelle-Église, 1 vol. in-12. . . . . 75 c.
29. **Du commerce de l'Ame et du Corps,** 1 vol. in-12. 75 c.
30. **Du Jugement** dernier *et de la Babylonie détruite* (Apoc. chap. XVIII,) 1 vol. in-12, avec Table anal. 2 fr.
31. **Continuation** *sur le Jugement dernier* et sur le Monde spirituel, 1 vol. in-12, avec Table. . . . . 1 fr.
32. **Des Terres** dans notre monde solaire, qui sont appelés Planètes, et des Terres dans le Ciel astral ; de leurs Esprits et de leurs Anges, d'après ce qui a été entendu et vu par l'auteur, 1 vol. in-12, avec Table anal. . . 2 fr.
33. **Du cheval blanc,** *dont il est parlé dans l'Apocalypse.* (ch. XIX.) et ensuite *de la Parole et de son sens Spirituel* ou Interne, 1 vol. in-12, avec T. an. et Index. . . 1 fr.
34. **Les Psaumes,** traduction littérale en français, par Le Boys des Guays et Harlé, avec les sommaires du sens interne, d'après Swedenborg, 1 vol. in-32. . . . 1 f. 50
35. **Le Nouveau Testament :** (Les quatre Évangélistes, et **Apocalypse.**) Traduction littérale, par J.-F.-S. Le Boys des Guays et J.-B.-A. Harlé, 1 vol. in-32. 1 fr. 50
36. **L'Évangile** (même trad. sans l'Apocalypse), in-32. 1 fr.
37. **Doctrine** sur le Dieu Triun, 1 vol. in-32 . . . 1 fr.
38. **Traité des Représentations et des Correspondances,** in-32. . . . . 1 fr. 50
39. **De la Toute-Présence et de la Toute-Science de Dieu,** in-32. . . . . 25 c.
40. **De la Parole et de sa Sainteté,** in-32. . . 25 c
41. **Des joies du Ciel et des noces dans le Ciel.** *Extrait de l'Amour conjugal,* in-12. . . . . 50 c.

42. **Neuf questions sur la Trinité etc.**, proposées à E. Swedenborg, par Th. Hartley, réponses in-18 . 25 c.
43. Autobiographie de Swedenborg, in-18 . . . . 25 c.

---

44. Plusieurs exemplaires d'éditions *princeps* d'ouvrages publiés en latin par E. Swedenborg, chaqe vol . . 25 fr.

II. ÉCRITS D'APRÈS SWEDENBORG

45. **Ami de la Nouvelle Église** (Un). *Histoire sommaire de la Nouvelle Eglise, fondée sur les doctrines de Swedenborg.* 1870, in-8 . . . . 2 fr.
46. Id. *Notice biographique et bibliographique sur E. Swedenborg.* 1875, in-8 . . . . 1 fr.
07. Id. *Etudes sur les religions de l'antiquité.* 1880. in 8. 1 fr. 50
48. **Anonyme.** — *Obertin était disciple de la Nouvelle-Jérusalem*, in-18 . . . . 20 c.
49. Id. — *La tasse brisée.* — *Extrait du Journal :* Nouvelle-Jérusalem, in-8 . . . . 25 c.
50. Id. — *Adresse aux Catholiques Allemands*, in-8 . 25 c.
51. Id. *Exégèse sur Jean. Ch. XX-XXI*, in 8 . . . . 50 c.
52. Id. — *Le véritable objet du culte chrétien*, in-8 . 50 c.
53. **Blanchet.** — *Exposition populaire de la vraie religion chrétienne*, 1842, in-12. . . . . 75 c.
54. Id. *L'Humanité et la Rédemption*, 1882, in-12. . 1 fr.
55. **Chazal** (Ed. de). — *Discussions sur la Nouvelle-Jérusalem.* 1860, in-8 . . . . 50 c.
56. Id. — *Catéchisme de la Nouvelle-Jérusalem pour les enfants* (traduit par). 1860, in-16 . . . . 50 c.
57. **Edleston** (le Rév. R. R.). — *La Fontaine de l'Immortalité*, traduit de l'Anglais par A. Th. 1862, in-32. 25 c.
58. **Fraiche** (Capitaine). — *Discours préliminaire pour servir à la lecture des ouvrages d'E. Swedenborg.* 1848, in-8. 50 c.
59. Id. — *Résumé de mes études sur les vérités révélées.* 1837.

in-8 . . . . 50 c.
60. Id. — *Le Pain de l'Ame* in-8 . . . . 25 c.
61. **Giles** (le Rév. Chauncey. — *De l'esprit et de l'homme comme être spirituel*, traduit de l'Anglais, par V. K. 1875. in-18. . . . . 1 fr.
62. **Hindmarsh.** *Abrégé des principaux points de doctrine de la vraie religion chrétienne* (traduit de l'Anglais) deuxième édition. 1862, in-12. . . . . 1 fr.
63. Id. — *Lettres au Dr Priesley* (traduit de l'Anglais p. Rollet). 1864, in-12 . . . . 1 fr.
64. **Le Boys des Guays.** *L'Apocalypse dans son sens spirituel.* 1841, in-8. . . . . 3 fr.
65. Id. — *Lettres à un homme du monde qui voudrait croire.* 1852, in-12. . . . . 1 fr. 50
66. Id. — *De la Religion considérée dans son action sur l'état de la Société.* 1862, in-12 . . . . 75 c.
67. **Noble** (le Rév. P.) *Appel aux hommes réfléchis* (traduit de l'Anglais par Rollet), deux. édit. 1862, in-12. 1 fr.
68. **Rendell.** (le Rév.). *Particularités de la Bible* (traduit de l'Anglais par Rollet). in-12 . . . . 1 fr.
69. **Richer et le Boys des Guays.** — *Mélanges*, 1861-65, 4 vol. in-12 . . . . 6 fr.
70. **Richer.** — *La Religion du bon sens*, deux. édit. 1860, in-12. . . . . 1 fr. 50

Les ouvrages sont également vendus reliés moyennant un supplément

Bibliothèque des ouvrages français, anglais, allemands et latins de la Nouvelle-Église dite Nouvelle-Jérusalem, et salle de lecture gratuite desdits ouv.

Imprimerie de DЕСTENAY, Saint-Amand (Cher.)

www.ingramcontent.com/pod-product-compliance
Lightning Source LLC
Chambersburg PA
CBHW060358170426
43199CB00013B/1919